高速铁路轨道动力学
——模型、算法与应用
（第二版）

雷晓燕　著

科学出版社

北京

内 容 简 介

本书是雷晓燕教授带领的课题组十余年来关于高速铁路轨道动力学研究成果的系统总结。研究内容属现代铁路轨道动力学理论中的前沿问题，涉及高速列车-轨道耦合系统动力学理论、模型、算法及工程应用。全书共十六章，包括轨道动力学分析内容及相关标准、轨道结构动力分析的解析法、轨道结构动力分析的傅里叶变换法、高架轨道结构振动特性分析、轨道不平顺功率谱及数值模拟、车辆-轨道耦合系统竖向动力分析模型、车辆-轨道耦合系统动力分析的交叉迭代算法、动轮单元模型及算法、轨道单元和车辆单元模型及算法、车辆-轨道耦合系统动力分析的移动单元法、车辆-轨道-路基-大地耦合系统竖向动力分析模型、列车-有砟轨道-路基耦合系统动力特性分析、列车-板式轨道-路基耦合系统动力特性分析、有砟-无砟轨道过渡段动力特性分析、基于谱单元法的轨道结构中高频振动特性分析，以及预测高架轨道引起大地振动的半解析预测方法。

本书可作为土木、交通、道路与铁道工程专业本科生、研究生、教师和工程技术人员的教材和参考书。

图书在版编目(CIP)数据

高速铁路轨道动力学：模型、算法与应用/雷晓燕著. —2 版. —北京：科学出版社，2021.2

ISBN 978-7-03-068048-8

Ⅰ.①高⋯ Ⅱ.①雷⋯ Ⅲ.①高速铁路-轨道力学-动力学-研究 Ⅳ.①U213.2

中国版本图书馆 CIP 数据核字(2021)第 025350 号

责任编辑：魏英杰 / 责任校对：王萌萌
责任印制：师艳茹 / 封面设计：陈 敬

科学出版社 出版
北京东黄城根北街 16 号
邮政编码：100717
http://www.sciencep.com

中国科学院印刷厂 印刷
科学出版社发行 各地新华书店经销

*

2015 年 6 月第 一 版　　开本：720×1000 1/16
2021 年 2 月第 二 版　　印张：24 3/4　彩插 26
2021 年 2 月第一次印刷　　字数：563 000

定价：**299.00 元**
(如有印装质量问题，我社负责调换)

作 者 简 介

雷晓燕,华东交通大学教授,博士生导师。1989年获清华大学固体力学博士学位。国家首批"百千万人才工程"第一、二层次人才,江西省主要学科学术和技术带头人,"赣鄱英才555工程"领军人才,江西省"井冈学者"特聘教授。现任"铁路环境振动与噪声"教育部工程研究中心主任。

雷晓燕教授主要从事高速铁路轨道动力学、轨道交通环境振动与噪声等方面的研究,发表学术论文200余篇,出版学术专著7部,授权发明专利11项,计算机软件著作权20项。主持国家重点基础研究发展计划、国际科技合作与交流专项、国家自然科学基金、重大国际招标、教育部、铁路总公司等项目60余项。作为第一完成人曾获国家科技进步奖二等奖(2011年)、江西省自然科学奖一等奖(2005年)、江西省科技进步奖一等奖(2009年、2018年)、铁道科学技术奖一等奖(2011年)、高等学校科学研究优秀成果奖自然科学奖二等奖(2010年)、高等学校科学研究优秀成果奖科技进步奖二等奖(2017年)、江西省优秀教学成果奖一等奖(2010年)。《现代轨道理论研究》入选国家新闻出版广电总局"三个一百"原创出版工程(2007年)。

第二版修改说明

《高速铁路轨道动力学——模型、算法与应用》第二版在第一版的基础上作了如下修改。

删除一些过时的标准和规范,增加一些新标准和规范。

删除第一版中的第十五章"交叠地铁列车引起的环境振动分析",新增第十五章"基于谱单元法的轨道结构中高频振动特性分析"。介绍谱单元法的基本概念,推导无砟轨道结构单层梁和三层梁模型的谱单元刚度矩阵和谱元法方程,提出基于谱单元的车辆-轨道耦合系统动力分析的频域法。基于该模型,对车辆-无砟轨道耦合系统进行动力响应频域分析和参数分析。

新增第十六章"高架轨道引起大地振动的半解析预测方法"。首先,介绍高架轨道引起大地振动的半解析预测方法的理论、模型和算法。该方法不需要输入列车荷载,而是通过实测列车经过桥梁时地面若干点处的振动响应,联合运用有限元和无穷元建立桥墩-桩基-大地耦合系统数值模型,采用反分析方法对大地土层性质和列车作用在桥墩上的有效荷载进行识别。然后,将识别得到的有效列车荷载输入桥墩-大地耦合系统有限元/无穷元模型中,运用数值方法预测地面振动和桥梁周边的环境振动级。该方法精度高,操作性强,容易实现,可用于预测高架轨道引起环境振动的实际工程。

对第一版中若干内容和文字、表格和插图等进行了修正和完善。

2020 年 4 月 10 日

序

近年来，我国高速铁路的建设和运营取得了举世瞩目的成就，为国民经济又好又快地发展做出了重要贡献，得到了社会各界的广泛赞誉，成为世界高速铁路发展的又一示范。截至2014年底，我国新建高速铁路运营里程已超过12 000公里，居世界第一位，已成为世界高速铁路系统技术最全、集成能力最强、运营速度最快、运营里程最长和在建规模最大的国家。

由于我国高速铁路的建设起步较晚，缺少实践经验的积累，高速铁路建设和运营过程中无疑将面临一系列技术难题与挑战，这就需要强有力的基础理论与技术支撑。高速铁路轨道结构由钢轨、扣件、轨道板、水泥乳化沥青砂浆填充层、混凝土支承层、路基和大地（或桥梁）等组成，材料属性差别大、结构层次多、科技难度跨度广、服役环境复杂、列车运行速度均为200～300km/h，这些因素都与轮轨动力学问题紧密相关。高速铁路轨道动力学是确保列车安全运营的关键基础学科。当列车速度提高后，机车车辆与轨道结构的相互作用显著加剧，动态系统环境更加恶化，高速列车的安全性、平稳性及轨道结构的可靠性面临着严峻考验。线路平纵断面条件和轨道不平顺对旅客舒适度的影响也在高速条件下被放大，同时列车运行对周围环境的影响在高速条件下也被放大，行车事故的后果在高速条件下更严重。这一切都需要以高速铁路轨道动力学为基础，深入研究高速铁路列车与轨道的相互作用机制，为高速铁路系统设计与高速列车安全运营提供必需的理论指导。

该书是作者和他的团队在本领域多年理论和紧密结合实践研究成果的基础上撰写而成的。重点围绕高速铁路轨道动力学理论、模型、算法和工程应用，系统介绍了他们取得的新成果。该书研究内容前沿、理论体系完整、模型算法正确有效、工程应用丰富。尤其是作者在轨道单元和车辆单元模型及算法、车辆-轨道耦合系统动力分析的移动单元法、车辆-轨道耦合系统动力分析的交叉迭代算法、有砟轨道-无砟轨道过渡段动力特性分析，以及交叠地铁列车引起的环境振动分析等方面的研究具有很大的创新性和应用性。这些成果先后发表在 *Journal of Vibration and Control*、*Journal of Transportation Engineering*、*Journal of Rail and Rapid Transit* 和 *Journal of Sound and Vibration* 等国际著名学术期刊上，被国内外同行学者广泛认可和引用。

我相信，该书的出版必将对我国高速铁路轨道结构设计、建设和运营提供重要的理论指导，对推动"铁道工程"学科发展、促进铁路的科技进步，以及实现我国高速铁路可持续发展做出重要的贡献。

中国工程院院士
2014 年 8 月 12 日

前　言

从1964年世界第一条高速铁路建成并投入运营以来,高速铁路以其快速便捷、安全舒适、绿色环保、大运量、低能耗,以及全天候运输等优点,在众多交通工具中显示出极强的竞争力。截至2019底,世界各国高速铁路总营业里程为50 000公里,其中中国高速铁路总营业里程为35 000公里,中国高铁总里程占世界高铁的70%,成为世界上高速铁路投产运营里程最长、在建规模最大的国家。与此同时,目前我国已有40个大中城市拥有城市轨道交通,总里程达6736公里,在建规模6900公里,居世界第一。如今,高速铁路和轨道交通已成为拉动经济社会发展的重要引擎,高速铁路技术的自主创新已成为国家重大战略需求。

然而,随着行车速度的不断提高,交通密度的日益增加,运输荷载的逐渐加重,列车与轨道的相互作用也随之加剧。为了适应铁路发展的这种变化,世界各国铁路加强了技术创新,在铁道工程中广泛采用新技术、新设计、新材料、新工艺和现代化的管理方法,并由此出现了现代铁路轨道的概念。现代铁路轨道是伴随着高速、重载铁路的出现而形成的,现代轨道必须适应客运快速、高速化,货运快捷、重载化的要求。与传统铁路轨道相比,现代轨道具有高标准的路基、新型轨下基础、重型超长无缝钢轨、轨道养护维修的科学管理、安全运营组织和铁路与环境的协调等特点。显然,传统的轨道力学和结构分析方法不能适应现代铁路轨道分析和设计的需要。由于近几十年来计算机和数值方法的迅猛发展,新理论和新方法不断被应用于轨道力学与轨道工程中,大量过去无法求解的,以及在铁路现代化进程中新出现的各种复杂的问题得以解决。

本书是雷晓燕教授研究团队十余年来关于高速铁路轨道动力学理论与实践研究成果的系统总结。在过去的十余年中,课题组先后得到国家自然科学基金(50268001、50568002、50978099、U1134107、51478184、51978264),国际科技合作与交流专项(2010DFA82340),江西省自然科学基金(0250034、0450012),中-奥、中-日、中-英和中-美科研合作,教育部"高等学校骨干教师资助计划"(GG-823-10404-1001),铁道部科技发展计划(98G33A),江西省优势科技创新团队计划(20133BCB24007),以及江西省主要学科学术和技术带头人培养计划(020001)等项目的支持,在高速铁路轨道动力学、轨道交通引起的环境振动与噪声,以及轨道动力学工程应用等三个方面进行了系统、深入的研究,并取得了许多新的研究成果。研究内容均属轨道动力学理论中的前沿问题。参加项目研究工作的有雷晓燕、刘林芽、冯青松、张鹏飞、刘庆杰、罗锟、张斌、罗文俊、房建、吴神花、张凌、翁凌霄、汪翠、涂勤明、曾钦娥、赖建飞、孙茂棠、熊超华、汪振国、张新亚等。

本书共十六章,初稿曾在华东交通大学道路与铁道工程专业研究生的教学中使用多年。全书内容包括轨道动力学分析内容及相关标准、轨道结构动力分析的解析法、轨道结构动力分析的傅里叶变换法、高架轨道结构动力特性分析、轨道不平顺功率谱及数值模拟、车辆-轨道耦合系统竖向动力分析模型、车辆-轨道耦合系统动力分析的交叉迭代算法、动轮单元模型及算法、轨道单元和车辆单元模型及算法、车辆-轨道耦合系统动力分析的移动单元法、车辆-轨道-路基-大地耦合系统竖向动力分析模型、列车-有砟轨道-路基耦合系统动力特性分析、列车-板式轨道-路基耦合系统动力特性分析、有砟轨道-无砟轨道过渡段动力特性分析、基于谱单元法的轨道结构中高频振动特性分析以及高架轨道引起大地振动的半解析预测方法。其中,"车辆-轨道耦合系统动力分析的交叉迭代算法"、"轨道单元和车辆单元模型及算法"、"车辆-轨道耦合系统动力分析的移动单元法"以及"有砟轨道-无砟轨道过渡段动力特性分析"等内容是作者创新性的成果,与同类研究相比具有鲜明特色。

借本书出版之际,特别向资助、支持和关心过本研究工作及本书出版的各有关单位和个人致以诚挚的谢意!特别要感谢中国工程院院士杜庆华教授、王梦恕教授,上海铁路局管天保教授级高工,同济大学童大勋教授和王午生教授长期以来对作者的关心、指导与帮助,王院士还在百忙中为本书作序。最后要感谢我的同事和研究生们,以及科学出版社的魏英杰编辑,本书的出版是他们共同努力的结果。

Preface

Since its opening of the world's first high-speed railway line in 1964, with its advantages of high speed and convenience; safe and comfort; environmental-friendly and low energy; large carrying capacity and all-day transportation available, high-speed railway has shown its strong competitive power among many other modes of transport. Up to the end of 2019, the total mileage of high-speed railways in the world had reached 50 000 km, of which 35 000 km were in China, accounting for 70 percent of the world's total mileage of high-speed railways. China is the country that owns the longest and the largest scale of high-speed railways both in operation and construction. Meanwhile, 40 cities in China have urban rail transits that reach 6736 kilometers in operation, and 6900 kilometers in construction, which has ranked the top one in the world. High-speed railways and urban rail transits have become the important engine to drive social economy's development, and the independent innovation for the technology of high-speed railways has turned to be the nation's crucial strategic demands.

It is well known that interactions between vehicles and railways become fiercer and fiercer as train speeds, operation density and axle loads increase. This has activated technical innovations by railway industries in every country by introducing new technologies, new designs, new material and modern management methods into railway infrastructures and equipments, and cultivated the emerge of the concept of modern railway track. Modern railway tracks are adapted for high-speed and heavy-haul railways in order to meet the requirements of fast and super-fast passenger transportations and heavy-haul freight transportations. In contrast to traditional railway tracks, modern railway tracks exhibit following features: (1)high standard subgrade; (2) new types of track bed; (3) heavy and very long continuously welded rails; (4) scientific management of track maintenances; (5) safe operations and environmental-friendly. It is obvious that traditional railway mechanics and structural analysis methods cannot meet the requirement in analysis and designs of modern railway tracks. Due to the rapid advances in computing technology in the past few ten years, new theories and methods have been continuously developed and applied to railway engineering and many old problems which were impossible to be solved in the past, and new ones which have emerged during the modernization of railways, become possible to seek a solution.

In the past ten years, a group of researchers led by Professor Xiaoyan Lei at East China Jiaotong University have endeavored to research into many issues associating with modern railway tracks, including high-speed railway track dynamics, environmental vibration and noise induced by railway, and engineering applications in modern railway tracks. Their research activities have been supported by the National Natural Science Foundation of China (50268001, 50568002, 50978099, U1134107, 51478184 and 51978264), the Natural Science Foundation of Jiangxi Province (0250034 and 0450012), the Foundation for University Key Teacher by the Ministry of Education (GG-823-10404-1001), the Project of International Cooperation and Exchanges NSFC (2010DFA82340), the Project of Science and Technology Development Plan by the Ministry of Railway (98G33A), the Program for Innovative Research Team (20133BCB24007) and the Training Program for Leading Scientists in Key Subjects by Jiangxi Province (020001). These activities were enriched through cooperation programs between China and Austria, China and Japan, China and UK, China and USA. All the issues they have investigated are cutting-edge problems in railway engineering and results from these research activities are expected to have significant impacts both academically and in practice. The aim of this book is to summarize these results.

This book consists of sixteen chapters and its manuscript as textbook has been used to post-graduate teaching in railway engineering major for many years. The contents include: track dynamic analysis contents and related standards; analytic method for dynamic analysis of the track structure, Fourier transform method for dynamic analysis of the track structure; dynamic characteristic analysis of the elevated track structure; track irregularity power spectrum and numerical simulation; model of vertical dynamic analysis for the vehicle and track coupling system; cross iteration algorithm for dynamic analysis of the vehicle and track coupling system; moving element model and algorithm; track element and vehicle element model and algorithm; moving element method for dynamic analysis of the vehicle and track coupling system; model of vertical dynamic analysis for the vehicle, track, subgrade and ground coupling system; dynamic characteristic analysis of the train, ballast track and subgrade coupling system; dynamic characteristic analysis of the train, slab track and subgrade coupling system; dynamic characteristic analysis of the track transition between ballast track and ballastless track, analysis of mid-high frequency vibration characteristics of track structures based on spectral element method, and finally, semi-analytical prediction method of ground vibration caused by elevated track. Among them, some innovative results are obtained by author's group in cross iteration algorithm for dynamic analysis of the vehicle and track coupling system, track element and vehicle element model and algorithm, moving element method for dynamic analysis of the vehicle and track coupling system, and dynamic characteristic analysis of the track transition between ballast track and ballastless track. Compared with similar studies, these investigations have distinct characteristics.

Efforts have been made to present theories rigorously and systematically and equally, to explore their applications in practice. Chapters are relatively independent of each other, so that readers can read chapters of their interest without referring too much to other chapters. The authors are well aware that there are rooms for improvement and comments and criticisms from readers will be highly appreciated.

The research contents are all the frontier problems in railwaytrack dynamics. Participating in the project research work are: Xiaoyan Lei, Linya Liu, Qingsong Feng, Pengfei Zhang, Qingjie Liu, Kun Luo, Bin Zhang, Wenjun Luo, Jian Fang, Shenhua Wu, Lin Zhang, Linxiao Weng, Cui Wang, QinmingTu, Qin'e Zeng, Jianfei Lai, Maotang Sun, Chaohua Xiong, Zhenguo Wang, Xinya Zhang and so on.

In addition, the author would like to thank the related departments and the staffs who supported the researches and the publication. Special thanks go to Professor Qinghua Du and Professor Mengshu Wang, both of them are members of Chinese Academy of Engineering, to Mr. Tianbao Guan, the Senior Engineer of Shanghai Railway Bureau, to Professor Daxun Tong and Professor Wusheng Wang of Tongji University, for their long term support, supervision and help to the author. In especial, academician Wang wrote the Preface to this book in the busy. Finally, sincere thanks give to my colleagues, to my post graduates, and to

Mr. Yingjie Wei, the book editor of the Science Press, without their efforts without this publication.

目 录

序
前言
第一章 轨道动力学分析内容及相关标准 ························· 1
  1.1 轨道动力学模型与方法研究回顾 ···················· 1
  1.2 轨道动力学分析内容 ····························· 4
  1.3 安全性平稳性限值 ······························· 5
    1.3.1 普通列车安全性限值 ························· 5
    1.3.2 普通列车平稳性限值 ························· 7
    1.3.3 提速列车安全性及平稳性限值 ················· 8
  1.4 高速铁路轨道维修管理标准 ······················· 9
    1.4.1 法国高速铁路轨道维修管理标准 ··············· 10
    1.4.2 日本新干线高速铁路轨道维修管理标准 ········· 10
    1.4.3 德国高速铁路轨道维修管理标准 ··············· 11
    1.4.4 英国高速铁路轨道维修管理标准 ··············· 12
    1.4.5 韩国高速铁路轨道几何状态检测标准 ··········· 13
    1.4.6 中国高速铁路轨道不平顺维修管理标准 ········· 14
    1.4.7 欧洲高速列车-轨道耦合系统主频范围和敏感波长 ·· 15
  1.5 铁路环境噪声标准 ······························· 15
    1.5.1 噪声评价指标 ······························· 15
    1.5.2 中国铁路噪声标准 ··························· 16
    1.5.3 国外铁路噪声标准 ··························· 17
  1.6 铁路环境振动标准 ······························· 18
    1.6.1 振动参量及评价指标 ························· 18
    1.6.2 城市区域环境振动标准 ······················· 21
    1.6.3 城市轨道交通引起建筑物振动与二次辐射噪声标准 ·· 22
  1.7 古建筑结构容许振动标准 ························· 23
  参考文献 ··· 27

第二章 轨道结构动力分析的解析法 ····················· 32
  2.1 高速列车诱发地面波与轨道强振动研究 ·············· 32
    2.1.1 轨道结构连续弹性基础梁模型 ················· 32
    2.1.2 轨道等效刚度与轨道基础弹性模量的关系 ······· 34

2.1.3 轨道临界速度 …………………………………………………… 34
　　2.1.4 轨道强振动分析 …………………………………………………… 35
2.2 轨道刚度突变对轨道振动的影响 …………………………………………… 37
　　2.2.1 移动荷载作用下考虑轨道表面不平顺和刚度突变的轨道振动模型 … 38
　　2.2.2 轨道不平顺和轨道刚度突变对轨道振动的影响 ………………… 40
　　2.2.3 轨道过渡段刚度设计及平缓措施 ………………………………… 44
参考文献 ………………………………………………………………………… 45

第三章 轨道结构动力分析的傅里叶变换法 …………………………………… 47
3.1 轨道结构连续弹性单层梁模型 …………………………………………… 47
　　3.1.1 傅里叶变换 …………………………………………………………… 48
　　3.1.2 快速离散傅里叶逆变换 ……………………………………………… 49
　　3.1.3 Matlab 中的离散傅里叶逆变换定义 ………………………………… 49
3.2 轨道结构连续弹性双层梁模型 …………………………………………… 50
3.3 高速铁路轨道振动与轨道临界速度分析 ………………………………… 52
　　3.3.1 单层梁模型分析 ……………………………………………………… 52
　　3.3.2 双层梁模型分析 ……………………………………………………… 55
3.4 客货混运铁路轨道结构振动分析 ………………………………………… 61
　　3.4.1 轨道结构连续弹性三层梁模型 …………………………………… 61
　　3.4.2 轨道随机不平顺的数值模拟 ……………………………………… 62
　　3.4.3 求解轨道结构连续弹性三层梁模型的傅里叶变换法 …………… 62
　　3.4.4 客货混运铁路轨道结构振动分析 ………………………………… 64
3.5 软土地基沥青基础有砟轨道结构振动分析 ……………………………… 66
　　3.5.1 轨道结构连续弹性四层梁模型 …………………………………… 67
　　3.5.2 求解轨道结构连续弹性四层梁模型的傅里叶变换法 …………… 68
　　3.5.3 软土地基沥青基础有砟轨道结构振动分析 ……………………… 70
参考文献 ………………………………………………………………………… 74

第四章 高架轨道结构振动特性分析 …………………………………………… 75
4.1 导纳的基本概念 …………………………………………………………… 75
　　4.1.1 导纳的定义 …………………………………………………………… 75
　　4.1.2 计算方法 ……………………………………………………………… 76
　　4.1.3 谐响应分析 …………………………………………………………… 77
4.2 高架桥梁结构振动特性分析 ……………………………………………… 77
　　4.2.1 解析梁模型 …………………………………………………………… 78
　　4.2.2 有限元模型 …………………………………………………………… 81
　　4.2.3 高架轨道桥梁解析模型与有限元模型对比 ……………………… 83
　　4.2.4 桥梁支座刚度的影响 ………………………………………………… 83

####### 4.2.5 桥梁截面型式的影响 ·· 84
4.3 高架轨道结构振动特性分析 ·· 86
####### 4.3.1 高架轨道-桥梁解析模型 ·· 86
####### 4.3.2 有限元模型 ·· 89
####### 4.3.3 桥梁结构阻尼 ·· 89
####### 4.3.4 高架轨道-桥梁系统参数分析 ·· 91
4.4 高架轨道结构振动衰减分析 ·· 95
####### 4.4.1 振动传播衰减率 ·· 95
####### 4.4.2 钢轨振动衰减系数 ·· 100
参考文献 ·· 100

第五章 轨道不平顺功率谱及数值模拟 ·· 102
5.1 随机过程的基本概念 ·· 102
####### 5.1.1 平稳随机过程 ·· 103
####### 5.1.2 各态历经 ·· 104
5.2 轨道结构随机不平顺功率谱 ·· 104
####### 5.2.1 美国轨道不平顺功率谱 ·· 105
####### 5.2.2 德国高速轨道不平顺功率谱 ·· 106
####### 5.2.3 日本轨道不平顺 Sato 谱 ·· 106
####### 5.2.4 中国轨道不平顺功率谱 ·· 107
####### 5.2.5 合-武客运专线轨道不平顺谱 ·· 109
####### 5.2.6 轨道不平顺功率谱拟合曲线的比较 ·· 111
5.3 轨道结构随机不平顺的数值模拟 ·· 116
5.4 三角级数法 ·· 116
####### 5.4.1 三角级数法 1 ·· 116
####### 5.4.2 三角级数法 2 ·· 117
####### 5.4.3 三角级数法 3 ·· 118
####### 5.4.4 三角级数法 4 ·· 118
5.5 轨道结构随机不平顺样本 ·· 118
参考文献 ·· 119

第六章 车辆-轨道耦合系统竖向动力分析模型 ·· 120
6.1 动力有限元基本理论 ·· 120
####### 6.1.1 动力有限元法概述 ·· 120
####### 6.1.2 梁单元理论 ·· 123
6.2 轨道结构的有限元方程 ·· 129
####### 6.2.1 基本假设与计算模型 ·· 129
####### 6.2.2 轨道结构广义梁单元模型 ·· 129

6.3 移动轴荷载作用下轨道动力学模型 …………………………………… 134
6.4 单轮附有一系悬挂的车辆模型 …………………………………… 135
6.5 半车附有二系悬挂的车辆模型 …………………………………… 137
6.6 整车附有二系悬挂的车辆模型 …………………………………… 139
6.7 车辆与轨道结构参数 …………………………………………… 141
  6.7.1 车辆结构参数 …………………………………………… 141
  6.7.2 轨道结构参数 …………………………………………… 142
参考文献 ……………………………………………………………… 144

第七章 车辆-轨道耦合系统动力分析的交叉迭代算法 ……………… 146
7.1 车辆-轨道非线性耦合交叉迭代算法 …………………………… 146
7.2 算例验证及收敛性分析 ………………………………………… 150
  7.2.1 算例验证 ………………………………………………… 150
  7.2.2 时间步长的影响 ………………………………………… 153
  7.2.3 收敛精度的影响 ………………………………………… 153
7.3 列车-轨道非线性耦合系统动力分析 …………………………… 155
7.4 结论 ……………………………………………………………… 161
参考文献 ……………………………………………………………… 162

第八章 动轮单元模型及算法 ……………………………………… 163
8.1 动轮单元模型 …………………………………………………… 163
8.2 单轮附有一系悬挂的动轮单元模型 …………………………… 165
8.3 单轮附有二系悬挂的动轮单元模型 …………………………… 168
8.4 单轮过桥动力分析模型及算法 ………………………………… 171
参考文献 ……………………………………………………………… 173

第九章 轨道单元和车辆单元模型及算法 ………………………… 174
9.1 有砟轨道单元模型 ……………………………………………… 174
  9.1.1 基本假设 ………………………………………………… 174
  9.1.2 三层有砟轨道单元 ……………………………………… 175
9.2 板式轨道单元模型 ……………………………………………… 177
  9.2.1 基本假设 ………………………………………………… 177
  9.2.2 三层板式轨道单元 ……………………………………… 178
  9.2.3 板式轨道单元质量矩阵 ………………………………… 179
  9.2.4 板式轨道单元刚度矩阵 ………………………………… 180
  9.2.5 板式轨道单元阻尼矩阵 ………………………………… 184
9.3 板式轨道-桥梁单元模型 ………………………………………… 185
  9.3.1 基本假设 ………………………………………………… 185
  9.3.2 三层板式轨道-桥梁单元 ………………………………… 186

9.3.3 板式轨道-桥梁单元质量矩阵 187
9.3.4 板式轨道-桥梁单元刚度矩阵 188
9.3.5 板式轨道-桥梁单元阻尼矩阵 191
9.4 车辆单元模型 192
9.4.1 车辆单元的势能 193
9.4.2 车辆单元的动能 197
9.4.3 车辆单元的耗散能 197
9.5 车辆-轨道耦合系统有限元方程 198
9.6 列车-轨道耦合系统动力分析 199
参考文献 203

第十章 车辆-轨道耦合系统动力分析的移动单元法 205
10.1 基本假设 205
10.2 板式轨道三层梁移动单元模型 206
10.2.1 板式轨道控制方程 206
10.2.2 板式轨道移动单元的质量、阻尼和刚度矩阵 208
10.3 车辆单元模型 218
10.4 车辆-板式轨道耦合系统有限元方程 218
10.5 算例验证 219
10.6 高速列车-板式轨道耦合系统动力分析 220
参考文献 227

第十一章 车辆-轨道-路基-大地耦合系统竖向动力分析模型 228
11.1 移动荷载作用下板式轨道-路堤-大地系统模型 228
11.1.1 板式轨道-基床系统动力方程及解 229
11.1.2 路堤本体-大地系统动力方程及解 231
11.1.3 板式轨道-路堤-大地系统耦合振动 233
11.2 移动荷载作用下有砟轨道-路堤-大地系统模型 234
11.2.1 有砟轨道-基床系统动力方程及解 235
11.2.2 有砟轨道-路堤-大地系统耦合振动 236
11.3 移动车辆-轨道-路基-大地耦合振动解析模型 237
11.3.1 移动车辆在轮对处的柔度矩阵 237
11.3.2 轨道-路基-大地系统在轮轨接触点处的柔度矩阵 239
11.3.3 考虑轨道不平顺的移动车辆-轨道-路基-大地系统耦合 240
11.4 高速列车-轨道-路基-大地耦合系统动力响应分析 241
11.4.1 列车速度和轨道不平顺对路堤本体振动的影响 241
11.4.2 基床刚度对路堤本体振动的影响 243
11.4.3 路堤土体刚度对路堤本体振动的影响 243

参考文献 …… 244

第十二章 列车-有砟轨道-路基耦合系统动力特性分析 …… 245
12.1 车辆与轨道结构参数 …… 245
12.2 列车速度效应分析 …… 246
12.3 轨道基础刚度效应分析 …… 249
12.4 过渡段不平顺效应分析 …… 251
12.5 过渡段综合效应分析 …… 256
参考文献 …… 259

第十三章 列车-板式轨道-路基耦合系统动力特性分析 …… 261
13.1 算例验证 …… 261
13.2 板式轨道结构参数 …… 263
13.3 列车-板式轨道-路基耦合系统动力特性参数分析 …… 263
 13.3.1 轨下垫板和扣件刚度的影响 …… 264
 13.3.2 轨下垫板和扣件阻尼的影响 …… 266
 13.3.3 CA 砂浆刚度的影响 …… 268
 13.3.4 CA 砂浆阻尼的影响 …… 271
 13.3.5 路基刚度的影响 …… 273
 13.3.6 路基阻尼的影响 …… 276
参考文献 …… 278

第十四章 有砟-无砟轨道过渡段动力特性分析 …… 279
14.1 有砟-无砟轨道过渡段行车速度效应分析 …… 280
14.2 有砟-无砟轨道过渡段轨道基础刚度效应分析 …… 282
14.3 有砟-无砟轨道过渡段整治措施 …… 284
参考文献 …… 286

第十五章 基于谱单元法的轨道结构中高频振动特性分析 …… 288
15.1 引言 …… 288
15.2 轨道结构单层梁模型 …… 289
 15.2.1 轨道结构单层梁模型谱单元刚度矩阵 …… 290
 15.2.2 由钢轨扣件引起的轨道结构谱单元刚度矩阵 …… 295
 15.2.3 二维梁截断谱单元刚度矩阵 …… 295
 15.2.4 整体结构的谱刚度矩阵 …… 296
15.3 无砟轨道结构三层梁模型谱单元刚度矩阵 …… 297
15.4 轨道结构振动单层梁模型分析 …… 301
15.5 无砟轨道结构中高频振动参数分析 …… 303
 15.5.1 轨下垫板和扣件刚度的影响 …… 303
 15.5.2 轨下垫板和扣件阻尼的影响 …… 305

15.5.3　CA砂浆刚度的影响 ……………………………………………… 307
　　15.5.4　CA砂浆阻尼的影响 ……………………………………………… 309
　　15.5.5　路基刚度的影响 …………………………………………………… 310
　　15.5.6　路基阻尼的影响 …………………………………………………… 312
　　15.5.7　结论 ………………………………………………………………… 314
15.6　车辆-轨道耦合系统动力分析的频域法 ………………………………… 314
　　15.6.1　车辆模型 …………………………………………………………… 314
　　15.6.2　车辆-轨道耦合系统动力学谱元法方程 …………………………… 316
15.7　车辆-轨道耦合系统动力响应频域分析 ………………………………… 317
　　15.7.1　模型验证 …………………………………………………………… 317
　　15.7.2　车辆-轨道耦合系统动力响应频域分析 …………………………… 318
　　15.7.3　轮轨接触处车轮和钢轨垂向振动分析 …………………………… 320
　　15.7.4　离开车辆不同距离轨道结构振动衰减特性分析 ………………… 321
　　15.7.5　结论 ………………………………………………………………… 322
参考文献 ………………………………………………………………………… 322

第十六章　高架轨道引起大地振动的半解析预测方法 …………………… 324
16.1　大地振动的半解析预测法 ………………………………………………… 325
　　16.1.1　基于有限元和无穷元的大地振动分析 …………………………… 326
　　16.1.2　无穷元 ……………………………………………………………… 327
　　16.1.3　数值积分 …………………………………………………………… 330
　　16.1.4　基于测量振动响应的有效列车荷载估计方法 …………………… 332
　　16.1.5　列车荷载对相邻桥墩的影响 ……………………………………… 334
16.2　现场试验验证 ……………………………………………………………… 334
　　16.2.1　桥梁结构和实验装置 ……………………………………………… 334
　　16.2.2　识别土壤参数和有效列车荷载 …………………………………… 338
　　16.2.3　运用遗传算法求解目标函数最小值 ……………………………… 339
　　16.2.4　大地振动预测 ……………………………………………………… 342
16.3　结论 ………………………………………………………………………… 346
参考文献 ………………………………………………………………………… 346

相关专业术语 …………………………………………………………………… 349
附录A　车辆与轨道结构参数 ……………………………………………… 363
彩图

Contents

Forword

Preface

Chapter 1 Track dynamic analysis contents and related standards 1
    1.1 A review of research on track dynamic model and method 1
    1.2 Track dynamic analysis contents 4
    1.3 Allowance for safety and riding 5
    1.4 Standards of track maintenance for high-speed railway 9
    1.5 Railway environmental noise standards 15
    1.6 Railway environmental vibration standards 18
    1.7 Allowable vibration standards of historic building structures 23
    References 27

Chapter 2 Analytic method for dynamic analysis of the track structure 32
    2.1 Studies of ground surface waves and strong track vibrations induced by high speed train 32
    2.2 Effects of track stiffness abrupt change on track vibration 37
    References 45

Chapter 3 Fourier transform method for dynamic analysis of the track structure 47
    3.1 Model of single-layer continuous elastic beam for the track structure 47
    3.2 Model of double-layer continuous elastic beam for the track structure 50
    3.3 Analysis of high-speed railway track vibration and track critical speed 52
    3.4 Vibration analysis of track for railways with mixed passenger and freight traffic 61
    3.5 Vibration analysis of ballast track with asphalt trackbed over soft subgrade 66
    References 74

Chapter 4 Dynamic characteristic analysis of the elevated track structure 75
    4.1 Basic concept of admittance 75
    4.2 Dynamic characteristic analysis of the elevated bridge structures 77

4.3 Dynamic characteristic analysis of the elevated track structures ··· 86
4.4 Dynamic attenuation analysis of the elevated track structures ······ 95
References ·· 100

Chapter 5 Track irregularity power spectrum and numerical simulation ······ 102
5.1 Basic concepts of random process ·· 102
5.2 Random irregularity power spectrum of the track structure ······ 104
5.3 Numerical simulation for random irregularity of the track structure ·· 116
5.4 Trigonometric series method ··· 116
5.5 Sample of the track structure random irregularity ················· 118
References ·· 119

Chapter 6 Model for vertical dynamic analysis of the vehicle and track coupling system ·· 120
6.1 Fundamental theory of dynamic finite element method ············ 120
6.2 Finite element equations of the track structure ···················· 129
6.3 Model of track dynamics under moving axle loads ················· 134
6.4 Vehicle model of a single wheel with primary suspension system ·· 135
6.5 Vehicle model of half a car with primary and secondary suspension system ·· 137
6.6 Vehicle model of a whole car with primary and secondary suspension system ·· 139
6.7 Parameters for vehicle and track structure ······················· 141
References ·· 144

Chapter 7 Cross iteration algorithm for dynamic analysis of the vehicle and track coupling system ·· 146
7.1 Cross iteration algorithm for the vehicle and track nonlinear coupling system ·· 146
7.2 Example validation and convergence analysis ······················· 150
7.3 Dynamic analysis of the train and track nonlinear coupling system ·· 155
7.4 Conclusions ·· 161
References ·· 162

Chapter 8 Moving element model and algorithm ······················· 163
8.1 Moving element model ·· 163

8.2 Moving element model of a single wheel with primary suspension system ········ 165

8.3 Moving element model of a single wheel with primary and secondary suspension system ········ 168

8.4 Model and algorithm for dynamic analysis of a single wheel passing through the bridge ········ 171

References ········ 173

Chapter 9 Track element and vehicle element model and algorithm ········ 174

9.1 Ballast track element model ········ 174

9.2 Slab track element model ········ 177

9.3 Slab track-bridge element model ········ 185

9.4 Vehicle element model ········ 192

9.5 Finite element equation of the vehicle and track coupling system ········ 198

9.6 Dynamic analysis of the vehicle and track coupling system ········ 199

References ········ 203

Chapter 10 Moving element method for dynamic analysis of the vehicle and track coupling system ········ 205

10.1 Basic assumptions ········ 205

10.2 Moving element model for the slab track simulated as three layer beams ········ 206

10.3 Vehicle element model ········ 218

10.4 Finite element equation of the vehicle and slab track coupling system ········ 218

10.5 Example validation ········ 219

10.6 Dynamic analysis of the high speed train and track coupling system ········ 220

References ········ 227

Chapter 11 Model for vertical dynamic analysis of the vehicle, track, subgrade and ground coupling system ········ 228

11.1 Model of the slab track, embankment and ground system under moving loads ········ 228

11.2 Model of the ballast track, embankment and ground system under moving loads ········ 234

11.3 Analytical vibration model for the vehicle, track, subgrade and ground coupling system ········ 237

11.4 Dynamic analysis of the high speed train, track, subgrade and

    ground coupling system ………………………………………………… 241
  References ………………………………………………………………… 244

Chapter 12 Dynamic characteristic analysis of the train, ballast track and subgrade coupling system ………………………………………… 245
 12.1 Parameters for vehicle and track structure ……………………… 245
 12.2 Influence analysis of the train speed …………………………… 246
 12.3 Influence analysis of the track foundation stiffness …………… 249
 12.4 Influence analysis of the transition irregularity ………………… 251
 12.5 Influence analysis of the combined track stiffness and transition irregularity ……………………………………………………… 256
 References ………………………………………………………………… 259

Chapter 13 Dynamic characteristic analysis of the train, slab track and subgrade coupling system ………………………………………… 261
 13.1 Example validation ………………………………………………… 261
 13.2 Parameters of the slab track structure …………………………… 263
 13.3 Dynamic characteristic parameter analysis for the train, slab track and subgrade coupling system ……………………………… 263
 References ………………………………………………………………… 278

Chapter 14 Dynamic characteristic analysis for the track transition between ballast track and ballastless track ……………………………… 279
 14.1 Influence analysis of the train speed for the track transition between ballast track and ballastless track ……………………… 280
 14.2 Influence analysis of the track foundation stiffness for the track transition between ballast track and ballastless track ………… 282
 14.3 Remediation measures of the track transition between ballast track and ballastless track ………………………………………… 284
 References ………………………………………………………………… 286

Chapter 15 Analysis of mid-high frequency vibration characteristics of track structures based on spectral element method …………… 288
 15.1 Introduction ………………………………………………………… 288
 15.2 Single layer beam model of track structure ……………………… 289
 15.3 The stiffness matrix of spectral elements in the three-layer beam model of ballastless track structure ……………………… 297
 15.4 Analysis of single layer beam model of track structure vibration …… 301
 15.5 Parameter analysis of ballastless track structure vibration in mid-high frequencies ……………………………………………… 303

	15.6	Frequency domain method for dynamic analysis of vehicle-track coupling system	314
	15.7	Frequency domain analysis of dynamic response of vehicle-track coupling system	317
	References		322

Chapter 16 A semi-analytical method to predict ground vibration caused by elevated track ········ 324

    16.1 Semi-analytical prediction of ground vibration ············ 325

    16.2 On-site test validation ············ 334

    16.3 Conclusions ············ 346

    References ············ 346

Related terminology ············ 349

Appendix A Vehicle and track structure parameters ············ 363

Colorgraphic

第一章 轨道动力学分析内容及相关标准

随着列车速度的提高、轴重的增加、行车密度的提高,以及新型车辆和新型轨道结构大量地投入工程应用,车辆与轨道间的相互作用更加复杂,动应力增大,影响到列车运行的安全与稳定。列车作用在轨道上的动荷载可分为移动的轴荷载、固定作用点的动荷载以及移动的动荷载。轴荷载的作用与车辆动力学无关,其大小不变,但由于其作用点是移动的,因此对轨道-路基-大地系统的作用为动荷载作用。当移动轴荷载的速度接近轨道的临界速度时,轨道将产生剧烈的振动。固定作用点的动荷载来自车辆通过固定不平顺,如钢轨接头、无缝钢轨焊缝及道岔岔心引起的撞击。移动动荷载则由轮轨接触表面的不平顺而产生。进行列车-轨道系统动力学分析是研究复杂轮轨关系和相互作用机制的基础,也是指导和优化车辆、轨道结构设计必不可少的内容。

1.1 轨道动力学模型与方法研究回顾

国内外学者在轨道动力学模型的建立与方法的研究方面做了许多工作,并取得了丰富的研究成果。轨道动力学模型与方法的研究经历了一个从简单到复杂的发展过程,从历史上看,移动荷载/车辆结构是结构动力学中,尤其是列车轨道系统中最早的实际问题之一。Knothe 和 Grassie 等发表了几篇在频域内轨道动力学和车辆-轨道相互作用研究进展的文章[1-3]。Mathews 采用傅里叶变换方法和移动的坐标系统,解决了任意移动荷载作用在弹性基础无限长梁上的动力问题[4,5]。傅里叶变换方法属于频域分析法。运用傅里叶变换的方法,Trochanis 等[6],Ono 和 Yamada[7]也做了一些类似的研究工作。Jezequel 将轨道结构简化为弹性基础上周期性支撑的无限长梁,考虑列车荷载为匀速运动的集中力,根据周期结构中的自由波传播方程,提出和解释了轨道临界速度的概念[8]。Timoshenko 等通过模态叠加,在时域内解决了移动荷载作用于简支梁上的控制微分方程的求解[9]。Warburton 用解析的方法分析了相同的问题,并发现移动荷载在特定的速度下,梁的挠曲量将达到最大[10]。Cai 等运用模态叠加法研究了移动荷载作用于周期滚动支座上无限长梁的动力响应问题[11]。

以上工作都是将轨道梁视为连续体,并用解析法求解控制微分方程。这些方法虽然简单,但不适合考虑整车多自由度的车辆轨道系统,因此在车辆轨道动力学中的作用是有限的。近年来,有限元法在实际工程中的应用越来越广泛。有限元法是通过将轨道离散为有限个单元、假设位移函数得到单元矩阵,从而形成有限元求解方程。Filho综述了用有限元法求解移动荷载作用于均质梁上的动力响应方法[12]。有限元法是一种流行的解决车辆轨道动力学问题的方法。Olsson采用有限元法,考虑不同的车辆模型,不同的振动模态和轨道表面不平顺的影响,用板柱单元模拟桥梁振动问题[13]。Fryba等提出适合匀速移动荷载作用于弹性基础梁的随机有限元分析法[14]。Thambiratnam和Zhuge建立了任意长度的弹性基础简支梁分析的有限元模型[15,16]。Nielsen和Igeland建立了包含转向架、钢轨、轨枕和路基为一体的有限元模型,运用复模态叠加技术分析轨道磨耗、车轮扁平和轨枕悬空等因素的影响[17]。Zheng和Fan研究了列车-轨道系统的稳定性问题[18]。Koh等提出新型移动单元法,这种单元建立在一个随列车一起运动的相对坐标系上,而普通的有限元法则建立在固定的坐标系中[19]。Auersch在三维空间建立了用有限元和边界元联合求解法分析有、无道砟垫的轨道结构模型,并对道砟垫的刚度、车辆簧下质量、轨道质量和路基刚度等进行了参数分析[20]。Clouteau等基于有限元-边界元耦合法提出了分析地铁振动的有效算法,该算法的核心是运用Floque变换来考虑沿隧道方向轨道的周期性[21]。Andersen和Jones运用耦合的有限元-边界元法研究和比较了二维与三维模型的差异,他们工作的一个重要发现就是二维模型适用于定性分析,且能快速得到分析结果[22,23]。Thomas建立了多刚体车辆-轨道模型,以此研究侧风对高速列车在曲线地段蛇形运动的作用,分析了侧风强度、车辆参数对列车动力响应的影响[24]。Ganesh等运用有限元法,考虑路基、道砟和钢轨垫板等参数的变化,对预应力混凝土轨枕和木枕轨道结构的轨道模量进行了分析[25]。Cai将大地处理成多孔弹性半无限域介质,基于Biot多孔弹性动力学理论,研究了列车通过时轮轨相互作用对大地环境振动的影响[26]。

自20世纪90年代初起,国内众多铁路科研人员陆续开展了车辆-轨道耦合动力学领域的理论与应用研究。1992年,翟婉明发表了"车辆-轨道垂向系统的统一模型及其耦合动力学原理"学术论文[27],并于1997年撰写了《车辆-轨道耦合动力学》[28]。2002年,翟婉明又发表了一篇"车辆-轨道耦合动力学研究的新进展"的综述文章[29],回顾了车辆-轨道耦合动力学的研究历史,并对国内外研究进展作了概要介绍。雷晓燕带领的课题组也较早地开展了轨道动力学模型与数值方法研究[30-32],于1998年出版了《轨道结构数值分析方法》学术著作,系统地介绍了单轮附有一系弹簧阻尼的车辆模型、半车和整车附有二系弹簧阻尼的车辆模型,以及求解车辆-轨道耦合系统振动方程的数值方法[33]。国内相关的研究工作还有很多,例如徐志胜等运用车辆-轨道耦合动力学理论,编制了基于Timoshenko梁钢轨模型的车辆-轨道耦合振动分析软件,分析了车辆-轨道系统的垂向振动特性,并与基于Euler梁模型的软件仿真结果进行了比较分析[34,35]。结果表明,两者的仿真结果基本一致,但在较高频域,这两种分析方法得到的固有频率差异较大,Timoshenko 梁模型能更好地反映轮轨系统的高频特性。谢伟平等运用傅里叶变换和留数理论得到了变速移动荷载下无限长 Winkler 梁稳态动力响应的解析表达式,与 Kenney 经典解求解的过程相比,求解过程具有更加明确的物理意义[36]。罗雁云等通过建立无缝线路有限元动力分析模型,研究钢轨自振频率和温度力之间的关系[37]。该模型包括钢轨、扣件和轨枕,考虑钢轨断面特性、钢轨磨耗、轨下垫板和扣件刚度,以及扭转刚度等因素对模型计算的影响。计算结果表明,该模型可以更准确地分析无缝线路轨道结构中钢轨纵向力与振动特性的内在联系。魏庆朝等建立了直线电机地铁系统横、垂向车辆-轨道耦合动力学仿真模型,计算了不同轨道结构形式(长枕埋入式与板式)和不同板下支承刚度和阻尼条件下,直线电机车辆与轨道结构的动力响应,并进行了对比分析[38]。结果表明,长枕埋入式轨道结构的车体垂向加速度略大于板式轨道,而板式轨道的钢轨横向加速度以及钢轨垂向位移则要略大于长枕埋入式,板下阻尼值的增大有利于轨道板减振,板下刚度对轮轨力、钢轨位移和电机气隙影响较小。当板下刚度增加时,轨道板的位移值变小,但轨道板的加速度值变大。高亮等根据道岔、桥梁结构和布置形式,建立了桥上无缝道岔空间耦合模型,从温度荷载、竖向荷载、钢轨横向变形等方面对其空间力学特性进行了分析[39]。冯青松等采用傅里叶变换和传递矩阵的方法推导了有砟轨道-路基-地基系统在轮轨接触点处的柔度矩阵[40],建立了考虑轨道不平顺的车辆-有砟轨道-路基-层状地基垂向耦合振动解析模型,分析了单台 TGV 高速动车引起路堤本体-地基系统的振动,研究了列车速度、轨道不平顺、基床刚度和路堤土体刚度对路堤本体振动的影响。研究结果表明,路堤本体垂向位移主要由移动的列车轴荷载引起;随着列车速度的提高,路堤振动的波动性明显增加;基床刚度和路堤土体刚度对路堤振动影响显著。边学成、陈云敏采用动力子结构法研究了移动荷载作用下轨道与层状大地的耦合振动,模型考虑轨枕的离散支承影响[41,42],后来又采用分层传递矩阵方法研究了大地振动问题[43]。谢伟平等[44,45]、聂志红等[46]、雷晓燕[47-50]、和振兴等[51]、李志毅等[52]也采用解析的波数-频域法建立轨道结构单层或多层梁模型,分析了高速列车引起的轨道和大地振动。研究表明,列车速度越高,轨道和大地的振动响应越大;当列车速度低于、接近和高于大地中表面波波速时,大地振动呈现出不同的特性;当列车速度达到某种临界速度时,将引起轨道和大地的强烈振动,当高速列车通过软土地基线路时可能发生这种强振动现象。Wua 等提出半解析模型分析高架铁路移动荷载引起的大地振动,由移动轴荷载作用下的弹性支承梁模型求得列车引起的桥墩墩顶支反力,通过集总参数模型求出桥墩基础与周围土层间的相互作用力,并由此作用力求出弹性半空间大地的振动级[53]。Xia 等利用解析的波数-频域法建立了列车-轨道-大地耦合模型,将轨道-大地系统考虑为三维层状大地上周期性支承的 Euler 梁模型,也分析了移动列车轴荷载和轨道不平顺引起的动态轮轨力作用下大地的振动响应[54]。

刘学毅等[55]认为,许多情况下轮轨振动表现为耦合性较强的空间振动,因此有必要发展轮轨系统空间耦合振动模型。李德建和曾庆元[56]采用车辆-轨道耦合动力学的方法,建立了车辆-直线轨道空间耦合振动分析模型。其特点在于将轨道离散成 30 个自由度的空间轨道单元段,并采用构建人工蛇行波作为激振源。梁波等[57]和苏谦等[58]详细考虑路基结构的参振作用,开展了车辆-轨道-路基垂向耦合动力学研究。王其昌等[59]、罗强等[60,61]运用车辆-轨道垂向统一模型[27,28],分别研究了高速、提速或快速铁路列车通过路基-桥梁过渡段时的动力学问题,为高速铁路路桥过渡段的路基加固、变形控制及过渡段合理长度的确定等提供了理论依据。王平[62]和任尊松[63]采用车辆-轨道耦合动力学理论分别进行了车辆与道岔相互作用研究,并应用于我国提速道岔动力分析。

列车对轨道的动力作用是一个随机过程,对车辆-轨道系统进行随机振动分析能够更全面地了解轮轨作用机制。研究车辆-轨道耦合随机振动一般采用定点激励模型和动点激励模型。定点激励模型是假设车辆与轨道固定不动,轨道不平顺激励以一定速度向后运动。动点激励模型是假设车辆以一定的速度在轨道上运行,其做法是首先根据轨道不平顺功率谱反演出一条轨道不平顺样本,然后利用数值积分方法求解系统的时域响应,最后对时域响应进行傅里叶变换,得到系统响应的功率谱。陈果[64]和雷晓燕等[65,66]曾采用动点激励模型求解车辆-轨道耦合系统的随机振动响应。这种方法可以考虑轮轨接触力的非线性,但是由于存在逐步积分,计算量较大,另外利用轨道谱反演的轨道不平顺的时域样本,以及通过时域分析结果进行响应的功率谱估计可能导致一定的分析误差。Lu 等建立了车辆-轨道随机振动分析模型[67],提出用虚拟激励法和对偶算法来求解,考虑车辆竖向振动和转动效应,共有 10 个自由度,轨道被模拟成包含钢轨、轨枕和道砟无限长的呈周期变化的 Euler 梁。同时,假设车辆不动,对轨道施加一激励,考虑轨道表面有一运动的随机不平顺谱。该随机不平顺谱是以列车速度向反方向运动的。

综上所述,国内外学者在轨道动力学模型与方法研究领域取得了丰硕的成果,相关研究工作仍在向纵深发展。

1.2　轨道动力学分析内容

当列车以一定的速度通过轨道时,车辆和轨道都要在空间各个方向产生振动,引起车辆和轨道振动的原因有如下几个方面[33]。

① 机车动力作用:蒸汽机车动轮偏心块的周期力,以及内燃机车动力机组的振动。

② 速度的影响：机车和车辆以一定的速度通过轨道不平顺时的动力作用。

③ 轨道不平顺的影响：钢轨顶面磨耗，基础弹性不均或部分轨枕失效、扣件不密贴、各部分之间有空隙，以及轨枕底部有暗坑等都是引起轨道不平顺的原因。

④ 钢轨接头及无缝线路焊缝凸台的影响：列车通过钢轨接头和焊缝凸台时会产生作用于车轮上的附加动压力。

⑤ 车轮安装偏心引起的连续不平顺，以及车轮扁疤和踏面不均匀磨耗引起的脉冲不平顺。

机车和车辆是由车体、转向架、一系二系弹簧阻尼装置和轮对组成的。当列车通过线路时，车辆和轨道结构组成一个耦合动力体系，对这个耦合系统进行动力分析，主要包括如下内容。

① 机车车辆通过轨道时的安全性。列车通过线路时，会引起轨道结构振动，对车辆-轨道耦合系统进行仿真分析，可以求得车辆和轨道结构的动应力、动挠度、横向力、脱轨系数及轮重减载率，可以据此对机车车辆通过轨道时的安全性作出评价。

② 机车车辆通过轨道时的平稳性。机车及客车的平稳性是根据司机和旅客的舒适程度来评定的。当列车以一定的速度通过时，在线路上运行的车体振动频率、加速度，以及振幅应满足平稳性要求。

③ 通过理论分析与实验研究，对既有轨道结构状态做出评价，对机车车辆和轨道结构进行参数选择和优化，为新线轨道设计提供依据。

此外，随着列车速度的提高、货车载重的增大，以及工作环境的改变，都要求深入研究轮轨间的动力作用问题。

1.3 安全性平稳性限值

1.3.1 普通列车安全性限值

判定列车在线路上运行的安全性通常按脱轨系数、横向力允许限度、轮重减载率及倾覆系数等指标进行评价。对于普通列车，安全评定标准有 GB 5599—85《铁道车辆动力学性能评定和试验鉴定规范》、TB/T 2360—93《铁道机车动力学性能试验鉴定方法及评定标准》。

脱轨系数用于评定车轮轮缘在横向力作用下是否逐渐爬上轨头而脱轨。我国机车脱轨系数限值如表 1.1 所示，客货车辆脱轨系数限值如表 1.2 所示[68]。

表 1.1 机车脱轨系数限值

脱轨系数	优良	良好	合格
$\dfrac{Q}{P}$	0.6	0.8	0.9

表 1.2 客货车辆脱轨系数限值

脱轨系数	第一限度（合格）	第二限度（更安全）
$\dfrac{Q}{P}$	≤1.2	≤1.0

应当指出，世界各国铁路都制定了自己的标准，但原则都是一致的。例如，欧洲各国规定移动区间为 $2m$ 的脱轨系数平均值 $\dfrac{Q}{P}<0.8$；日本的判别标准为 $\dfrac{Q}{P} \leqslant 0.8$（作用时间 $t \geqslant 0.05s$），$\dfrac{Q}{P} \leqslant \dfrac{0.04}{t}$（$t \leqslant 0.05s$）等，其中 P 为机车导向车轮与钢轨之间的垂向力，Q 为机车导向车轮与钢轨之间的横向力。

横向力允许限度用于评定车辆在运行中是否会导致轨距扩宽（道钉拔起）或线路产生严重变形。横向力允许限值如表 1.3 所示。

表 1.3 横向力允许限值 （单位：kN）

横向力	第一限度（合格）	第二限度（更安全）
Q	$Q \leqslant 29+0.3P$	$Q \leqslant 19+0.3P$

轮重减载率用于评定车辆是否因一侧车轮减载过大而导致脱轨。轮重减载率限值如表 1.4 所示。

表 1.4 轮重减载率限值

轮重减载率	第一限度（合格）	第二限度（更安全）
$\dfrac{\Delta P}{\overline{P}}=\dfrac{P_1-P_2}{P_1+P_2}$	≤0.65	≤0.60

注：ΔP 为轮重减载量，$\overline{P}$ 为 P_1 与 P_2 之和，P_1 和 P_2 为左右车轮作用在钢轨上的竖向力。

倾覆系数用于评定车辆在侧向风力、离心力和横向振动惯性力同时作用下是否会导致车辆倾覆。倾覆系数定义为

$$D=\dfrac{P_d}{P_{st}}<0.8 \tag{1.1}$$

其中，P_d 为作用于车辆上的横向动荷载；P_{st} 为车辆的垂向静荷载。

倾覆的临界条件为 $D=1$。

1.3.2 普通列车平稳性限值

机车车辆运行平稳性分别按平稳性指标和振动加速度评定。平稳性指标按下式计算,即

$$W=2.7\sqrt[10]{a^3f^5F(f)}=0.896\sqrt[10]{\frac{A^3F(f)}{f}} \tag{1.2}$$

其中,W 为平稳性指标;a 为振动位移幅值,单位 cm;A 为振动加速度幅值,单位 cm/s²;f 为振动频率,单位 Hz;$F(f)$ 是与振动频率有关的函数,称为频率修正系数。

$F(f)$ 的引入是为了考虑人体对各种振动频率的敏感度不同。在常用的频率范围内,垂向振动和横向振动的值是不同的,具体的频率修正系数如表 1.5 所示。

表 1.5 频率修正系数

振动	振动频率/Hz	$F(f)$
垂向振动	0.5~5.9	$0.325f^2$
	6.0~20	$400/f^2$
	>20	1
横向振动	0.5~5.4	$0.8f^2$
	5.5~26	$650/f^2$
	>26	1

平稳性指标适用于单一频率的等幅振动,而实际的车辆振动为随机振动。从车体上测得的加速度包含车辆振动的整个自然频率,需将其按频率分组,统计出每一频率中不同加速度的平稳性指标值。因此,总平稳性指标采用下式计算,即

$$W=(W_1^{10}+W_2^{10}+W_3^{10}+\cdots+W_n^{10})^{\frac{1}{10}} \tag{1.3}$$

其中,$W_1,W_2,\cdots,W_n$ 为按频率分解进行频谱分析,根据每段频率范围内的加速度幅值计算得到的各自的平稳性指标。

平稳性指标的计算时间一般为 18s,首先进行快速傅里叶变换(fast Fourier transform,FFT)得到频谱,然后经频率加权得到平稳性。

客货车辆运行平稳性(旅客乘坐的舒适性与确保运送货物的完整性)分别按平稳性指标和振动加速度评定。我国客货车辆运行平稳性限值如表 1.6 所示。

表 1.6 客货车辆运行平稳性限值

平稳性等级	评定	平稳性指标 W	
		客车	货车
1	优	<2.5	<3.5
2	良好	2.5～2.75	3.5～4.0
3	及格	2.75～3.0	4.0～4.25

注：① 垂向和横向平稳性限值相同。

② 货车最大振动加速度为货车振动强度的极限值，垂向振动为 $0.7g$，横向振动为 $0.5g$。

评定机车运行平稳性的主要指标是车体的垂直方向、水平横向振动加速度，以及司机室振动加权加速度有效值。振动加速度有效值均方根（root mean square, RMS）定义为

$$a_{\text{rms}} = \sqrt{\frac{1}{T}\int_0^T a^2(t)\mathrm{d}t} \tag{1.4}$$

其中，$a(t)$ 为振动加速度；T 为测量时间。

我国机车运行平稳性限值如表 1.7 所示。

表 1.7 机车运行平稳性限值

等级	$A_{\max}/(\text{m/s}^2)$		$A_w/(\text{m/s}^2)$		W
	垂向	横向	垂向	横向	
优良	2.45	1.47	0.393	0.273	2.75
良好	2.95	1.96	0.586	0.407	3.10
合格	3.63	2.45	0.840	0.580	3.45

注：$A_{\max}$ 为最大振动加速度；A_w 为加权加速度有效值，是考虑人的感觉和引起疲劳的频率因素，评定机车悬挂系统运行平稳性的指标；W 为平稳性指标。

1.3.3 提速列车安全性及平稳性限值

根据原中华人民共和国铁道部《既有线提速技术条件（试行）》，安全性及平稳性指标应符合提速客、货运机车动力学性能标准，提速客车及动车组技术标准，提速普通货车技术标准[69]，分别如表 1.8～表 1.10 所示。

表 1.8 提速客、货运机车动力学性能标准

参数	评估标准
脱轨系数	≤0.8
轮重减载率	准静态≤0.65；动态<0.8
轮轴横向力/kN	$Q \leqslant 0.85\left(10+\dfrac{P_0}{3}\right)$，其中 P_0 为轴重

续表

参数	评估标准
车体振动加速度/(m/s²)	垂向：优 2.45，良 2.95，合格 3.63 横向：优 1.47，良 1.76，合格 2.45
平稳性指标（垂向、横向）	优 2.75，良 3.10，合格 3.45

注：① 当脱轨系数＞0.8 时，应同时检查其持续作用时间 t。连续测量时，脱轨系数最大值应满足 $\left(\dfrac{Q}{P}\right)_{max} \leqslant \dfrac{0.04}{t}(t<0.05s)$；间断测量时，脱轨系数不得连续出现两个超过 0.8 的峰值。

② 当轮重减载率＞0.65 时，应同时检查其持续作用时间 t。连续测量时，轮重减载率最大值应满足 $\left(\dfrac{\Delta P}{P}\right)<0.8(t<0.05s)$；间断测量时，轮重减载率不得连续出现两个超过 0.65 的峰值。

表 1.9 提速客车及动车组技术标准

参数	评估标准
脱轨系数	$\leqslant 0.8$
轮重减载率	$\leqslant 0.65$
横向作用力/kN	$Q \leqslant 0.85\left[10+\dfrac{1}{3}(P_{st1}+P_{st2})\right]$，其中 P_{st1} 和 P_{st2} 分别为左右车轮作用在钢轨上的静荷载
平稳性指标（垂向、横向）	优 2.5，良 2.75，合格 3.0，新车按 2.75 为合格

注：只适用于动力分散式动车组和动力集中式的客运车辆。动力集中式的动力车按机车标准。

表 1.10 提速普通货车技术标准

参数	标准
脱轨系数	$\leqslant 1.0$（第二限度）；$\leqslant 1.2$（第一限度）
轮重减载率	$\leqslant 0.6$（第二限度）；$\leqslant 0.65$（第一限度）
横向作用力/kN	$Q \leqslant 29+0.3P_{st}$，其中 P_{st} 为车轮作用在钢轨上的静荷载
轮轴横向力/kN	$Q \leqslant 0.85\left[15+\dfrac{1}{2}(P_{st1}+P_{st2})\right]$，其中 P_{st1} 和 P_{st2} 分别为左右车轮作用在钢轨上的静荷载
车体振动加速度/(m/s²)	垂向：$\leqslant 7.0$ 横向：$\leqslant 5.0$
平稳性指标（垂向、横向）	优 3.5，良 4.0，合格 4.25，新车按 4.0 为合格

1.4 高速铁路轨道维修管理标准

理论分析和实践都已证明，轨道不平顺一方面直接影响高速行车的安全与平稳，另一方面由轨道不平顺引起的动荷载将进一步加速轨道恶化和不平顺的发展。

因此,实际运营过程中必须对轨道进行科学、经济的维修管理,使其在较长的时间内保持良好的平顺状态,保障高速行车的安全与平稳。

高速铁路轨道维修管理是以轨道状态检测和轨道不平顺对高速列车和轨道的动力影响为基础展开的。轨道状态检测通过先进的轨道检查车、钢轨探伤车、其他检测设备及铁路工务人员目测巡视完成。经过检测,要对轨道状态做出科学评定,根据检测数据和评定结果,将轨道状态的各种参数进行分级管理,并做出相应的维修计划。对于严重影响高速行车安全与平稳的局部轨道不平顺和轨道病害必须采取紧急补修措施和列车限速措施。

1.4.1 法国高速铁路轨道维修管理标准

法国高速铁路对轨道的维修管理按轨道的平顺状态分为四级。

① 目标值——新线铺设和维修作业后应达到的质量标准。

② 警告值——对达到或超过该值的轨道不平顺要重点观测,分析其发展变化情况并做出维修计划。

③ 干预值——对于达到或超过该值的地点或区段实施必要的维修作业,一般在 15 天之内予以实施,并使其达到目标值。

④ 限速值——对于达到或超过该值的地点或区段,列车必须降速行驶,并以任何可能的手段包括手工作业,予以整治消除。

法国高速铁路轨道维修管理标准如表 1.11 所示。

表 1.11 法国高速铁路轨道维修管理标准

维修管理	横向振动加速度/(m/s^2)		高低/mm		轨向/mm	
	车体	转向架	12.2m 基长 半峰值	31m 基长 峰-峰值	10m 基长 半峰值	33m 基长 峰-峰值
目标值	—	—	3		2	—
警告值	1.2	3.5	5	10	6	12
干预值	2.2	6	10	18	8	16
限速值	2.8	8	15	24	12	20

1.4.2 日本新干线高速铁路轨道维修管理标准

日本新干线高速铁路对轨道不平顺的管理分为五级,随着列车速度的进一步提高,还增加了 40m 弦长管理标准。日本新干线高速铁路轨道维修管理标准如表 1.12 所示。

表 1.12　日本新干线高速铁路轨道维修管理标准

类别		作业验收目标值	计划维修目标值	舒适性管理目标值	安全管理目标值	慢行管理目标值
轨道不平顺	10m弦法 高低/mm	≤4	6	7	10	15
	10m弦法 轨向/mm	≤3	4	4	6	9
	10m弦法 轨距/mm	≤±2	+6,−4	+6,−4	+6,−4	—
	10m弦法 水平/mm	≤3	5	5	7	—
	10m弦法 平面性/(mm/2.5m)	≤3	4	5	6	—
	40m弦法 高低/mm			7～10		
	40m弦法 轨向/mm			6～7		
车体振动加速度	垂向 g/振幅	—	0.25	0.25	0.35	0.45
	横向 g/振幅	—	0.20	0.20	0.30	0.35

注：① 作业验收目标值——维修作业和工程施工后应达到的质量目标值。
② 计划维修目标值——在制定维修计划时，确定需要进行维修的轨道不平顺管理目标值。
③ 舒适性管理目标值——确保列车良好舒适度的目标值。
④ 安全管理目标值——当轨道不平顺达到或超过该值时，对高速行车安全有显著影响，因此应限期（一般 15 天）做紧急补修。
⑤ 慢行管理目标值——当轨道不平顺达到或超过该值时，列车必须降速慢行，并以任何可能的手段立即予以消除。

1.4.3　德国高速铁路轨道维修管理标准

德国高速铁路对轨道不平顺的管理分为五级。

① SR_0——该值表明不平顺安全储备很大，轨道平顺性优良，不需要进行评定。

② SR_A——该值称为安全储备释放值，超过此值，表明轨道不平顺对安全储备开始有影响，需要进行详细评定。

③ SR_{100}——该值表明轨道不平顺除对安全储备有影响外，还会影响技术经济上的储备合理性，需要安排维修。

④ SR_{lim}——超过该值，表明轨道不平顺不但会对安全储备有较大的影响，而且会对机车车辆和轨道破坏产生（规范不允许）影响，需要紧急补修。

⑤ SR——该值是一个直接影响安全的极限值，即轨道不平顺的安全储备已完全用尽，需要对高速列车进行限速运行，并采取一切必要的维修措施立即予以消除。

德国高速铁路轨道维修管理标准如表 1.13 所示。

表 1.13 德国高速铁路轨道维修管理标准

评价项目/mm	测量基线/m	峰值类型	SR_0	SR_A	SR_{100}	SR_{lim}	$SR_{极限值}$
高低	2.6/6.0	峰/峰值	6	10	14	20	35
三角坑	2.5	平均/峰值	1.3	2.0	3.0	—	—
水平	—	平均/峰值	4	6	8	12	20
轨向	4.0/6.0	峰/峰值	6	10	14	20	35

德国高速铁路除直接评定管理轨道不平顺外,还对轨道不平顺引起的机车车辆的反应值进行管理,评价标准如表 1.14 所示。

表 1.14 轨道不平顺对机车车辆反应的评价标准

作用方向	评价指标	基准值	评价等级系数 k			
			SR_0	SR_A	SR_{100}	SR_{lim}
横向	横向力 $\sum H/\text{kN}$	$\left(10+\dfrac{2}{3}Q\right)k$	0.5	1.0	1.3	1.5
	水平加速度 a_y 峰/峰值/(m/s²)	$2.5k$	0.7	1.0	1.3	1.5
	水平加速度有效值 RMS	$0.5k$	0.4	1.0	1.3	1.5
垂向	最大垂向力 Q/kN	$170k$	0.8	1.0	1.3	1.5
	最小垂向力 Q/kN	$Q_0 k$	0.6	0.4	0.3	—
	垂向加速度 a_z 峰/峰值/(m/s²)	$2.5k$	0.7	1.0	1.3	1.5
	垂向加速度有效值 RMS	$0.5k$	0.4	1.0	1.3	1.5

注:Q_0 为静轴重。

1.4.4 英国高速铁路轨道维修管理标准

英国高速铁路对轨道不平顺的管理同多数国家一样,既对局部轨道不平顺进行管理,也对区段整体轨道不平顺进行管理。英国高速铁路用每 200m 轨道单元区段的标准差 σ 对区段轨道不平顺进行管理,并以此制订维修计划。近年来随着列车速度的进一步提高,在原有 42m 波长以下的 200m 轨道不平顺标准差管理标准的基础上增加了 42~84m 波长轨道不平顺标准差管理标准,相应的轨道区段单元扩展为 400m。英国高速铁路轨道不平顺管理标准如表 1.15 所示。英国区段轨道不平顺标准差管理标准如表 1.16 所示。

表 1.15 英国高速铁路轨道不平顺管理标准

波长/m	幅值标准	
	满足平稳性条件时/mm	满足动荷增量条件时/mm
0.5	—	0.1
1	—	0.3
2	—	0.6
5	—	2.5
10	5	—
20	9	—
50	16	—

表 1.16 英国区段轨道不平顺标准差管理标准

速度/(km/h)	高低/mm				轨向/mm			
	<42m 波长		42~84m 波长		<42m 波长		42~84m 波长	
	平均值	最大值	平均值	最大值	平均值	最大值	平均值	最大值
175	1.8	2.9	3.2	5.7	1.1	1.9	2.6	4.6
200	1.5	2.4	2.7	4.7	0.9	1.6	2.2	3.9
225	1.3	2.0	2.3	4.0	0.8	1.4	1.8	3.2
250	1.1	1.7	1.9	3.3	0.7	1.1	1.5	2.7

1.4.5 韩国高速铁路轨道几何状态检测标准

韩国高速铁路采用 PLASSER 公司的 EM120 轨检车检测轨道几何状态。韩国高速铁路轨道几何状态检测标准如表 1.17 所示。

表 1.17 韩国高速铁路轨道几何状态检测标准

几何状态	测量弦长/m	新线最大偏差/mm	临时补修标准/mm	限速标准/mm
高低	短弦 10	2	10	15
	长弦 30	5	18	24
轨向	短弦 10	3	8	12
	长弦 30	6	16	20
扭曲	3	3	7	15

注：① 10m 短弦管理值适用于速度 150~200km/h。
② 30m 长弦管理值适用于速度 250~300km/h。
③ 达到或超过临时补修标准的必须快速维修（根据实际情况在 1 个月、2 周、1 周内或立即进行维修）。
④ 达到或超过限速标准的必须立即限速（根据实际情况限速 230km/h、170km/h 或更低）。

1.4.6 中国高速铁路轨道不平顺维修管理标准

中国高速铁路轨道不平顺维修管理标准包括高速铁路正线静态几何尺寸容许偏差管理值(表1.18)、高速铁路正线道岔静态几何尺寸容许偏差管理值(表1.19)、高速铁路轨道不平顺动态管理值(表1.20)。

表1.18　高速铁路正线静态几何尺寸容许偏差管理值

偏差	作业验收	临时补修	限速200km/h
轨距/mm	+1、−1	+5、−3	+6、−4
高低/mm	2	7	8
轨向/mm	2	5	6
水平/mm	1	6	7
扭曲/(mm/6.25m)	2	5	6

注：① 高低偏差为10m弦测量的最大矢度值。
② 轨向偏差是直线为10m弦测量的最大矢度值。

表1.19　高速铁路正线道岔静态几何尺寸容许偏差管理值

偏差		作业验收	临时补修	限速200km/h
轨距/mm	岔区	+1、−1	+5、−2	+6、−4
	尖轨尖	+1、−1	+3、−2	8
高低/mm		2	7	8
轨向/mm	直线	2	5	—
	支距	2	4	7
水平/mm		1	6	7
扭曲/(mm/6.25m)		2	5	6

注：① 支距偏差为实际支距与计算支距之差。
② 导曲线下股高于上股限值，作业验收为0mm，临时补修为3mm。

表1.20　高速铁路轨道不平顺动态管理值

偏差		作业验收	计划维修 Ⅰ	舒适度 Ⅱ	临时补修 Ⅲ	限速200km/h Ⅳ
1.5~42m 波长	高低/mm	3	5	8	10	11
	轨向/mm	3	4	5	6	7
1.5~120m 波长	高低/mm	4	7	9	12	15
	轨向/mm	4	6	8	10	12
轨距/mm		+3、−2	+4、−3	+6、−4	+7、−5	+8、−6
水平/mm		3	5	6	7	8
扭曲/mm		3	4	6	7	8

续表

偏差	作业验收	计划维修 I	舒适度 II	临时补修 III	限速200km/h IV
车体垂向加速度/(m/s²)	—	1.0	1.5	2.0	2.5
车体横向加速度/(m/s²)	—	0.6	0.9	1.5	2.0

注：① 表中管理值为轨道不平顺实际幅值的半峰值。
② 高低、轨向不平顺偏差管理值按照轨道实际情况评定。
③ 水平偏差管理不包含曲线按照设计规定设置的超高量及超高顺坡量。
④ 扭曲基长为2.5m，偏差管理值包含缓和曲线超高顺坡造成的扭曲量。
⑤ 严格控制连续3波及多波轨向、水平不平顺和轨向水平逆向复合不平顺。将连续3波以上的轨向（波长为20～30m）不平顺幅值控制在4mm以内。

1.4.7 欧洲高速列车-轨道耦合系统主频范围和敏感波长

表1.21为欧洲高速列车-轨道耦合系统主频范围和敏感波长。在进行车辆-轨道耦合系统结构设计时应尽量避免与车辆和轨道结构的主频接近。

表1.21 欧洲高速列车-轨道耦合系统主频范围和敏感波长

结构	主频范围/Hz	敏感波长及易产生的轨道周期性不平顺波长/m			
		160km/h	200km/h	300km/h	350km/h
车体	1～2	22.0～44.0	27.8～55.6	41.5～83.0	48.5～97.0
转向架	8～12	3.5～5.0	4.6～7.0	6.9～10.4	8.1～12.1
轨道	30～60	0.7～1.4	0.9～1.8	1.4～2.8	1.6～3.2

1.5 铁路环境噪声标准

1.5.1 噪声评价指标

A声级考虑人耳对低频噪声敏感性差的听觉特性，对低频有较大的修正量，能较好地反映人耳对各种噪声的主观评价，因此广泛用于噪声计量。在此基础上，进一步考虑噪声持续时间产生的影响，采用等效连续噪声A声级L_{eq}评价交通运输中产生的噪声。铁路环境噪声与交通噪声一样，L_{eq}也是优先评价量。

铁路环境噪声评价指标主要有等效声级、昼间等效声级、夜间等效声级和最大声级等。

① 等效声级指在测量时间T内A声级的能量平均值，用$L_{eq}/\mathrm{dB(A)}$表示，其定义为

$$L_{eq} = 10\log\left(\frac{1}{T}\int_0^T 10^{0.1L_A}\mathrm{d}t\right) \tag{1.5}$$

其中，L_A为t时刻用A计权网络测得的瞬时声压级；T为规定的时间段。

② 昼间等效声级指在昼间时段内测量得到的等效连续 A 声级,昼间指 6:00~22:00 的时段,用 $L_d/dB(A)$ 表示。

③ 夜间等效声级指在夜间时段内测量得到的等效连续 A 声级,夜间指 22:00~次日 6:00 之间的时段,用 $L_n/dB(A)$ 表示。

④ 最大声级指在规定的测量时段内或对某一独立噪声事件,测量得到的 A 声级最大值,用 $L_{max}/dB(A)$ 表示。

1.5.2 中国铁路噪声标准

中国颁布的《铁路边界噪声限值及其测量方法》(GB 12525—90)中明确规定了铁路边界的噪声限值,如表 1.22 所示[70]。

表 1.22 铁路边界噪声限值(GB 12525—90)

时段	噪声限值/dB(A)
昼间	70
夜间	70

注:测点原则上选在距铁路外侧轨道中心线 30m 处,铁路边界高于地面 1.2m,距反射物不小于 1m 处。

对于穿越人群密集的城区,其辐射的噪声必须符合《声环境质量标准》(GB 3096—2008)的限值。《声环境质量标准》中规定了城市 5 类区域的环境噪声最高限值。声环境质量标准如表 1.23 所示[71]。

表 1.23 声环境质量标准 L_{eq}(GB 3096—2008)

适用地带范围		昼间/dB(A)	夜间/dB(A)
0 类		50	40
1 类		55	45
2 类		60	50
3 类		65	55
4 类	4a 类	70	55
	4b 类	70	60

注:0 类标准适用于康复疗养区等特别需要安静的区域。
1 类标准适用于居民住宅、医疗卫生、文化教育、科研设计、行政办公等需要保持安静的区域。
2 类标准适用于商业金融、集市贸易为主要功能,或者居住、商业、工业混杂等需要维护住宅安静的区域。
3 类标准适用于以工业生产、仓储物流为主要功能,需要防止工业噪声对周围环境产生严重影响的区域。
4 类标准适用于交通干线两侧一定距离之内,需要防止交通噪声对周围环境产生严重影响的区域,包括 4a 类和 4b 类两种类型。4a 类为高速公路、一级公路、二级公路、城市快速路、城市主干道、城市次干路、城市轨道交通(地面段)、内河航道两侧区域。4b 类为铁路干线两侧区域。

1.5.3 国外铁路噪声标准

对于高速铁路,法国和日本采用 L_{max},主要是由于每天行驶的车辆数目是不变的。某些欧洲国家对于铁路噪声的要求稍低于道路交通噪声。例如,瑞士对于铁路噪声的限制至少放宽 5dB(A),如果每天通过的列车数目过少,则限制可放宽至 15dB(A)。对于铁路噪声允许限制的放宽是根据广泛社会调查的结果确定的,在 L_{eq} 数值相同时,普遍认为铁路噪声的干扰比道路交通噪声要小。部分国家的高速铁路噪声限值如表 1.24 和表 1.25 所示。

表 1.24 部分国家或地区铁路噪声限值

国家或地区	评价指标	类别	白天 /dB(A)	休息期间 /dB(A)	夜间 /dB(A)	测点
澳大利亚	$L_{eq,24h}$ L_{max}	新铁路	—	70 95	—	—
奥地利	$L_r = L_{eq} - 5$	新、改建铁路	60~65	—	50~55	—
丹麦	$L_{eq,24h}$ L_{max} $L_{eq,24h}$	新铁路 新铁路 既有线	— — —	60 85 65	— — —	户外 自由声场
法国	$L_{eq,12h}$	高速铁路新线	—	60~65	—	户外自由声场
德国	$L_r = L_{eq} - 5$	新居民区 改建铁路线	50~55 59	— —	40~45 49	户外 自由声场
英国	L_{eq}	新居民区 隔声措施新线	50 68	— —	42 63	户外 自由声场
日本	L_{max}	新干线标准	—	70	—	户外 自由声场
韩国	L_{eq}	新建、既有线环境标准	65	—	55	—
荷兰	L_{eq}	新线、既有线最大允许值	70(+3)	65(+3)	60(+3)	户外自由声场
挪威	$L_{eq,24h}$ L_{max} L_{max}	新建铁路 新建铁路 既有线	— — —	60 80 76	— — —	户外 自由声场
瑞典	$L_{eq,24h}$	新线新住宅区 既有线	— —	60 75	— —	户外 自由声场
瑞士	$L_r = L_{eq} - 5$ $K = -5 \sim -15$ 由列车数而定	新建铁路 产生影响阈值 警告值	55 60 70	— — —	45 50 65	户外 自由声场

表 1.25　国外高速列车噪声限值　　　（单位:dB(A)）

列车	列车速度/(km/h)						
	160	200	240	250	270	300	400
普通快速列车	85	88	—	91			
德国 ICE-V 高速列车	79	82	—	85	—	89	102
德国 Transrapid 磁悬浮列车	—	84		89		92	100
法国 TGV-PSE 高速列车	—	92		95			
法国 TGV-A 高速列车		87				94	100
西班牙 Talgo-Pendular 高速列车	—	82					
日本东北新干线			80		81		

1.6　铁路环境振动标准

1.6.1　振动参量及评价指标

1. 振动参量

描述振动的物理量主要有频率、强度、振动方向和暴露时间等。

① 频率。就环境振动而言,人体反应较敏感的振动频率在 1~80Hz,特别是对 16Hz 以下的低频振动更为敏感。这主要是由于人体各种组织的共振频率集中在这个范围。

② 强度。描述振动强度的物理量有位移、速度和加速度等。在环境振动分析中,振动强度一般以加速度有效值表示,常以 m/s² 为单位。

③ 振动方向。人对不同方向振动的感觉不一样,国际标准化组织(International Organization for Standardization,ISO)研究振动时以心脏为原点,将人体划分为三个坐标,发现人对 Z 向(垂向)振动最为敏感。因此,在环境振动评价中,一般以评价 Z 向振动为主,但是当两个方向的振动幅值相近时,应采用混合方向评价指标。

④ 暴露时间。人暴露在振动环境中的时间不同,对振动的反应程度也不同。振动作用的时间越长,人体受到的危害就越大。振动按时间特性可分为稳态振动、间歇振动和冲击振动三类,可用有效暴露时间表示超过标准的所有振动持续时间。

2. 振动评价指标

对于环境振动的评价指标,通常可以采用位移(S)、速度(V)、加速度(a)、频率(f)和持续时间(t)等物理量。英国、美国、瑞士等较多采用峰值速度(particle peak velocity, PPV)评价振动的影响程度。实验证明,在一定振动频率下,建筑物的破坏程度与结构的峰值速度有密切的关系,相对于峰值位移和峰值加速度,峰值速度受频率的影响较小。

此外,国际上还广泛采用振动级评价振动的大小,主要包括振动位移级、振动速度级、振动加速度级和振级。

(1) 振动位移级

振动位移级用 L_s 表示,即

$$L_s = 20\lg\left(\frac{S}{S_0}\right) \tag{1.6}$$

其中,L_s 为振动位移级,单位 dB;S 为位移,单位 m;$S_0 = 1 \times 10^{-8}$ m,为位移基准值。

(2) 振动速度级

美国铁路运输部(Federal Transportation Railroad Administration)在评价交通引起的环境振动时采用振动速度级 L_v 表示振动的强度,即

$$L_v = 20\lg\left(\frac{v_{\rm rms}}{v_{\rm ref}}\right) \tag{1.7}$$

其中,L_v 为振动速度级,单位 dB;$v_{\rm rms}$ 为速度有效值,单位 m/s;$v_{\rm ref}$ 为参考速度,在美国,$v_{\rm ref} = 2.54 \times 10^{-8}$ m/s,在欧洲,$v_{\rm ref} = 1 \times 10^{-8}$ m/s。

由于速度信号是振荡信号,其均值为零,因此不能对速度信号直接进行平均。采用速度有效值描述一段时间内的平均速度是比较合适的。速度信号的有效值定义如下,即

$$v_{\rm rms} = \sqrt{\frac{1}{T}\int_{t_1}^{t_2} v^2(t){\rm d}t}, \quad T = t_2 - t_1 \tag{1.8}$$

其中,$T=1$,即每隔 1s 计算速度信号的有效值。

(3) 振动加速度级

振动加速度级 L_a 定义为

$$L_a = 20\lg\left(\frac{a_{\rm rms}}{a_0}\right) \tag{1.9}$$

其中,L_a 为振动加速度级,单位 dB;$a_{\rm rms}$ 为振动加速度有效值;a_0 为基准加速度,$a_0 = 1 \times 10^{-6}$ m/s^2。

振动加速度级 L_a 可以比较客观地反映人体的受振状况,适用于大部分振动现象,因此使用非常广泛,被多个国家和组织采用。

(4) 振级 VL

根据 ISO 2631-1-1985 规定,按不同频率计权因子修正后得到的振动加速度级,简称振级,记为 VL,单位为 dB。振级的计算公式为

$$VL = 20\lg\left(\frac{a'_{\text{rms}}}{a_0}\right) \tag{1.10}$$

其中,a_0 为基准加速度,取值 $1\times 10^{-6}\text{ m/s}^2$;$a'_{\text{rms}}$ 为修正后的振动加速度有效值,即

$$a'_{\text{rms}} = \sqrt{\sum a_{\text{frms}}^2 10^{0.1c_f}} \tag{1.11}$$

式中,a_{frms} 表示频率为 f 的振动加速度有效值;c_f 为振动加速度感觉修正值,具体取值如表 1.26 所示。

a_{frms} 的计算步骤如下。

① 取某处测量到的加速度信号 $a(t)$,t 为时间坐标,计算其功率谱密度(power specral density,PSD)函数 $s_a(f)$,即

$$s_a(f) = 2\frac{|a(f)|^2}{T} \tag{1.12}$$

其中,$a(f)$ 为加速度信号 $a(t)$ 的傅里叶变换幅值;T 为 $a(t)$ 的时间周期;f 为频率。

② 计算某一频带的总功率 P_{f_l,f_u},即

$$P_{f_l,f_u} = \int_{f_l}^{f_u} s_a(f)\mathrm{d}f \tag{1.13}$$

其中,f_u 为该频带的上限频率;f_l 为该频带的下限频率。

频带计算采用 1/3 倍频程。1/3 倍频程上、下频率和中心频率之间的关系(表 1.27)为

$$f_c = \sqrt[6]{2}f_l = \frac{f_u}{\sqrt[6]{2}} \tag{1.14}$$

③ 计算该频带中心频率的有效值 a_{frms} 为

$$a_{\text{frms}} = \sqrt{P_{f_l,f_u}} \tag{1.15}$$

表 1.26 ISO 2631-1-1985 规定的垂直与水平振动加速度的感觉修正值

修正值	1/3 倍频带中心频率/Hz									
	1	1.25	1.6	2	2.5	3.15	4	5	6.3	8
垂直方向/dB	−6	−5	−4	−3	−2	−1	0	0	0	0
水平方向/dB	0	0	0	0	−2	−4	−6	−8	−10	−12
修正值	1/3 倍频带中心频率/Hz									
	10	12.5	16	20	25	31.5	40	50	63	80
垂直方向/dB	−2	−4	−6	−8	−10	−12	−14	−16	−18	−20
水平方向/dB	−14	−16	−18	−20	−22	−24	−26	−28	−30	−32

特别指出，垂向振级通常称为 Z 振级，记为 VL_Z，单位为 dB，c_f 取垂直方向的修正值。对环境振动而言，在绝大多数情况下，垂向振级明显大于水平方向振级。因此，在多数规范中，只用 Z 振级对环境振动进行评价。

(5) 分频最大振级

分频最大振级 VL_{max} 为 1/3 倍频程中心频率对应的最大振动加速度级（按 Z 计权因子修正后得到）。

表 1.27 1/3 倍频程中心频率和上、下限频率　　（单位：Hz）

中心频率	上、下限频率	中心频率	上、下限频率	中心频率	上、下限频率
1	0.9~1.1	6.3	5.6~7.1	40	35.5~44.7
1.25	1.1~1.4	8	7.1~8.9	50	44.7~56.2
1.6	1.4~1.8	10	8.9~11.1	63	56.2~70.8
2	1.8~2.2	12.5	11.1~14.3	80	70.8~89.1
2.5	2.2~2.8	16	14.3~17.8	100	89.1~112
3.15	2.8~3.6	20	17.8~22.4	125	112~141
4	3.6~4.5	25	22.4~28.2	160	141~178
5	4.5~5.6	31.5	28.2~35.5	200	178~224

1.6.2　城市区域环境振动标准

我国城市区域环境振动标准如表 1.28 所示。其配套标准为《城市区域环境振动测量方法》GB 10071—88。该标准规定了城市各类区域垂向 Z 振级允许标准值，适用于连续发生的稳态振动、冲击振动和无规振动[72]。

表 1.28 城市区域环境振动标准（GB 10070—88）

地区类别	时间	垂向 Z 振级允许标准值/dB
特别住宅区	白天	65
	夜间	65
居民、文教区	白天	70
	夜间	67
混合区、商业中心区	白天	75
	夜间	72
工业集中区	白天	75
	夜间	72

续表

地区类别	时间	垂向 Z 振级允许标准值/dB
交通道路干线两侧	白天	75
	夜间	72
铁路干线两侧	白天	80
	夜间	80

注：① 白天、夜间的时间是当地人民政府按当地习惯和季节变化划定的。
② 交通干线两侧是指车流量 100 辆/h 以上的道路两侧。
③ 铁路干线两侧是指距每日流量不少于 20 列的铁道外轨 30m 外两侧的住宅区。
④ 测量及评价方法按《城市区域环境振动测量方法》(GB 10071—88)执行。

1.6.3 城市轨道交通引起建筑物振动与二次辐射噪声标准

我国住房和城乡建设部 2009 年 3 月发布了《城市轨道交通引起建筑物振动与二次辐射噪声及其测量方法标准》。城市轨道交通沿线建筑物室内振动限值如表 1.29 所示[73]。测点宜布置在建筑物一楼的室内，也可布置在建筑物基础距外墙 0.5m 范围内。测量的垂向振动加速度按图 1.1 规定的 1/3 倍频程中心频率的 Z 计权因子进行数据处理，或按表 1.30 进行修正，修正后可以得到各中心频率的振动加速度振级。

表 1.29　城市轨道交通沿线建筑物室内振动限值　　（单位：dB）

区域类别	适用范围	昼间(6:00~22:00)	夜间(22:00~6:00)
0 类	特殊住宅区	65	62
1 类	居住、文教区	65	62
2 类	混合区、商业中心区	70	67
3 类	工业集中区	75	72
4 类	交通干线道路两侧	75	72

注：① 特殊住宅区指特别需要安宁的住宅区。
② 居住、文教区指纯居住、文教和机关区。
③ 混合区指一般工业、商业、少量交通与居住混杂区。
④ 商业中心区指商业集中的繁华地区。
⑤ 工业集中区指在一个城市或区域内规划明确确定的工业区。
⑥ 交通干线道路两侧指车流量每小时 100 辆以上的道路两侧。
⑦ 铁路干线两侧指距每日车流量不少于 20 列的铁道外轨 30m 外两侧的区域。

图 1.1 加速度在 1/3 倍频程中心频率的 Z 计权因子

表 1.30 加速度在 1/3 倍频程中心频率的 Z 计权因子

参数	1/3 倍频程中心频率/Hz								
	4	5	6.3	8	10	12.5	16	20	25
计权因子/dB	0	0	0	0	0	−1	−2	−4	−6
参数	1/3 倍频程中心频率/Hz								
	31.5	40	50	63	80	100	125	160	200
计权因子/dB	−8	−10	−12	−14	−17	−21	−25	−30	−36

1.7 古建筑结构容许振动标准

古建筑(historic buildings)是指历代流传下来的对研究社会政治、经济、文化发展有价值的建筑物。图 1.2~图 1.5 均为全国重点文物保护建筑。图 1.6 和图 1.7 分别为省级和市级重点文物保护建筑。图 1.8 为我国江南三大名楼之首的滕王阁,始建于唐朝永徽四年,它与湖北武汉黄鹤楼、湖南岳阳楼并称为江南三大名楼。历史上的滕王阁先后重建达 29 次之多,屡毁屡建。现在的滕王阁主阁落成于 1989 年 10 月 8 日,是 1985 年按照梁思成绘制的《重建滕王阁计划草图》重建的,是现代钢筋混凝土结构的仿古建筑,相对于历史上的传统木架构,不具备历史价值,艺术价值也达不到文物的标准。因此,尽管滕王阁非常有名,但却不是全国重点文物保护建筑。

古建筑结构振动评价指标采用容许振动速度。古建筑结构的容许振动速度应根据结构类型、保护级别和弹性波在古建筑结构中的传播速度选用。各种类型古建筑结构的容许振动速度分别如表 1.31~表 1.34 所示[74]。

图 1.2　北京雍和宫（国家级）

图 1.3　八一南昌起义纪念馆（国家级）

图 1.4　广东河源龟峰塔（国家级）

图 1.5　甘肃天水麦积山石窟(国家级)

图 1.6　南昌市"毛泽东思想胜利万岁馆"旧址(省级)

图 1.7　南昌八一起义纪念塔(市级)

图 1.8 滕王阁

表 1.31 古建筑砖结构容许振动速度　　　　　（单位：mm/s）

保护级别	控制点位置	控制点方向	砖砌体 V_p/(m/s)		
			<1600	1600～2100	>2100
全国重点 文物保护单位	承重结构 最高处	水平	0.15	0.15～0.20	0.20
省级 文物保护单位	承重结构 最高处	水平	0.27	0.27～0.36	0.36
市、县级 文物保护单位	承重结构 最高处	水平	0.45	0.45～0.60	0.60

注：当 V_p 在 1600～2100m/s 时，容许振动速度采用插入法取值。

表 1.32 古建筑石结构容许振动速度　　　　　（单位：mm/s）

保护级别	控制点位置	控制点方向	石砌体 V_p/(m/s)		
			<2300	2300～2900	>2900
全国重点 文物保护单位	承重结构 最高处	水平	0.20	0.20～0.25	0.25
省级 文物保护单位	承重结构 最高处	水平	0.36	0.36～0.45	0.45
市、县级 文物保护单位	承重结构 最高处	水平	0.60	0.60～0.75	0.75

注：当 V_p 在 2300～2900m/s 时，容许振动速度采用插入法取值。

表 1.33　古建筑木结构容许振动速度　　　　（单位：mm/s）

保护级别	控制点位置	控制点方向	顺木纹 V_p/(m/s)		
			<4600	4600~5600	>5600
全国重点文物保护单位	顶层柱顶	水平	0.18	0.18~0.22	0.22
省级文物保护单位	顶层柱顶	水平	0.25	0.25~0.30	0.30
市、县级文物保护单位	顶层柱顶	水平	0.29	0.29~0.35	0.35

注：当 V_p 在 4600~5600m/s 时，容许振动速度采用插入法取值。

表 1.34　石窟容许振动速度　　　　（单位：mm/s）

保护级别	控制点位置	控制点方向	岩石类别	岩石 V_p/(m/s)		
全国重点文物保护单位	窟顶	三向	砂岩	<1500	1500~1900	>1900
				0.10	0.10~0.13	0.13
			砾石	<1800	1800~2600	>2600
				0.12	0.12~0.17	0.17
			灰岩	<3500	3500~4900	>4900
				0.22	0.22~0.31	0.31

注：表中三向指径向、切向和竖向。当 V_p 在 1500~1900m/s、1800~2600m/s 和 3500~4900m/s 时，容许振动速度采用插入法取值。

参 考 文 献

[1] Knothe K L, Grassie S L. Modeling of railway track and vehicle track interaction at high-frequencies[J]. Vehicle System Dynamics, 1993, 22(3-4): 209-262.

[2] Grassie S L, Gregory R W, Johnson K L. The dynamic response of railway track to high frequency lateral excitation[J]. Journal Mechanical Engineering Science, 1982, 24(2): 91-95.

[3] Grassie S L, Gregory R W, Johnson K L. The dynamic response of railway track to high frequency longitudinal excitation[J]. Journal Mechanical Engineering Science, 1982, 24(2): 97-102.

[4] Mathews P M. Vibrations of a beam on elastic foundation[J]. Zeitschrift fur Angewandte Mathematik und Mechanik, 1958, 38: 105-115.

[5] Mathews P M. Vibrations of a beam on elastic foundation[J]. Zeitschrift fur Angewandte Mathematik und Mechanik, 1959, 39: 13-19.

[6] Trochanis A M, Chelliah R, Bielak J. Unified approach for beams on elastic foundation for moving load[J]. Journal of Geotechnical Engineering, 1987, 112:879-895.

[7] Ono K, Yamada M. Analysis of railway track vibration[J]. Journal of Sound and Vibration, 1989, 130:269-297.

[8] Jezequel L. Response of periodic systems to a moving load[J]. Journal of Applied Mechanics, 1981, 48:613-618.

[9] Timoshenko S, Young D H, Weaver J R W. Vibration Problems in Engineering (4th ed)[M]. New York: John Wiley, 1974.

[10] Warburton G B. The Dynamic Behavior of Structures[M]. Oxford: Pergamon Press, 1976.

[11] Cai C W, Cheung Y K, Chan H C. Dynamic response of infinite continuous beams subjected to a moving force-an exact method[J]. Journal of Sound and Vibration, 1988, 123(3): 461-472.

[12] Filho F V. Finite element analysis of structures under moving loads[J]. Shock and Vibration Digest, 1978, 10:27-35.

[13] Olsson M. Finite element modal co-ordinate analysis of structures subjected to moving loads[J]. Journal of Sound and Vibration, 1985, 99(1):1-12.

[14] Fryba L, Nakagiri S, Yoshikawa N. Stochastic finite element for a beam on a random foundation with uncertain damping under a moving force[J]. Journal of Sound and Vibration, 1993, 163:31-45.

[15] Thambiratnam D P, Zhuge Y. Finite element analysis of track structures[J]. Journal of Microcomputers in Civil Engineering, 1993, 8:467-476.

[16] Thambiratnam D P, Zhuge Y. Dynamic analysis of beams on an elastic foundation subjected to moving loads[J]. Journal of Sound and Vibration, 1996, 198(2):149-169.

[17] Nielsen J C O, Igeland A. Vertical dynamic interaction between train and track-influence of wheel and track imperfections[J]. Journal of Sound and Vibration, 1995, 187(5):825-839.

[18] Zheng D Y, Fan S C. Instability of vibration of a moving train and rail coupling system[J]. Journal of Sound and Vibration, 2002, 255(2):243-259.

[19] Koh C G, Ong J S Y, Chua D K H, et al. Moving element method for train-track dynamics[J]. International Journal for Numerical Methods in Engineering, 2003, 56:1549-1567.

[20] Auersch L. Dynamic axle loads on tracks with and without ballast mats: numerical results of three-dimensional vehicle-track-soil models[J]. Journal of Rail and Rapid Transit, Proceedings of the Institution of Mechanical Engineers Part F, 2006, 220:169-183.

[21] Clouteau D, Arnst M, Al-Hussaini T M, et al. Freefield vibrations due to dynamic loading on a tunnel embedded in a stratified medium[J]. Journal of Sound and Vibration, 2005, 283 (1-2): 173-199.

[22] Andersen L, Jones C J C. Vibration from a railway tunnel predicted by coupled finite element and boundary element analysis in two and three dimensions[C]//Proceedings of the 4th Structural Dynamics-EURODYN, 2002: 1131-1136.

[23] Andersen L, Jones C J C. Coupled boundary and finite element analysis of vibration from railway tunnels-a comparison of two and three-dimensional models[J]. Journal of Sound and Vibration, 2006, 293 (3-5):611-625.

[24] Thomas D. Dynamics of a high-speed rail vehicle negotiating curves at unsteady crosswind [J]. Journal of Rail and Rapid Transit, Proceedings of the Institution of Mechanical Engineers Part F, 2010, 224(6):567-579.

[25] Ganesh B K, Sujatha C. Track modulus analysis of railway track system using finite element model[J]. Journal of Vibration and Control, 2010, 16 (10): 1559-1574.

[26] Cai Y, Sun H, Xu C. Effects of the dynamic wheel-rail interaction on the ground vibration generated by a moving train[J]. International Journal of Solids and Structures, 2010, 47 (17): 2246-2259.

[27] 翟婉明. 车辆-轨道垂向系统的统一模型及其耦合动力学原理[J]. 铁道学报, 1992, 14 (3): 10-21.

[28] 翟婉明. 车辆-轨道耦合动力学(3版)[M]. 北京：科学出版社, 2007.

[29] 翟婉明. 车辆-轨道耦合动力学研究的新进展[J]. 中国铁道科学, 2002, 23 (4): 1-13.

[30] 雷晓燕. 轮轨相互作用有限元分析[J]. 铁道学报, 1994, 16(1):8-17.

[31] 雷晓燕. 高速列车对道碴的动力影响[J]. 铁道学报, 1997,19(1):4-11.

[32] 雷晓燕. 轨道动力学理论模型参数研究[J]. 铁道工程学报, 1998,(2):71-76.

[33] 雷晓燕. 铁路轨道结构数值分析方法[M]. 北京:中国铁道出版社,1998.

[34] 徐志胜,翟婉明,王开云,等. 车辆-轨道系统振动响应分析——Timoshenko 梁与 Euler 梁轨道模型的比较[J]. 地震工程与工程振动, 2003, 23(6):74-79.

[35] 徐志胜,翟婉明,王开云. 基于 Timoshenko 梁模型的车辆-轨道耦合振动分析[J]. 西南交通大学学报, 2003, 38(1):22-27.

[36] 谢伟平,镇斌. 移动荷载下 Winkler 梁稳态动力响应分析[J]. 武汉理工大学学报, 2005, 27(7):61-63.

[37] 罗雁云,施董燕,谭晓春. 纵向力作用下无缝线路动态特性有限元分析[J]. 力学季刊, 2008,29(2):284-290.

[38] 魏庆朝,邓亚士,冯雅薇. 直线电机地铁轨道结构振动特性研究[J]. 铁道建筑, 2008,(3):84-88.

[39] 高亮,陶凯,曲村,等. 客运专线桥上无缝道岔空间力学特性的研究[J]. 中国铁道科学, 2009,30(1): 29-34.

[40] 冯青松,雷晓燕,练松良. 高速铁路路基-地基系统振动响应分析[J]. 铁道科学与工程, 2010, 7(1):1-6.

[41] 边学成,陈云敏. 列车荷载作用下轨道和地基的动响应分析[J]. 力学学报, 2005,37(4): 477-484.

[42] 边学成. 高速列车运动荷载作用下地基和隧道的动力响应分析[D]. 杭州:浙江大学博士学位论文,2005.

[43] 边学成,陈云敏. 列车移动荷载作用下分层地基响应特性[J]. 岩石力学与工程学报,

2007，26(1)：182-189.
[44] 谢伟平,胡建武,徐劲.高速移动荷载作用下的轨道——地基系统的动力响应[J].岩石力学与工程学报,2002,21(7):1075-1078.
[45] 谢伟平,王国波,于艳丽.移动荷载引起的土变形计算[J].岩土工程学,2004,26(3):318-322.
[46] 聂志红,刘宝琛,李亮,等.移动荷载作用下轨道路基动力响应分析[J].中国铁道科学,2006,27(2):15-19.
[47] 雷晓燕.轨道临界速度与轨道强振动研究[J].岩土工程学报,2006,28(3):419-422.
[48] 雷晓燕.轨道结构动力分析的傅里叶变换法[J].铁道学报,2007,29(3):67-71.
[49] 雷晓燕.高速列车诱发地面波与轨道强振动研究[J].铁道学报,2006,28(3):78-82.
[50] 雷晓燕.高速铁路轨道振动与轨道临界速度的傅里叶变化法[J].中国铁道科学,2007,28(6):30-34.
[51] 和振兴,翟婉明.高速列车作用下板式轨道引起的地面振动[J].中国铁道科学,2007,28(2):7-11.
[52] 李志毅,高广运,冯世进,等.高速列车运行引起的地表振动分析[J].同济大学学报(自然科学版),2007,35(7):909-914.
[53] Wua Y S, Yang Y B. A semi-analytical approach for analyzing ground vibrations caused by trains moving over elevated bridges[J]. Soil Dynamics and Earthquake Engineering, 2004, 24: 949-962.
[54] Xia H, Cao Y M, de Roeck G. Theoretical modeling and characteristic analysis of moving-train induced ground vibrations[J]. Journal of Sound and Vibration, 2010, 329:819-832.
[55] 刘学毅,王平,万复光.轮轨空间耦合振动分析模型及其应用[J].铁道学报,1998,20(3):102-108.
[56] 李德建,曾庆元.列车-直线轨道空间耦合时变系统振动分析[J].铁道学报,1997,19(1):101-107.
[57] 梁波,蔡英,朱东生.车-路垂向耦合系统的动力分析[J].铁道学报,2000,22(5):65-71.
[58] 苏谦,蔡英.高速铁路路基结构空间时变系统耦合动力分析[J].西南交通大学学报,2001,36(5):509-513.
[59] 王其昌,蔡成标,罗强,等.高速铁路路桥过渡段轨道折角限值分析[J].铁道学报,1998,20(3):109-113.
[60] 罗强,蔡英,翟婉明.高速铁路路桥过渡段的动力学性能分析[J].工程力学,1999,16(5):65-70.
[61] 罗强,蔡英.高速铁路路桥过渡段变形限值与合理长度研究[J].铁道标准设计,2000,(6-7):2-4.
[62] 王平.道岔区轮轨系统动力学的研究[D].成都:西南交通大学博士学位论文,1997.
[63] 任尊松.车辆-道岔系统动力学研究[D].成都:西南交通大学博士学位论文,2000.
[64] 陈果.车辆轨道耦合系统随机振动分析[D].成都:西南交通大学博士学位论文,2000.

[65] 雷晓燕. 轨道力学与工程新方法[M]. 北京:中国铁道出版社,2002.
[66] 雷晓燕,毛利军. 线路随机不平顺对车辆-轨道耦合系统动力响应分析[J]. 中国铁道科学,2001,22(6):38-43.
[67] Lu F, Kennedy D, Williams F W, et al. Symplectic analysis of vertical random vibration for coupled vehicle-track systems[J]. Journal of Sound and Vibration,2008,317:236-249.
[68] 铁道部标准所. 铁道车辆动力学性能评定和试验鉴定规范(GB 5599—85)[S]. 北京:中国铁道出版社,1985.
[69] 中华人民共和国铁道部. 新建时速300~350公里客运专线铁路设计暂行规定. 铁建设[2007]47号[S]. 北京:中国铁道出版社,2007.
[70] 国家环境保护局. 铁路边界噪声限值及其测量方法(GB 12525—90)[S]. 北京:中国环境科学出版社,1990.
[71] 中国环境科学研究院,北京市环境保护监测中心,广州市环境监测中心. 声环境质量标准(GB 3096—2008)[S]. 北京:中国环境科学出版社,2008.
[72] 国家环境保护局. 城市区域环境振动测量方法(GB 10070—88)[S]. 北京:中国环境科学出版社,1989.
[73] 建设部科技发展促进中心,深圳市地铁有限公司. 城市轨道交通引起建筑物振动与二次辐射噪声限值及其测量方法标准(JGJ/T 170—2009)[S]. 北京:中国建筑工业出版社,2009.
[74] 中华人民共和国住房和城乡建设部. 古建筑防工业振动技术规范(GB 50452—2008)[S]. 北京:中国建筑工业出版社,2009.

第二章 轨道结构动力分析的解析法

随着高速铁路和重载铁路在我国相继投入运营,轨道结构的动力分析已成为铁道工程领域十分重要的研究课题。本章通过建立轨道结构连续弹性基础梁模型,论述轨道结构动力分析的解析法,并采用解析法分析高速列车诱发地面波与轨道强振动特性,研究轨道刚度对轨道临界速度和轨道振动的影响。

2.1 高速列车诱发地面波与轨道强振动研究

随着列车速度的增加,列车对轨道和地面的动力作用也相应加大,在高速运行条件下,这种现象尤其严重。研究表明,当列车速度达到或超过某种临界速度时,高速列车将诱发地面波,引起轨道结构的强烈振动。同时,通过道砟和路基的传播还将引起铁道线路周边建筑物的强烈振动和结构噪声。在轨道-道砟-路基-大地这个系统中,有两种主要的临界波速,即大地表面的瑞利波(Rayleigh wave)波速及在轨道中传播的弯曲波最小相位速度。后者也称为轨道临界速度。轨道临界速度依地面介质物理性质的不同而不同。当轨道基础为软土地基时,高速列车很容易达到并超过这两个速度。瑞典的 Madshus 和 Kaynia 在 X2000 高速列车试验时曾观察到这一现象[1]。近年来有关该方面的研究不断出现[1-5]。

2.1.1 轨道结构连续弹性基础梁模型

为简化分析,采用解析法研究轨道临界速度与轨道强振动特性。建立轨道结构连续弹性基础梁模型,如图 2.1 所示。

图 2.1 轨道结构连续弹性基础梁模型

根据达朗贝尔原理,不计阻尼的钢轨挠曲振动微分方程为[6]

$$EI\frac{\partial^4 w}{\partial x^4}+m\frac{\partial^2 w}{\partial t^2}+kw=-F\delta(x-Vt) \qquad (2.1)$$

其中，E 和 I 为钢轨的弹性模量和水平惯性矩；w 为钢轨竖向挠度；m 为单位长度的轨道质量；k 为轨道等效刚度；δ 为 Dirac 函数；V 为列车运行速度；F 为轮载。

令

$$\varepsilon_1^2 = \frac{m}{4EI}, \varepsilon_2^4 = \frac{k}{4EI} \tag{2.2}$$

则式(2.1)可化为

$$\frac{\partial^4 w}{\partial x^4} + 4\varepsilon_1^2 \frac{\partial^2 w}{\partial t^2} + 4\varepsilon_2^4 w = -\frac{F}{EI}\delta(x - Vt) \tag{2.3}$$

首先讨论自由振动的情况，令 $F=0$，可取式(2.3)的解为

$$w(x,t) = e^{\frac{j2\pi(x-ct)}{\lambda}} \tag{2.4}$$

其中，λ 为振动波长；c 为振动波传播的速度。

将式(2.4)代入式(2.3)中，有

$$c = \frac{1}{2\varepsilon_1}\left[\frac{\lambda^2 \varepsilon_2^4}{\pi^2} + \left(\frac{2\pi}{\lambda}\right)^2\right]^{\frac{1}{2}} \tag{2.5}$$

当 $\lambda = \frac{\sqrt{2}\pi}{\varepsilon_2}$ 时，c 取最小值，即

$$c_{\min} = \sqrt[4]{\frac{4kEI}{m^2}} \tag{2.6}$$

其中，$c_{\min}$ 为轨道结构弯曲波的最小相位速度，也称为轨道临界速度。

接下来讨论有轮载 F 作用的情况，其解为 $w(x-Vt)$，引入 $z=x-Vt$，式(2.3)可以改写为

$$\frac{\partial^4 w}{\partial z^4} + 4\varepsilon_1^2 V^2 \frac{\partial^2 w}{\partial z^2} + 4\varepsilon_2^4 w = -\frac{F}{EI}\delta(z) \tag{2.7}$$

式(2.7)的特征方程为

$$p^4 + 4\varepsilon_1^2 V^2 p^2 + 4\varepsilon_2^4 = 0 \tag{2.8}$$

上述特征方程的解与系数有关，这里仅讨论 $V < \frac{\varepsilon_2}{\varepsilon_1}$ 的情况(对现有的国内外铁路轨道结构均满足此不等式)，式(2.8)的解为

$$p = \pm\alpha \pm j\beta \tag{2.9}$$

其中，$\alpha = (\varepsilon_2^2 - V^2\varepsilon_1^2)^{\frac{1}{2}}$；$\beta = (\varepsilon_2^2 + V^2\varepsilon_1^2)^{\frac{1}{2}}$。 (2.10)

为此可得式(2.7)的解

$$w(z) = e^{\alpha z}(D_1\cos\beta z + D_2\sin\beta z) + e^{-\alpha z}(D_3\cos\beta z + D_4\sin\beta z) + \varphi(z) \tag{2.11}$$

其中，$\varphi(z)$ 与外荷载有关，当 $z=0$ 时，x 位于车轮作用处；当 $z \neq 0$ 时，$\varphi(z)=0$，因此，式(2.11)可以写为

$$w_1(z) = e^{\alpha z}(D_1\cos\beta z + D_2\sin\beta z), \quad z \leqslant 0$$
$$w_2(z) = e^{-\alpha z}(D_3\cos\beta z + D_4\sin\beta z), \quad z > 0 \quad (2.12)$$

待定系数可以由 $z=0$ 处的四个边界条件求得，即

$$w_1|_{z=0} = w_2|_{z=0}, \quad \frac{\partial w_1}{\partial z}\bigg|_{z=0} = \frac{\partial w_2}{\partial z}\bigg|_{z=0} = 0, \quad EI\frac{\partial^3 w_1}{\partial z^3}\bigg|_{z=0} = \frac{F}{2} \quad (2.13)$$

最后得到式(2.7)的解为

$$w(z) = -\frac{F}{8EI\alpha\varepsilon_2^2}e^{-\alpha|z|}\left(\cos\beta z + \frac{\alpha}{\beta}\sin\beta|z|\right) \quad (2.14)$$

在多个轮载的作用下，钢轨挠曲振动微分方程为

$$EI\frac{\partial^4 w}{\partial x^4} + m\frac{\partial^2 w}{\partial t^2} + kw = -\sum_{i=1}^{N}F_i\delta(x - a_i - Vt) \quad (2.15)$$

其中，F_i 为第 i 个轮载；a_i 为第 i 个轮对距坐标原点的距离；N 为列车轮对总数。

方程(2.15)的解可由单轮对的解，即式(2.14)通过叠加原理得到。

2.1.2 轨道等效刚度与轨道基础弹性模量的关系

轨道等效刚度 k 与轨道基础弹性模量 E_s 密切相关，Vesic 得到了半无限空间 Euler 梁与地基基础弹性模量间的关系[7]。Heelis 在此基础上提出计算轨道等效刚度 k 的公式[8]，即

$$k = \frac{0.65E_s^{12}}{1-v_s^2}\sqrt{\frac{E_s B^4}{EI}} \quad (2.16)$$

其中，E_s 为轨道基础弹性模量，单位 MN/m^2；v_s 为泊松比；B 为轨道宽度，通常取 $2.5\sim2.6m$；EI 为钢轨的抗弯模量，单位 $MN\cdot m^2$；k 为轨道等效刚度，单位 MN/m^2。

一般情况下，轨道基础弹性模量 E_s 约为 $50\sim100MN/m^2$，取 $E_s=50MN/m^2$，泊松比 $v_s=0.35$，根据式(2.16)，可得 $k=56.148MN/m^2$；对软土基础，$E_s=10MN/m^2$，甚至更低，这时有 $k=9.82MN/m^2$。

2.1.3 轨道临界速度

轨道临界速度的计算[式(2.6)]，与轨道等效刚度 k、钢轨的抗弯模量 EI，以及单位长度的轨道质量 m 有关。计算 m 时需要包含钢轨、轨枕和道砟的质量，以 60kg/m 钢轨、轨枕配置 1760 根/km、道床厚度 30cm、肩宽 35cm、道砟密度 $2000kg/m^3$ 为例，计算三种不同轨道基础弹性模量对应的轨道临界速度，结果如表 2.1 所示。

由表 2.1 可见，当 $E_s=10MN/m^2$ 时，$c_{min}=91.34m/s=328.8km/h$；当 $E_s=$

$5MN/m^2$ 时,c_{min}=75.70m/s=272.5km/h,这两个速度很容易被高速列车超过。

表 2.1 不同轨道基础弹性模量对应的轨道临界速度

参数	$E_s/(MN/m^2)$	$k/(MN/m^2)$	$EI/(MN \cdot m^2)$	$m/(kg/m)$	B/m	$c_{min}/(m/s)$
密实黏性土	50	56.15	13.25	2735	2.5	141.24
亚黏土	10	9.82	13.25	2735	2.5	91.34
软土地基	5	4.63	13.25	2735	2.5	75.70

2.1.4 轨道强振动分析

1. 单轮通过时轨道强振动分析

取轨道基础弹性模量 E_s=50MN/m²,由表 2.1 可知,轨道临界速度 c_{min}=141.24m/s。现考察单轮对(轴重 F=170kN)分别以 V=110、130、135、140m/s 四种速度通过时的轨道振动情况,其钢轨振动挠度曲线如图 2.2 所示。由此可见,当轮对速度为 140m/s,接近轨道临界速度时,轨道会发生强烈振动。

图 2.2 单轮以不同速度运动时轨道挠度曲线

2. 高速列车通过时轨道强振动分析

考察 TGV 高速列车以不同速度通过时的轨道振动情况,计算模型如图 2.3 所示。列车编组为 1 辆 TGV 高速动车+4 辆 TGV 高速拖车,TGV 高速动车和拖车的计算参数详见文献[9]。计算结果如图 2.4 和图 2.5 所示。图 2.4 为 E_s=50MN/m² 时的轨道挠度时程曲线。图 2.5 为 E_s=10MN/m² 时的轨道挠度时程曲线。此外,图中还给出了两种轨道抗弯刚度 EI 对轨道挠度的影响,其中实线代表抗弯刚度 $EI=13.25\text{MN}\cdot\text{m}^2$(即 2 根 60kg/m 钢轨的抗弯刚度),虚线代表抗弯刚度 EI 提高一倍(对应于增加 2 根 60kg/m 护轨的情况)时的轨道挠度曲线。

图 2.3　TGV 高速列车计算模型

图 2.4　$E_s=50\text{MN}/\text{m}^2$ 时轨道挠度时程曲线

从上述计算结果可以得到如下结论[10,11]。

① 当列车速度接近轨道临界速度时,轨道将发生强烈振动,如图 2.2、图 2.4 和图 2.5 所示。

② 轨道基础弹性模量是影响轨道临界速度的主要原因。尤其是当轨道基础为软土地基时,轨道临界速度很低,容易被中、高速列车超过。

③ 当列车速度低于轨道临界速度时,提高轨道抗弯刚度对减小轨道变形的作用并不明显,如图 2.4(a)和图 2.4(b),图 2.5(a)和图 2.5(b)所示。当列车速度接近轨道临界速度时,增加轨道抗弯刚度对减小轨道变形的作用则非常显著,如图 2.4(c)和图 2.4(d),图 2.5(c)和图 2.5(d)所示。

④ 轨道抗弯刚度对轨道振动波形和振幅有一定影响,轨道抗弯刚度小,振荡波形多,振幅大;反之,振荡波形少且振幅小。当列车速度接近轨道临界速度时,这种现象尤其明显,如图 2.4(c)和图 2.4(d),图 2.5(c)和图 2.5(d)所示。振荡次数越多、振幅越强烈,越容易引起道床液化,导致轨道基础稳定性降低。

图 2.5 $E_s=10\text{MN}/\text{m}^2$ 时轨道挠度时程曲线

2.2 轨道刚度突变对轨道振动的影响

铁道线路中存在大量的桥梁、平交道口和刚性涵管。轨道从路基线路过渡到桥台、平交道口和刚性涵管前后存在刚度不均匀问题,如不加处理,则会存在刚度突变。试验表明,车辆通过刚度突变区时,附加动力作用明显增加,导致路基变形增大,轻则影响车辆通过时的舒适性,重则诱发行车事故。国内外对铁路轨道刚度不均的问题进行了许多研究[12-17],并取得了一定的成果,但主要以试验方法为主。

本节运用轨道结构动力分析的解析法探讨轨道刚度突变对轨道振动的影响,通过建立简化的分析模型,研究轨道表面不平顺、轨道基础刚度比和列车速度对轨道振动的影响。

2.2.1 移动荷载作用下考虑轨道表面不平顺和刚度突变的轨道振动模型

为了简化分析,采用解析法研究单个移动荷载以匀速 V 运动时轨道表面不平顺和刚度突变对轨道振动的影响,建立简化的分析模型(图 2.6)。坐标原点建立在刚度突变处,坐标原点以左轨道的基础刚度为 k_1,挠度为 w_1;坐标原点以右轨道的基础刚度为 k_2,挠度为 w_2。以 w_1 为例,根据达朗贝尔原理,不计阻尼的轨道振动微分方程为

$$EI\frac{\partial^4 w_1}{\partial x^4}+m\frac{\partial^2 w_1}{\partial t^2}+k_1 w_1=-\left[F+m_0\frac{\partial^2(w_1+\eta)}{\partial t^2}\right]\delta(x-Vt) \quad (2.17)$$

其中,E 和 I 为轨道的弹性模量和水平惯性矩;w_1 为轨道的竖向挠度;η 为轨道表面的不平顺;m 为单位长度轨道的质量;k_1 为轨道的基础刚度;F 为轮载;m_0 为轮对质量;V 为轮对运动速度;δ 为 Dirac 函数。

图 2.6 移动荷载作用下考虑轨道不平顺和刚度突变的轨道振动模型

假设轨道表面不平顺 η 是余弦函数,即

$$\eta=a\left[1-\cos\frac{2\pi(x-Vt)}{l}\right] \quad (2.18)$$

其中,a 为轨道表面不平顺幅值;l 为轨道表面不平顺波长。

令

$$\varepsilon_1^2=\frac{m}{4EI}, \quad \gamma_1^4=\frac{k_1}{4EI} \quad (2.19)$$

式(2.17)可以转化为

$$\frac{\partial^4 w_1}{\partial x^4}+4\varepsilon_1^2\frac{\partial^2 w_1}{\partial t^2}+4\gamma_1^4 w_1=-\frac{1}{EI}\left[F+m_0\frac{\partial^2(w_1+\eta)}{\partial t^2}\right]\delta(x-Vt) \quad (2.20)$$

它的解与 $(x-Vt)$ 有关,即 $w_1=w_1(x-Vt)$,引入 $z=x-Vt$,式(2.20)可以改写为

$$\frac{\partial^4 w_1}{\partial z^4}+4\varepsilon_1^2 V^2\frac{\partial^2 w_1}{\partial z^2}+4\gamma_1^4 w_1=-\frac{1}{EI}\left[F+m_0\frac{\partial^2(w_1+\eta)}{\partial t^2}\right]\delta(z) \quad (2.21)$$

式(2.21)的特征方程为
$$p^4 + 4\varepsilon_1^2 V^2 p^2 + 4\gamma_1^4 = 0 \tag{2.22}$$

上述特征方程的解与系数有关,这里仅讨论 $V < \dfrac{\gamma_1}{\varepsilon_1}$ 的情况。式(2.22)的解为
$$p = \pm\alpha_1 \pm j\beta_1 \tag{2.23}$$

其中
$$\alpha_1 = (\gamma_1^2 - V^2\varepsilon_1^2)^{\frac{1}{2}}, \quad \beta_1 = (\gamma_1^2 + V^2\varepsilon_1^2)^{\frac{1}{2}} \tag{2.24}$$

为此可得式(2.21)的解为
$$w_1(z) = e^{\alpha_1 z}(D_1\cos\beta_1 z + D_2\sin\beta_1 z) + e^{-\alpha_1 z}(D_3\cos\beta_1 z + D_4\sin\beta_1 z) + \varphi_1(z) \tag{2.25}$$

其中,$\varphi_1(z)$ 与外荷载有关,当 $z=0$ 时,x 位于车轮作用处;当 $z \neq 0$ 时,$\varphi_1(z) = 0$。

考虑当 $z \to -\infty$ 时,w_1 应为有限值,因此有 $D_3 = D_4 = 0$,式(2.25)可以写成
$$w_1(z) = e^{\alpha_1 z}(D_1\cos\beta_1 z + D_2\sin\beta_1 z), \quad z \leqslant 0 \tag{2.26}$$

其中,D_1 和 D_2 为与边界条件有关的待定系数。

同理,可写出坐标原点以右轨道的振动微分方程,即
$$EI\frac{\partial^4 w_2}{\partial x^4} + m\frac{\partial^2 w_2}{\partial t^2} + k_2 w_2 = -\left[F + m_0\frac{\partial^2(w_2 + \eta)}{\partial t^2}\right]\delta(x - Vt) \tag{2.27}$$

其中,w_2 为右边轨道的竖向挠度;k_2 为右边轨道的基础刚度。

类似式(2.17)的解法,可得式(2.27)的解为
$$w_2(z) = e^{-\alpha_2 z}(D_3\cos\beta_2 z + D_4\sin\beta_2 z), \quad z \geqslant 0 \tag{2.28}$$

其中
$$\alpha_2 = (\gamma_2^2 - V^2\varepsilon_2^2)^{\frac{1}{2}}, \quad \beta_2 = (\gamma_2^2 + V^2\varepsilon_2^2)^{\frac{1}{2}} \tag{2.29}$$

$$\varepsilon_2^2 = \frac{m}{4EI}, \quad \gamma_2^4 = \frac{k_2}{4EI} \tag{2.30}$$

式中,D_3 和 D_4 为与边界条件有关的待定系数。

式(2.26)和式(2.28)中的四个待定系数可由 $z=0$ 处的四个边界条件求得,即
$$w_1|_{z=0} = w_2|_{z=0} \tag{2.31}$$

$$\left.\frac{\partial w_1}{\partial z}\right|_{z=0} = \left.\frac{\partial w_2}{\partial z}\right|_{z=0} \tag{2.32}$$

$$\left.\frac{\partial^2 w_1}{\partial z^2}\right|_{z=0} = \left.\frac{\partial^2 w_2}{\partial z^2}\right|_{z=0} \tag{2.33}$$

$$-\left.\frac{\partial^3 w_1}{\partial z^3}\right|_{z=0} + \left.\frac{\partial^3 w_2}{\partial z^3}\right|_{z=0} = -\left.\left[\frac{F}{EI} + m_0\frac{\partial^2(w_2 + \eta)}{\partial t^2}\right]\right|_{z=0} \tag{2.34}$$

将式(2.26)和式(2.28)代入上述四个边界条件,通过冗长的推导,最后有[17,18]
$$w_1(z) = e^{\alpha_1 z}(C_1\cos\beta_1 z + C_2\sin\beta_1 z)C_3, \quad z < 0 \tag{2.35}$$

$$w_2(z) = e^{-\alpha_2 z}(C_1\cos\beta_2 z + \sin\beta_2 z)C_3, \quad z \geqslant 0 \tag{2.36}$$

其中

$$C_1 = \frac{2\beta_2(\alpha_1+\alpha_2)}{(\alpha_1+\alpha_2)^2+\beta_1^2-\beta_2^2}$$

$$C_2 = -\frac{\beta_2[(\alpha_1+\alpha_2)^2-\beta_1^2+\beta_2^2]}{\beta_1[(\alpha_1+\alpha_2)^2+\beta_1^2-\beta_2^2]}$$

$$C_3 = -\frac{F+m_0 a\left(\dfrac{2\pi V}{l}\right)^2}{EI(G_1 C_1 + G_2 C_2 + G_3 + G)}$$

$$G = \frac{m_0 V^2}{EI}[(\alpha_2^2-\beta_2^2)C_1 - 2\alpha_2\beta_2]$$

$$G_1 = -\alpha_1^3 - \alpha_2^3 + 3\alpha_1\beta_1^2 + 3\alpha_2\beta_2^2$$

$$G_2 = -3\alpha_1^2\beta_1 + \beta_1^3$$

$$G_3 = 3\alpha_2^2\beta_2 - \beta_2^3$$

由式(2.35)和式(2.36)可得轨道的加速度计算公式,即

$$\frac{\partial^2 w_1}{\partial t^2} = V^2 e^{\alpha_1 z}\{[(\alpha_1^2-\beta_1^2)C_1 + 2\alpha_1\beta_1 C_2]\cos\beta_1 z$$
$$+ [(\alpha_1^2-\beta_1^2)C_2 - 2\alpha_1\beta_1 C_1]\sin\beta_1 z\}C_3, \quad z<0 \quad (2.37)$$

$$\frac{\partial^2 w_2}{\partial t^2} = V^2 e^{-\alpha_2 z}\{[(\alpha_2^2-\beta_2^2)C_1 - 2\alpha_2\beta_2]\cos\beta_2 z$$
$$+ [(\alpha_2^2-\beta_2^2) + 2\alpha_2\beta_2 C_1]\sin\beta_2 z\}C_3, \quad z\geqslant 0 \quad (2.38)$$

在多个轮载作用下,与式(2.17)相应的钢轨挠曲振动微分方程为

$$EI\frac{\partial^4 w_1}{\partial x^4} + m\frac{\partial^2 w_1}{\partial t^2} + k_1 w_1 = -\sum_{i=1}^{N}\left[F_i - m_{0i}\frac{\partial^2(w_1+\eta)}{\partial t^2}\right]\delta(x-a_i-Vt) \quad (2.39)$$

其中,F_i 为第 i 个轮载;m_{0i} 为第 i 个轮对质量;a_i 为第 i 个轮对距坐标原点的距离;N 为列车轮对总数。

方程(2.39)的解可由单轮对的解式(2.35)和式(2.36)通过叠加原理得到。

2.2.2 轨道不平顺和轨道刚度突变对轨道振动的影响

轨道振动响应与轨道等效刚度 k_1 和 k_2、钢轨抗弯模量 EI、轨道不平顺振幅 a、波长 l、轮载轴重 F、轮对质量 m_0、轮对运动速度 V,以及单位长度的轨道质量 m 有关,在计算 m 时要包含钢轨、轨枕和道砟的质量。为了全面分析轨道不平顺和轨道刚度突变对轨道振动的影响,轨道不平顺振幅分别取 $a=0.5、1、2\text{mm}$ 三种情况,波长 $l=2\text{m}$(相当于基长为 2m,半峰值分别为 0.5、1、2mm 的短波周期性不平顺)。同时,考虑 $k_2/k_1=1$、$k_2/k_1=2$、$k_2/k_1=5$ 和 $k_2/k_1=10$ 四种不同的轨道刚度比。轨道参数为 60kg/m 钢轨,轨枕配置 1760 根/km,道床厚度 30cm,肩宽 35cm,道砟密度

2000kg/m^3，轨道基础弹性模量 $E_s=100\text{MN/m}^2$，各工况计算参数如表 2.2 所示。

表 2.2 计算参数

工况	$k_1/(\text{MN/m}^2)$	$k_2/(\text{MN/m}^2)$	$EI/(\text{MN}\cdot\text{m}^2)$	$m/(\text{kg/m})$	m_0/kg	F/kN
1	k_2	118	13.25	2735	2000	170
2	$k_2/2$	118	13.25	2735	2000	170
3	$k_2/5$	118	13.25	2735	2000	170
4	$k_2/10$	118	13.25	2735	2000	170

1. 单轮对通过时轨道振动分析

考察单轮对以速度 $V=60$、70、80、90m/s 通过时轨道的振动情况，考虑表 2.2 中四种轨道刚度突变及三种轨道不平顺情况。轨道不平顺及各工况对应的刚度突变处轨道挠度和加速度全幅值与速度的关系如图 2.7 所示，其中全幅值定义为振动量的最大值与最小值之差。

图 2.7 单轮通过时考虑轨道不平顺及各工况对应的轨道挠度、加速度全幅值

2. 高速列车通过时轨道振动分析

考察 TGV 高速列车以速度 $V=90\mathrm{m/s}$ 通过时轨道的振动情况。列车编组为 1 辆 TGV 高速动车＋4 辆 TGV 高速拖车，TGV 高速动车和拖车的计算参数详见文献[9]，计算模型如图 2.8 所示。考虑四种轨道刚度比和轨道不平顺（$l=2\mathrm{m}$，$a=0.5\mathrm{mm}$）。计算结果如图 2.9～图 2.12 所示，分别为轨道挠度、速度、加速度、轮轨作用力的时程曲线。图 2.13 为不同刚度比对应的动力系数曲线（$a=0$）。

图 2.8　TGV 高速列车通过时轨道振动分析模型

图 2.9　刚度突变处轨道挠度、速度、加速度、轮轨作用力时程曲线（$k_1=k_2$，$a=0.5\mathrm{mm}$）

由上述计算结果可以得到如下结论[17,18]。

① 轨道刚度突变对轨道振动有影响，轨道刚度比相差越大，其动力响应也越大，如图 2.7 和图 2.9～图 2.13 所示。

图 2.10 刚度突变处轨道挠度、速度、加速度、轮轨作用力时程曲线($k_1=k_2/2, a=0.5$mm)

图 2.11 刚度突变处轨道挠度、速度、加速度、轮轨作用力时程曲线($k_1=k_2/5, a=0.5$mm)

图 2.12 刚度突变处轨道挠度、速度、加速度、轮轨作用力时程曲线($k_1=k_2/10, a=0.5$mm)

图 2.13 不同轨道基础刚度比对应的动力系数

② 对给定的刚度比,动荷载速度越大,结构的动力响应也越大,如图 2.7 所示。

③ 轨道不平顺对轨道振动影响显著,当不平顺幅值 a 分别为 0、0.5、1 和 2mm 时,对应的轨道挠度全幅值分别为 6.82、10.02、13.23 和 19.64mm;对应的轨道加速度全幅值分别为 66.95、98.44、129.93 和 192.90m/s²,均为轨道平顺情况的 1.47、1.94 和 2.88 倍,如图 2.7 所示。

④ 轨道刚度比为 $k_2/k_1=2$、$k_2/k_1=5$ 和 $k_2/k_1=10$ 时,轨道挠度全幅值分别是轨道刚度均匀的 1.44、2.42 和 4.27 倍;轨道速度全幅值分别是轨道刚度均匀时的 1.27、1.84 和 2.73 倍;轨道加速度和轮轨作用力全幅值分别是轨道刚度均匀时的 1.18、1.38 和 1.43 倍。从对轨道结构影响较大的加速度和轮轨作用力两个指标看,轨道刚度相差在 5 倍以内时,对轨道振动影响较大,超过 5 倍以上,影响趋缓。这点从图 2.7 也可以看出。

⑤ 全幅值反映了结构振动的幅度,值越大表示结构振动越激烈,容易引起路基液化,导致结构基础稳定性降低。当轨道刚度比达到 5 倍甚至更大时,轨道加速度上、下振荡波形幅值基本接近,如图 2.11 和图 2.12 所示。这种情况对轨道结构的稳定尤其不利,应尽量避免。

2.2.3 轨道过渡段刚度设计及平缓措施

轨道过渡段刚度设计应满足如下要求。

① 保证过渡段轨道具有相同的刚度。

② 如果不能保证相同的轨道刚度,则应确保轨道刚度平缓过渡,使钢轨动挠度、加速度及轮轨接触力不致变化太大造成巨大的冲击力。

欲使轨道刚度平缓过渡,可在刚性区的轨枕上设置弹性垫板,在轨枕下铺设橡胶垫层或道砟来增加该区域的弹性,也可以通过加强过渡区轨道基础,如采用长枕、护轨,在桥头设置混凝土搭板和枕梁,在道砟底部铺设土工合成材料或采用沥青垫层取代沙垫层,以及采用粗粒径配料填筑、加筋土路堤等措施逐渐增加轨道刚度。轨道刚度平缓过渡的距离取决于列车的速度,速度越高、距离越长,反之则越短[19]。

根据图 2.13 的结果,当刚度比 $k_1/k_2 \geqslant 1/2$ 时,动力系数 $\alpha=1.17$。为此提出如下过渡段刚度平缓措施。

① 为便于施工,过渡段宜采用分层强化基础刚度的措施,一般取 3 层或 4 层即可。

② 列车在过渡段运行时引起的动力系数及过渡段各层之间的刚度比应满足 $\alpha \leqslant 1.2$ 和 $1/2 \leqslant k_1/k_2 \leqslant 1$。

③ 过渡段每层平缓距离:$l=5 \sim 10 \mathrm{m}$,当列车速度 $V \leqslant 160 \mathrm{km/h}$ 时,取 $l=5\mathrm{m}$,当列车速度 $V > 160 \mathrm{km/h}$ 时,取 $l=10\mathrm{m}$(图 2.14)。

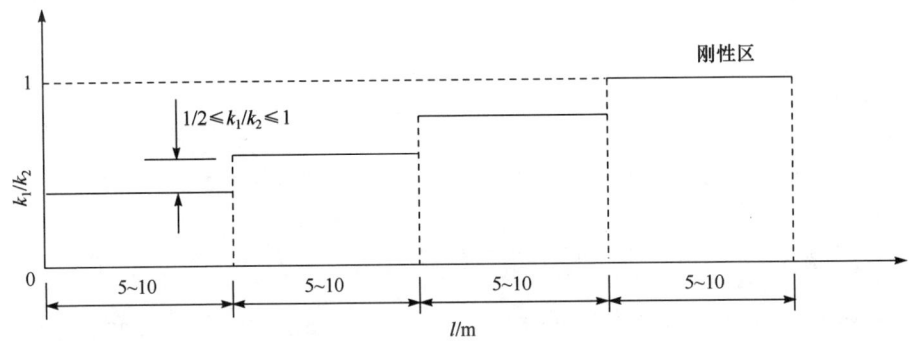

图 2.14 分层强化过渡段轨道基础刚度

参 考 文 献

[1] Madshus C, Kaynia A. High speed railway lines on soft ground: dynamic response of rail-embankment-soil system[R]. 1998, NGI515177-1.

[2] Krylov V V. On the theory of railway induced ground vibrations[J]. Journal of Physique, 1994, 4(5):769-772.

[3] Krylov V V. Generation of ground vibrations by super fast trains[J]. Applied Acoustics, 1995, 44:149-164.

[4] Krylov V V, Dawson A R. Rail movement and ground waves caused by high speed trains approaching track-soil critical velocities[J]. Journal of Rail and Rapid Transit, Proceedings of the Institution of Mechanical Engineers Part F, 2000, 214:107-116.

[5] 雷晓燕,圣小珍. 铁路交通噪声与振动[M]. 北京:科学出版社,2004.
[6] Belzer A I. Acoustics of Solids[M]. Berlin: Springer, 1988.
[7] Vesic A S. Beams on elastic subgrade and the winkler hypothesis[C]// Proceedings of the 5th International Conference on Soil Mechanics and Foundation Engineering, 1961,(1):845-851.
[8] Heelis M E, Collop A C, Dawson A R, et al. Transient effects of high speed trains crossing soft soil[C]//Geotechnical Engineering for Transportation Infrastructure, 1999:1809-1814.
[9] 雷晓燕,圣小珍. 现代轨道理论研究(2版)[M]. 北京:中国铁道出版社,2008.
[10] 雷晓燕. 轨道临界速度与轨道强振动研究[J]. 岩土工程学报,2006,28(3):419-422.
[11] 雷晓燕. 高速列车诱发地面波与轨道强振动研究[J]. 铁道学报,2006,28(3):78-82.
[12] Kerr A D, Moroney B E. Track transition problems and remedies[J]. American Railway Engineering Association, 1995, 742:267-297.
[13] Kerr A D. A method for determining the track modulus using a locomotive or car on multi-axle trucks[J]. Proceedings of American Railway Engineering Association, 1987,84(2):270-286.
[14] Kerr A D. On the vertical modulus in the standard railway track analyses[J]. Rail International, 1989,235(2):37-45.
[15] Moroney B E. A study of railroad track transition points and problems[D]. Master's Thesis, Department of Civil Engineering, University of Delaware, 1991.
[16] Lei X, Mao L. Dynamic response analyses of vehicle and track coupled system on track transition of conventional high speed railway[J]. Journal of Sound and Vibration, 2004, 271(3):1133-1146.
[17] 雷晓燕. 移动荷载作用下基础弹性刚度突变连续梁振动分析[J]. 振动工程学报,2006, 19(2):195-199.
[18] 雷晓燕. 轨道过渡段刚度突变对轨道振动的影响[J]. 中国铁道科学,2006, 27 (5): 42-45.
[19] 刘林芽,雷晓燕,刘晓燕. 既有线路桥过渡段的设计与动力学性能评价[J]. 铁道标准设计, 2004, 504(1):9-10.

第三章 轨道结构动力分析的傅里叶变换法

高速铁路在中长距离运输中有许多优点,如快速、舒适、节能、环保等。然而,随着列车速度的提高,列车对轨道和地面的动力作用也明显增大。在列车高速运行的条件下,这种现象尤其严重。国内外研究表明[1-4],当列车速度达到或超过某种临界速度时,高速列车将诱发地面波引起轨道结构的强烈振动,其后果是影响列车运行的安全性和舒适性,严重时将造成列车脱轨。瑞典的 Madshus 和 Kaynia 在 X2000 高速列车试验时已观察到这一现象[1],试验结果表明,高速列车诱发轨道结构强烈振动时的动力系数可高达正常情况下的 10 倍。高速列车诱发地面波与轨道强振动已经引起了国内外学者和铁路公司的密切关注,近年来有关该方面的理论和试验研究不断涌现[1-7]。

本章将傅里叶变换法用于轨道结构动力分析中。首先对轨道结构振动方程进行傅里叶变换,求解傅里叶变换域中的振动位移,再通过快速离散傅里叶逆变换得到轨道结构的振动响应。

3.1 轨道结构连续弹性单层梁模型

轨道结构连续弹性单层梁模型如图 3.1 所示,其振动微分方程为

$$E_r I_r \frac{\partial^4 w}{\partial x^4} + m_r \frac{\partial^2 w}{\partial t^2} + c_r \frac{\partial w}{\partial t} + k_s w = -\sum_{l=1}^{n} F_l \delta(x - Vt - a_l) \quad (3.1)$$

图 3.1 轨道结构单层弹性梁模型

其中,E_r 和 I_r 为钢轨的弹性模量和水平惯性矩;$w(x,t)$ 为钢轨竖向挠度;m_r 为单位长度的轨道质量;c_r 为轨道结构等效阻尼;k_s 为轨道基础等效刚度;δ 为 Dirac 函数;V 为列车运行速度;F_l 为第 l 个轮对的轴重;a_l 为 $t=0$ 时第 l 个轮对距原点的距离;n 为轮对总数。

3.1.1 傅里叶变换

定义傅里叶变换[8,9]为

$$W(\beta,t) = \int_{-\infty}^{\infty} w(x,t) e^{-i\beta x} dx \qquad (3.2)$$

傅里叶逆变换为

$$w(x,t) = \frac{1}{2\pi} \int_{-\infty}^{\infty} W(\beta,t) e^{i\beta x} d\beta \qquad (3.3)$$

其中,β 为振动波数,单位 rad/m。

对式(3.1)作傅里叶变换,可得

$$E_r I_r (i\beta)^4 W(\beta,t) + m_r \frac{\partial^2 W(\beta,t)}{\partial t^2} + c_r \frac{\partial W(\beta,t)}{\partial t} + k_s W(\beta,t) = -\sum_{l=1}^{n} F_l e^{-i\beta(a_l+Vt)} \qquad (3.4)$$

设车辆荷载为简谐激励,即 $F_l = F_l e^{i\Omega t}$,则式(3.4)右端项可以写成为

$$\begin{aligned}
-\sum_{l=1}^{n} F_l e^{-i\beta(a_l+Vt)} e^{i\Omega t} &= -\sum_{l=1}^{n} F_l e^{-i\beta a_l} e^{i(\Omega-\beta V)t} \\
&= -\sum_{l=1}^{n} F_l e^{-i\beta a_l} e^{i\omega t} \\
&= -\widetilde{F}(\beta) e^{i\omega t} \\
&= -\overline{F}(\beta,t)
\end{aligned} \qquad (3.5)$$

其中

$$\overline{F}(\beta,t) = \widetilde{F}(\beta) e^{i\omega t}, \quad \widetilde{F}(\beta) = \sum_{l=1}^{n} F_l e^{-i\beta a_l} \qquad (3.6)$$

由于车辆荷载为简谐激励,位移响应可写为

$$W(\beta,t) = \widetilde{W}(\beta) e^{i\omega t} \qquad (3.7)$$

其中,$\omega = \Omega - \beta V$,$\Omega$ 为荷载激振频率,单位 rad/s。

将式(3.5)和式(3.6)代入式(3.4),有

$$E_r I_r \beta^4 \widetilde{W}(\beta) - m_r \omega^2 \widetilde{W}(\beta) + i\omega c_r \widetilde{W}(\beta) + k_s \widetilde{W}(\beta) = -\widetilde{F}(\beta) \qquad (3.8)$$

解式(3.8),得到

$$\widetilde{W}(\beta) = -\frac{\widetilde{F}(\beta)}{E_r I_r \beta^4 - m_r (\Omega-\beta V)^2 + i c_r (\Omega-\beta V) + k_s} \qquad (3.9)$$

代入式(3.7),再代入式(3.3),并进行傅里叶逆变换,即

$$\widetilde{w}(x,t) = \frac{1}{2\pi} \int_{-\infty}^{\infty} W(\beta,t) e^{i\beta x} d\beta \qquad (3.10a)$$

同理,对频域中的速度、加速度作傅里叶逆变换,即

$$\dot{\widetilde{w}}(x,t) = \frac{1}{2\pi} \int_{-\infty}^{\infty} i\omega W(\beta,t) e^{i\beta x} d\beta \qquad (3.10b)$$

第三章　轨道结构动力分析的傅里叶变换法

$$\ddot{\widetilde{w}}(x,t) = \frac{1}{2\pi}\int_{-\infty}^{\infty}(\mathrm{i}\omega)^2 W(\beta,t)\mathrm{e}^{\mathrm{i}\beta x}\mathrm{d}\beta \qquad (3.10\mathrm{c})$$

最后得

$$w(x,t) = \widetilde{w}(x,t)\mathrm{e}^{\mathrm{i}\varphi} \qquad (3.11\mathrm{a})$$

$$\dot{w}(x,t) = \dot{\widetilde{w}}(x,t)\mathrm{e}^{\mathrm{i}\varphi_v} \qquad (3.11\mathrm{b})$$

$$\ddot{w}(x,t) = \ddot{\widetilde{w}}(x,t)\mathrm{e}^{\mathrm{i}\varphi_a} \qquad (3.11\mathrm{c})$$

其中，φ 为复数 $\widetilde{w}(x,t)$ 的相位角；φ_v 为复数 $\dot{\widetilde{w}}(x,t)$ 的相位角；φ_a 为复数 $\ddot{\widetilde{w}}(x,t)$ 的相位角。

3.1.2 快速离散傅里叶逆变换

式(3.10)可以用快速离散傅里叶逆变换求得，即

$$\widetilde{w}(x,t) = \frac{1}{2\pi}\int_{-\infty}^{\infty}W(\beta,t)\mathrm{e}^{\mathrm{i}\beta x}\mathrm{d}\beta \approx \frac{\Delta\beta}{2\pi}\sum_{j=-N+1}^{N}W(\beta_j,t)\mathrm{e}^{\mathrm{i}\beta_j x} \qquad (3.12)$$

取[10]

$$\beta_k = (k-N)\Delta\beta - \frac{\Delta\beta}{2}, \quad k=1,2,\cdots,2N \qquad (3.13)$$

将式(3.13)代入式(3.12)中，有

$$\widetilde{w}(x_m,t) \approx \frac{\Delta\beta}{2\pi}\sum_{k=1}^{2N}W(\beta_k,t)\mathrm{e}^{\mathrm{i}\beta_k x_m} \qquad (3.14)$$

其中

$$x_m = (m-N)\Delta x, \quad m=1,2,\cdots,2N \qquad (3.15)$$

由

$$\Delta x \Delta\beta = \Delta x\,\frac{2\pi}{L} = \frac{L}{2N}\frac{2\pi}{L} = \frac{\pi}{N} \qquad (3.16)$$

其中，L 为 $\left(-\dfrac{L}{2},\dfrac{L}{2}\right)$ 的空间周期。

由此可得，$\Delta x = \dfrac{\pi}{N\Delta\beta}$，因此有

$$\beta_k x_m = -\left(N-\frac{1}{2}\right)(m-N)\frac{\pi}{N} + (k-1)(m-N)\frac{\pi}{N} \qquad (3.17)$$

将式(3.17)代入式(3.14)中，可得

$$\widetilde{w}(x_m,t) \approx \frac{\Delta\beta}{2\pi}\mathrm{e}^{-\mathrm{i}(N-\frac{1}{2})(m-N)\pi/N}\sum_{k=1}^{2N}W(\beta_k,t)\mathrm{e}^{\mathrm{i}(k-1)(m-N)\pi/N} \qquad (3.18)$$

3.1.3 Matlab 中的离散傅里叶逆变换定义

$$\widetilde{w}_1(x_j,t) = \frac{1}{2N}\sum_{k=1}^{2N}W(\beta_k,t)\mathrm{e}^{\mathrm{i}(k-1)(j-1)\pi/N} \qquad (3.19)$$

应用 Matlab 进行快速离散傅里叶逆变换后,还需要对结果重新排序,记排序后的结果为 $\hat{w}(x_m,t)$,有如下关系。

① 当 j 处于 $1\sim(N+1)$ 时,对应的 m 处于 $N\sim 2N$ 范围,这时进行 $m=j+N-1$ 修正,即

$$\hat{w}(x_m,t)=\hat{w}(x_{j+N-1},t)=\tilde{w}_1(x_j,t) \tag{3.20a}$$

由此可得

$$\hat{w}(x_N,t)=\tilde{w}_1(x_1,t)$$
$$\hat{w}(x_{N+1},t)=\tilde{w}_1(x_2,t)$$
$$\cdots$$
$$\hat{w}(x_{2N},t)=\tilde{w}_1(x_{N+1},t)$$

② 当 j 处于 $(N+2)\sim 2N$ 时,对应的 m 处于 $1\sim(N-1)$ 范围,这时进行 $m=j-N-1$ 修正,即

$$\hat{w}(x_m,t)=\hat{w}(x_{j-N-1},t)=\tilde{w}_1(x_j,t) \tag{3.20b}$$

由此可得

$$\hat{w}(x_1,t)=\tilde{w}_1(x_{N+2},t)$$
$$\hat{w}(x_2,t)=\tilde{w}_1(x_{N+3},t)$$
$$\cdots$$
$$\hat{w}(x_{N-1},t)=\tilde{w}_1(x_{2N},t)$$

对比式(3.18)和式(3.19),可得

$$\tilde{w}(x_m,t)\approx \frac{\Delta\beta N}{\pi}\mathrm{e}^{-\mathrm{i}\left(N-\frac{1}{2}\right)(m-N)\pi/N}\hat{w}(x_m,t) \tag{3.21}$$

将式(3.21)代入式(3.11),有

$$w(x_m,t)=\tilde{w}(x_m,t)\mathrm{e}^{\mathrm{i}(\varphi+\Omega t)} \tag{3.22}$$

其中,φ 为复数 $\tilde{w}(x_m,t)$ 的相位角。

3.2 轨道结构连续弹性双层梁模型

隧道中的无砟轨道结构通常可以简化为连续弹性双层梁模型。轨道结构连续弹性双层梁模型见图 3.2。其振动微分方程为

$$E_rI_r\frac{\partial^4 w}{\partial x^4}+m_r\frac{\partial^2 w}{\partial t^2}+c_r\left(\frac{\partial w}{\partial t}-\frac{\partial y}{\partial t}\right)+k_p(w-y)=-\sum_{l=1}^n F_l\delta(x-Vt-a_l)$$

$$E_sI_s\frac{\partial^4 y}{\partial x^4}+m_s\frac{\partial^2 y}{\partial t^2}+c_s\frac{\partial y}{\partial t}-c_r\left(\frac{\partial w}{\partial t}-\frac{\partial y}{\partial t}\right)+k_sy-k_p(w-y)=0 \tag{3.23}$$

其中,E_r 和 I_r 为钢轨弹性模量和水平惯性矩;$w(x,t)$ 为钢轨竖向挠度;E_s 和 I_s 为轨道板弹性模量和水平惯性矩;$y(x,t)$ 为轨道板竖向挠度;m_r 为单位长度钢轨质量;m_s 为单位长度轨道板质量;c_r 为轨下垫板和扣件阻尼;k_p 为轨下垫板和扣件

图 3.2 轨道结构连续弹性双层梁模型

刚度;c_s 为水泥沥青(cement asphalt,CA)砂浆或轨道板下基础阻尼;k_s 为 CA 砂浆或轨道板下基础刚度;其他参数意义同式(3.1)。

对式(3.23)作傅里叶变换,设

$$\begin{aligned} F(\beta,t) &= \widetilde{F}(\beta)\mathrm{e}^{\mathrm{i}\omega t} \\ W(\beta,t) &= \widetilde{W}(\beta)\mathrm{e}^{\mathrm{i}\omega t} \\ Y(\beta,t) &= \widetilde{Y}(\beta)\mathrm{e}^{\mathrm{i}\omega t} \end{aligned} \quad (3.24)$$

其中,$\widetilde{F}(\beta) = \sum_{l=1}^{M} F_l \mathrm{e}^{-\mathrm{i}\beta a_l}$,则有

$$E_r I_r \beta^4 \widetilde{W} - m_r \omega^2 \widetilde{W} + \mathrm{i}\omega c_r(\widetilde{W}-\widetilde{Y}) + k_p(\widetilde{W}-\widetilde{Y}) = -\widetilde{F}(\beta) \quad (3.25)$$

$$E_s I_s \beta^4 \widetilde{Y} - m_s \omega^2 \widetilde{Y} + \mathrm{i}\omega c_s \widetilde{Y} - \mathrm{i}\omega c_r(\widetilde{W}-\widetilde{Y}) + k_s \widetilde{Y} - k_p(\widetilde{W}-\widetilde{Y}) = 0 \quad (3.26)$$

联立求解式(3.25)和式(3.26),可以得到

$$\widetilde{W}(\beta) = -\frac{A}{AB-C^2}\widetilde{F}(\beta) \quad (3.27)$$

$$\widetilde{Y}(\beta) = \frac{C}{A}\widetilde{W}(\beta) \quad (3.28)$$

其中

$$\begin{aligned} A &= E_s I_s \beta^4 - m_s \omega^2 + \mathrm{i}\omega(c_s+c_r) + k_s + k_p \\ B &= E_r I_r \beta^4 - m_r \omega^2 + \mathrm{i}\omega c_r + k_p \\ C &= \mathrm{i}\omega c_r + k_p \end{aligned} \quad (3.29)$$

将式(3.27)和式(3.28)代入式(3.24),并进行傅里叶逆变换,即

$$\widetilde{w}(x,t) = \frac{1}{2\pi}\int_{-\infty}^{\infty} W(\beta,t)\mathrm{e}^{\mathrm{i}\beta x}\mathrm{d}\beta \quad (3.30)$$

$$\widetilde{y}(x,t) = \frac{1}{2\pi}\int_{-\infty}^{\infty} Y(\beta,t)\mathrm{e}^{\mathrm{i}\beta x}\mathrm{d}\beta \quad (3.31)$$

最后得到

$$w(x,t) = \tilde{w}(x,t) e^{i(\varphi_w + \Omega t)} \tag{3.32}$$

$$y(x,t) = \tilde{y}(x,t) e^{i(\varphi_y + \Omega t)} \tag{3.33}$$

其中,φ_w 和 φ_y 分别为复数 $\tilde{w}(x,t)$ 和 $\tilde{y}(x,t)$ 的相位角。

3.3 高速铁路轨道振动与轨道临界速度分析

下面运用轨道结构连续弹性单层梁模型和双层梁模型,对高速铁路轨道结构进行动力分析,并讨论轨道结构临界速度的计算方法。

3.3.1 单层梁模型分析

轨道临界速度是指当列车速度达到该速度时,轨道结构将发生强烈振动。对于轨道结构单层梁模型,轨道临界速度 c_{crit} 的计算公式为[3,4]

$$c_{\text{crit}} = \sqrt[4]{\frac{4 k_s EI}{m_r^2}} \tag{3.34}$$

轨道结构临界速度与轨道基础等效刚度 k_s、钢轨抗弯模量 EI,以及单位长度的轨道质量 m_r 有关。运用单层梁模型时,计算 m_r 应包含钢轨、轨枕和道砟的质量。

轨道基础等效刚度 k_s 与轨道基础弹性模量有如下关系[11],即

$$k_s = \frac{0.65 E_s}{1 - v_s^2} \sqrt[12]{\frac{E_s B^4}{EI}} \tag{3.35}$$

其中,E_s 为轨道基础弹性模量,单位 MN/m^2;v_s 为泊松比;B 为轨枕长度,通常取 $2.5 \sim 2.6 \text{m}$;EI 为钢轨的抗弯模量,单位 $\text{MN} \cdot \text{m}^2$。

一般情况下,轨道基础弹性模量约为 $E_s = 50 \sim 100 \text{MN/m}^2$,对软土基础,$E_s = 10 \text{MN/m}^2$ 甚至更低。

考察 TGV 高速列车以不同速度通过时轨道振动情况,如图 3.2 所示。列车编组为 1 台 TGV 高速动车+4 台 TGV 高速拖车,TGV 高速动车和拖车的计算参数详见文献[9]。轨道条件为 60kg/m 无缝钢轨,钢轨抗弯模量 $EI = 2 \times 6.625 \text{MN} \cdot \text{m}^2$,轨枕配置 1760 根/km,轨枕长度 2.6m,道床厚度 35cm,肩宽 50cm,道砟密度 2000kg/m^3。分别运用式(3.34)和傅里叶变换法计算轨道临界速度,结果如表 3.1 所示。图 3.3 和图 3.5 分别为 $E_s = 2 \times 50 \text{MN/m}^2$ 和 $E_s = 2 \times 10 \text{MN/m}^2$ 时不同荷载速度对应的最大轨道振动挠度,图 3.4 和图 3.6 分别为 $E_s = 2 \times 50 \text{MN/m}^2$,$V = 149 \text{m/s}$ 和 $E_s = 2 \times 10 \text{MN/m}^2$,$V = 97 \text{m/s}$ 对应的傅氏域中的轨道挠度及轨道等效阻尼对振动波沿轨道分布的影响。由此可见,软土路基条件下的轨道临界速度下

降为 $c_{\text{crit}}=97\text{m/s}=349\text{km/h}$,这一速度容易被高速列车超过,从而引起轨道结构的强烈振动。

图 3.3　不同列车速度对应的最大轨道振动挠度($E_s=2\times50\text{MN/m}^2$)

表 3.1　轨道参数与最小轨道临界速度(单层梁模型)

参数	$E_s/$ (MN/m²)	$c_r/$ (kN·s/m²)	$m_r/$ (kg/m)	$F_l/$ kN	$c_{\text{crit}}/(\text{m/s})$ 数值计算结果	$c_{\text{crit}}/(\text{m/s})$ 式(3.34)
黏性土路基	2×50	0	3600	170	149	148.5
软土路基	2×10	0	3600	170	97	96.0

(a) $c_r=0$　　　　(b) $c_r=2\times5\text{kN·s/m}^2$

图 3.4 阻尼对轨道挠度的影响($E_s=2\times50\text{MN/m}^2$,$V=149\text{m/s}$)

图 3.5 不同列车速度对应的最大轨道振动挠度($E_s=2\times10\text{MN/m}^2$)

图 3.6 阻尼对轨道挠度的影响（$E_s=2\times10\text{MN/m}^2$，$V=97\text{m/s}$）

3.3.2 双层梁模型分析

运用如图 3.2 所示的模型，考虑轨道参数对轨道临界速度和轨道振动的影响，分析如下六种工况。

工况 1，轨下垫板和扣件刚度 $k_p=2\times150, 2\times100, 2\times50, 2\times25\text{MN/m}^2$ 对轨道临界速度的影响（$E_s=2\times50\text{MN/m}^2$，$c_r=c_s=0$）。

工况 2，轨道基础刚度 $E_s=2\times100, 2\times50, 2\times10, 2\times2\text{MN/m}^2$ 对轨道临界速度的影响（$k_p=2\times100\text{kN/m}^2$，$c_r=c_s=0$）。

工况 3，轨下垫板和扣件刚度 $k_p=2\times100, 2\times50, 2\times25, 2\times5\text{MN/m}^2$ 对轨道振动的影响（$E_s=2\times50\text{MN/m}^2$，$c_r=c_s=2\times50\text{kN}\cdot\text{s/m}^2$，$V=149\text{m/s}$）。

工况 4，轨道基础刚度 $E_s=2\times100, 2\times50, 2\times10, 2\times2\text{MN/m}^2$ 对轨道振动的影响（$k_p=2\times100\text{kN/m}^2$，$c_r=c_s=2\times50\text{kN}\cdot\text{s/m}^2$，$V=149\text{m/s}$）。

工况 5，轨下垫板和扣件阻尼 $c_r=0, 2\times25, 2\times50, 2\times100\text{kN}\cdot\text{s/m}^2$ 对轨道振动的影响（$E_s=2\times50\text{MN/m}^2$，$k_p=2\times100\text{kN/m}^2$，$c_s=2\times50\text{kN}\cdot\text{s/m}^2$，$V=149\text{m/s}$）。

工况 6，轨道基础阻尼 $c_s=2\times5, 2\times25, 2\times50, 2\times100\text{kN}\cdot\text{s/m}^2$ 对轨道振动的影响（$E_s=2\times50\text{MN/m}^2$，$k_p=2\times100\text{kN/m}^2$，$c_r=2\times50\text{kN}\cdot\text{s/m}^2$，$V=149\text{m/s}$）。

计算参数和计算结果分别如表 3.2 和表 3.3 所示。图 3.7 和图 3.8 分别为轨下垫板和扣件刚度及轨道基础刚度对轨道临界速度的影响。图 3.9～图 3.12 分别为轨下垫板和扣件刚度、轨道基础刚度、轨下垫板和扣件阻尼及轨道基础阻尼对轨道振动的影响。通过计算，可以得到如下结论[12]。

表 3.2 轨道参数与最小轨道临界速度(工况 1)

参数	k_p/(MN/m²)	E_s/(MN/m²)	c_r/(kN·s/m²)	c_s/(kN·s/m²)	m_r/(kg/m)	m_t/(kg/m)	c_{crit}/(m/s)
工况 1	2×150	2×50	0	0	120	3480	140
	2×100	2×50	0	0	120	3480	149
	2×50	2×50	0	0	120	3480	129
	2×25	2×50	0	0	120	3480	123

表 3.3 轨道参数与最小轨道临界速度(工况 2)

参数	E_s/(MN/m²)	k_p/(MN/m²)	c_r/(kN·s/m²)	c_s/(kN·s/m²)	m_r/(kg/m)	m_t/(kg/m)	c_{crit}/(m/s)
工况 2	2×100	2×100	0	0	120	3480	159
	2×50	2×100	0	0	120	3480	149
	2×10	2×100	0	0	120	3480	95
	2×2	2×100	0	0	120	3480	83

图 3.7 轨枕垫板和扣件刚度对轨道临界速度的影响($E_s=2×50$MN/m², $c_r=c_s=0$)

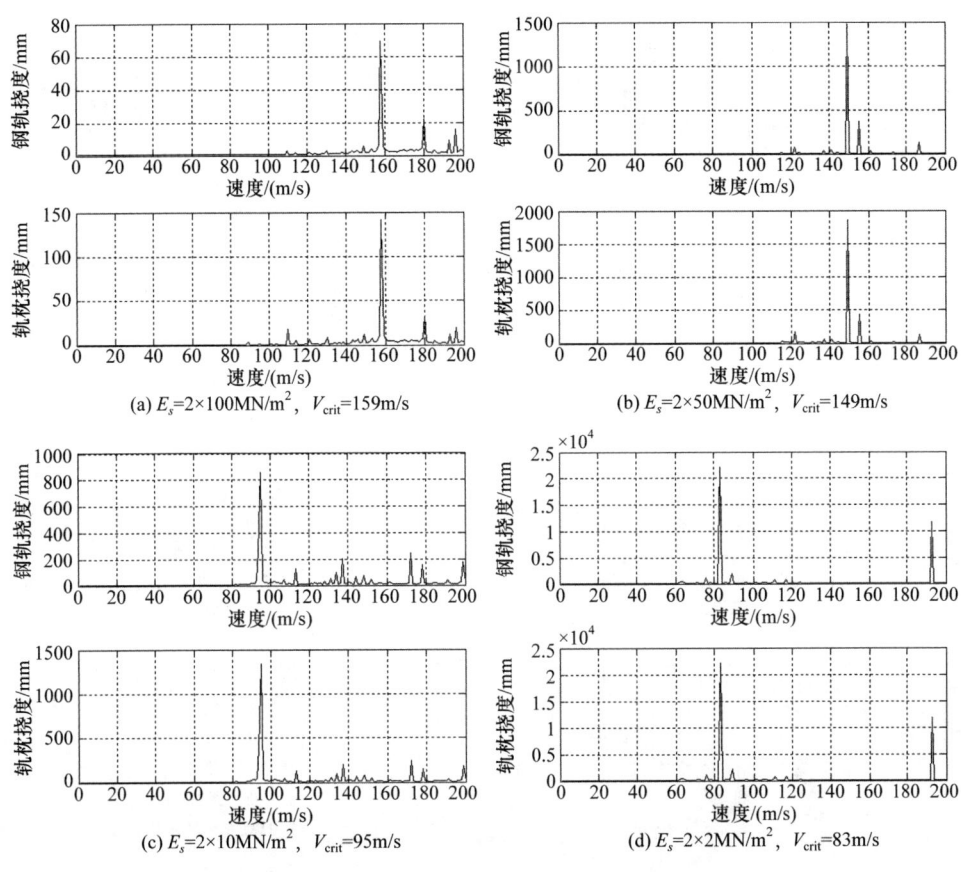

图 3.8 轨道基础刚度对轨道临界速度的影响($k_p=2\times 100\text{kN/m}^2, c_r=c_s=0$)

① 轨下垫板和扣件刚度对轨道临界速度的影响不大且无规律,如表 3.2 和图 3.7 所示。

② 轨道基础刚度对轨道临界速度有重要的影响,轨道临界速度随轨道基础刚度的增加而提高,如表 3.3 和图 3.8 所示。

③ 轨下垫板和扣件刚度对轨道振动的影响较明显,提高轨下垫板和扣件刚度能减小钢轨的振动,反之能减小轨道下部结构的振动,如图 3.9 所示。

④ 轨道基础刚度对轨道振动有一定的影响,提高轨道基础刚度有利于轨道的稳定。

⑤ 轨下垫板和扣件阻尼及轨道基础阻尼对轨道振动非常敏感,阻尼的存在能极大地减小轨道强振动的发生。但是,当 c_r(或 c_s)存在时,改变 c_s(或 c_r)对轨道振动影响不大。

(a) $k_p=2\times100$MN/m²

(b) $k_p=2\times50$MN/m²

(c) $k_p=2\times25$MN/m²

(d) $k_p=2\times5$MN/m²

图 3.9 轨下垫板和扣件刚度对轨道振动的影响
($E_s=2\times50$MN/m²,$c_r=c_s=2\times50$kN·s/m²,$V=149$m/s)

(a) $E_s=2\times100$MN/m²

(b) $E_s=2\times50$MN/m²

(c) $E_s=2\times 10\text{MN/m}^2$

(d) $E_s=2\times 2\text{MN/m}^2$

图 3.10 轨道基础刚度对轨道振动的影响

($k_p=2\times 100\text{kN/m}^2$, $c_r=c_s=2\times 50\text{kN}\cdot\text{s/m}^2$, $V=149\text{m/s}$)

(a) $c_r=0\text{kN}\cdot\text{s/m}^2$

(b) $c_r=2\times 25\text{kN}\cdot\text{s/m}^2$

(c) $c_r=2\times 50\text{kN}\cdot\text{s/m}^2$

(d) $c_r=2\times 100\text{kN}\cdot\text{s/m}^2$

图 3.11 轨下垫板和扣件阻尼对轨道振动的影响

($E_s=2\times 50\text{MN/m}^2$, $k_p=2\times 100\text{kN/m}^2$, $c_s=2\times 50\text{kN}\cdot\text{s/m}^2$, $V=149\text{m/s}$)

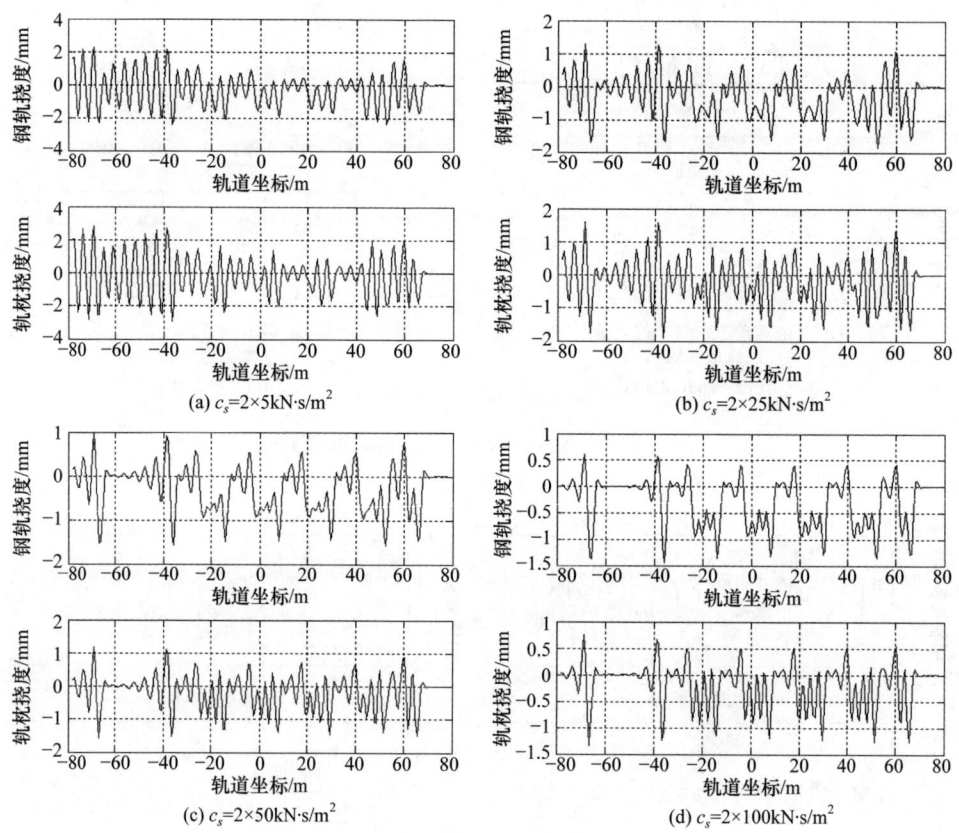

图 3.12 轨道基础阻尼对轨道振动的影响
($E_s=2\times50\text{MN/m}^2, k_p=2\times100\text{kN/m}^2, c_r=2\times50\text{kN}\cdot\text{s/m}^2, V=149\text{m/s}$)

⑥ 当轨道基础刚度 E_s 相同时，用单层梁模型和双层梁模型计算得到的轨道最小临界速度基本相同，如表 3.1 和表 3.2 所示。因此，为了简化计算，可以用式(3.34)计算轨道结构的最小临界速度。

轨道结构临界速度通常有若干个，工程中需要引起我们关注的是轨道最小临界速度，这一速度在软土路基条件下往往较低，容易被高速列车超过，从而引起轨道结构的强烈振动，甚至脱轨。同时，还需指出，对于双层梁模型，很难用解析的方法求得轨道临界速度。

以上通过建立轨道结构连续弹性单层梁模型和双层梁模型，论述了用傅里叶变换法求解轨道结构动力响应和轨道临界速度的方法。作为应用实例，用傅里叶变换法求得了列车通过时高速铁路轨道的临界速度，分析了轨下垫板和扣件刚度、轨道基础刚度、轨下垫板和扣件阻尼及轨道基础阻尼对轨道振动的影响，得到了一些有意义的结论。该方法思路清晰，适用于移动荷载作用下的轨道结构动力学问题,同时借助 Matlab 使程序编制容易实现。

3.4 客货混运铁路轨道结构振动分析

为了缓解紧张的铁路运输矛盾,我国已对既有线进行了大面积的提速改造,并积极修建客运专线。部分既有线提速改造完成后,以及在客运专线运营的初期,将采取客货混运的运输模式。本节通过建立考虑线路随机不平顺的轨道结构连续三层梁模型,论述运用傅里叶变换法求解轨道结构连续弹性三层梁模型的数值方法,分析客货混运铁路专线列车以不同速度运行时引起轨道结构振动的特点。

3.4.1 轨道结构连续弹性三层梁模型

传统的有砟轨道结构可以简化为连续弹性三层梁模型。图 3.13 为轨道结构连续弹性三层梁模型,其振动微分方程为[14,15]

$$E_r I_r \frac{\partial^4 w}{\partial x^4} + m_r \frac{\partial^2 w}{\partial t^2} + c_r \left(\frac{\partial w}{\partial t} - \frac{\partial z}{\partial t} \right) + k_p (w-z) = - \sum_{l=1}^{n} \left(F_l + m_w \frac{\partial^2 \eta}{\partial t^2} \right) \delta(x - Vt - a_l) \quad (3.36)$$

$$m_t \frac{\partial^2 z}{\partial t^2} + c_b \left(\frac{\partial z}{\partial t} - \frac{\partial y}{\partial t} \right) - c_r \left(\frac{\partial w}{\partial t} - \frac{\partial z}{\partial t} \right) + k_b (z-y) - k_p (w-z) = 0 \quad (3.37)$$

$$m_b \frac{\partial^2 y}{\partial t^2} + c_s \frac{\partial y}{\partial t} - c_b \left(\frac{\partial z}{\partial t} - \frac{\partial y}{\partial t} \right) + k_s y - k_b (z-y) = 0 \quad (3.38)$$

其中,w 为钢轨竖向挠度;m_r 为单位长度的钢轨质量;k_p 为单位长度轨下垫板和扣件的刚度;c_r 为单位长度轨下垫板和扣件的阻尼;z 为轨枕竖向挠度;m_t 为单位长度轨枕的质量;k_b 为单位长度道床的刚度;c_b 为单位长度道床的阻尼;y 为道床竖向挠度;m_b 为单位长度道床的质量;k_s 为单位长度路基的等效刚度;c_s 为单位长度路基的等效阻尼;δ 为 Dirac 函数;V 为列车运行速度;F_l 为第 l 个轮对的轴重;m_w 为第 l 个轮对的质量;a_l 为 $t=0$ 时第 l 个轮对距原点的距离;n 为轮对总数,$\eta(x=Vt)$ 为轨道随机不平顺值。

图 3.13 轨道结构连续弹性三层梁模型

3.4.2 轨道随机不平顺的数值模拟

轨道随机不平顺值 $\eta(x=Vt)$ 可用三角级数表示为[13]

$$\eta = \sum_{k=1}^{N_k} \eta_k \sin(\omega_k x + \phi_k) \tag{3.39}$$

其中，η_k 是平均值为 0、标准差为 σ_k 的高斯随机变量，对于 $k=1,2,\cdots,N_k$ 来说，是互相独立的；ϕ_k 是与 η_k 独立的、$0\sim 2\pi$ 区间均匀分布的随机变量，ϕ_k 本身对于 $k=1,2,\cdots,N_k$ 来说也是互相独立的。

为计算 σ_k，在 $\eta(x=Vt)$ 的功率谱密度函数 $S_x(\omega)$ 的正域内，把下限值 ω_l 和上限值 ω_u 之间分成 N_k 等分，设

$$\Delta\omega = (\omega_u - \omega_l)/N_k \tag{3.40}$$

令

$$\omega_k = \omega_l + \left(k - \frac{1}{2}\right)\Delta\omega, \quad k=1,2,\cdots,N_k \tag{3.41}$$

有

$$\sigma_k^2 = 4S_x(\omega_k)\Delta\omega, \quad k=1,2,\cdots,N_k \tag{3.42}$$

即认为 $S_x(\omega)$ 的有效功率在 (ω_l,ω_u) 之内，(ω_l,ω_u) 以外的值可视为 0，则根据式(3.41)和式(3.42)可以算出 ω_k 和 σ_k 的值。式(3.40)～式(3.42)中的 ω_l、ω_u 和 ω_k 为空间频率，单位为 rad/m。N_k 为充分大的整数。可以证明，由式(3.39)～式(3.42)构造的样本函数其功率谱密度函数是 $S_x(\omega)$，且是各态历经的[9]。

美国联邦铁路管理局根据大量实测资料得到线路不平顺功率谱密度，并将其拟合成一个以截断频率和粗糙度常数表示的函数。这些函数适用波长范围为 1.524～304.8m，轨道线路不平顺等级可以分为六级。

美国轨道高低不平顺功率谱密度函数为

$$S_v(\omega) = \frac{kA_v\omega_c^2}{(\omega^2+\omega_c^2)\omega^2}(cm^2 \cdot rad/m) \tag{3.43}$$

其中，k 一般取 0.25；ω_c 和 A_v 如表 3.4 所示。

表 3.4 美国轨道不平顺功率谱密度函数参数

参数	各级轨道的参数值					
	1	2	3	4	5	6
$A_v/(cm^2 \cdot rad/m)$	1.2107	1.0181	0.6816	0.5376	0.2095	0.0339
$\omega_c/(rad/m)$	0.8245	0.8245	0.8245	0.8245	0.8245	0.8245

3.4.3 求解轨道结构连续弹性三层梁模型的傅里叶变换法

定义傅里叶变换和傅里叶逆变换，即

$$W(\beta,t) = \int_{-\infty}^{\infty} w(x,t)\mathrm{e}^{-\mathrm{i}\beta x}\,\mathrm{d}x \tag{3.44}$$

$$w(x,t) = \frac{1}{2\pi}\int_{-\infty}^{\infty} W(\beta,t)\mathrm{e}^{\mathrm{i}\beta x}\,\mathrm{d}\beta \tag{3.45}$$

其中,β 为振动波数,单位 rad/m。

由式(3.39),可得

$$\frac{\partial^2 \eta}{\partial t^2} = -\sum_{k=1}^{N_k} \eta_k \omega_k^2 V^2 \sin(\omega_k x + \phi_k) \tag{3.46}$$

对式(3.36)右端项作傅里叶变换,有

$$I_{\text{右}} = -\left[\sum_{l=1}^{n}\left(F_l + m_w \frac{\partial^2 \eta}{\partial t^2}\right)\mathrm{e}^{-\mathrm{i}\beta a_l}\right]\mathrm{e}^{-\mathrm{i}\beta V^2 t} = \widetilde{F}(\beta)\mathrm{e}^{-\mathrm{i}\beta V^2 t} \tag{3.47}$$

其中

$$\widetilde{F}(\beta) = -\sum_{l=1}^{n}\left(F_l + m_w \frac{\partial^2 \eta}{\partial t^2}\right)\mathrm{e}^{-\mathrm{i}\beta a_l} \tag{3.48}$$

对式(3.36)~式(3.38)作傅里叶变换,并设

$$F(\beta,t) = \widetilde{F}(\beta)\mathrm{e}^{\mathrm{i}\omega t} \tag{3.49}$$

$$W(\beta,t) = \widetilde{W}(\beta)\mathrm{e}^{\mathrm{i}\omega t} \tag{3.50}$$

$$Z(\beta,t) = \widetilde{Z}(\beta)\mathrm{e}^{\mathrm{i}\omega t} \tag{3.51}$$

$$Y(\beta,t) = \widetilde{Y}(\beta)\mathrm{e}^{\mathrm{i}\omega t} \tag{3.52}$$

其中,$\omega = \Omega - \beta V$,$\Omega$ 为外荷载激振频率,单位 rad/m。

有

$$E_r I_r \beta^4 \widetilde{W} - m_r \omega^2 \widetilde{W} + \mathrm{i}\omega c_r(\widetilde{W} - \widetilde{Z}) + k_p(\widetilde{W} - \widetilde{Z}) = \widetilde{F}(\beta) \tag{3.53}$$

$$-m_t \omega^2 \widetilde{Z} + \mathrm{i}\omega c_b(\widetilde{Z} - \widetilde{Y}) - \mathrm{i}\omega c_r(\widetilde{W} - \widetilde{Z}) + k_b(\widetilde{Z} - \widetilde{Y}) - k_p(\widetilde{W} - \widetilde{Z}) = 0 \tag{3.54}$$

$$-m_b \omega^2 \widetilde{Y} + \mathrm{i}\omega c_s \widetilde{Y} - \mathrm{i}\omega c_b(\widetilde{Z} - \widetilde{Y}) + k_s \widetilde{Y} - k_b(\widetilde{Z} - \widetilde{Y}) = 0 \tag{3.55}$$

联立求解式(3.53)~式(3.55),可得

$$\widetilde{W}(\beta) = \frac{[AB - (\mathrm{i}\omega c_b + k_b)^2]\widetilde{F}(\beta)}{C[AB - (\mathrm{i}\omega c_b + k_b)^2] - A(\mathrm{i}\omega c_r + k_p)^2} \tag{3.56}$$

$$\widetilde{Z}(\beta) = \frac{A(\mathrm{i}\omega c_r + k_p)}{AB - (\mathrm{i}\omega c_b + k_b)^2}\widetilde{W}(\beta) \tag{3.57}$$

$$\widetilde{Y}(\beta) = \frac{\mathrm{i}\omega c_b + k_b}{A}\widetilde{Z}(\beta) \tag{3.58}$$

其中,$A = -m_b\omega^2 + \mathrm{i}\omega(c_s + c_b) + k_s + k_b$;$B = -m_t\omega^2 + \mathrm{i}\omega(c_b + c_r) + k_b + k_p$;$C = E_r I_r \beta^4 - m_r\omega^2 + \mathrm{i}\omega c_r + k_p$。

将式(3.56)~式(3.58)代入式(3.50)~式(3.52)中,并进行傅里叶逆变换,即

$$\tilde{w}(x,t) = \frac{1}{2\pi}\int_{-\infty}^{\infty} W(\beta,t)\mathrm{e}^{\mathrm{i}\beta x}\mathrm{d}\beta$$

$$\tilde{z}(x,t) = \frac{1}{2\pi}\int_{-\infty}^{\infty} Z(\beta,t)\mathrm{e}^{\mathrm{i}\beta x}\mathrm{d}\beta$$

$$\tilde{y}(x,t) = \frac{1}{2\pi}\int_{-\infty}^{\infty} Y(\beta,t)\mathrm{e}^{\mathrm{i}\beta x}\mathrm{d}\beta$$

则有

$$w(x,t) = \tilde{w}(x,t)\mathrm{e}^{\mathrm{i}(\varphi_w + \Omega t)} \quad (3.59)$$

$$z(x,t) = \tilde{z}(x,t)\mathrm{e}^{\mathrm{i}(\varphi_z + \Omega t)} \quad (3.60)$$

$$y(x,t) = \tilde{y}(x,t)\mathrm{e}^{\mathrm{i}(\varphi_y + \Omega t)} \quad (3.61)$$

其中,φ_w、φ_z 和 φ_y 分别为复数 $\tilde{w}(x,t)$、$\tilde{z}(x,t)$ 和 $\tilde{y}(x,t)$ 的相位角。

根据式(3.59)~式(3.61)容易求得钢轨、轨枕和道床的速度、加速度,以及作用于轨枕及地基上的动压力。

3.4.4 客货混运铁路轨道结构振动分析

应用上述模型,对客货混运铁路轨道结构进行振动分析[14,15]。

列车编组考虑客车和货车两种情况,一种情况是 1 台中华之星机车+8 节 YZ_{25} 型客车,另一种情况是 1 台中华之星机车+15 节 C_{60} 型货车,其中机车轴重 210kN,YZ_{25} 型客车轴重 142.5kN,C_{60} 型货车轴重 210kN。轨道条件:60kg/m 无缝钢轨,有砟轨道,钢轨抗弯模量 $EI = 2 \times 6.625\mathrm{MN} \cdot \mathrm{m}^2$,III 型轨枕,轨枕间距 0.60m,线路不平顺模拟成六级。其他计算参数如表 3.5 所示。考虑客、货列车分别以 60、80、100、120、140、160、180、200km/h 八种速度运行时轨道结构的振动响应。

表 3.5 轨道计算参数

计算参数	单位长度质量/kg	单位长度刚度/(MN/m²)	单位长度阻尼/(kN·s/m²)
钢轨	60	80/0.6	50/0.6
轨枕	340/0.6	120/0.6	60/0.6
道床	2718	425	90/0.6

计算结果如图 3.14~图 3.17 所示,分别表示客车和货车以不同速度运行时的钢轨位移、钢轨加速度、轨枕位移、轨枕加速度、道床位移、道床加速度、轨枕动压力和地基动压力。

通过计算,可以得出如下结论。

图 3.14　列车速度对钢轨位移、钢轨加速度的影响

图 3.15　列车速度对轨枕位移、轨枕加速度的影响

图 3.16　列车速度对道床位移、道床加速度的影响

① 轨道的动力响应随着客、货列车速度的提高而增大。在位移、加速度、轨枕动压力和地基动压力四个指标中,列车速度对钢轨、轨枕和道床的加速度影响最大,尤其是当列车速度超过 100km/h 时,加速度明显增加。

图 3.17 列车速度对轨枕动压力和地基动压力的影响

② 在同样的列车速度条件下,货车引起轨道的动力响应比客车的作用大,其中货车引起的轨道位移约比客车大 45%~50%,货车引起的轨道加速度比客车大 40%~50%,货车引起的轨道动压力比客车大 50%~60%,即客车以 200km/h 运行时引起轨道的挠度和动压力仅相当于货车以 140km/h 运行时的状况。产生这种现象的原因有两点:一是货车的轴重比客车的大,分别为 210kN 和 142.5kN;二是货车的车辆定距比客车小,分别为 8.7m 和 18.0m。因此,在客货混运的铁路专线上,最不利的工况来自货车。在空车、重车混合编组的情况下,引起的动力作用会更大,这种情况已被现场试验验证。

我国目前既有线上大多采用的铁路运输模式仍是客货混运,客货混运对线路的曲线段和直线段均有很高的要求,曲线超高要同时兼顾客货列车,还要限制货运列车和客运列车的最大重量、长度和速度。国外有客货混运的铁路,也有高速铁路开行货车的线路,如日本的新干线。但前提条件是那些货车都是轻型的,没有重型车,而我国的货车却是重载的。客货混运导致列车对铁路轨道的破坏程度增大。客车就像公路上的小轿车,而货车就像公路上的大卡车,货车由于载重多、速度慢,对轨道结构的冲击也就特别大。另外,在客车速度提高,货车速度保持不变的情况下,货车的运输能力反而会下降。客货分流可以减小这种破坏程度,是一种必然趋势。我国目前正在大力新建的客运专线必将极大地缓解交通运输的矛盾。

3.5 软土地基沥青基础有砟轨道结构振动分析

以美国为首的北美铁路主要是货物运输,美国 70% 的铁路线路是重载铁路,标准轴重 33t(1t=1000kg),最大轴重达到 39t。重载列车编组通常为 108 辆货车,由 3~6 台机车牵引,列车总重为 13 600t。为了提高重载铁路轨道基础的承载力,美国一般在软土基础或地质条件较差地段,在道砟下面铺设一沥青层,如图 3.18

所示。典型的沥青层宽 3.7m,厚 125~150mm,基础较差的区段,沥青层的厚度可以达到 200mm。沥青层上面的道砟厚度通常为 200~300mm。为了进一步提高沥青基础有砟轨道的弹性,可以在沥青中掺加一定比例的橡胶颗粒,用于轨道交通特殊地段的减振降噪。在有砟轨道底部铺设沥青层的措施使用范围很广,可以用于正线、道岔区、隧道、路桥过渡段、路隧过渡段、平交道口等。实践证明,该措施能极大地提高轨道结构的稳定性,增加轨道的弹性,同时沥青层的设置还具有良好的防水性,能避免轨道结构的翻浆冒泥,减少线路病害。

图 3.18　沥青基础有砟轨道结构横截面图

本节通过建立考虑线路随机不平顺的轨道结构连续四层梁模型,讨论运用傅里叶变换法求解轨道结构连续弹性四层梁模型的数值方法,对沥青基础有砟轨道结构进行振动分析,并考虑沥青层厚度、沥青中橡胶含量,以及软土地基弹性模量对轨道结构振动的影响。

3.5.1　轨道结构连续弹性四层梁模型

软土地基沥青基础有砟轨道结构可以简化为连续弹性四层梁模型,如图 3.19 所示。其振动微分方程为[16]

$$E_r I_r \frac{\partial^4 w}{\partial x^4} + m_r \frac{\partial^2 w}{\partial t^2} + c_r \left(\frac{\partial w}{\partial t} - \frac{\partial z}{\partial t}\right) + k_p (w-z) = -\sum_{l=1}^{n} \left(F_l + m_w \frac{\partial^2 \eta}{\partial t^2}\right) \delta(x - Vt - a_l) \quad (3.62)$$

$$m_t \frac{\partial^2 z}{\partial t^2} + c_b \left(\frac{\partial z}{\partial t} - \frac{\partial y}{\partial t}\right) - c_r \left(\frac{\partial w}{\partial t} - \frac{\partial z}{\partial t}\right) + k_b (z-y) - k_p (w-z) = 0 \quad (3.63)$$

$$m_b \frac{\partial^2 y}{\partial t^2} + c_s \left(\frac{\partial y}{\partial t} - \frac{\partial g}{\partial t}\right) - c_b \left(\frac{\partial z}{\partial t} - \frac{\partial y}{\partial t}\right) + k_s (y-g) - k_b (z-y) = 0 \quad (3.64)$$

$$E_s I_s \frac{\partial^4 g}{\partial x^4} + m_s \frac{\partial^2 g}{\partial t^2} + c_g \frac{\partial g}{\partial t} - c_s \left(\frac{\partial y}{\partial t} - \frac{\partial g}{\partial t}\right) + k_g g - k_s (y-g) = 0 \quad (3.65)$$

其中,w、z、y 和 g 分别为钢轨、轨枕、道砟和沥青层的竖向挠度;E_r 和 I_r 分别为钢轨的弹性模量和截面绕水平轴的惯性矩;m_r 为单位长度的钢轨质量;k_p 为单位长度轨下垫板和扣件的刚度;c_r 为单位长度轨下垫板和扣件的阻尼;m_t 为单位长度轨枕的质量;k_b 为单位长度道砟的刚度;c_b 为单位长度道砟的阻尼;m_b 为单位长度道砟的质量;k_s 为单位长度沥青层的等效刚度;c_s 为单位长度沥青层的等效阻尼;E_s 和 I_s 分别为沥青层的弹性模量和截面绕水平轴的惯性矩;m_s 为单位长度沥青层的质量;k_g 为单位长度软土地基的等效刚度;c_g 为单位长度软土地基的等效阻尼;x 为轨道纵向坐标;$\delta(x-Vt-a_l)$ 为 Dirac 函数;V 为列车运行速度;F_l 为第 l 个轮对的轴重;m_w 为第 l 个轮对的质量;a_l 为 $t=0$ 时第 l 个轮对距原点的距离;n 为轮对总数;$\eta(x=Vt)$ 为轨道随机不平顺值。

图 3.19 软土地基沥青基础有砟轨道结构连续弹性四层梁模型

3.5.2 求解轨道结构连续弹性四层梁模型的傅里叶变换法

定义傅里叶变换和傅里叶逆变换如下,即

$$W(\beta,t) = \int_{-\infty}^{\infty} w(x,t) e^{-i\beta x} dx \tag{3.66}$$

$$w(x,t) = \frac{1}{2\pi} \int_{-\infty}^{\infty} W(\beta,t) e^{i\beta x} d\beta \tag{3.67}$$

其中,β 为振动波数,单位 rad/m。

对式(3.62)~式(3.65)作傅里叶变换,并设 $W(\beta,t)$、$Z(\beta,t)$、$Y(\beta,t)$、$G(\beta,t)$ 及 $F(\beta,t)$ 为简谐函数,即

$$W(\beta,t) = \widetilde{W}(\beta) e^{i\omega t} \tag{3.68}$$

$$Z(\beta,t) = \widetilde{Z}(\beta) e^{i\omega t} \tag{3.69}$$

$$Y(\beta,t) = \widetilde{Y}(\beta) e^{i\omega t} \tag{3.70}$$

$$G(\beta,t) = \widetilde{G}(\beta) e^{i\omega t} \tag{3.71}$$

$$F(\beta,t) = \widetilde{F}(\beta) e^{i\omega t} \tag{3.72}$$

$$\widetilde{F}(\beta) = \sum_{l=1}^{n} \left(-F_l + m_w \frac{\partial^2 \eta}{\partial t^2} \right) e^{-i\beta a_l} \tag{3.73}$$

其中，$\omega = \Omega - \beta V$，$\Omega$ 为外荷载激振频率，单位 rad/m。

由此可得

$$(E_r I_r \beta^4 - m_r \omega^2 + i\omega c_p + k_p)\widetilde{W}(\beta) - (i\omega c_p + k_p)\widetilde{Z}(\beta) = \widetilde{F}(\beta) \tag{3.74}$$

$$[-m_t \omega^2 + i\omega(c_b + c_p) + k_b + k_p]\widetilde{Z}(\beta) - (i\omega c_b + k_b)\widetilde{Y}(\beta) - (i\omega c_p + k_p)\widetilde{W}(\beta) = 0 \tag{3.75}$$

$$[-m_b \omega^2 + i\omega(c_s + c_b) + k_s + k_b]\widetilde{Y}(\beta) - (i\omega c_s + k_s)\widetilde{G}(\beta) - (i\omega c_b + k_b)\widetilde{Z}(\beta) = 0 \tag{3.76}$$

$$[E_s I_s \beta^4 - m_s \omega^2 + i\omega(c_g + c_s) + k_g + k_s]\widetilde{G}(\beta) - (i\omega c_s + k_s)\widetilde{Y}(\beta) = 0 \tag{3.77}$$

令

$$\begin{aligned} A_1 &= E_r I_r \beta^4 - m_r \omega^2 + i\omega c_p + k_p \\ A_2 &= -m_t \omega^2 + i\omega(c_b + c_p) + k_b + k_p \\ A_3 &= -m_b \omega^2 + i\omega(c_s + c_b) + k_s + k_b \\ A_4 &= E_s I_s \beta^4 - m_s \omega^2 + i\omega(c_g + c_s) + k_g + k_s \end{aligned} \tag{3.78}$$

$$\begin{aligned} B_1 &= i\omega c_p + k_p \\ B_2 &= i\omega c_b + k_b \\ B_3 &= i\omega c_s + k_s \end{aligned} \tag{3.79}$$

联立求解式(3.74)~式(3.77)，可以得到

$$\widetilde{W}(\beta) = \frac{A_2(A_3 A_4 - B_3 B_3) - A_4 B_2 B_2}{A_1 A_2 (A_3 A_4 - B_3 B_3) - A_1 A_4 B_2 B_2 - (A_3 A_4 - B_3 B_3) B_1 B_1} \widetilde{F}(\beta) \tag{3.80}$$

$$\widetilde{Z}(\beta) = \frac{(A_3 A_4 - B_3 B_3) B_1}{A_2 (A_3 A_4 - B_3 B_3) - A_4 B_2 B_2} \widetilde{W}(\beta) \tag{3.81}$$

$$\widetilde{Y}(\beta) = \frac{A_4 B_2}{A_3 A_4 - B_3 B_3} \widetilde{Z}(\beta) \tag{3.82}$$

$$\widetilde{G}(\beta) = \frac{B_3}{A_4} \widetilde{Y}(\beta) \tag{3.83}$$

将式(3.80)~式(3.83)代入式(3.68)~式(3.71)，并进行傅里叶逆变换，有

$$\widetilde{w}(x,t) = \frac{1}{2\pi} \int_{-\infty}^{\infty} W(\beta,t) e^{i\beta x} d\beta \tag{3.84}$$

$$\widetilde{z}(x,t) = \frac{1}{2\pi} \int_{-\infty}^{\infty} Z(\beta,t) e^{i\beta x} d\beta \tag{3.85}$$

$$\widetilde{y}(x,t) = \frac{1}{2\pi} \int_{-\infty}^{\infty} Y(\beta,t) e^{i\beta x} d\beta \tag{3.86}$$

$$\tilde{g}(x,t) = \frac{1}{2\pi}\int_{-\infty}^{\infty} G(\beta,t)\mathrm{e}^{\mathrm{i}\beta x}\,\mathrm{d}\beta \tag{3.87}$$

则有

$$w(x,t) = \tilde{w}(x,t)\mathrm{e}^{\mathrm{i}\varphi_w} \tag{3.88}$$

$$z(x,t) = \tilde{z}(x,t)\mathrm{e}^{\mathrm{i}\varphi_z} \tag{3.89}$$

$$y(x,t) = \tilde{y}(x,t)\mathrm{e}^{\mathrm{i}\varphi_y} \tag{3.90}$$

$$g(x,t) = \tilde{g}(x,t)\mathrm{e}^{\mathrm{i}\varphi_g} \tag{3.91}$$

其中,φ_w、φ_z、φ_y 和 φ_g 分别为复数 $\tilde{w}(x,t)$、$\tilde{z}(x,t)$、$\tilde{y}(x,t)$ 和 $\tilde{g}(x,t)$ 的相位角。

根据式(3.88)~式(3.91)容易求得钢轨、轨枕、道床和沥青层的速度、加速度,以及作用于轨枕、道床、沥青层、软土地基上的动压力。

3.5.3 软土地基沥青基础有砟轨道结构振动分析

应用上述模型,对软土地基沥青基础有砟轨道结构进行振动分析[16]。

轨道条件：60kg/m 无缝钢轨,沥青基础有砟轨道,钢轨抗弯模量 $E_rI_r = 2 \times 6.625\mathrm{MN} \cdot \mathrm{m}^2$,III 型轨枕,轨枕长 2.6m,轨枕间距 0.60m,道床肩宽 $b=30\mathrm{cm}$,道砟厚度 $H_b = 30\mathrm{cm}$,道砟密度 $\rho = 2000\mathrm{kg/m}^3$,其他轨道结构参数如表 3.6 所示。线路不平顺模拟成六级。单位长度沥青层的等效刚度 k_s 和等效阻尼 c_s 与沥青层中的橡胶含量有关,可以根据表 3.7 中的参数计算得到[16]。软土地基单位长度刚度 k_g 可以根据软土地基弹性模量 E_s 按式(3.35)求得,其中 $B=2.6\mathrm{m}$。

列车为 8 节编组的 CRH3 型动车,轴重 142.5kN,列车速度 200km/h。

表 3.6 轨道结构参数

轨道结构	单位长度质量/kg	单位长度刚度/(MN/m²)	单位长度阻尼/(kN·s/m²)
钢轨	60	—	—
轨枕	340/0.6	80/0.6	50/0.6
道床	2790	120/0.6	60/0.6
沥青层	变量	变量	变量
软土地基	—	变量	90/0.6

表 3.7 沥青层中橡胶含量及参数

工况	橡胶含量/%	密度/(kg/m³)	剪切模量/MPa	阻尼比
A	0	2511	750	0.055
B	10	2500	890	0.065
C	20	2480	980	0.095

考虑下列三种工况。

工况一,沥青层中橡胶含量 $C_a=20\%$,软土地基弹性模量 $E_s=20$MPa 时,考虑三种沥青层厚度 $H_a=10$cm、15cm、20cm 对轨道结构振动的影响。

工况二,沥青层厚度 $H_a=20$cm,软土地基弹性模量 $E_s=20$MPa 时,考虑三种沥青层中橡胶含量 $C_a=0\%$、10%、20%对轨道结构振动的影响。

工况三,沥青层中橡胶含量 $C_a=20\%$,沥青层厚度 $H_a=20$cm 时,考虑三种软土地基弹性模量 $E_s=20$、25、30MPa 对轨道结构振动的影响。

计算结果如图 3.20~图 3.28 所示,分别表示不同的沥青层厚度、沥青层中橡胶含量及软土地基弹性模量对钢轨位移、钢轨加速度、轨枕位移、轨枕加速度、道砟位移、道砟加速度、沥青层位移、沥青层加速度,以及作用于轨枕、道砟、沥青层、软土地基上的动压力的影响。

图 3.20 沥青层厚度 $H_a=10$、15、20cm 对轨道振动位移的影响

图 3.21 沥青层厚度 $H_a=10$、15、20cm 对轨道振动加速度的影响

图 3.22 沥青层厚度 $H_a=10$、15、20cm 对轨道振动压力的影响

图 3.23 沥青层中橡胶含量 $C_a=0\%$、10%、20% 对轨道振动位移的影响

通过计算,可得到如下结论。

① 与普通有砟轨道相比(无沥青层),在道砟下面铺设沥青层能够有效减小钢轨、轨枕、道砟、沥青层位移和加速度,以及减小作用于软土地基上的动压力,如图 3.20~图 3.25所示。增加沥青层的厚度对减小轨道结构振动有利,可以提高轨道结构的稳定性。

图 3.24 沥青层中橡胶含量 $C_a=0\%$、10%、20%对轨道振动加速度的影响

图 3.25 沥青层中橡胶含量 $C_a=0\%$、10%、20%对轨道振动压力的影响

图 3.26 软土地基弹性模量 $E_s=20$、25、30MPa对轨道振动位移的影响

② 提高沥青层中的橡胶含量能够提高沥青层的弹性,有利于轨道结构减振降噪。

③ 对于软土地基上的轨道结构,铺设沥青层能够使列车荷载更均匀地分布于更大范围的轨道基础上,能有效降低轨道结构的动应力,如图 3.26～图 3.28 所示。

图 3.27 软土地基弹性模量 $E_s=20$、25、30MPa 对轨道振动加速度的影响

图 3.28 软土地基弹性模量 $E_s=20$、25、30MPa 对轨道振动压力的影响

④ 沥青基础有砟轨道结构特别适用于重载铁路和软土基础上的铁道线路。沥青层具有良好的防水作用，沥青基础有砟轨道结构病害较少，使用寿命更长。

参 考 文 献

[1] Madshus C, Kaynia A. High speed railway lines on soft ground: dynamic response of rail-embankment-soil system[R]. 1998, NGI515177-1.

[2] Krylov V V. On the theory of railway-induced ground vibrations[J]. Journal of Physique, 1994, 4(5): 769-772.

[3] Krylov V V. Generation of ground vibrations by super fast trains[J]. Applied Acoustics, 1995, 44: 149-164.

[4] Krylov V V, Dawson A R. Rail movement and ground waves caused by high speed trains approaching track-soil critical velocities[J]. Journal of Rail and Rapid Transit, Proceedings of the Institution of Mechanical Engineers Part F, 2000, 214: 107-116.

[5] 雷晓燕. 轨道临界速度与轨道强振动研究[J]. 岩土工程学报, 2006, 28(3): 419-422.

[6] 雷晓燕. 高速列车诱发地面波与轨道强振动研究[J]. 铁道学报, 2006, 28(3): 78-82.

[7] 雷晓燕. 高速铁路轨道振动与轨道临界速度的傅里叶变换法[J]. 中国铁道科学, 2007, 28(6): 30-34.

[8] Sheng X, Jones C J C, Thompson D J. A theoretical model for ground vibration from trains generated by vertical track irregularities[J]. Journal of Sound and Vibration, 2004, 272 (3-5): 937-965.

[9] Sheng X, Jones C J C, Thompson D J. A theoretical study on the influence of the track on train-induced ground vibration[J]. Journal of Sound and Vibration, 2004, 272 (3-5): 909-936.

[10] Sheng X. Ground vibrations generated from trains[D]. University of Southampton, UK, 2002.

[11] Vesic A S. Beams on elastic subgrade and the Winkler hypothesis[C]// Proceedings of the 5th International Conference on Soil Mechanics and Foundation Engineering, 1961: 845-851.

[12] 雷晓燕. 轨道结构动力分析的傅里叶变换法[J]. 铁道学报, 2007, 29(3): 67-71.

[13] 雷晓燕, 圣小珍. 现代轨道理论研究(2版)[M]. 北京: 中国铁道出版社, 2008.

[14] 雷晓燕, 邓福清. 客货混运铁路专线轨道振动分析[J]. 铁道工程学报, 2007, (3): 16-20.

[15] Lei X Y, Rose J G. Track vibration analysis for railways with mixed passenger and freight traffic[J]. Journal of Rail and Rapid Transit, Proceedings of the Institution of Mechanical Engineers, 2008, 222(4): 413-421.

[16] Lei X Y, Rose J G. Numerical investigation of vibration reduction of ballast track with asphalt trackbed over soft subgrade[J]. Journal of Vibration and Control, 2008, 14(12), 1885-1902.

第四章　高架轨道结构振动特性分析

高架轨道结构在高速铁路和城市轨道交通中得到了广泛应用,高架轨道结构的优点是占地少、沉降小、建设和运营成本低,能有效地缓解城市交通拥堵;缺点是振动噪声大,对沿线的环境有一定影响[1]。导纳是反映结构振动响应的重要指标。本章通过建立高架轨道结构解析模型和三维有限元模型,研究箱型梁和U型梁两种高架轨道结构的速度导纳分布规律,分析高架轨道结构随距离变化的振动衰减特性,并对两种模型进行适应性对比分析。

4.1　导纳的基本概念

4.1.1　导纳的定义

导纳是研究结构振动的重要指标,我们将结构受到简谐激励时产生的响应复数振幅与激励的复数幅值之比称为导纳(Y),即单位作用力引起的响应。响应可以是位移、速度和加速度,也可以是应力和应变。理论和实验证明导纳与结构的固有特性有关,如结构的质量、弹性和阻尼等。

如图4.1所示,在j点施加作用力F_j,在任一点i产生响应,则i和j之间的位移导纳可以表示为$Y_X = X_i/F_j$,阻抗为导纳的倒数,即$Z_X = 1/Y_X$。如果响应点和激励点是相同的点,所得的导纳为原点导纳,如图4.1所示的$Y_{jj} = \dfrac{X_j}{F_j}$;反之,响应

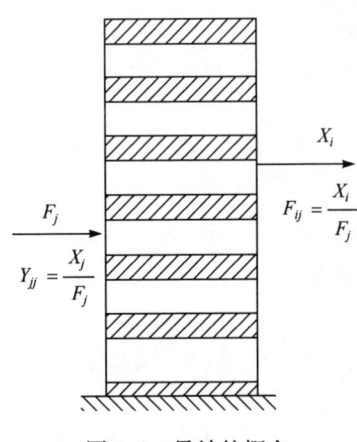

图4.1　导纳的概念

点和激励点是不同点,所得导纳为跨点导纳,如 $Y_{ij}=\dfrac{X_i}{F_j}$。原点导纳的符号、名称、表达式如表 4.1 所示。

表 4.1 原点导纳

符号	名称	表达式
Y_X	动柔度,位移导纳/(m/N)	X_j/F_j
Y_V	速度导纳/(m/s/N)	V_j/F_j
Y_A	加速度导纳/(m/s²/N)	A_j/F_j

4.1.2 计算方法

如上所述,稳定的线性振动系统的导纳等于稳态响应与所施加的简谐激励复数之比,或幅值之比。单自由度系统模型如图 4.2 所示。其运动微分方程为

图 4.2 单自由度系统模型

$$m\dfrac{\mathrm{d}^2 x}{\mathrm{d}t^2}+c\dfrac{\mathrm{d}x}{\mathrm{d}t}+kx=f(t) \tag{4.1}$$

其中,m 为质量;c 为阻尼系数;k 为刚度;$f(t)$ 为激振力。

假设系统的激振力为

$$f(t)=\overline{F}\mathrm{e}^{\mathrm{i}\omega t} \tag{4.2}$$

其稳态位移响应为

$$x(t)=\overline{X}\mathrm{e}^{\mathrm{i}\omega t} \tag{4.3}$$

速度响应为

$$\dot{x}(t)=\mathrm{i}\omega\overline{X}\mathrm{e}^{\mathrm{i}\omega t}=\overline{V}\mathrm{e}^{\mathrm{i}\omega t} \tag{4.4}$$

加速度响应为

$$\ddot{x}(t)=-\omega^2\overline{X}\mathrm{e}^{\mathrm{i}\omega t}=\overline{A}\mathrm{e}^{\mathrm{i}\omega t} \tag{4.5}$$

则系统的位移导纳可以表示为

$$Y_x=\dfrac{X_j}{F_j}=\dfrac{x(t)}{f(t)}=\dfrac{\overline{X}\mathrm{e}^{\mathrm{i}\omega t}}{\overline{F}\mathrm{e}^{\mathrm{i}\omega t}}=\dfrac{\overline{X}}{\overline{F}}=\dfrac{1}{k-\omega^2 m+\mathrm{i}\omega c} \tag{4.6}$$

速度导纳可以表示为

$$Y_v=\dfrac{\dot{x}(t)}{f(t)}=\dfrac{\overline{V}\mathrm{e}^{\mathrm{i}\omega t}}{\overline{F}\mathrm{e}^{\mathrm{i}\omega t}}=\dfrac{\overline{V}}{\overline{F}}=\mathrm{i}\omega Y_x \tag{4.7}$$

加速度导纳可以表示为

$$Y_x = \frac{\ddot{x}(t)}{f(t)} = \frac{\overline{A}e^{i\omega t}}{\overline{F}e^{i\omega t}} = \frac{\overline{A}}{\overline{F}} = -\omega^2 Y_x \tag{4.8}$$

4.1.3 谐响应分析

谐响应分析是用于分析线性结构系统在简谐荷载作用下的稳态响应,目的是计算结构在不同频率下的响应,并得到响应随频率变化的曲线,如位移-频率曲线、速度-频率曲线、加速度-频率曲线等。其输入为简谐荷载,如力、位移和加速度。

谐响应分析就是针对结构求解下面的动力学方程,即

$$\boldsymbol{M}\ddot{\boldsymbol{u}} + \boldsymbol{C}\dot{\boldsymbol{u}} + \boldsymbol{K}\boldsymbol{u} = \boldsymbol{F} \tag{4.9}$$

其中,$\boldsymbol{M}$ 为质量矩阵;$\boldsymbol{C}$ 为阻尼矩阵;$\boldsymbol{K}$ 为刚度矩阵;$\ddot{\boldsymbol{u}}$ 为结点加速度向量;$\dot{\boldsymbol{u}}$ 为结点速度向量;$\boldsymbol{u}$ 为结点位移向量;$\boldsymbol{F}$ 为施加于结构上的荷载向量。

与一般情况不同的是,在动力学方程中,有

$$\boldsymbol{F} = \boldsymbol{F}_{\max} e^{i\Psi} e^{i\omega t} = (\boldsymbol{F}_1 + i\boldsymbol{F}_2) e^{i\omega t} \tag{4.10}$$

$$\boldsymbol{u} = \boldsymbol{u}_{\max} e^{i\Psi} e^{i\omega t} = (\boldsymbol{u}_1 + i\boldsymbol{u}_2) e^{i\omega t} \tag{4.11}$$

因此,谐响应分析的动力学方程为

$$(-\omega^2 \boldsymbol{M} + i\omega \boldsymbol{C} + \boldsymbol{K})(\boldsymbol{u}_1 + i\boldsymbol{u}_2) = (\boldsymbol{F}_1 + i\boldsymbol{F}_2) \tag{4.12}$$

其中,$\boldsymbol{F}_{\max}$ 和 $\boldsymbol{u}_{\max}$ 分别为荷载幅值和位移幅值;i 为虚数 $\sqrt{-1}$;ω 为圆频率;Ψ 为荷载函数的相位角;t 为时间;$\boldsymbol{F}_1$ 和 $\boldsymbol{u}_1$ 分别为荷载实部和位移实部;$\boldsymbol{F}_2$ 和 $\boldsymbol{u}_2$ 分别为荷载虚部和位移虚部。

由导纳的定义可知,可以通过谐响应分析对导纳等振动特性进行分析计算。有限元分析软件 ANSYS 具有专门的谐响应分析功能,能够对线性结构在简谐荷载下的响应进行分析。ANSYS 具有三种求解方法,即完整法(full)、缩减法(reduce)和模态叠加法(mode superposition)。下面采用 ANSYS 对结构进行谐响应分析,将分析结果导入 Matlab 进行高架轨道结构振动响应分析。

4.2 高架桥梁结构振动特性分析

为分析高架轨道桥梁结构对轨道系统振动特性的影响,建立高架桥解析梁模型和有限元模型。在解析梁模型中,将桥体假设为自由边界的 Euler-Bernoulli 梁,支座简化为带结构阻尼的线性弹簧,如图 4.3 所示[2]。本章主要研究高架轨道结构的垂向振动特性,不考虑桥墩-大地与桥体之间的耦合振动。由于桥墩的垂向刚度和惯性通常远大于橡胶支座,因此可以将桥墩简化为刚体。桥体可以采用简单的解析梁模型或有限元模型。

图 4.3 高架轨道桥梁结构模型

4.2.1 解析梁模型

解析梁模型将桥体假设为自由边界的 Euler-Bernoulli 梁,其横截面模型如图 4.4 所示。桥面铺设双线轨道,轨道中心线位于靠近顶板、翼板和腹板交汇处。由于轨道中心线偏离桥体截面横向对称中心,当车辆运行时,桥体将同时发生扭转和弯曲振动,因此高架轨道桥梁解析模型中需考虑扭转和弯曲振动。同时,为简化分析,忽略翘曲效应。

图 4.4 桥体横截面模型

如图 4.4 所示,桥体横截面剪切中心和质心在同一垂线上,则其垂向弯曲振动和绕 oz 轴(桥梁中线)的扭转振动近似为解耦。假设谐荷载 $Fe^{i\omega t}$ 作用于桥体轨道中心线上,其坐标为 (x_e, z_e),如图 4.3 和图 4.4 所示。不计桥梁的翘曲效应,桥体的弯曲振动和扭转振动微分方程分别为[2]

$$\rho A \frac{\partial^2 y}{\partial t^2} + EI(1+i\eta)\frac{\partial^4 y}{\partial z^4} = Fe^{i\omega t}\delta(z-z_e) \quad (4.13)$$

$$\rho I_P \frac{\partial^2 \theta}{\partial t^2} - GJ_t(1+i\eta)\frac{\partial^2 \theta}{\partial z^2} = Fx_e e^{i\omega t}\delta(z-z_e) \quad (4.14)$$

其中,y 为桥体的垂向位移;θ 为桥梁的扭转角;ρ 为材料密度;A 为横截面积;I 为(垂向弯曲)截面惯性矩;E 为材料杨氏弹性模量;G 为材料的剪切弹性模量;η 为损耗因子,工程中使用的各种材料损失因子值如表 4.2 所示;I_P 为截面极惯性矩;

J_t 为扭转惯性矩。

表 4.2　各种材料损失因子值

材料	损失因子 η	材料	损失因子 η
钢、铁	0.0001~0.0006	有机玻璃	0.02~0.04
铝	0.0001	塑料	0.005
铜	0.002	木纤维板	0.01~0.03
镁	0.0001	层夹板	0.01~0.013
锌	0.0003	软木塞	0.13~0.17
锡	0.002	砖	0.01~0.02
玻璃	0.0006~0.002	混凝土	0.015~0.05
大阻尼塑料	0.1~10	阻尼橡胶	0.1~5.0
黏弹材料	0.2~5.0	沙(干沙)	0.12~0.6

根据模态叠加法，桥梁的垂向位移和扭转角可写为

$$y = \sum_{n=1}^{N_B} \phi_n(z) p_n(t), \quad \theta = \sum_{n=1}^{N_T} \varphi_n(z) q_n(t) \tag{4.15}$$

其中，$\phi_n(z)$ 和 $\varphi_n(z)$ 分别为自由边界梁的第 n 阶弯曲振动模态和扭转振动模态的正则化振型函数；p_n 和 q_n 分别为对应的模态坐标；N_B 和 N_T 分别为所取的弯曲振动和扭转振动的模态数目。

$$\begin{cases} \phi_1(z) = \dfrac{1}{\sqrt{\rho A L}} \\ \phi_2(z) = \dfrac{1}{\sqrt{\rho A L}} \sqrt{3}(1-2z/L), \quad 0 \leqslant z \leqslant L \\ \phi_n(z) = \dfrac{1}{\sqrt{\rho A L}} [\cosh k_n z + \cos k_n z - C_n(\sinh k_n z + \sin k_n z)], \quad n \geqslant 3 \end{cases} \tag{4.16a}$$

$$\begin{cases} \varphi_1(z) = \dfrac{1}{\sqrt{\rho I_P L}}, \quad 0 \leqslant z \leqslant L \\ \varphi_n(z) = \sqrt{\dfrac{2}{\rho I_P L}} \cos \dfrac{(n-1)\pi z}{L}, \quad n \geqslant 2 \end{cases} \tag{4.16b}$$

其中，L 为高架桥跨度；k_n 为第 n 阶弯曲振动模态的波数；C_n 为对应的系数(表 4.3)；$\phi_1(z)$、$\phi_2(z)$ 和 $\varphi_1(z)$ 为刚体模态。

根据正交性原理，正则化振型函数满足下列等式，即

$$\int_0^L \rho A \phi_m(z) \phi_n(z) \mathrm{d}z = \begin{cases} 1, & m = n \\ 0, & m \neq n \end{cases}$$

$$\int_0^L EI\phi_m(z)\phi_n''''(z)\mathrm{d}z = \begin{cases} \omega_n^2, & m=n \\ 0, & m\neq n \end{cases} \quad (4.17a)$$

$$\int_0^L \rho I_P \varphi_m(z)\varphi_n(z)\mathrm{d}z = \begin{cases} 1, & m=n \\ 0, & m\neq n \end{cases}$$

$$\int_0^L GJ_t \varphi_m(z)\varphi_n''(z)\mathrm{d}z = \begin{cases} \omega_{tn}^2, & m=n \\ 0, & m\neq n \end{cases} \quad (4.17b)$$

其中,ω_n 和 ω_{tn} 分别为桥体第 n 阶弯曲和扭转振动的固有频率,其表达式为

$$\omega_n = k_n^2 \sqrt{\frac{EI}{\rho A}}, \quad \omega_{tn} = \frac{(n-1)\pi}{L}\sqrt{\frac{GJ_t}{\rho I_P}} \quad (4.18)$$

表 4.3 自由边界 Euler-Bernoulli 梁振型函数参数

阶次 n	1	2	3	4	5	≥6
C_n	—	—	0.9825	1.0008	1.0000	1.0000
$k_n L$	0	0	4.7300	7.8532	10.996	$(2n-3)\pi/2$

将式(4.15)代入式(4.13)和式(4.14),可以得到

$$\rho A \sum_{n=1}^N \phi_n \ddot{p}_n(t) + EI(1+\mathrm{i}\eta)\sum_{n=1}^N \phi_n''''(z)p_n(t) = F\mathrm{e}^{\mathrm{i}\omega t}\delta(z-z_e) \quad (4.19)$$

$$\rho I_P \sum_{n=1}^N \varphi_n \ddot{q}_n(t) - GJ_t(1+\mathrm{i}\eta)\sum_{n=1}^N \varphi_n''(z)q_n(t) = Fx_e\mathrm{e}^{\mathrm{i}\omega t}\delta(z-z_e) \quad (4.20)$$

将式(4.19)和式(4.20)两端分别乘以振型函数并沿桥梁长度进行积分,并利用振型函数正交性可以得到

$$\ddot{p}_n(t) + \omega_n^2(1+\mathrm{i}\eta)p_n(t) = F\phi_n(z_e)\mathrm{e}^{\mathrm{i}\omega t} \quad (4.21)$$

$$\ddot{q}_n(t) - \omega_{tn}^2(1+\mathrm{i}\eta)q_n(t) = Fx_e\varphi_n(z_e)\mathrm{e}^{\mathrm{i}\omega t} \quad (4.22)$$

求解式(4.21)和式(4.22),可以得到

$$p_n(t) = P_n\mathrm{e}^{\mathrm{i}\omega t} = \frac{F\phi_n(z_e)}{(1+\mathrm{i}\eta)\omega_n^2 - \omega^2}\mathrm{e}^{\mathrm{i}\omega t}, \quad q_n(t) = Q_n\mathrm{e}^{\mathrm{i}\omega t} = \frac{Fx_e\varphi_n(z_e)}{(1+\mathrm{i}\eta)\omega_{tn}^2 - \omega^2}\mathrm{e}^{\mathrm{i}\omega t}$$

$$(4.23)$$

将式(4.23)代入式(4.15)计算可以得到桥梁的垂向位移幅值 $Y(z)$ 和扭转角幅值 $\theta(z)$,则桥体的动柔度函数可以表示为

$$\gamma_b(x,z;x_e,z_e) = \frac{Y(z)+x\theta(z)}{F} = \sum_{n=1}^{N_B}\frac{\phi_n(z)\phi_n(z_e)}{(1+\mathrm{i}\eta)\omega_n^2-\omega^2} + \sum_{n=1}^{N_T}\frac{xx_e\varphi_n(z)\varphi_n(z_e)}{(1+\mathrm{i}\eta)\omega_{tn}^2-\omega^2}$$

$$(4.24)$$

根据动柔度法的概念,高架轨道桥梁结构(包括桥体和桥梁支座)的稳态位移响应幅值可表示为

$$Y_v(x,z) = F\gamma_b(x,z;x_e,z_e) - \sum_{n=1}^{4} F_{vbn}\gamma_b(x,z;x_{vbn},z_{vbn}) \quad (4.25)$$

其中,F_{vbn} 为第 n 个桥梁橡胶支座中的力;x_{vbn} 和 z_{vbn} 分别为桥梁支座的横向和纵向位置。

同样,桥梁支座中力的幅值可表示为

$$F_{vbn} = k_{vb}(1+\mathrm{i}\eta_{vb})Y_v(x_{vbn},z_{vbn}) \quad (4.26)$$

其中,k_{vb} 为桥梁支座的刚度;η_{vb} 为桥梁支座的损耗因子。

由式(4.25)求出桥梁橡胶支座位置处的垂向位移,代入式(4.26)可以得到

$$-\frac{F_{vbn}}{k_{vb}(1+\mathrm{i}\eta_{vb})} = F\gamma_b(x_{vbn},z_{vbn};x_e,z_e) - \sum_{m=1}^{4} F_{vbm}\gamma_b(x_{vbn},z_{vbn};x_{vbm},z_{vbm}),$$
$$n=1,2,3,4 \quad (4.27)$$

求解式(4.27)可以得到桥梁支座中的力,然后代入式(4.25),则可以求出高架轨道桥梁结构的位移响应 $Y_v(x,z)$,则高架轨道桥梁的动柔度可表示为

$$\gamma(x,z;x_e,z_e) = \frac{Y_v(x,z)}{F} \quad (4.28)$$

根据速度导纳的定义,可以推出高架轨道桥梁速度导纳幅值为

$$\dot{Y}_v(x,z) = \frac{\mathrm{i}\omega Y_v(x,z)}{F} \quad (4.29)$$

4.2.2 有限元模型

利用有限元分析软件 ANSYS 建立箱型梁结构模型,箱型梁梁体采用 Soild45 单元模拟,桥梁弹性支座采用 Combin14 单元模拟[3]。箱型梁梁体采用实际几何尺寸(图4.5),桥梁长度为 32m。由于忽略桥墩对桥体振动的影响,桥墩可简化为固定的三自由度位移约束。桥梁结构参数如表 4.4 所示。

图 4.5 箱型梁横截面几何尺寸(单位:mm)

表 4.4 桥梁结构参数

参数	取值
弹性模量/GPa	36.2
密度/(kg/m^3)	2500
泊松比	0.2
阻尼比	0.03
桥梁支座刚度/(kN/m)	3.38×10^6

采用映射网格划分法对箱型梁结构进行网格划分,箱型梁结构有限元网格如图 4.6 所示。

(a) 横截面位移约束　　　　　(b) 局部放大图

(c) 全桥有限元网格

图 4.6　箱型梁结构有限元网格图

4.2.3 高架轨道桥梁解析模型与有限元模型对比

如图4.4所示,作用点位于桥梁跨中,响应点分别取激励点原点和距激励点4.5m处,分别计算高架轨道桥梁解析模型和有限元模型的桥梁结构原点速度导纳,以及跨点速度导纳。由于高架轨道交通噪声的频率范围主要是中低频,其中1000Hz以下部分是最主要的频率范围[1],因此只取1000Hz以下的计算结果,如图4.7[4]所示。

从图4.7可以看出,在13Hz以下两种模型的区别不明显,解析梁模型的幅值比有限元模型的略大,两者在6Hz左右都出现一阶峰值,在13Hz左右出现二阶峰值。在13Hz以上,两种模型出现显著的差异,有限元模型的振动幅值明显大于解析梁模型,解析梁模型的幅值迅速衰减,而有限元模型原点衰减不明显,说明在高频范围,箱型梁不再表现为简单的梁模型。

图4.7 桥梁模型对桥梁速度导纳的影响

4.2.4 桥梁支座刚度的影响

考虑桥梁支座刚度对桥梁结构振动的影响,分析五种不同的支座刚度,即k_{vb}、$2k_{vb}$、$5k_{vb}$、$10k_{vb}$、$100k_{vb}$,其中$k_{vb}=3.38\times10^9\text{N/m}$,计算结果如图4.8所示[4]。桥梁振动的一阶频率随桥梁支座刚度的增大而增大,其振动幅值则下降。随着频率的增大,支座刚度对速度导纳的影响越来越小,在100Hz以上,桥梁支座刚度对振动特性基本没有影响。

图 4.8 桥梁支座刚度对桥梁速度导纳的影响

4.2.5 桥梁截面型式的影响

近年来,U 型梁出现在城市高架轨道结构中,相比箱型梁,它具有如下优点。
① 美化城市景观,可以减少视觉冲击 50%。
② 降低车站建筑高度 1.5~2m。
③ 两侧的腹板具有阻隔轮轨噪声的功能,可以减少声屏障的使用。

目前有多个城市的高架轨道线采用 U 型梁,如重庆地铁 1 号线、南京地铁 2 号线,以及上海轨道交通 8 号线南延段高架线。为了研究桥梁截面型式变化对高架桥梁结构振动特性的影响,对 U 型梁和箱型梁两种截面型式的桥梁振动特性进行对比分析。U 型梁几何尺寸如图 4.9 所示。利用 ANSYS 建立 U 型梁有限元模型,其网格划分如图 4.10 所示。两种桥梁截面型式的原点速度导纳如图 4.11[4] 所示。

从图 4.11 可以看出,在 25Hz 以下,U 型梁的速度导纳幅值明显大于箱型梁,U 型梁的一阶频率在 3Hz 左右,箱型梁的在 6Hz 左右,分别对应桥梁的固有频率,原因是 U 型梁的单位长度质量小于箱型梁。在 25Hz 以上,两种截面型式的幅值基本一致。因此,在低频段桥梁的垂向振动受截面型式的影响,在几十到几百赫兹频段内,桥梁截面型式的变化对桥梁振动影响较小。

第四章 高架轨道结构振动特性分析

图 4.9 U 型梁横截面几何尺寸(单位:mm)

(a) 横截面位移约束

(b) 局部放大图

(c) 全桥有限元网格

图 4.10 U 型梁有限元网格图

图 4.11　桥梁截面型式对桥梁速度导纳的影响

4.3　高架轨道结构振动特性分析

4.3.1　高架轨道-桥梁解析模型

为了分析高架轨道-桥梁系统的振动特性,建立高架轨道-桥梁系统模型,如图 4.12 所示。图中,钢轨由扣件直接连接于高架桥,假设钢轨为无限长的 Euler-Bernoulli 梁,扣件处理为离散分布的带结构阻尼的弹簧[2],桥梁视为有限长自由梁,由四个弹性支座置于桥墩,假设桥墩为刚性,桥梁简化为解析梁模型。桥上铺设双线轨道,忽略两条轨道之间的相互影响,仅取右侧轨道和高架桥系统作为研究对象。为简化分析,仅考虑一跨桥梁结构。运用动柔度法研究轨道的垂向振动,动柔度定义为单位简谐荷载 $F(\omega)$ 作用下引起的位移 $Y(z)$,即

图 4.12　高架轨道-桥梁耦合系统分析模型

$$\gamma = Y(z)/F(\omega) \tag{4.30}$$

假设简谐荷载 $Fe^{i\omega t}$ 作用在钢轨 1 上、纵向位置 $z=z_e$ 处,则钢轨 1 和钢轨 2 的振动微分方程分别为[2]

$$\rho_r A_r \frac{\partial^2 y_{r1}}{\partial t^2} + E_r I_r (1+i\eta_r) \frac{\partial^4 y_{r1}}{\partial z^4} = Fe^{i\omega t}\delta(z-z_e) - \sum_{n=1}^{N} f_{1n}\delta(z-z_{1n}) \tag{4.31}$$

$$\rho_r A_r \frac{\partial^2 y_{r2}}{\partial t^2} + E_r I_r (1+i\eta_r) \frac{\partial^4 y_{r2}}{\partial z^4} = -\sum_{n=1}^{N} f_{2n}\delta(z-z_{2n}) \tag{4.32}$$

其中,y_{rj} 为钢轨 j 的垂向位移;ρ_r 和 E_r 分别为钢轨的密度和杨氏弹性模量;η_r 为损耗因子;A_r 和 I_r 分别为钢轨横截面积和截面惯性矩;f_{jn} 为钢轨 j 下第 n 个钢轨扣件中的力;z_{jn} 为扣件纵向位置,$j=1,2$;$N=N_r \times N_v$ 为一根钢轨下钢轨扣件的总数,N_v 为高架桥跨数,图中取 1;N_r 为一跨高架桥上的钢轨扣件数;δ 为 Dirac-delta 函数。

仅考虑系统的稳态响应,即 $y_{rj} = Y_{rj} e^{i\omega t}$ 和 $f_{jn} = F_{jn} e^{i\omega t}$,代入式(4.31)和式(4.32),可得

$$-\rho_r A_r \omega^2 Y_{r1} + E_r I_r (1+i\eta_r) Y_{r1}'''' = F\delta(z-z_e) - \sum_{n=1}^{N} F_{1n}\delta(z-z_{1n}) \tag{4.33}$$

$$-\rho_r A_r \omega^2 Y_{r2} + E_r I_r (1+i\eta_r) Y_{r2}'''' = -\sum_{n=1}^{N} F_{2n}\delta(z-z_{2n}) \tag{4.34}$$

其中,Y_{rj} 为钢轨 j 的垂向位移(复数)幅值;F_{jn} 为钢轨 j 下第 n 个钢轨扣件中的作用力幅值(复数),$j=1,2$;上标"'"表示对纵向坐标进行微分。

线性系统满足叠加原理,因此钢轨位移等于其上所有作用力(外荷载和钢轨扣件中作用力)引起的位移量的叠加。每个作用力引起的位移量等于该力与对应动柔度的乘积,则钢轨 1 和钢轨 2 的稳态位移幅值可以表示为

$$Y_{r1}(z) = F\alpha(z,z_e) - \sum_{n=1}^{N} F_{1n}\alpha(z,z_{1n}) \tag{4.35}$$

$$Y_{r2}(z) = -\sum_{n=1}^{N} F_{2n}\alpha(z,z_{2n}) \tag{4.36}$$

其中,$\alpha(z,z_e)$ 为钢轨(无限长 Euler-Bernoulli 梁)的动柔度函数。

单位简谐荷载作用在 $z=z_2$ 处,$z=z_1$ 处的稳态位移(复数)幅值,由下式计算[2],即

$$\alpha(z_1,z_2) = \frac{1}{4E_r I_r (1+i\eta_r)k^3} (ie^{ik|z_2-z_1|} - ie^{-k|z_2-z_1|}) \tag{4.37}$$

其中,$k = \sqrt[4]{\dfrac{\rho_r A_r \omega^2}{E_r I_r (1+i\eta_r)}}$ 为复波数,实部和虚部均大于零,以保证括号中指数项随着激励点 z_2 和响应点 z_1 之间距离的增加逐渐趋向于零。

类似地,高架桥梁 h 的稳态位移响应为

$$Y_h(x_h,z_h) = \sum_{j=1}^{2}\sum_{m=1}^{N_r} F_{jhm}\gamma(x_h,z_h;x_j,z_{jhm}) \tag{4.38}$$

其中,F_{jhm} 为高架桥 h 上钢轨 j 对应的第 m 个钢轨扣件中的力;z_{jhm} 为其在高架桥 h 局部坐标系中第 m 个钢轨扣件的纵向位置;x_j 为钢轨 j 在局部坐标系中的横向位置,$j=1,2$;γ 为高架桥的动柔度函数。

当 $n=(h-1)N_r+m$ 时,F_{jn} 和 F_{jhm} 对应于同一钢轨扣件,则扣件的位移为

$$Y_{kjn} = -\frac{F_{jn}}{k_p(1+i\eta_p)} = -\frac{F_{jhm}}{k_p(1+i\eta_p)} = Y_{rj}(z_{jn}) - Y_h(x_j,z_{jhm}),\quad j=1,2 \tag{4.39}$$

将式(4.35)、式(4.36)和式(4.38)代入式(4.39)可得

$$\begin{aligned}
-\frac{F_{1n}}{k_p(1+i\eta_p)} \\
=-\frac{F_{1hm}}{k_p(1+i\eta_p)} \\
= F\alpha(z_{1n},z_e) - \sum_{k=1}^{N} F_{1k}\alpha(z_{1n},z_{1k}) - \sum_{j=1}^{2}\sum_{l=1}^{N_P} F_{jhl}\gamma(x_1,z_{1hm};x_j,z_{jhl})
\end{aligned} \tag{4.40}$$

$$\begin{aligned}
-\frac{F_{2n}}{k_p(1+i\eta_p)} \\
=-\frac{F_{2hm}}{k_p(1+i\eta_p)} \\
=-\sum_{k=1}^{N} F_{2k}\alpha(z_{2n},z_{2k}) - \sum_{j=1}^{2}\sum_{l=1}^{N_P} F_{jhl}\gamma(x_2,z_{2hm};x_j,z_{jhl})
\end{aligned} \tag{4.41}$$

将式(4.40)和式(4.41)整理后写成矩阵形式为

$$\boldsymbol{RF}=\boldsymbol{Q} \tag{4.42}$$

其中,$\boldsymbol{R}$ 为 $2N\times 2N$ 维的系统动柔度矩阵,由钢轨动柔度 α、扣件动柔度 $1/k_p(1+i\eta_p)$ 及高架桥动柔度 γ 组成;$\boldsymbol{F}$ 为由两根钢轨扣件中的作用力组成的 $2N$ 维列向量;$\boldsymbol{Q}$ 为 $2N$ 维荷载列向量,其值为 $F\alpha(z_{1n},z_e),n=1,2,\cdots,N$,其余元素为零。

根据式(4.42)可以求出钢轨扣件中的作用力,代入式(4.35)可以求得钢轨荷载作用位置处的位移幅值 $Y_{r1}(z_e)$。根据速度导纳的定义可以得到轨道速度导纳幅值为

$$\dot{Y}_{r1}(z_e) = \frac{i\omega Y_{r1}(z_e)}{F} \tag{4.43}$$

若不考虑高架基础结构,即假设高架桥基础为刚性基础,则式(4.40)和式(4.41)可以改写为

$$-\frac{F_{1n}}{k_p(1+i\eta_p)} = -\frac{F_{1hm}}{k_p(1+i\eta_p)} = F\alpha(z_{1n},z_e) - \sum_{k=1}^{N} F_{1k}\alpha(z_{1n},z_{1k}) \tag{4.44}$$

$$-\frac{F_{2n}}{k_p(1+i\eta_p)} = -\frac{F_{2hn}}{k_p(1+i\eta_p)} = -\sum_{k=1}^{N} F_{2k}\alpha(z_{2n},z_{2k}) \quad (4.45)$$

由此计算得到的导纳为刚性基础轨道的速度导纳。

4.3.2 有限元模型

基于车桥耦合动力学理论,利用有限元法建立轨道-箱型梁耦合系统模型。为了较好地预测高架轨道结构的振动特性,建立高架轨道三维有限元模型,采用 Beam188 梁单元模拟钢轨,钢轨扣件和桥梁支座采用线性弹簧-阻尼单元 (Combin14)模拟,道床结构和桥梁均采用实体单元(Soild45)模拟,梁体、轨道板均采用实际几何尺寸,忽略桥墩对轨道结构振动的影响,采用固定约束模拟桥墩。轨道结构参数如表 4.5 所示。

表 4.5 轨道结构参数

结构	参数	取值
60kg/m 钢轨	弹性模量 E_r/GPa	206
	密度 ρ_r/(kg/m³)	7830
	截面积 A_r/m²	7.745×10^{-3}
	截面惯性矩 I_r/m⁴	3.217×10^{-5}
	泊松比 υ_r	0.3
	损失因子 η_r	0.01
	轨枕间距 d_p/m	0.625
	扣件损失因子 η_p	0.25
轨道板	密度 ρ/(kg/m³)	2500
	泊松比 υ	0.176
	弹性模量 E/GPa	39

为了分析高架轨道桥梁结构型式对轨道振动特性的影响,分别建立轨道-U 型梁和轨道-箱型梁两种不同截面型式的有限元模型,如图 4.13 和图 4.14 所示[4]。

4.3.3 桥梁结构阻尼

根据能量守恒定律,若无外部能源,结构的振动会由于物理阻尼效应,而随着时间的推移变得平稳。阻尼的存在能消耗系统的振动能量,振动阻尼普遍存在于每一个结构体系中。作为结构动力分析的基本参数,阻尼是影响车-桥耦合系统振动反应的重要因素之一,将直接影响结构动力响应的分析结果[3]。目前桥梁结构阻尼的取值大多靠经验公式和经验值。阻尼产生的原因主要有黏弹性材

(a) 横截面位移约束

(b) 局部放大图

(c) 全桥有限元网格

图 4.13　轨道-U 型梁耦合系统有限元模型

料、黏滞阻尼、两个固体之间摩擦阻尼,以及安装人工磁电效应阻尼器等。当外部介质阻尼和内部材料阻尼共同起作用时,通常采用瑞利阻尼模型[5,6],其数学表达式为

$$C = \alpha M + \beta K \tag{4.46}$$

其中,M 和 K 分别为桥梁结构的总质量矩阵和总刚度矩阵;α 和 β 分别为瑞利阻尼常数。

若已知任意两阶振型的自振频率和阻尼比,可由下式计算阻尼常数,即

$$\alpha = \frac{2(\xi_j \omega_i - \xi_i \omega_j) \omega_i \omega_j}{\omega_i^2 - \omega_j^2}, \quad \beta = \frac{2(\xi_j \omega_i - \xi_i \omega_j)}{\omega_i^2 - \omega_j^2} \tag{4.47}$$

(a) 横截面位移约束　　　　　　　(b) 局部放大图

(c) 全桥有限元网格

图 4.14　轨道-箱型梁耦合系统有限元模型

其中，ω_i 和 ω_j 分别为桥梁第 i 阶和第 j 阶振型的自振频率，$\omega=2\pi f$；ξ_i 和 ξ_j 为桥梁第 i 阶和第 j 阶振型的阻尼比。

自振频率 ω_i 和 ω_j 主要取对桥梁振动有影响的频率，通常提取前两阶的自振频率计算阻尼系数。混凝土桥梁的阻尼比一般在 0.01～0.05，这里按 0.03 进行计算。

4.3.4　高架轨道-桥梁系统参数分析

1. 桥梁基础的影响

为了分析高架轨道桥梁基础对高架轨道振动的影响，采用解析法分析刚性基础与箱型梁基础上的轨道速度导纳,计算结果如图 4.15 所示[4,8]。

从图 4.15 可以看出,在 20Hz 以下,两种基础上的轨道速度导纳幅值差别较大,这说明高架轨道桥梁基础对轨道振动特性影响较大。高架轨道在 6Hz 出现一阶峰值,对应于高架轨道桥梁的固有频率。在 20Hz 以上两条曲线基本重合,说明此时高架桥梁基础对轨道的振动基本没有影响。同时,这两种基础型式在 200Hz 处都出现了明显的峰值,对应为钢轨-扣件的固有频率。

图 4.15　桥梁基础对高架轨道速度导纳的影响

2. 扣件刚度的影响

钢轨扣件刚度将直接影响轨道和高架桥梁之间的耦合作用。考虑四种不同扣件刚度,即 30MN/m、60MN/m、100MN/m、200MN/m 对高架轨道结构速度导纳的影响,计算结果如图 4.16 所示[4,8]。

从图 4.16 可以看出,高架轨道的共振频率与钢轨扣件有直接的关系,随着扣件刚度的增大,共振频率分别为 147Hz、200Hz、266Hz 和 370Hz,相应的共振峰值依次减小。同时,在 147Hz 以下,扣件刚度越大轨道速度导纳的幅值反而越小,扣件刚度越小,轨道与高架桥结构的耦合作用越大;超过扣件-轨道固有频率后,轨道的振动呈下降趋势,且扣件刚度越大,下降的速度也越快。在 800Hz 以上,扣件刚度对轨道的振动特性无影响。

图 4.16　扣件刚度对高架轨道速度导纳的影响

3. 桥梁截面型式的影响

考虑 U 型梁和箱型梁两种截面型式对高架轨道速度导纳的影响，桥梁截面型式对高架轨道速度导纳的影响如图 4.17 所示[4,8]。

图 4.17　桥梁截面型式对高架轨道速度导纳的影响

由图 4.17 可知，箱型梁和 U 型梁两种截面型式对应的高架轨道振动特性曲线基本一致，桥梁结构截面型式主要在 30Hz 以下对轨道振动产生影响。在此频段范围内，U型梁的固有频率略小于箱型梁，主要原因是U型梁的抗弯刚度小于箱型梁。此外，还可以看出，U型梁的振动幅值要明显大于箱型梁。在振动的过程中，箱型梁的腔室和腹板能有效抑制箱型梁顶板的垂向振动。在30Hz以上，两种截面型式对应的轨道结构速度导纳曲线基本重合，说明在该频段范围改变桥梁结构截面型式并不能减小轨道结构的振动。

4. 桥梁结构阻尼的影响

桥梁结构阻尼的大小对轨道结构的振动特性有一定影响。考虑以下三种阻尼比，$\xi=0.01$、$\xi=0.03$ 和 $\xi=0.05$ 对高架轨道结构速度导纳的影响，不同阻尼比对应的瑞利阻尼常数如表4.6所示。桥梁结构阻尼对高架轨道速度导纳的影响如图4.18所示[4,8]。

表4.6 不同阻尼比的瑞利阻尼常数

阻尼比	ω_i	ω_j	α	β
$\xi=0.01$	5.97	200	0.7285	1.55×10^{-5}
$\xi=0.03$	5.97	200	2.1854	4.64×10^{-5}
$\xi=0.05$	5.97	200	3.64	7.73×10^{-5}

图4.18 桥梁结构阻尼对高架轨道速度导纳的影响

由图4.18可知，桥梁结构阻尼对高架轨道振动的影响主要集中在固有频率处，分别为5.97Hz、200Hz、1051Hz。在三个固有频率附近，随着阻尼比的增大，轨道的速度导纳幅值减小。在其他频率范围内，阻尼比的变化对轨道的振动基本没有影响，三条曲线几乎完全重合。

5. 桥梁支座刚度的影响

为研究桥梁支座刚度对轨道结构振动特性的影响。考虑以下三种不同的桥梁支座刚度,即 k_{vb}、$2k_{vb}$、$5k_{vb}$($k_{vb}=3.38\times10^9\text{N/m}$)对高架轨道结构速度导纳的影响,如图 4.19 所示[4,8]。

图 4.19　桥梁支座刚度对高架轨道速度导纳的影响

由图 4.19 可以看出,三条曲线基本重合,在 6Hz 左右有很微小的变化,说明桥梁支座刚度对轨道的振动影响甚微。

4.4　高架轨道结构振动衰减分析

4.4.1　振动传播衰减率

钢轨在一点受到激励时,振动将沿钢轨方向向两端传播,并随着长度的增加而衰减。其衰减特性可以用损失因子来表示,损失因子越大,振动衰减越快。振动沿轨道长度方向的衰减与激振频率有关。下面分析在不同激励频率下,轨道结构沿长度方向的振动传播特性,并通过拟合得到其衰减曲线,如图 4.20 所示。轨道振动衰减率计算值如图 4.21 所示。为了对比,还给出了轨道振动衰减率实测值[7],如图 4.22[4,9]所示。

对比图 4.21 和图 4.22 可以看出,计算衰减率与实测衰减率在趋势上基本一致。在 10Hz 以下,衰减率的数值较小。在 10~100Hz 范围,衰减率数值较大。但是,当超过钢轨-扣件的共振点之后(约 200Hz),轨道的衰减率开始迅速下降。到了 700Hz 以上,衰减率又开始迅速回升。在 5000Hz 处,衰减率又出现一个峰值。

图 4.20 轨道振动沿钢轨长度方向的分布

图 4.21　轨道振动衰减率计算值

图 4.22　轨道振动衰减率实测值[7]

为研究高架轨道结构参数对轨道结构损失因子的影响,考虑不同桥梁基础、不同桥梁截面型式、不同扣件刚度、不同阻尼比,以及不同桥梁支座刚度下高架轨道的振动衰减率,计算结果如图 4.23～图 4.27[4,9]所示。

由图 4.23 可以看出,在 200Hz 以下,即共振频率以下,高架箱型梁基础的衰减率明显低于刚性基础。这说明,铺设于高架箱型梁上的轨道,其振动要大于刚性基础上的轨道。在 200Hz 以上，两种桥梁基础的振动衰减率没有显著区别。

图 4.23 桥梁基础对轨道振动衰减率的影响

图 4.24 桥梁截面型式对轨道振动衰减率的影响

由图 4.24 可以看出，在共振频率 200Hz 以下，不同桥梁结构截面型式的轨道振动传播衰减率有着显著的区别，箱型梁的振动衰减率明显大于 U 型梁，说明相对于 U 型梁，箱型梁能更有效地消耗振动能量。

由图 4.25 可以看出，在扣件刚度为 30MN/m 的轨道共振频率(147Hz)以下，

图 4.25 扣件刚度对轨道振动衰减率的影响

随着扣件刚度的减小，轨道的振动衰减率反而增大。在 147～1000Hz，随着扣件刚度的增大，轨道振动衰减率也增大，其衰减率随频率呈曲线变化趋势。在 1000Hz 以上，钢轨扣件刚度的变化对轨道振动衰减率基本无影响。从降低轨道振动和噪声的角度看，安装刚度较小的弹性扣件能提高钢轨的损失因子，有利于轨道结构的减振降噪。

图 4.26 阻尼比对轨道振动衰减率的影响

由图 4.26 可以看出，不同结构阻尼比对轨道振动衰减率的影响范围主要集中在峰值处，在共振频率 200Hz 以下，阻尼比越大，峰值处的衰减率越小。在 200～

2000Hz,随着结构阻尼比的增大,轨道衰减率增大的比较明显。在 2000Hz 以上,桥梁结构阻尼比对轨道振动衰减基本无影响。

图 4.27 桥梁支座刚度对轨道振动衰减率的影响

由图 4.27 可以看出,桥梁支座刚度在一定范围内的变化对轨道振动衰减的影响微小。在 200Hz 以上,基本无影响。

4.4.2 钢轨振动衰减系数

钢轨振动衰减系数 η_{RV} 是钢轨振动衰减的另一个重要指标,定义为

$$\eta_{RV} = -\frac{\Delta_V}{2k_{RV}} \tag{4.48}$$

其中,Δ_V 为钢轨振动衰减量与距离之比,单位 dB/m;k_{RV} 为钢轨弯曲振动波数,即

$$k_{RV} = \sqrt[4]{\left(\frac{\omega}{r_{RV}c_l}\right)^2} \tag{4.49}$$

其中,r_{RV} 为钢轨竖向弯曲回转半径,$r_{RV} = \sqrt{I_x/A}$,I_x 和 A 分别为钢轨对水平轴的惯性矩和横截面积;c_l 为钢轨纵向波速,$c_l = \sqrt{\frac{E}{\rho}}$,$\rho$ 为材料密度。

参 考 文 献

[1] 贺建良,万泉,蒋伟康.高架城市轨道交通的噪声特性分析[J].城市轨道交通研究,2007,10(8):57-60.

[2] 李增光.轨道交通高架结构振动噪声建模、预测与控制研究[D].上海:上海交通大学博士学位论文,2010.

[3] 侯德军,雷晓燕,刘庆杰. 浮置板轨道系统动力响应分析[J]. 铁道工程学报,2006, 11(8):18-24.
[4] 曾钦娥. 高架轨道轮轨噪声预测模型及分析[D]. 南昌:华东交通大学硕士学位论文,2014.
[5] 范立础. 桥梁抗震[M]. 上海:同济大学出版社,1997.
[6] 蔡成标. 高速铁路列车-线路-桥梁耦合振动理论及应用研究[D]. 成都:西南交通大学博士学位论文,2006.
[7] Jones C J C, Thompson D J, Diehl R J. The use of decay rates to analyse the performance of railway track in rolling noise generation[J]. Journal of Sound and Vibration, 2006, 293(3-5):485-495.
[8] 曾钦娥,毛顺茂,雷晓燕. 高架轨道结构振动特性分析[J]. 华东交通大学学报,2013,30(6):1-5.
[9] 曾钦娥,雷晓燕. 高架轨道轮轨噪声预测分析[J]. 城市轨道交通研究,2014,17(12):57-60.

第五章　轨道不平顺功率谱及数值模拟

铁路轨道是边运营边维修的工程结构物,轨道结构在长期的运营过程中,累积变形不断增大,形成了各种各样的轨道不平顺,包括轨道高低不平顺、轨道水平不平顺、轨道方向不平顺、轨道轨距不平顺。这些不平顺会极大地激发车辆与轨道之间的有害振动,恶化列车的运营品质,对轮轨系统各部件的损伤和轨道质量状态产生极为不利的影响。国内外实测资料表明,轨道不平顺本质上是一个随机过程,在轨道结构仿真分析中常将其处理为平稳的各态历经的随机过程,它是机车车辆-轨道系统随机振动的激励源。因此,研究和测定轨道不平顺的统计特性是研究车辆-轨道系统随机振动的基础。

轨道不平顺统计特性的测定在国外早已引起重视。英国铁路部门 1964 年就开始了这项工作,是世界上最早开展此项研究的国家之一[1]。英国、日本、德国、美国、俄罗斯、印度和捷克都测定了各自的轨道不平顺谱密度和相关函数。我国在这方面也做了不少研究工作。1982 年,中国铁道科学研究院罗林等研究了各种轨道不平顺的测量方法。1985 年,长沙铁道学院随机振动研究室将轨道不平顺分为弹性和几何不平顺,对在京广线测定的轨道不平顺进行分析处理得到了各种不平顺谱,并且统计出我国一级干线轨道不平顺功率谱密度的解析表达式[2]。

5.1　随机过程的基本概念

设 E 是随机试验,$S=\{e\}$ 是试验的样本空间,如果对于每一个 $e \in S$,我们总可以依某种规则确定一时间 t 的函数,即

$$x(e,t), \quad t \in T \tag{5.1}$$

与之对应。于是,对于所有的 $e \in S$ 来说就得到一族时间 t 的函数。我们称该族时间 t 的函数为随机过程[3]。族中每一个函数称为这个随机过程的样本函数,如图 5.1 所示。

对上述定义可以作进一步解释。

① 对于特定的 $e_i \in S$,即对于一个特定的实验结果,$x(e_i,t)$ 是一个确定的样本函数,可以理解为随机过程的一次物理实现,常用 $x_i(t)$ 表示。

② 对于每一个固定的时刻,如 $t=t_1 \in T$,$x(e,t_1)$ 是一个随机变量。

根据解释②,可以给随机过程另一形式的定义:如果对于每一个固定的 $t_1 \in T$,$x(t_1)$ 都是随机变量,那么就称 $x(t)$ 是一随机过程。或者说,随机过程 $x(t)$ 是依赖时间 t 的一族随机变量。例如,$x(t)=a\cos(\omega t+\theta)$,其中 a 和 ω 为常数,θ 为在

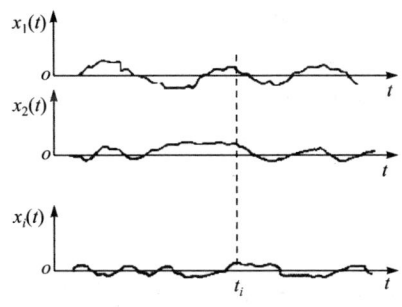

图 5.1 随机过程的样本函数

$(0,2\pi)$ 上具有均匀分布的随机变量,则有

$$x_i(t)=a\cos(\omega t+\theta_i)$$

5.1.1 平稳随机过程

在实际工程中有相当多的随机过程,不但现在的状态,而且过去的状态都对未来状态的发生有很强的影响。

(1) 平稳随机过程的特点

过程的统计特性不随时间的平移而变化,或者说不随时间原点的选取而变化。

(2) 随机过程的数字特征

设 $x(t)$ 是一随机过程,固定 t_1,$x(t_1)$ 是一个随机变量,它的均值或数学期望一般与 t_1 有关,记为

$$\mu(t_1) = E[x(t_1)] = \int_{-\infty}^{+\infty} x_1 f_1(x_1,t_1) \mathrm{d}x_1 \tag{5.2}$$

其中,$f_1(x_1,t_1)$ 是 $x(t)$ 的一维概率密度;$\mu(t_1)$ 为 $x(t)$ 的均值。

(3) 方差

$$\sigma^2(t)=E[(x(t)-\mu(t))^2] \tag{5.3}$$

其中,$\sigma(t)$ 是标准差,表示随机过程 $x(t)$ 在时刻 t 相对于均值的偏离程度。

随机过程的数字特征如图 5.2 所示。

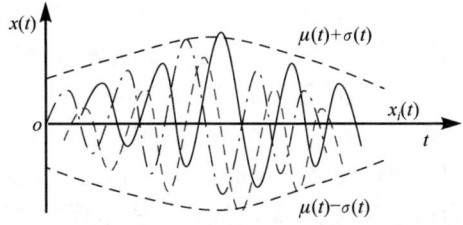

图 5.2 随机过程的数字特征

(4) 平稳随机过程数字特征的特点
① 均值为常数。
② 自相关函数为单变量 $\tau=t_2-t_1$ 的函数。
(5) 自相关函数

$$R(t_1,t_2) = E(x(t_1)x(t_2)) = \int_{-\infty}^{+\infty}\int_{-\infty}^{+\infty} x_1 x_2 f_2(x_1 x_2;t_1 t_2)\mathrm{d}x_1 x_2 \tag{5.4}$$

或

$$R(\tau) = E(x(t)x(t+\tau)) = \int_{-\infty}^{+\infty}\int_{-\infty}^{+\infty} x_1 x_2 f_2(x_1 x_2;\tau)\mathrm{d}x_1 x_2 \tag{5.5}$$

5.1.2 各态历经

设 $x(t)$ 是平稳过程。

① 若 $\langle x(t)\rangle = E(x(t)) = \mu$，则称过程 $x(t)$ 的均值具有各态历经性(ergodic)。一般情况下，不同样本函数 $x(t)$ 的时间平均值不一样，是一个随机变量。若 $x(e,t)$ 的数学期望(统计平均值)与其样本函数 $x(t)$ 的时间平均值以概率为 1 相等，则称 $x(e,t)$ 的均值具有各态历经性。

② 若 $\langle x(t)x(t+\tau)\rangle = E(x(t)x(t+\tau)) = R(\tau)$，则称过程 $x(t)$ 的自相关函数具有各态历经性。

③ 若 $x(t)$ 的均值和自相关函数都具有各态历经性，则称 $x(t)$ 是各态历经的。

随机过程 $x(t)$ 的时间均值和时间相关函数均值定义为

$$\langle x(t)\rangle = \lim_{T\to\infty}\frac{1}{2T}\int_{-T}^{T} x(t)\mathrm{d}t \tag{5.6}$$

$$\langle x(t)x(t+\tau)\rangle = \lim_{T\to\infty}\frac{1}{2T}\int_{-T}^{T} x(t)x(t+\tau)\mathrm{d}t \tag{5.7}$$

对于各态历经过程，只要根据一个样本函数便可以得到其数字特征。

5.2 轨道结构随机不平顺功率谱

轨道结构随机不平顺信号的单边功率谱密度简称轨道谱。

轨道不平顺可以分为高低、水平、方向、轨距不平顺等，如图 5.3 所示。

轨道不平顺可以模拟成随线路长度变化的随机函数，可将该随机函数考虑为由一系列不同波长、波幅和相位的简谐波叠加而成的随机波[1]。

功率谱密度函数是表述作为平稳随机过程的轨道不平顺的最重要和最常用的统计函数。工程中常用功率谱图来描述谱密度对频率的函数变化。轨道不平顺的功率谱图是以谱密度为纵坐标，以频率或波长为横坐标的连续变化曲线。它清楚地表明了不平顺的大小随频率的变化关系。轨道不平顺通常用空间频率 f(cycle/m)或 ω(rad/m)描述。它们之间的关系，以及与时间频率 F(cycle/s)及 Ω(rad/s)

图 5.3 轨道不平顺

的关系为

$$\begin{cases} \omega = 2\pi f \\ \omega = \Omega/V \\ f = F/V \end{cases} \quad (5.8)$$

其中，V 为列车运行速度（m/s）。

轨道不平顺功率谱密度的单位通常为 $mm^2/(cycle/m)$、$mm^2/(rad/m)$ 或 $cm^2/(cycle/m)$、$cm^2/(rad/m)$ 或 $m^2/(cycle/m)$、$m^2/(rad/m)$。

5.2.1 美国轨道不平顺功率谱

美国联邦铁路管理局根据大量实测资料得到线路不平顺功率谱密度函数，并将其拟合成一个以截断频率和粗糙度常数表示的函数[4]。这些函数适用的波长范围为 1.524～304.8m，轨道不平顺分为六个等级。

轨道高低不平顺功率谱密度函数（钢轨顶面沿轨道延长方向的高低不平顺），即

$$S_v(\omega) = \frac{kA_v\omega_c^2}{(\omega^2 + \omega_c^2)\omega^2} \quad (5.9)$$

轨道方向不平顺功率谱密度函数（轨道中心线沿轨道延长方向的不平顺），即

$$S_a(\omega) = \frac{kA_a\omega_c^2}{(\omega^2 + \omega_c^2)\omega^2} \quad (5.10)$$

轨道水平及轨距不平顺功率谱密度函数（轨道水平不平顺是指左、右轨对应点的高差所形成的沿轨长方向的不平顺，轨距不平顺是指左右两轨沿轨道长度方向上的轨距偏差不平顺），即

$$S_c(\omega) = \frac{4kA_v\omega_c^2}{(\omega^2 + \omega_c^2)(\omega^2 + \omega_s^2)} \quad (5.11)$$

其中，$S_v(\omega)$、$S_a(\omega)$、$S_c(\omega)$ 是轨道不平顺功率谱密度函数（$cm^2/(rad/m)$）；ω 是空间频率（rad/m）；ω_c、ω_s 是截断频率（rad/m）；A_v 和 A_a 是粗糙度系数（$cm^2 \cdot rad/m$），与线路等级有关（表 5.1），k 一般取 0.25。

表 5.1 美国轨道不平顺功率谱密度函数参数

参数	各级轨道的参数值					
	1	2	3	4	5	6
$A_v/(\text{cm}^2 \cdot \text{rad/m})$	1.2107	1.0181	0.6816	0.5376	0.2095	0.0339
$A_a/(\text{cm}^2 \cdot \text{rad/m})$	3.3634	1.2107	0.4128	0.3027	0.0762	0.0339
$\omega_s/(\text{rad/m})$	0.6046	0.9308	0.8520	1.1312	0.8209	0.4380
$\omega_c/(\text{rad/m})$	0.8245	0.8245	0.8245	0.8245	0.8245	0.8245

5.2.2 德国高速轨道不平顺功率谱[5]

轨道高低不平顺功率谱密度函数,即

$$S_v(\omega) = \frac{A_v \omega_c^2}{(\omega^2 + \omega_r^2)(\omega^2 + \omega_s^2)} \tag{5.12}$$

轨道方向不平顺功率谱密度函数,即

$$S_a(\omega) = \frac{A_a \omega_c^2}{(\omega^2 + \omega_r^2)(\omega^2 + \omega_s^2)} \tag{5.13}$$

轨道水平不平顺功率谱密度函数,即

$$S_c(\omega) = \frac{A_v \omega_c^2 \omega^2}{(\omega^2 + \omega_r^2)(\omega^2 + \omega_c^2)(\omega^2 + \omega_s^2)} \tag{5.14}$$

轨距不平顺功率谱密度函数,即

$$S_g(\omega) = \frac{A_g \omega_c^2 \omega^2}{(\omega^2 + \omega_r^2)(\omega^2 + \omega_c^2)(\omega^2 + \omega_s^2)} \tag{5.15}$$

其中,ω_c、ω_r、ω_s、A_a、A_v 和 A_g 各参数如表 5.2 所示。

表 5.2 德国高速轨道不平顺功率谱密度函数参数

轨道级别	$\omega_c/$(rad/m)	$\omega_r/$(rad/m)	$\omega_s/$(rad/m)	$A_a/$(10^{-7}m·rad)	$A_v/$(10^{-7}m·rad)	$A_g/$(10^{-7}m·rad)
低干扰	0.8246	0.0206	0.4380	2.119	4.032	0.532
高干扰	0.8246	0.0206	0.4380	6.125	10.80	1.032

5.2.3 日本轨道不平顺 Sato 谱

日本学者 Sato 在分析轮轨高频振动时引入的轨道不平顺功率谱密度函数公式为[6]

$$S(\omega) = \frac{A}{\omega^3} \tag{5.16}$$

其中,ω 是粗糙度频率(rad/m);A 是轮轨表面粗糙度系数,$A = 4.15 \times 10^{-8} \sim 5.0 \times 10^{-7}$。

该功率谱属于轮轨联合谱,作为轮轨随机高频振动与噪声辐射模型的激扰输入谱得到了较为广泛的应用。

5.2.4 中国轨道不平顺功率谱

(1) 中国高速试验线轨道不平顺谱[8]

中国已建成的高速、准高速试验线的轨道结构均采用 60kg/m 跨区间无缝线路。中国铁道科学研究院对此类轨道结构的线路进行了详细测量,通过数据拟合,得到了反映我国 60kg/m 跨区间无缝线路特征的轨道不平顺功率谱密度函数,即

$$S(f)=\frac{A(f^2+Bf+C)}{f^4+Df^3+Ef^2+Ff+G} \tag{5.17}$$

其中,$S(f)$ 为轨道不平顺功率谱密度($mm^2/(cycle/m)$);f 为空间频率(cycle/m)。

中国干线铁路轨道不平顺功率谱密度拟合曲线参数如表 5.3 所示。

表 5.3 中国干线铁路轨道不平顺功率谱密度拟合曲线参数

不平顺	A	B	C	D	E	F	G
左高低	0.1270	−2.1531	1.5503	4.9835	1.3891	−0.0327	0.0018
右高低	0.3326	−1.3757	0.5497	2.4907	0.4057	0.0858	−0.0014
左轨向	0.0627	−1.1840	0.6773	2.1237	−0.0847	0.034	−0.0005
右轨向	0.1595	−1.3853	0.6671	2.3331	0.2561	0.0928	−0.0016
水平	0.3328	−1.3511	0.5415	1.8437	0.3813	0.2068	−0.0003

(2) 中国京广、京沪、京哈三大提速干线轨道不平顺谱[7,8]

京广、京沪、京哈三大提速干线轨道不平顺谱的拟合表达式仍为式(5.17)。京广、京沪、京哈三大提速干线轨道不平顺谱拟合曲线参数如表 5.4 所示。

表 5.4 京广、京沪、京哈三大提速干线轨道不平顺谱拟合曲线参数

不平顺	A	B	C	D	E	F	G
左高低	1.1029	−1.4709	0.5941	0.8480	3.8061	−0.2500	0.0112
右高低	0.8581	−1.4607	0.5848	0.0407	2.8428	−0.1989	0.0094
左轨向	0.2244	−1.5746	0.6683	−2.1466	1.7665	−0.1506	0.0052
右轨向	0.3743	−1.5894	0.7265	0.4553	0.9101	−0.0270	0.0031
水平	0.1214	−2.1603	2.0214	4.5089	2.2227	−0.0396	0.0073

(3) 中国轨道短波不平顺谱[8]

上述轨道不平顺功率谱的波长范围为几米到几十米,只适合机车车辆和桥梁结构的随机振动分析。不能满足轨道结构随机振动研究的需要,因为簧下质量和轨道结构的振动主频可达数百到数千赫兹。为此,中国铁道科学研究院对我国石太线的轨道垂向不平顺进行了实测。测量方法是采用地上测量,用 Colmar 钢轨磨耗测量仪进行量测。经回归分析,得到我国 50kg/m 标准轨线路垂向不平顺的

功率谱密度函数，即

$$S(f)=\frac{0.036}{f^{3.15}} \tag{5.18}$$

上式谱密度适合波长范围为 0.01～1m 的轨道短波不平顺。

(4) 中国高速铁路无砟轨道不平顺谱[9]

中国铁道科学研究院康熊等统计分析了京沪、京广、郑西、沪杭、沪宁、合蚌、广深港和京津城际等高速铁路无砟轨道不平顺检测数据，得到我国高速铁路无砟轨道轨距、水平、轨向和高低不平顺谱拟合公式[9]。轨道不平顺数据是采用 CRH2-150C 高速综合检测列车检测得到的，高低和轨向最大检测波长为 120m。

中国高速铁路无砟轨道不平顺谱可以采用如下幂函数进行分段拟合[9]，即

$$S(f)=\frac{A}{f^{k}} \tag{5.19}$$

其中，f 为空间频率；A 和 k 为系数。

高速铁路无砟轨道不平顺谱式(5.19)中的各拟合系数如表 5.5 所示。高速铁路无砟轨道不平顺谱分段点空间频率(1/m)及对应波长(m)如表 5.6 所示。可以看到，轨距、水平及轨向不平顺可以用三段幂函数表示，高低不平顺需要用四段幂函数表示。通过对实测轨道不平顺谱和轨道不平顺拟合谱的比较，可以看出采用分段幂函数形式的轨道不平顺拟合谱能很好地反映实测轨道不平顺谱的趋势。

表 5.5　高速铁路无砟轨道不平顺平均谱拟合公式系数

不平顺	第 1 段		第 2 段		第 3 段		第 4 段	
	A	k	A	k	A	k	A	k
轨距不平顺	5.4978×10^{-2}	0.8282	5.0701×10^{-3}	1.9037	1.8778×10^{-4}	4.5948	—	—
水平不平顺	3.6148×10^{-3}	1.7278	4.3685×10^{-2}	1.0461	4.5867×10^{-3}	2.0939	—	—
轨向不平顺	3.9513×10^{-3}	1.8670	1.1047×10^{-2}	1.5354	7.5633×10^{-4}	2.8171	—	—
高低不平顺	1.0544×10^{-5}	3.3891	3.5588×10^{-3}	1.9271	1.9784×10^{-2}	1.3643	3.9488×10^{-4}	3.4516

表 5.6　高速铁路无砟轨道不平顺谱分段点空间频率(1/m)及对应波长(m)

不平顺	第 1,2 段		第 2,3 段		第 3,4 段	
	空间频率	空间波长	空间频率	空间波长	空间频率	空间波长
轨距不平顺	0.1090	9.2	0.2938	3.4	—	—
水平不平顺	0.0258	38.8	0.1163	8.6	—	—
轨向不平顺	0.0450	22.2	0.1234	8.1	—	—
高低不平顺	0.0187	53.5	0.0474	21.1	0.1533	6.5

式(5.19)适用于 300～350km/h 的高速铁路无砟轨道不平顺谱分析，轨道不平顺空间频率范围为 0.005～0.5m^{-1}，对应的轨道不平顺波长范围为 2～200m。

5.2.5 合-武客运专线轨道不平顺谱[10]

合-武客运专线东起安徽合肥，西至湖北武汉，全线 356 公里。由铁道部和地方政府合资建设，设计时速 250 公里。合-武客运专线是我国沪-汉-蓉快速通道的组成部分，是国家规划的"四纵四横"快速客运网的重要组成部分。全线工程于 2005 年 9 月份正式开工，于 2008 年底完成调试并投入运营。线路共设大中小桥 171 座，总长度为 118.819 公里，占正线总长的 33.1%；隧道 37 条，总长度约 64.076 公里，占正线总长的 17.83%。在动检车检测的区段（里程范围为 K486～K663)内，轨道类型主要包括路基上碎石道床有砟轨道、桥上碎石道床有砟轨道、隧道内碎石道床有砟轨道、长大隧道内双块式整体道床无砟轨道等。

上海铁路局合肥工务检测中心于 2009 年利用 0 号和 10 号高速综合检测列车对合-武客运专线轨道不平顺进行了大面积的检测。检测时间为 2009 年 3 月～2009 年 9 月，每月检测一到两次，共收集到 30 次里程范围为 K486～K663 区段的轨道不平顺数据。我们选择 0 号高速综合检测车 3 月、4 月、5 月、6 月、7 月、8 月及 9 月检测的轨道不平顺数据进行统计分析。由于合-武客运专线隧道内碎石道床有砟轨道结构及桥上双块式整体道床无砟轨道线路长度短，测量数据较少，因此仅对三种类型轨道结构的不平顺数据进行分析，即路基上碎石道床有砟轨道结构；桥上碎石道床有砟轨道结构；隧道内双块式整体道床无砟轨道。轨道不平顺类型可分为高低不平顺、轨向不平顺、水平不平顺。

在对合-武客运专线检测数据进行分析的基础上，采用非线性最小二乘法对合-武客运专线高低不平顺、轨向不平顺以及水平不平顺功率谱密度函数进行拟合，可以得到如下拟合公式，即

$$S(f)=\frac{A_1}{(A_2^2+f^2)(A_3^2+f^2)} \tag{5.20}$$

其中，S 为功率谱密度函数，单位为 $mm^2 \cdot m$；f 为空间频率，单位为 cycle/m；A_i 为待定系数，$i=1,2,3$，A_1 的单位为 mm^2/m^3，A_2 与 A_3 的单位为 m^{-1}，取值如表 5.7～表 5.9 所示。

合-武客运专线路基有砟、桥上有砟、隧道内无砟轨道不平顺功率谱拟合曲线如图 5.4～图 5.6 所示。

表 5.7 合-武客运专线路基有砟轨道不平顺功率谱拟合公式参数表

不平顺	A_1	A_2	A_3
高低不平顺	0.000991	0.017876	0.017838
轨向不平顺	0.001747	0.187256	0.002413
水平不平顺	0.001474	0.003237	0.199733

表5.8 合-武客运专线桥上有砟轨道不平顺功率谱拟合公式参数表

不平顺	A_1	A_2	A_3
高低不平顺	0.000849	0.006523	0.006519
轨向不平顺	0.001723	0.050175	0.004021
水平不平顺	0.004854	0.564343	0.001622

表5.9 合-武客运专线隧道内无砟轨道不平顺功率谱拟合公式参数表

不平顺	A_1	A_2	A_3
高低不平顺	0.002252	0.058017	0.017164
轨向不平顺	0.001368	0.015602	0.023396
水平不平顺	0.000870	0.012326	0.033728

图5.4 合-武客运专线路基有砟轨道不平顺功率谱拟合曲线

图 5.5 合-武客运专线桥上有砟轨道不平顺功率谱拟合曲线

5.2.6 轨道不平顺功率谱拟合曲线的比较

现将各国轨道不平顺功率谱拟合曲线作一对比,对比曲线包括美国五级、六级谱,德国高、低干扰谱,中国干线谱和客运专线轨道谱,如图 5.7~图 5.9[10]所示。

(1) 路基有砟轨道结构

图 5.7(a)表明,对于路基有砟轨道结构高低不平顺,客运专线轨道谱明显优于中国干线谱、美国谱和德国谱。在 1~5m 波长范围内,客运专线轨道谱密度值接近且略优于德国低干扰谱。

图 5.6 合-武客运专线隧道内无砟轨道不平顺功率谱拟合曲线

图 5.7(b)表明,对路基有砟轨道结构轨向不平顺,客运专线轨道谱密度相对较大,但明显低于中国干线谱与美国五级谱。在分析波长范围内,客运专线轨道谱优于美国六级谱,随着波长的减小接近后者。与德国高干扰谱相比,客运专线轨道谱值较低,在 1m 左右的短波长范围内,客运专线轨道谱值接近德国高干扰谱。在 1~4m 波长范围内,客运专线轨道谱密度值要大于德国低干扰谱;在 4~50m 波长范围内,客运专线功率谱密度值低于德国低干扰谱。

图 5.7(c)表明,客运专线路基水平不平顺控制良好。在分析波长范围内,客运专线轨道谱密度值均明显低于中国干线谱、德国低干扰谱及美国六级谱。

图 5.7 路基有砟轨道不平顺功率谱拟合曲线的比较

(2) 桥上有砟轨道结构

图 5.8(a)表明,对客运专线桥上有砟轨道结构高低不平顺,在 1～10m 波长范围内,客运专线轨道谱密度接近且低于德国低干扰谱,在 10～50m 范围内客运专线桥上有砟轨道高低不平顺状态明显优于德国低干扰谱。在分析波长范围内,客运专线轨道谱明显优于美国六级谱与中国干线谱。

图 5.8(b)表明,对客运专线路基有砟轨道结构轨向不平顺,功率谱密度相对较大,但低于中国干线谱。在分析波长范围内,客运专线轨道谱优于美国六级谱,随着波长的减小接近美国六级谱。与德国高干扰谱相比,客运专线轨道谱值较低;在 1～2m 波长范围内,二者非常接近。在 1～10m 波长范围内,客运专线轨道谱密度值要大于德国低干扰谱;在 10～50m 波长范围内,客运专线轨道谱密度值低于德国低干扰谱。

图 5.8(c)表明,对桥上有砟轨道水平不平顺而言,在分析波长范围内,客运专

图 5.8 桥上有砟轨道不平顺功率谱拟合曲线的比较

线轨道谱密度值均明显低于中国干线谱、德国高干扰谱及美国六级谱。在 1.0~1.7m 短波长范围内,客运专线轨道谱密度值要大于德国低干扰谱,在其他波长范围内则明显低于后者。

(3) 隧道内无砟轨道结构

图 5.9(a)表明,客运专线隧道无砟轨道结构高低不平顺功率谱密度相对较大,但明显低于中国干线谱与美国五级谱。在分析波长范围内,客运专线轨道谱优于美国六级谱,随着波长的减小接近美国六级谱,对 1m 左右短波长更加明显。与德国高干扰谱相比,客运专线轨道谱值较低,随着波长减小不断接近德国高干扰谱。在 1~4m 波长范围内,客运专线轨道谱密度值要大于德国低干扰谱;在 4~50m 波长范围内,客运专线功率谱密度值低于德国低干扰谱。

图 5.9(b)表明,客运专线隧道无砟轨道轨向不平顺功率谱明显优于中国干线谱。在分析波长范围内,客运专线轨道谱低于美国六级谱与德国高干扰谱,随着波

图 5.9 隧道无砟轨道不平顺功率谱拟合曲线的比较

长的减小,不断接近后两者。在 1~8m 波长范围内,客运专线轨道谱密度值明显高于德国低干扰谱。在 8~50m 波长范围内,客运专线功率谱密度值低于德国低干扰谱。

图 5.9(c) 表明,客运专线隧道无砟轨道水平不平顺状态控制良好,明显低于中国干线谱、德国谱及美国谱。

用轨道不平顺功率谱模拟轨道的实际不平顺要正确确定轨道不平顺的波长分析范围。轨道不平顺波长下限应能包括我国铁路轨道实际存在的钢轨波浪性磨耗及接头、道岔区短波不平顺波长。据调查,这些短波不平顺波长一般不小于 0.1m。因此,轨道不平顺波长的下限,即最短不平顺波长确定为 0.1m。当列车速度为 100~400km/h 时,由 0.1m 波长轨道不平顺产生的激振频率为 278~1111Hz,显然可以满足轨道结构振动分析的需要,更短波长的轨道不平顺主要与轮轨噪声有关。轨道不平顺波长的上限应由车体自振频率和列车运行速度 V 确定。我国主型机车车辆垂向振动的自振频率如表 5.10 所示。车体横向振动的自振频率基本与垂向一致。高速动车组车体的模态频率(沉浮、点头、摇头、横移、侧滚)一般在 1Hz 左右。如果系统最低振动频率为 F_{min} (一般为 $0.5\sim 1Hz$),那么可确定波长上限为 V/F_{min}。

当机车车辆以各种速度运行时,由轨道不平顺产生的激振频率要能覆盖机车车辆和轨道结构的所有主频,因此轨道不平顺波长范围为[1]

$$\lambda = 0.1 - V/F_{min} \tag{5.21}$$

表 5.10　我国主型机车车辆垂向振动自振频率

振型	韶山 1 电力机车	北京 3000 内燃机车	东风 4 内燃机车	转 8 型货车		202 转向架客车		101 转向架客车
				旧 608	新 702	有减振器	无减振器	
沉浮	3.29	1.47	1.67	3.17~3.48	3.25~3.52	1.39	1.33	1.95
点头	3.57	1.78~2.0	1.78	3.75~3.90	5.5~5.6	1.46	1.26	2.08

5.3　轨道结构随机不平顺的数值模拟

功率谱密度函数只有在进行线性随机振动频域分析时才能直接输入,对非线性随机振动问题(严格地讲,车辆-轨道耦合系统是非线性问题),最有效的方法是获取随机激励的样本作为输入,然后运用数值积分求得系统的随机响应。因此,有必要讨论轨道不平顺随机过程的数值模拟。

设轨道的不平顺样本为

$$\eta_i = \eta(x_i) \tag{5.22}$$

其中,$\eta(x_i)$ 是坐标 x_i 处的轨面不平顺值;$\eta(x_i)$ 是一个随机函数。

轨道不平顺的数值模拟就是要寻找谱密度为式(5.9)~式(5.20)的样本函数 $\eta(x_i)$。

目前,国内外最常用的轨道不平顺数值模拟方法主要有二次滤波法[11]、三角级数法[12]、白噪声滤波法和周期图法[5]。二次滤波法需进行滤波器设计,对不同功率谱密度函数的轨道不平顺,均需设计出合理的滤波器,因此该方法缺乏通用性。下面介绍在工程中应用较多的三角级数法。

5.4　三角级数法

5.4.1　三角级数法 1

设平均值为 0 的平稳高斯过程 $\eta(t)$,有功率谱密度函数 $S_x(\omega)$,$\eta(t)$ 的抽样函数可以利用三角级数模型近似地模拟,即

$$\eta^d(t) = \sum_{k=1}^{N} a_k \sin(\omega_k t + \phi_k) \tag{5.23}$$

其中，a_k 是平均值为 0、标准差为 σ_k 的高斯随机变数，对于 $k=1,2,\cdots,N$ 来说，是互相独立的；ϕ_k 是与 a_k 独立的、$0\sim 2\pi$ 范围内均匀分布的随机变数，ϕ_k 本身对于 $k=1,2,\cdots,N$ 来说也是互相独立的。

σ_k 用下列方法给出。在 $\eta(t)$ 的功率谱密度函数 $S_x(\omega)$ 的正域内，将下限值 ω_l 和上限值 ω_u 之间 N 等分，如图 5.10 所示。

设

$$\Delta\omega = (\omega_u - \omega_l)/N \tag{5.24}$$

$$\omega_k = \omega_l + \left(k - \frac{1}{2}\right)\Delta\omega, \quad k=1,2,\cdots,N \tag{5.25}$$

则有

$$\sigma_k^2 = 4 S_x(\omega_k) \Delta\omega, \quad k=1,2,\cdots,N \tag{5.26}$$

即认为 $S_x(\omega)$ 的有效功率在 ω_l 和 ω_u 的范围内，ω_l 和 ω_u 范围外的值可以视为 0，则根据图 5.10 的关系可以算出 ω_k 和 σ_k 的值。式(5.24)和式(5.26)中的 ω_l、ω_u 和 ω_k 为空间频率，单位为 rad/m，N 为充分大的整数。

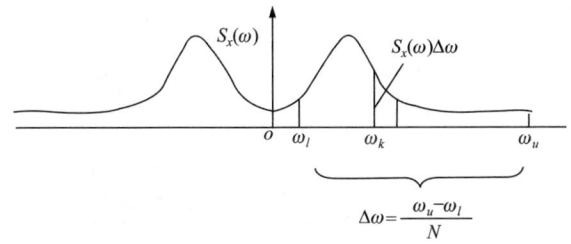

图 5.10　功率谱密度函数 $S_x(\omega)$ 的分割

可以证明，由式(5.23)～式(5.26)构造的样本函数的谱密度函数是 $S_x(\omega)$，且是各态历经的[11]。

5.4.2　三角级数法 2

平均值为 0 的平稳高斯过程 $\eta(t)$，有功率谱密度函数 $S_x(\omega)$。$\eta(t)$ 的抽样函数可以利用下列三角级数模拟[12]，即

$$\eta^d(t) = \sum_{k=1}^{N} (a_k \cos\omega_k t + b_k \sin\omega_k t) \tag{5.27}$$

其中，a_k 是平均值为 0、标准差为 σ_k 的高斯随机变数，对于 $k=1,2,\cdots,N$ 来说，是互相独立的；b_k 与 a_k 无关，其本身也是互相独立的，是平均值为 0、标准差为 σ_k 的

高斯随机变数。

设
$$\sigma_k^2 = 2S_x(\omega_k)\Delta\omega, \quad k=1,2,\cdots,N \tag{5.28}$$

其中，$\Delta\omega$ 和 ω_k 分别由式(5.24)和式(5.25)给出。

5.4.3 三角级数法3

平均值为 0 的平稳高斯过程 $\eta(t)$，有功率谱密度函数 $S_x(\omega)$。$\eta(t)$ 的抽样函数可以利用下列三角级数模拟[12]，即

$$\eta^d(t) = \sum_{k=1}^{N} a_k \cos(\omega_k t + \phi_k) \tag{5.29}$$

其中，a_k 是平均值为 0、标准差为 σ_k 的高斯随机变数，对于 $k=1,2,\cdots,N$ 来说，是互相独立的；ϕ_k 是与 a_k 独立的、$0\sim 2\pi$ 范围均匀分布的随机变数，ϕ_k 本身对于 $k=1,2,\cdots,N$ 来说也是互相独立的。

$$\sigma_k^2 = 4S_x(\omega_k)\Delta\omega, \quad k=1,2,\cdots,N \tag{5.30}$$

其中，$\Delta\omega$ 和 ω_k 分别由式(5.24)和式(5.25)给出。

5.4.4 三角级数法4

平均值为 0 的平稳高斯过程 $\eta(t)$，有功率谱密度函数 $S_x(\omega)$。$\eta(t)$ 的抽样函数可以利用下列三角级数模拟[12]，即

$$\eta^d(t) = \sigma_x \sqrt{\frac{2}{N}} \sum_{k=1}^{N} \cos(\omega_k t + \phi_k) \tag{5.31}$$

其中，$\sigma_x^2 = \int_{-\infty}^{\infty} S_x(\omega)\mathrm{d}\omega = x(t)$ 的方差；ω_k 是具有概率密度函数 $p(\omega)=\dfrac{S_x(\omega)}{\sigma_x^2}$ 的随机变数；ϕ_k 是 $0\sim 2\pi$ 范围均匀分布的随机变数，是互相独立的；N 是充分大的正整数。

5.5 轨道结构随机不平顺样本

在本算例中，作为激扰输入的随机不平顺空间样本，是借用美国 AAR 标准的四、五、六级线路轨道高低不平顺谱，利用三角级数产生。取空间波长为 $0.5\sim 50\mathrm{m}$，对应的 ω_l 和 ω_u 为 $0.04\pi\sim 4\pi\mathrm{rad/m}$，$N$ 取为 2500。典型不平顺空间样本如图 5.11 所示。

图 5.11 用三角级数产生的线路空间不平顺样本

参 考 文 献

[1] 陈果. 车辆-轨道耦合系统随机振动分析[D]. 成都:西南交通大学博士学位论文,2000.
[2] 雷晓燕. 轨道力学与工程新方法[M]. 北京:中国铁道出版社,2002.
[3] 盛骤,谢式千,潘承毅. 概率论与数理统计[M]. 北京:高等教育出版社,2001.
[4] 王福天. 车辆系统动力学[M]. 北京:中国铁道出版社,1994.
[5] 西南交通大学. 德国联邦铁路城间特快列车 ICE 技术任务书[R]. 铁道部科学技术司,1993.
[6] Sato Y. Study on high-frequency vibrations in track operated high-speed trains[J]. Quarterly Reports, 1977, 18(3).
[7] 长沙铁道学院随机振动研究室. 关于机车车辆/轨道系统随机激励函数的研究[J]. 长沙铁道学院学报,1985,(2):1-36.
[8] 罗林,魏世斌. 我国干线轨道不平顺功率谱的研究[R]. 北京:铁道科学研究院,1999.
[9] 康熊,刘秀波,李红艳,等. 高速铁路无砟轨道不平顺谱[J]. 中国科学:技术科学,2014, 44(7):687-696.
[10] 房建. 轨道不平顺对高速客运专线高架轨道结构振动特性的影响[D]. 上海:同济大学博士学位论文,2013.
[11] 曹雪琴,刘必胜,吴鹏贤. 桥梁结构动力分析[M]. 北京:中国铁道出版社,1987.
[12] 星谷胜. 随机振动分析[M]. 常宝琦,译. 北京:地震出版社,1977.

第六章 车辆-轨道耦合系统竖向动力分析模型

随着国家经济社会的持续快速发展，铁路客运和货运的任务日益繁重。不断增长的运输量，要求铁路必须在保证安全的前提下，增加货物列车的重量，提高客运列车的速度和运行品质。因此，新型机车车辆的设计、制造和线路的建设与维护都迫切需要预知轮轨之间的动力作用特性。动力学性能好的线路是列车安全、平稳通过的条件，动力学性能好的车辆在车-线相互作用的情况下，应尽量减轻对线路的破坏作用。现在，人类已经能够准确地模拟一个飞行体在宇宙空间的运动，并进行精确控制，但不能精确模拟铁路轮轨的相互作用。可见，轮轨关系和车辆与轨道相互作用仍然是车辆、轨道动力学中的难题。机车车辆与轨道结构是一个整体系统。在这个系统中，它们相互关联、相互作用。因此，在研究机车车辆动力学性能时，不能简单地视线路为外激干扰。换言之，线路也不存在独立于列车的激扰特性。引起系统产生振动和动力作用的是钢轨和车轮表面的随机不平顺。

对轨道结构动力特性的研究，世界各国多采用仿真分析的方法，仿真分析的突出优点是能够替代昂贵而又非常耗时的物理试验，对所研究的问题进行数值模拟。近年来出现了各种计算模型[1-22]，并取得了一些成果。

本章首先介绍作为轨道结构振动分析基础的动力有限元法基本理论，然后讨论各种车辆-轨道耦合系统分析模型。

6.1 动力有限元基本理论

6.1.1 动力有限元法概述

结构对于动力荷载的响应分析已经取得了很大的进展。一方面是由于实际的需要，例如电站、水坝、高层建筑在地震荷载作用下的动力分析；海洋平台在风、浪、流等荷载作用下的动力分析；轨道结构在列车通过时的振动分析；各种机械设备在高速运转过程或冲击荷载作用下的动力分析等。这都是保证结构或机械良好工作性能和安全可靠性所必不可少的步骤。另一方面是由于高性能计算机及相应数值分析方法，特别是有限单元法的发展，使各种复杂结构的动力学分析成为可能。

结构在随时间变化的荷载作用下，位移、速度、加速度、应变和应力都是时间的函数，以平面问题为例，有限元动力分析步骤可表述如下[23,24]。

第六章 车辆-轨道耦合系统竖向动力分析模型

(1) 连续区域的离散化

在动力分析中,因为引入了时间坐标,我们处理的是(x,y,t)问题。在有限元分析中一般采用部分离散的方法,即只对空间进行离散,在时间尺度上则采用差分法。

(2) 构造插值函数

由于只对空间域进行离散,因此单元内任意一点位移u和v的插值可以表示为

$$u(x,y,t) = \sum_{i=1}^{n} N_i(x,y) u_i(t)$$

$$v(x,y,t) = \sum_{i=1}^{n} N_i(x,y) v_i(t) \quad (6.1)$$

其中,u和v是单元内(x,y)处的位移;N_i是插值函数;u_i和v_i是单元结点位移。

式(6.1)可以用矩阵表示,即

$$\boldsymbol{f} = \boldsymbol{N}\boldsymbol{a}^e \quad (6.2)$$

其中,$\boldsymbol{f}$为单元位移向量;$\boldsymbol{N}$为插值函数矩阵;$\boldsymbol{a}^e$为单元结点位移向量。

$$\boldsymbol{f} = \begin{Bmatrix} u(x,y,t) \\ v(x,y,t) \end{Bmatrix}$$

$$\boldsymbol{N} = \begin{bmatrix} N_1 & O & N_2 & O & \cdots & N_n & O \\ O & N_1 & O & N_2 & \cdots & O & N_n \end{bmatrix}$$

$$\boldsymbol{a}^e = \{\boldsymbol{a}_1 \quad \boldsymbol{a}_2 \quad \cdots \quad \boldsymbol{a}_n\}^T$$

$$\boldsymbol{a}_i = \begin{Bmatrix} u_i(t) \\ v_i(t) \end{Bmatrix}$$

在动力问题中,结点位移$\boldsymbol{a}^e$是时间的函数。

(3) 形成单元特性矩阵和特性向量

由式(6.2)可以得到单元应变向量和单元应力向量,即

$$\boldsymbol{\varepsilon} = \boldsymbol{B}\boldsymbol{a}^e \quad (6.3)$$

$$\boldsymbol{\sigma} = \boldsymbol{D}\boldsymbol{\varepsilon} = \boldsymbol{D}\boldsymbol{B}\boldsymbol{a}^e \quad (6.4)$$

其中,$\boldsymbol{\varepsilon}$为单元应变向量;$\boldsymbol{B}$为应变矩阵;$\boldsymbol{\sigma}$为单元应力向量;$\boldsymbol{D}$为弹性矩阵。

位移对时间微分,可以得到速度,即

$$\dot{\boldsymbol{f}}(x,y,t) = \boldsymbol{N}(x,y)\dot{\boldsymbol{a}}^e(t) \quad (6.5)$$

其中,$\dot{\boldsymbol{a}}^e$为结点的速度向量。

为建立结构的动力学方程,可以依据 Hamilton 原理,也可直接利用 Lagrange 方程,后者可以表示为

$$\frac{\mathrm{d}}{\mathrm{d}t}\frac{\partial L}{\partial \dot{\boldsymbol{a}}} - \frac{\partial L}{\partial \boldsymbol{a}} + \frac{\partial R}{\partial \dot{\boldsymbol{a}}} = \boldsymbol{0} \quad (6.6)$$

其中，L 为 Lagrange 函数。

$$L = T - \Pi_p \tag{6.7}$$

式中，T、Π_p、R、a 和 $\dot{a}$ 分别为系统的动能、势能、耗散能函数、结点位移向量和结点速度向量。

单元的动能和势能可以分别表示为

$$T^e = \frac{1}{2}\int_{\Omega^e} \rho \dot{f}^T \dot{f} \, d\Omega \tag{6.8}$$

$$\Pi_p^e = \frac{1}{2}\int_{\Omega^e} \boldsymbol{\varepsilon}^T \boldsymbol{D} \boldsymbol{\varepsilon} \, d\Omega - \int_{\Omega^e} \boldsymbol{f}^T \boldsymbol{b} \, d\Omega - \int_{\Gamma_\sigma} \boldsymbol{f}^T \boldsymbol{q} \, d\Gamma \tag{6.9}$$

其中，ρ 为材料的密度；右端第一项代表单元的应变能；第二、三项代表外力的势能；b 和 q 分别为作用于单元的体积力向量和面力向量。

至于单元的耗散能函数，如果假设阻尼力比例于各质点的速度，可以表示为下式，即

$$R^e = \frac{1}{2}\int_{\Omega^e} \mu \dot{f}^T \dot{f} \, d\Omega \tag{6.10}$$

其中，μ 为阻尼系数。

将式(6.2)代入式(6.8)~式(6.10)，可以得到下式，即

$$\begin{aligned}
T^e &= \frac{1}{2}(\dot{a}^e)^T m^e \dot{a}^e \\
\Pi_p^e &= \frac{1}{2}(a^e)^T k^e a^e - (a^e)^T Q^e \\
R^e &= \frac{1}{2}(\dot{a}^e)^T c^e \dot{a}^e
\end{aligned} \tag{6.11}$$

其中

$$m^e = \int_{\Omega^e} \rho \boldsymbol{N}^T \boldsymbol{N} \, d\Omega, \quad k^e = \int_{\Omega^e} \boldsymbol{B}^T \boldsymbol{D} \boldsymbol{B} \, d\Omega, \quad c^e = \int_{\Omega^e} \mu \boldsymbol{N}^T \boldsymbol{N} \, d\Omega \tag{6.12}$$

分别为单元的质量矩阵、刚度矩阵、阻尼矩阵。

$$Q^e = \int_{\Omega^e} \boldsymbol{N}^T \boldsymbol{b} \, d\Omega + \int_{\Gamma_\sigma} \boldsymbol{N}^T \boldsymbol{q} \, d\Gamma \tag{6.13}$$

为单元的等效结点荷载向量。

(4) 集合各个单元的矩阵和向量，以形成整个系统的运动方程

集合各个单元的 T^e、Π_p^e、R^e 组成系统的 T、Π_p、R，即

$$\begin{aligned}
T &= \sum_e T^e = \frac{1}{2}\dot{a}^T \boldsymbol{M} \dot{a} \\
\Pi_p &= \sum_e \Pi_p^e = \frac{1}{2} a^T \boldsymbol{K} a - a^T \boldsymbol{Q} \\
R &= \sum_e R^e = \frac{1}{2}\dot{a}^T \boldsymbol{C} \dot{a}
\end{aligned} \tag{6.14}$$

其中

$$M=\sum_e m^e, \quad K=\sum_e k^e, \quad C=\sum_e c^e, \quad Q=\sum_e Q^e \qquad (6.15)$$

分别为系统的质量矩阵、刚度矩阵、阻尼矩阵、荷载向量。

进一步将式(6.14)代入式(6.6),可以得到系统的运动方程,即

$$M\ddot{a}(t)+C\dot{a}(t)+Ka(t)=Q(t) \qquad (6.16)$$

这是一个二阶常微分方程组,$\ddot{a}(t)$ 是系统结点加速度向量。

(5) 计算结构的应变和应力

求解系统的运动方程(6.16),可以得到结点的位移向量 $a(t)$。利用式(6.3)和式(6.4)可以计算单元应变 $\varepsilon(t)$ 和单元应力 $\sigma(t)$。

从上述步骤可以看出,与静力分析相比,在动力分析中,由于动能和耗散能出现在能量方程中,因此引入质量矩阵和阻尼矩阵,最后得到的求解方程不是代数方程组,而是常微分方程组。关于二阶常微分方程组的解法,原则上可以利用常微分方程组的常用方法(如 Runge-Kutta 方法)求解。在有限元动力分析中,因为矩阵的阶数较高,用这些常用算法一般是很不经济的,常采用数值积分法。

6.1.2 梁单元理论

1. 单元刚度矩阵

对 2 结点的平面梁单元,每个结点有 3 个自由度,如图 6.1 所示。

假定梁单元的位移模式为

$$u = \alpha_1 + \alpha_2 x \qquad (6.17)$$

$$v = \beta_1 + \beta_2 x + \beta_3 x^2 + \beta_4 x^3 \qquad (6.18)$$

其中,α_i 和 β_i 为 6 个待定的广义坐标,可以由单元的 6 个结点位移表示。

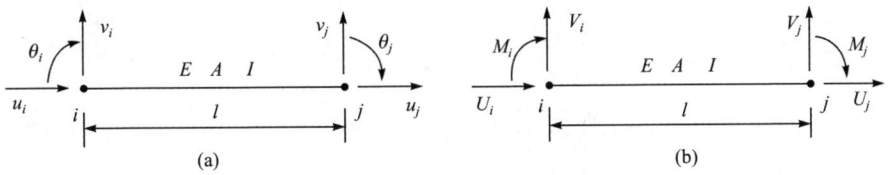

图 6.1 2 结点 6 自由度梁单元

将结点坐标 $i(0)$ 和 $j(l)$ 代入式(6.17)得到

$$\begin{bmatrix} 1 & 0 \\ 1 & l \end{bmatrix} \begin{Bmatrix} \alpha_1 \\ \alpha_2 \end{Bmatrix} = \begin{Bmatrix} u_i \\ u_j \end{Bmatrix} \qquad (6.19)$$

求逆可得

$$\left\{\begin{matrix}\alpha_1\\ \alpha_2\end{matrix}\right\}=\begin{bmatrix}1 & 0\\ -\dfrac{1}{l} & \dfrac{1}{l}\end{bmatrix}\left\{\begin{matrix}u_i\\ u_j\end{matrix}\right\} \tag{6.20}$$

$\beta_1 \sim \beta_4$ 可以根据结点位移 v_i、θ_i、v_j 和 θ_j 确定,由式(6.18)可得

$$\theta=-\frac{\mathrm{d}v}{\mathrm{d}x}=-\beta_2-2\beta_3 x-3\beta_4 x^2 \tag{6.21}$$

将结点坐标代入式(6.18)和式(6.21)中,可以得到

$$\begin{bmatrix}1 & 0 & 0 & 0\\ 0 & -1 & 0 & 0\\ 1 & l & l^2 & l^3\\ 0 & -1 & -2l & -3l^2\end{bmatrix}\left\{\begin{matrix}\beta_1\\ \beta_2\\ \beta_3\\ \beta_4\end{matrix}\right\}=\left\{\begin{matrix}v_i\\ \theta_i\\ v_j\\ \theta_j\end{matrix}\right\} \tag{6.22}$$

解上述方程,有

$$\left\{\begin{matrix}\beta_1\\ \beta_2\\ \beta_3\\ \beta_4\end{matrix}\right\}=\begin{bmatrix}1 & 0 & 0 & 0\\ 0 & -1 & 0 & 0\\ -\dfrac{3}{l^2} & \dfrac{2}{l} & \dfrac{3}{l^2} & \dfrac{1}{l}\\ \dfrac{2}{l^3} & -\dfrac{1}{l^2} & -\dfrac{2}{l^3} & -\dfrac{1}{l^2}\end{bmatrix}\left\{\begin{matrix}v_i\\ \theta_i\\ v_j\\ \theta_j\end{matrix}\right\} \tag{6.23}$$

将式(6.20)和式(6.23)代入式(6.17)和式(6.18),可以得到用插值函数和结点位移表示的单元位移,即

$$\begin{aligned}u&=N_1 u_i+N_4 u_j\\ v&=N_2 v_i+N_3\theta_i+N_5 v_j+N_6\theta_j\end{aligned} \tag{6.24}$$

其中,$N_1 \sim N_6$ 为插值函数,是单元局部坐标 x 的函数,即

$$N_1=1-\frac{x}{l},\quad N_2=1-\frac{3}{l^2}x^2+\frac{2}{l^3}x^3,\quad N_3=-x+\frac{2}{l}x^2-\frac{1}{l^2}x^3$$

$$N_4=\frac{x}{l},\quad N_5=\frac{3}{l^2}x^2-\frac{2}{l^3}x^3,\quad N_6=\frac{1}{l}x^2-\frac{1}{l^2}x^3 \tag{6.25}$$

令单元结点位移向量为

$$\boldsymbol{a}^e=\{u_i\quad v_i\quad \theta_i\quad u_j\quad v_j\quad \theta_j\}^\mathrm{T}$$

则式(6.24)的矩阵形式为

$$\boldsymbol{f}=\left\{\begin{matrix}u\\ v\end{matrix}\right\}=\boldsymbol{N}\boldsymbol{a}^e \tag{6.26}$$

其中

$$\boldsymbol{N}=\begin{bmatrix}N_1 & 0 & 0 & N_4 & 0 & 0\\ 0 & N_2 & N_3 & 0 & N_5 & N_6\end{bmatrix} \tag{6.27}$$

获得单元位移后就可以确定单元应变。对于长细比较大的杆件,可以忽略剪切变形,此时应变只包含轴向变形和弯曲变形两个部分。

$$\boldsymbol{\varepsilon} = \left\{ \begin{matrix} \varepsilon_\chi \\ k_\chi \end{matrix} \right\} = \left\{ \begin{matrix} \dfrac{\mathrm{d}u}{\mathrm{d}x} \\ \dfrac{\mathrm{d}^2 v}{\mathrm{d}x^2} \end{matrix} \right\} = \boldsymbol{Lf} \tag{6.28}$$

其中,微分算子

$$\boldsymbol{L} = \begin{bmatrix} \dfrac{\mathrm{d}}{\mathrm{d}x} & 0 \\ 0 & \dfrac{\mathrm{d}^2}{\mathrm{d}x^2} \end{bmatrix} \tag{6.29}$$

将式(6.26)代入式(6.28),则有

$$\boldsymbol{\varepsilon} = \boldsymbol{B} \boldsymbol{a}^e \tag{6.30}$$

其中

$$\boldsymbol{B} = \boldsymbol{LN} = \begin{bmatrix} \boldsymbol{B}_i & \boldsymbol{B}_j \end{bmatrix} \tag{6.31}$$

$$\boldsymbol{B}_i = \begin{bmatrix} a_i & 0 & 0 \\ 0 & b_i & c_i \end{bmatrix}, \quad \boldsymbol{B}_j = \begin{bmatrix} a_j & 0 & 0 \\ 0 & b_j & c_j \end{bmatrix} \tag{6.32}$$

式中,$a_j = -a_i = \dfrac{1}{l}$;$b_j = -b_i = \dfrac{6}{l^2} - \dfrac{12}{l^3}x$;$c_i = \dfrac{4}{l} - \dfrac{6}{l^2}x$;$c_j = \dfrac{2}{l} - \dfrac{6}{l^2}x$。

单元刚度矩阵可由下式得到,即

$$\begin{aligned} \boldsymbol{k}^e &= \int_{\Omega^e} \boldsymbol{B}^\mathrm{T} \boldsymbol{D} \boldsymbol{B} \, \mathrm{d}\Omega \\ &= \int_{\Omega^e} \begin{bmatrix} \boldsymbol{B}_i^\mathrm{T} \\ \boldsymbol{B}_j^\mathrm{T} \end{bmatrix} \boldsymbol{D} \begin{bmatrix} \boldsymbol{B}_i & \boldsymbol{B}_j \end{bmatrix} \mathrm{d}\Omega \\ &= \begin{bmatrix} \boldsymbol{k}_{ii} & \boldsymbol{k}_{ij} \\ \boldsymbol{k}_{ji} & \boldsymbol{k}_{jj} \end{bmatrix} \end{aligned} \tag{6.33}$$

其中,任一分块子矩阵的计算公式为

$$\begin{aligned} \boldsymbol{k}_{rs} &= \int_{\Omega^e} \boldsymbol{B}_r^\mathrm{T} \boldsymbol{D} \boldsymbol{B}_s \, \mathrm{d}\Omega \\ &= \int_l \begin{bmatrix} a_r & 0 \\ 0 & b_r \\ 0 & c_r \end{bmatrix} \begin{bmatrix} EA & 0 \\ 0 & EI \end{bmatrix} \begin{bmatrix} a_s & 0 & 0 \\ 0 & b_s & c_s \end{bmatrix} \mathrm{d}x \end{aligned} \tag{6.34}$$

式中,A 和 I 分别为梁的横截面积和截面惯性矩;E 为材料弹性模量。

平面梁单元刚度矩阵的显式表达式为

$$k^e = \begin{bmatrix} \dfrac{EA}{l} & 0 & 0 & -\dfrac{EA}{l} & 0 & 0 \\ & \dfrac{12EI}{l^3} & -\dfrac{6EI}{l^2} & 0 & -\dfrac{12EI}{l^3} & -\dfrac{6EI}{l^2} \\ & & \dfrac{4EI}{l} & 0 & \dfrac{6EI}{l^2} & \dfrac{2EI}{l} \\ & & & \dfrac{EA}{l} & 0 & 0 \\ & 对称 & & & \dfrac{12EI}{l^3} & \dfrac{6EI}{l^2} \\ & & & & & \dfrac{4EI}{l} \end{bmatrix} \tag{6.35}$$

2. 单元等效结点荷载向量

单元等效结点荷载向量 Q^e 为

$$Q^e = Q_q^e + Q_b^e + Q_p^e \tag{6.36}$$

其中，Q_q^e 为分布荷载产生的等效结点荷载向量；Q_b^e 为体积力荷载产生的等效结点荷载向量；Q_p^e 为集中荷载产生的等效结点荷载向量。

$$Q_q^e = \int_l N^T q \mathrm{d}x \tag{6.37}$$

$$Q_b^e = \int_{\Omega^e} N^T b \mathrm{d}\Omega \tag{6.38}$$

$$Q_p^e = N^T P \tag{6.39}$$

下面计算几种常见荷载的等效结点荷载。

(1) 均布荷载

如图 6.2 所示，这时有

$$q = \{0 \quad -q\}^T$$

由式(6.37)，可得由均布荷载 q 产生的等效结点荷载为

$$Q_q^e = \left\{ 0 \quad -\dfrac{qa}{2l^3}(2l^3 - 2la^2 + a^3) \quad \dfrac{qa^2}{12l^2}(6l^2 - 8la + 3a^2) \right. \\ \left. 0 \quad -\dfrac{qa^3}{2l^3}(2l - a) \quad -\dfrac{qa^3}{12l^2}(4l - 3a) \right\}^T \tag{6.40}$$

当满跨作用均布荷载时($a = l$)，上述结果为

$$Q_q^e = \left\{ 0 \quad -\dfrac{1}{2}ql \quad \dfrac{1}{12}ql^2 \quad 0 \quad -\dfrac{1}{2}ql \quad -\dfrac{1}{12}ql^2 \right\}^T \tag{6.41}$$

(2) 竖向集中力

如图 6.3 所示,这时有

$$\boldsymbol{Q}_p^e = \left\{ 0 \quad \frac{P_y b^2}{l^3}(l+2a) \quad -\frac{P_y a b^2}{l^2} \quad 0 \quad \frac{P_y a^2}{l^3}(l+2b) \quad \frac{P_y a^2 b}{l^2} \right\}^{\mathrm{T}} \quad (6.42)$$

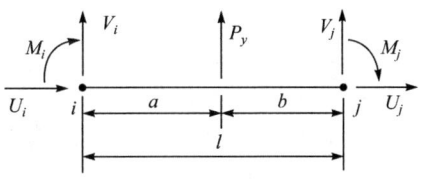

图 6.2 梁单元作用均布荷载　　　图 6.3 梁单元作用竖向集中力

(3) 平行集中力

如图 6.4 所示,这时有

$$\boldsymbol{Q}_p^e = \left\{ \frac{P_x b}{l} \quad 0 \quad 0 \quad \frac{P_x a}{l} \quad 0 \quad 0 \right\}^{\mathrm{T}} \quad (6.43)$$

图 6.4 梁单元作用平行集中力

3. 单元质量矩阵

式(6.12)表达的单元质量矩阵为

$$\boldsymbol{m}^e = \int_{\Omega^e} \rho \boldsymbol{N}^{\mathrm{T}} \boldsymbol{N} \mathrm{d}\Omega \quad (6.44)$$

称为协调质量矩阵或一致质量矩阵,这是因为从单元的动能导出时,质量分布按照实际分布情况,同时位移插值函数和从势能导出刚度矩阵时所采用的形式相同。此外,在有限元法中,还经常采用所谓集中质量矩阵。假定单元的质量集中在结点上,这样得到的质量矩阵是对角矩阵。

将梁单元的插值函数(6.27)代入式(6.44),则可以得到单元的协调质量矩阵,即

$$m^e = \frac{\rho Al}{420} \begin{bmatrix} 140 & 0 & 0 & 70 & 0 & 0 \\ & 156 & -22l & 0 & 54 & 13l \\ & & 4l^2 & 0 & -13l & -3l^2 \\ & & & 140 & 0 & 0 \\ \text{对称} & & & & 156 & 22l \\ & & & & & 4l^2 \end{bmatrix} \quad (6.45)$$

其中,A 为梁的横截面面积;l 为梁单元的长度。

如果将单元二分之一的质量集中在每个结点上,并略去转动项,得到的单元的集中质量矩阵为

$$m^e = \frac{\rho Al}{2} \begin{bmatrix} 1 & 0 & 0 & 0 & 0 & 0 \\ & 1 & 0 & 0 & 0 & 0 \\ & & 0 & 0 & 0 & 0 \\ & & & 1 & 0 & 0 \\ \text{对称} & & & & 1 & 0 \\ & & & & & 0 \end{bmatrix} \quad (6.46)$$

在实际分析中,这两种质量矩阵都有应用。一般情况下,两者给出的结果也相差不多。从式(6.44)可以看到,质量矩阵积分表达式的被积函数是插值函数的平方项,而刚度矩阵则是其导数的平方项。因此,在相同精度要求条件下,质量矩阵可以用较低阶的插值函数。集中质量矩阵从实质来看,正是这样一种替换方案。替换的好处是使计算得到简化,特别是采用直接积分的显式方案求解运动方程时,如果阻尼矩阵也采用对角矩阵,就可以省去等效刚度矩阵的分解步骤。这在非线性分析中有重要的作用。

4. 单元阻尼矩阵

式(6.12)表示的单元阻尼矩阵为

$$c^e = \int_{\Omega^e} \mu \mathbf{N}^T \mathbf{N} d\Omega \quad (6.47)$$

基于与协调质量矩阵的同样理由,式(6.47)称为协调阻尼矩阵,它是假定阻尼力正比于质点运动速度的结果。通常均将介质阻尼简化为这种情况,这时单元阻尼矩阵比例于单元质量矩阵。

除此之外,还有比例于应变速度的阻尼,例如由材料内摩擦引起的阻尼通常可简化为这种情况,这时耗散能函数可以表示为

$$R^e = \frac{1}{2} \int_{\Omega^e} \mu \dot{\boldsymbol{\varepsilon}}^T \mathbf{D} \dot{\boldsymbol{\varepsilon}} d\Omega \quad (6.48)$$

由此可以得到单元阻尼矩阵,即

第六章 车辆-轨道耦合系统竖向动力分析模型

$$c^e = \mu \int_{\Omega^e} \boldsymbol{B}^{\mathrm{T}} \boldsymbol{D} \boldsymbol{B} \, \mathrm{d}\Omega \tag{6.49}$$

该单元阻尼矩阵比例于单元刚度矩阵。

在实际分析中,要精确地确定阻尼矩阵是相当困难的,通常允许将实际结构的阻尼简化为以上两种形式的线性组合,即

$$c^e = \alpha m^e + \beta k^e \tag{6.50}$$

这种阻尼称为比例阻尼或振型阻尼。

6.2 轨道结构的有限元方程

6.2.1 基本假设与计算模型

在用有限元法建立车辆-轨道耦合系统竖向振动模型时,采用以下基本假设。

① 考虑车辆-轨道耦合系统竖向动力效应和纵向动力效应。

② 轨道和上部车辆结构沿线路方向左右对称,可取一半结构研究。

③ 上部结构为附有二系悬挂的整车模型,车体和转向架考虑沉浮振动和点头振动。

④ 轮轨间为线弹性接触。

⑤ 钢轨被离散为二维梁单元,轨下垫板和扣件的弹性及阻尼分别用弹性系数 k_{y1} 和阻尼系数 c_{y1} 表示。

⑥ 轨枕质量作为集中质量处理并仅考虑竖向振动效应。枕下道床的弹性系数和阻尼系数分别用 k_{y2} 和 c_{y2} 表示。

⑦ 道砟质量简化为集中质量并仅考虑竖向振动效应。道砟下路基的弹性系数和阻尼系数分别用 k_{y3} 和 C_{y3} 表示。

车辆-轨道耦合系统计算模型如图 6.5 所示。

6.2.2 轨道结构广义梁单元模型[1]

为便于计算程序的设计,减小总刚度矩阵的带宽,建立轨道结构广义梁单元模型,取两轨枕之间的一跨钢轨、轨枕、道砟和路基作为一个单元,如图 6.6 所示。

定义轨道结构广义梁单元结点位移和结点力为

$$\boldsymbol{a}_l^e = \{u_1 \quad v_1 \quad \theta_1 \quad v_2 \quad v_3 \quad u_4 \quad v_4 \quad \theta_4 \quad v_5 \quad v_6\}^{\mathrm{T}}$$
$$\boldsymbol{F}^e = \{U_1 \quad V_1 \quad M_1 \quad V_2 \quad V_3 \quad U_4 \quad V_4 \quad M_4 \quad V_5 \quad V_6\}^{\mathrm{T}}$$

其中,$u_i, v_i (i=1,2,\cdots,6)$ 分别为广义梁单元中第 i 个结点的纵向(沿线路方向)和竖向位移,$\theta_i (i=1,4)$ 为梁单元中第 i 个结点的转角;U_i 和 $V_i (i=1,2,\cdots,6)$ 分别

图 6.5 车辆-轨道耦合系统计算模型

图 6.6 轨道结构广义梁单元

为单元中第 i 个结点的纵向和竖向结点荷载分量;$M_i(i=1,4)$ 为单元中第 i 个结点的弯矩。

(1) 单元刚度矩阵

轨道结构广义梁单元的刚度矩阵扩大为

$$k_r^e = \begin{bmatrix} EA/l & 0 & 0 & 0 & 0 & -EA/l & 0 & 0 & 0 & 0 \\ & 12EI/l^3 & -6EI/l^2 & 0 & 0 & 0 & -12EI/l^3 & -6EI/l^2 & 0 & 0 \\ & & 4EI/l & 0 & 0 & 0 & 6EI/l^2 & 2EI/l & 0 & 0 \\ & & & 0 & 0 & 0 & 0 & 0 & 0 & 0 \\ & & & & 0 & 0 & 0 & 0 & 0 & 0 \\ & & \text{对称} & & & EA/l & 0 & 0 & 0 & 0 \\ & & & & & & 12EI/l^3 & 6EI/l^2 & 0 & 0 \\ & & & & & & & 4EI/l & 0 & 0 \\ & & & & & & & & 0 & 0 \\ & & & & & & & & & 0 \end{bmatrix}$$

(6.51)

在轨道结构广义梁单元模型中，除钢轨应变能产生的刚度外，还需要考虑由支承弹性产生的刚度。

假设弹性力正比于结点位移，由图 6.6 可得

$$\begin{cases} U_{ie} = \dfrac{1}{2} k_{x1} u_i \\ V_{ie} = \dfrac{1}{2} k_{y1} (v_i - v_{i+1}), \quad i=1,4 \\ M_{ie} = 0 \end{cases}$$

$$V_{ie} = \dfrac{1}{2} k_{y2}(v_i - v_{i+1}) - \dfrac{1}{2} k_{y1}(v_{i-1} - v_i), \quad i=2,5$$

$$V_{ie} = \dfrac{1}{2} k_{y3} v_i - \dfrac{1}{2} k_{y2}(v_{i-1} - v_i), \quad i=3,6 \quad (6.52)$$

其中，k_{x1} 和 k_{y1} 分别为扣压件（含垫板）的纵向和竖向刚度系数；k_{y2} 和 k_{y3} 分别为道砟和路基的竖向刚度系数。

由于扣压件、道砟和路基所在结点的刚度等于两相邻单元的刚度之和，因此每个单元的刚度系数为二分之一。

写成矩阵的形式有

$$\boldsymbol{F}_e^e = \boldsymbol{k}_e^e \boldsymbol{a}^e \quad (6.53)$$

其中，$\boldsymbol{F}_e^e$ 为广义梁单元弹性力向量；$\boldsymbol{k}_e^e$ 为由支承弹性能产生的单元刚度矩阵，即

$$\boldsymbol{k}_e^e = \frac{1}{2}\begin{bmatrix} k_{x1} & 0 & 0 & 0 & 0 & 0 & 0 & 0 & 0 & 0 \\ & k_{y1} & 0 & -k_{y1} & 0 & 0 & 0 & 0 & 0 & 0 \\ & & 0 & 0 & 0 & 0 & 0 & 0 & 0 & 0 \\ & & & k_{y1}+k_{y2} & -k_{y2} & 0 & 0 & 0 & 0 & 0 \\ & & & & k_{y2}+k_{y3} & 0 & 0 & 0 & 0 & 0 \\ & & & & & k_{x1} & 0 & 0 & 0 & 0 \\ & & & & & & k_{y1} & 0 & -k_{y1} & 0 \\ & 对称 & & & & & & 0 & 0 & 0 \\ & & & & & & & & k_{y1}+k_{y2} & -k_{y2} \\ & & & & & & & & & k_{y2}+k_{y3} \end{bmatrix}$$

(6.54)

由式(6.51)和式(6.54)可以得到轨道结构广义梁单元的刚度矩阵,即

$$\boldsymbol{k}_l^e = \boldsymbol{k}_r^e + \boldsymbol{k}_e^e \tag{6.55}$$

(2) 单元质量矩阵

轨道结构广义梁单元一致质量矩阵扩大为

$$\boldsymbol{m}_r^e = \frac{\rho A l}{420}\begin{bmatrix} 140 & 0 & 0 & 0 & 70 & 0 & 0 & 0 & 0 \\ & 156 & -22l & 0 & 0 & 0 & 54 & 13l & 0 & 0 \\ & & 4l^2 & 0 & 0 & 0 & -13l & -3l^2 & 0 & 0 \\ & & & 0 & 0 & 0 & 0 & 0 & 0 & 0 \\ & & & & 0 & 0 & 0 & 0 & 0 & 0 \\ & & & & & 140 & 0 & 0 & 0 & 0 \\ & 对称 & & & & & 156 & 22l & 0 & 0 \\ & & & & & & & 4l^2 & 0 & 0 \\ & & & & & & & & 0 & 0 \\ & & & & & & & & & 0 \end{bmatrix}$$

(6.56)

其中,ρ 为钢轨密度。

轨道结构的质量矩阵除了考虑钢轨的质量外,还要计及轨枕和道砟的质量。根据基本假设⑥和⑦,分别将轨枕质量 m_t 和两轨枕间道砟质量 m_b 作为集中质量施加于轨道结构广义梁单元上,可得

$$\boldsymbol{m}_b^e = \mathrm{diag}\left\{0 \quad 0 \quad 0 \quad \frac{1}{4}m_t \quad \frac{1}{4}m_b \quad 0 \quad 0 \quad 0 \quad \frac{1}{4}m_t \quad \frac{1}{4}m_b\right\} \tag{6.57}$$

由式(6.56)和式(6.57)可得轨道结构的质量矩阵,即

$$\boldsymbol{m}_l^e = \boldsymbol{m}_r^e + \boldsymbol{m}_b^e \tag{6.58}$$

其中,$\boldsymbol{m}_r^e$ 为钢轨的协调质量矩阵;$\boldsymbol{m}_b^e$ 为轨枕和道砟的质量矩阵。

(3) 单元阻尼矩阵

在梁单元理论中,常将阻尼矩阵表示为

$$\boldsymbol{c}_r^e = \alpha \boldsymbol{m}_r^e + \beta \boldsymbol{k}_r^e \tag{6.59}$$

这种阻尼称为比例阻尼。α 和 β 为阻尼系数,与阻尼比和系统的固有频率有关。

如同与讨论轨道结构的单元刚度矩阵一样,轨道结构除了上述由钢轨引起的比例阻尼外,还应考虑由阻尼元件引起的阻尼力,即

$$\begin{cases} U_{id} = \dfrac{1}{2} c_{x1} \dot{u}_i \\ V_{id} = \dfrac{1}{2} c_{y1} (v_i - v_{i+1}), \quad i = 1, 4 \\ M_{id} = 0 \end{cases}$$

$$V_{id} = \frac{1}{2} c_{y2} (v_i - v_{i+1}) - \frac{1}{2} c_{y1} (v_{i-1} - v_i), \quad i = 2, 5$$

$$V_{id} = \frac{1}{2} c_{y3} v_i - \frac{1}{2} c_{y2} (v_{i-1} - v_i), \quad i = 3, 6 \tag{6.60}$$

其中,c_{x1} 和 c_{y1} 分别为扣压件(含垫板)的纵向和竖向阻尼系数;c_{y2} 和 c_{y3} 分别为道砟和路基的竖向阻尼系数。

由于扣压件、道砟和路基所在结点的阻尼等于两相邻单元的阻尼之和,因此每个单元阻尼系数为二分之一。

写成矩阵的形式有

$$\boldsymbol{F}_c^e = \boldsymbol{c}_c^e \dot{\boldsymbol{a}}^e \tag{6.61}$$

其中,$\boldsymbol{F}_c^e$ 为广义梁单元阻尼力向量;$\boldsymbol{c}_c^e$ 为阻尼力系数矩阵,在广义坐标系中为

$$\boldsymbol{c}_c^e = \frac{1}{2} \begin{bmatrix} c_{x1} & 0 & 0 & 0 & 0 & 0 & 0 & 0 & 0 \\ & c_{y1} & 0 & -c_{y1} & 0 & 0 & 0 & 0 & 0 \\ & & 0 & 0 & 0 & 0 & 0 & 0 & 0 \\ & & & c_{y1}+c_{y2} & -c_{y2} & 0 & 0 & 0 & 0 \\ & & & & c_{y2}+c_{y3} & 0 & 0 & 0 & 0 \\ & & & & & c_{x1} & 0 & 0 & 0 \\ & & 对称 & & & & c_{y1} & 0 & -c_{y1} \\ & & & & & & & 0 & 0 \\ & & & & & & & c_{y1}+c_{y2} & -c_{y2} \\ & & & & & & & & c_{y2}+c_{y3} \end{bmatrix}$$

$$\tag{6.62}$$

由式(6.59)和式(6.62)可以得到轨道结构广义梁单元的阻尼矩阵,即

$$\boldsymbol{c}_t^e = \boldsymbol{c}_r^e + \boldsymbol{c}_c^e \tag{6.63}$$

(4) 单元等效结点荷载向量

在轨道结构振动分析中,考虑由轮载引起的竖向集中力和由牵引和制动引起的纵向集中力,分别用 P_y 和 P_x 表示,如图 6.7 所示。

由竖向和纵向集中力引起的单元等效结点荷载向量为

$$Q_l^e = \left\{ \frac{b}{l}P_x \quad -\frac{P_y b^2}{l^3}(l+2a) \quad \frac{P_y a b^2}{l^2} \quad 0 \quad 0 \quad \frac{a}{l}P_x \quad -\frac{P_y a^2}{l^3}(l+2b) \quad -\frac{P_y a^2 b}{l^2} \quad 0 \quad 0 \right\}^T$$

(6.64)

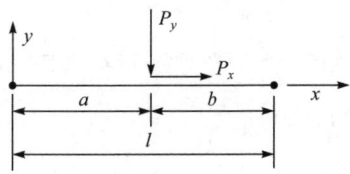

图 6.7 竖向集中力与纵向集中力

(5) 轨道结构动力有限元方程

运用 Lagrange 方程可得动力问题的有限元方程,即

$$M_l \ddot{a}_l + C_l \dot{a}_l + K_l a_l = Q_l \tag{6.65}$$

其中,下标"l"代表下部轨道结构中的量。

$$M_l = \sum_e m_l^e, \quad C_l = \sum_e c_l^e, \quad K_l = \sum_e k_l^e, \quad Q_l = \sum_e Q_l^e \tag{6.66}$$

分别是轨道结构的总质量矩阵、总阻尼矩阵、总刚度矩阵和总荷载向量。

6.3 移动轴荷载作用下轨道动力学模型

近年来,在高速重载铁路运输方面出现的新问题迫切要求我们对轮轨动力相互作用有更深入的了解。数值分析方法是研究轮轨动力相互作用强有力的手段。目前已有许多将车辆-轨道-路基作为一体的理论分析模型。利用理论分析模型对轨道结构的动力响应和长期服役性能作出预测,对通常需要经过现场检验的新型轨道结构的初步设计进行评定是数值分析方法的突出优点。把一个具有复杂分散参数体系的轨道结构,描述成一个具有单个自由度的集总参数模型或具有多个自由度的离散结构是各种计算模型常用的做法。

本节先讨论最简单的不计车辆的一系和二系悬挂作用,将列车作为移动轴荷载,建立移动轴荷载作用下的轨道动力学模型。在这个模型中,忽略不计机车和车辆悬挂系统簧上、簧下质量的点头振动和沉浮振动,将列车荷载平均分配到每个轮对上,并考虑轮对的惯性力。由于不计簧上、簧下质量的点头和沉浮振动,模型相对简单,可以选取整个列车长度为计算对象。移动轴荷载作用下的轨道动力学模型如图 6.8 所示。

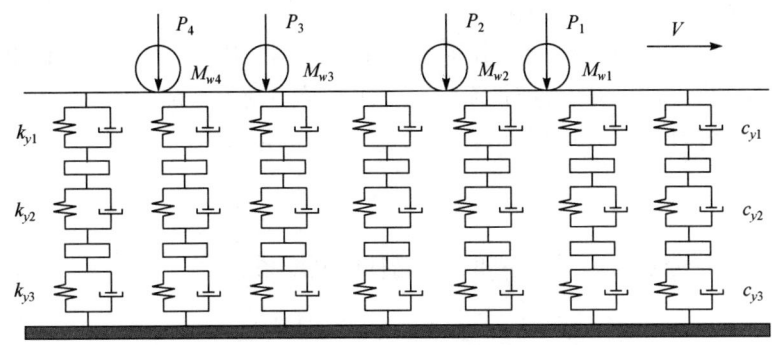

图 6.8 移动轴荷载作用下的轨道动力学模型

由于我们已经建立了轨道结构的有限元方程(6.65),因此只需将轮对的质量叠加到单元质量矩阵中。轮对在钢轨上的位置是时间的函数,如图 6.9 所示。

由簧下二分之一轮对质量引起的轨道广义梁单元附加质量矩阵为

$$\boldsymbol{m}_w^e = \mathrm{diag}\{m_{w1} \quad m_{w1} \quad 0 \quad 0 \quad 0 \quad m_{w2} \quad m_{w2} \quad 0 \quad 0 \quad 0\} \quad (6.67)$$

其中,$m_{w_1} = \left(1 - \dfrac{x_i}{l}\right) M_w$;$m_{w_2} = \dfrac{x_i}{l} M_w$;$M_w$ 为簧下二分之一的轮对质量。

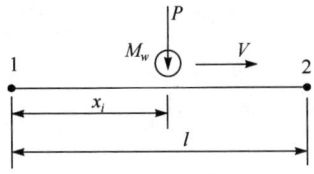

图 6.9 轮对在钢轨上的位置

为此,只需将式(6.58)中的 $\boldsymbol{m}^e$ 改为

$$\boldsymbol{m}_l^e = \boldsymbol{m}_r^e + \boldsymbol{m}_b^e + \boldsymbol{m}_w^e \quad (6.68)$$

同时,将列车移动轴荷载 $P_i (i=1,2,3,4)$ 作为集中力施加于轨道结构上。

6.4 单轮附有一系悬挂的车辆模型

上节的讨论忽略了车辆悬挂的作用,没有考虑列车与轨道的相互作用。从本节开始,我们遵循由易到难的原则,从最简单的单轮附有一系悬挂的车辆模型入手,到半车附有二系悬挂的车辆模型,再到整车附有二系悬挂的车辆模型。在讨论各种车辆模型时,我们规定位移和力的方向以垂直向上为正,转角和力矩的方向以顺时针为正。

单轮附有一系悬挂的车辆模型如图 6.10 所示。在这个模型中,只考虑车辆的沉浮振动,忽略车辆的点头振动。由于与车体质量相比,转向架框架的质量比较小,车体的振动是轨道结构动力分析中的主要因素。因此,为了减少计算的复杂性,将转向架框架质量并入轮对,而将机车作为单层动力系统。

等效弹簧刚度 K_s 按串联公式将两系统弹簧合并,则有

$$K_s = \frac{K_{s1}K_{s2}}{K_{s1}+K_{s2}} \tag{6.69}$$

其中,K_{s1} 和 K_{s2} 分别为车辆一系和二系悬挂的刚度系数。

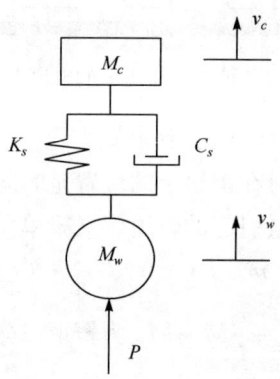

图 6.10　单轮附有一系悬挂的车辆模型

车体沉浮振动方程为

$$M_c \ddot{v}_c + C_s(v_c - v_w) + K_s(v_c - v_w) = -M_c g \tag{6.70}$$

车轮沉浮振动方程为

$$M_w \ddot{v}_w - C_s(v_c - v_w) - K_s(v_c - v_w) = P \tag{6.71}$$

其中,M_c 为 $2n$ 分之一的车体质量(n 为一节机车或车辆的轮对数);M_w 为簧下二分之一的轮对质量;K_s 和 C_s 分别为单层动力系统的等效刚度系数和阻尼系数;$P = -M_w g + F_{wi}$,F_{wi} 为轮轨接触力,可根据轮轨相对接触竖向位移由赫兹公式求得,即

$$F_{wi} = \begin{cases} \dfrac{1}{G^{\frac{3}{2}}}[|v_{wi}-(v_{xi}+\eta_i)|]^{\frac{3}{2}}, & v_{wi}-(v_{xi}+\eta_i) \leqslant 0 \\ 0, & v_{wi}-(v_{xi}+\eta_i) > 0 \end{cases} \tag{6.72}$$

其中,v_{wi} 和 v_{xi} 分别为车轮和钢轨在坐标 x_i 点的位移;η_i 为钢轨表面的不平顺值;G 为接触挠度系数,当车轮为锥形踏面时,有

$$G = 4.57 R^{-0.149} \times 10^{-8} \, (\text{m}/\text{N}^{\frac{2}{3}}) \tag{6.73}$$

当车轮为磨耗形踏面时,有

$$G = 3.86 R^{-0.115} \times 10^{-8} \, (\text{m}/\text{N}^{\frac{2}{3}}) \tag{6.74}$$

轮轨间的相互作用可以用迭代法求得,有关用迭代法求解车辆-轨道耦合方程的算法将在第七章详细介绍。

式(6.70)和式(6.71)用矩阵的形式可以写为

$$\boldsymbol{M}_u \ddot{\boldsymbol{a}}_u + \boldsymbol{C}_u \dot{\boldsymbol{a}}_u + \boldsymbol{K}_u \boldsymbol{a}_u = \boldsymbol{Q}_u \tag{6.75}$$

其中,下标"u"代表上部结构,即车辆结构中的量。

$$\boldsymbol{a}_u = \{v_c \quad v_w\}^{\text{T}}, \quad \dot{\boldsymbol{a}}_u = \{\dot{v}_c \quad \dot{v}_w\}^{\text{T}}, \quad \ddot{\boldsymbol{a}}_u = \{\ddot{v}_c \quad \ddot{v}_w\}^{\text{T}} \tag{6.76}$$

$$\boldsymbol{Q}_u = \{-M_c g \quad P\}^{\text{T}} \tag{6.77}$$

$$\boldsymbol{M}_u = \begin{bmatrix} M_c & 0 \\ 0 & M_w \end{bmatrix} \tag{6.78}$$

$$\boldsymbol{C}_u = \begin{bmatrix} C_s & -C_s \\ -C_s & C_s \end{bmatrix} \tag{6.79}$$

$$\boldsymbol{K}_u = \begin{bmatrix} K_s & -K_s \\ -K_s & K_s \end{bmatrix} \tag{6.80}$$

单轮附有一系悬挂的车辆模型共有 2 个自由度。

6.5 半车附有二系悬挂的车辆模型

本节讨论半车附有二系悬挂的车辆模型,如图 6.11 所示。在半车模型中,将

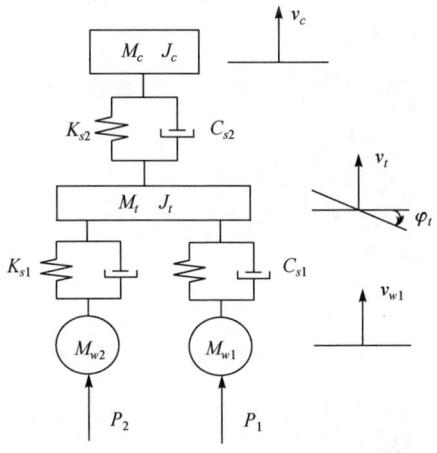

图 6.11 半车附有二系悬挂的车辆模型

车体的一半质量作为集中质量,考虑其沉浮振动。对于转向架,除考虑沉浮振动外,还考虑点头振动。

根据图 6.11,可以写出车体的沉浮振动方程为

$$M_c \ddot{v}_c + (\dot{v}_c - \dot{v}_t) C_{s2} + (v_c - v_t) K_{s2} = -M_c g \tag{6.81}$$

其中,M_c 和 v_c 分别为车体二分之一的半车质量和车体竖向位移;K_{s1} 和 C_{s1} 分别为车辆一系悬挂的弹性系数和阻尼系数;K_{s2} 和 C_{s2} 分别为车辆二系悬挂的弹性系数和阻尼系数;v_t 为转向架的竖向位移。

转向架沉浮振动方程为

$$\begin{aligned} M_t \ddot{v}_t &+ [(\dot{v}_t - \dot{v}_{w1} - \dot{\varphi}_t l_1) + (\dot{v}_t - \dot{v}_{w2} + \dot{\varphi}_t l_1)] C_{s1} \\ &+ [(v_t - v_{w1} - \varphi_t l_1) + (v_t - v_{w2} + \varphi_t l_1)] K_{s1} \\ &- (\dot{v}_c - \dot{v}_t) C_{s2} - (v_c - v_t) K_{s2} = -M_t g \end{aligned} \tag{6.82}$$

转向架点头振动方程为

$$\begin{aligned} J_t \ddot{\varphi}_t &+ [-(\dot{v}_t - \dot{v}_{w1} - \dot{\varphi}_t l_1) + (\dot{v}_t - \dot{v}_{w2} + \dot{\varphi}_t l_1)] C_{s1} l_1 \\ &+ [-(v_t - v_{w1} - \varphi_t l_1) + (v_t - v_{w2} + \varphi_t l_1)] K_{s1} l_1 = 0 \end{aligned} \tag{6.83}$$

其中,M_t 为 1/2 的转向架质量;J_t 为 1/2 的转向架惯性矩;φ_t 为转向架绕水平轴转角;l_1 为 1/2 的转向架长度;v_{w1} 和 v_{w2} 分别为车轮 1 和车轮 2 的竖向位移。

车轮的沉浮振动方程为

$$M_{w1} \ddot{v}_{w1} - (\dot{v}_t - \dot{v}_{w1} - \dot{\varphi}_t l_1) C_{s1} - (v_t - v_{w1} - \varphi_t l_1) K_{s1} = P_1 \tag{6.84}$$

$$M_{w2} \ddot{v}_{w2} - (\dot{v}_t - \dot{v}_{w2} + \dot{\varphi}_t l_1) C_{s1} - (v_t - v_{w2} + \varphi_t l_1) K_{s1} = P_2 \tag{6.85}$$

其中,M_{wi} 为簧下二分之一的第 i 个轮对质量;$P_i = -M_{wi} g + F_{wi}$,F_{wi} 为轮轨接触力,可由式(6.72)根据轮轨相对接触竖向位移由赫兹公式求得。

式(6.81)~式(6.85)用矩阵的形式可以写为

$$\boldsymbol{M}_u \ddot{\boldsymbol{a}}_u + \boldsymbol{C}_u \dot{\boldsymbol{a}}_u + \boldsymbol{K}_u \boldsymbol{a}_u = \boldsymbol{Q}_u$$

其中

$$\begin{aligned} \boldsymbol{a}_u &= \{v_c \quad v_t \quad \varphi_t \quad v_{w1} \quad v_{w2}\}^T \\ \dot{\boldsymbol{a}}_u &= \{\dot{v}_c \quad \dot{v}_t \quad \dot{\varphi}_t \quad \dot{v}_{w1} \quad \dot{v}_{w2}\}^T \\ \ddot{\boldsymbol{a}}_u &= \{\ddot{v}_c \quad \ddot{v}_t \quad \ddot{\varphi}_t \quad \ddot{v}_{w1} \quad \ddot{v}_{w2}\}^T \end{aligned} \tag{6.86}$$

$$\boldsymbol{Q}_u = \{-M_c g \quad -M_t g \quad 0 \quad P_1 \quad P_2\}^T \tag{6.87}$$

$$\boldsymbol{M}_u = \begin{bmatrix} M_c & & & & \\ & M_t & & & \\ & & J_t & & \\ & & & M_{w1} & \\ & & & & M_{w2} \end{bmatrix} \tag{6.88}$$

$$\boldsymbol{C}_u = \begin{bmatrix} C_{s2} & -C_{s2} & 0 & 0 & 0 \\ & C_{s2}+2C_{s1} & 0 & -C_{s1} & -C_{s1} \\ & & 2C_{s1}l_1^2 & C_{s1}l_1 & -C_{s1}l_1 \\ & 对称 & & C_{s1} & 0 \\ & & & & C_{s1} \end{bmatrix} \quad (6.89)$$

$$\boldsymbol{K}_u = \begin{bmatrix} K_{s2} & -K_{s2} & 0 & 0 & 0 \\ & K_{s2}+2K_{s1} & 0 & -K_{s1} & -K_{s1} \\ & & 2K_{s1}l_1^2 & K_{s1}l_1 & -K_{s1}l_1 \\ & 对称 & & K_{s1} & 0 \\ & & & & K_{s1} \end{bmatrix} \quad (6.90)$$

半车附有二系悬挂的车辆模型共有 5 个自由度。

6.6 整车附有二系悬挂的车辆模型

整车附有二系悬挂的车辆模型如图 6.12 所示。在整车模型中，车体和转向架都考虑沉浮振动和点头振动。整车模型比较符合实际情况。

由图 6.12 可以写出车体的沉浮振动方程，即

$$M_c \ddot{v}_c + [(\dot{v}_c - \dot{v}_{t1} - \dot{\varphi}_c l_2) + (\dot{v}_c - \dot{v}_{t2} + \dot{\varphi}_c l_2)]C_{s2}$$
$$+ [(v_c - v_{t1} - \varphi_c l_2) + (v_c - v_{t2} + \varphi_c l_2)]K_{s2} = -M_c g \quad (6.91)$$

车体的点头振动方程为

$$J_c \ddot{\varphi}_c + [-(\dot{v}_c - \dot{v}_{t1} - \dot{\varphi}_c l_2) + (\dot{v}_c - \dot{v}_{t2} + \dot{\varphi}_c l_2)]C_{s2} l_2$$
$$+ [-(v_c - v_{t1} - \varphi_c l_2) + (v_c - v_{t2} + \varphi_c l_2)]K_{s2} l_2 = 0 \quad (6.92)$$

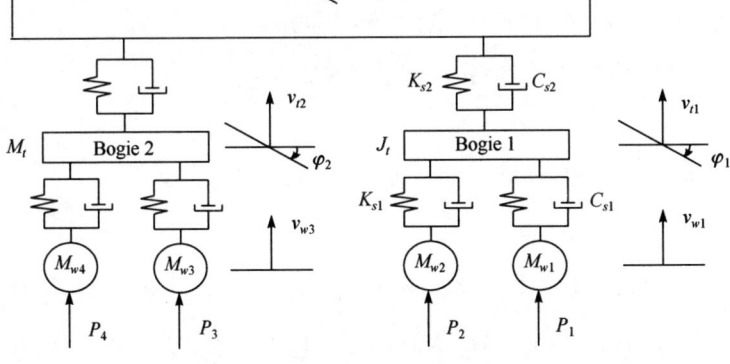

图 6.12 整车附有二系悬挂的车辆模型

簧上质量的沉浮振动为

$$M_t\ddot{v}_{t1}-(v_c-v_{t1}-\varphi_c l_2)K_{s2}-(v_c-v_{t1}-\dot{\varphi}_c l_2)C_{s2}$$
$$+[(v_{t1}-v_{w1}-\varphi_1 l_1)+(v_{t1}-v_{w2}+\varphi_1 l_1)]K_{s1} \quad (6.93)$$
$$+[(\dot{v}_{t1}-\dot{v}_{w1}-\dot{\varphi}_1 l_1)+(\dot{v}_{t1}-\dot{v}_{w2}+\dot{\varphi}_1 l_1)]C_{s1}=-M_t g$$

$$M_t\ddot{v}_{t2}-(v_c-v_{t2}+\varphi_c l_2)K_{s2}-(v_c-v_{t2}+\dot{\varphi}_c l_2)C_{s2}$$
$$+[(v_{t2}-v_{w3}-\varphi_2 l_1)+(v_{t2}-v_{w4}+\varphi_2 l_1)]K_{s1} \quad (6.94)$$
$$+[(\dot{v}_{t2}-\dot{v}_{w3}-\dot{\varphi}_2 l_1)+(\dot{v}_{t2}-\dot{v}_{w4}+\dot{\varphi}_2 l_1)]C_{s1}=-M_t g$$

簧上质量的点头振动为

$$J_t\ddot{\varphi}_1+[-(v_{t1}-v_{w1}-\varphi_1 l_1)+(v_{t1}-v_{w2}+\varphi_1 l_1)]K_{s1}l_1$$
$$+[-(\dot{v}_{t1}-\dot{v}_{w1}-\dot{\varphi}_1 l_1)+(\dot{v}_{t1}-\dot{v}_{w2}+\dot{\varphi}_1 l_1)]C_{s1}l_1=0 \quad (6.95)$$

$$J_t\ddot{\varphi}_2+[-(v_{t2}-v_{w3}-\varphi_2 l_1)+(v_{t2}-v_{w4}+\varphi_2 l_1)]K_{s1}l_1$$
$$+[-(\dot{v}_{t2}-\dot{v}_{w3}-\dot{\varphi}_2 l_1)+(\dot{v}_{t2}-\dot{v}_{w4}+\dot{\varphi}_2 l_1)]C_{s1}l_1=0 \quad (6.96)$$

簧下质量的沉浮振动为

$$M_{w1}\ddot{v}_{w1}-(v_{t1}-v_{w1}-\varphi_1 l_1)K_{s1}-(\dot{v}_{t1}-\dot{v}_{w1}-\dot{\varphi}_1 l_1)C_{s1}=P_1 \quad (6.97)$$

$$M_{w2}\ddot{v}_{w2}-(v_{t1}-v_{w2}+\varphi_1 l_1)K_{s1}-(\dot{v}_{t1}-\dot{v}_{w2}+\dot{\varphi}_1 l_1)C_{s1}=P_2 \quad (6.98)$$

$$M_{w3}\ddot{v}_{w3}-(v_{t2}-v_{w3}-\varphi_2 l_1)K_{s1}-(\dot{v}_{t2}-\dot{v}_{w3}-\dot{\varphi}_2 l_1)C_{s1}=P_3 \quad (6.99)$$

$$M_{w4}\ddot{v}_{w4}-(v_{t2}-v_{w4}+\varphi_2 l_1)K_{s1}-(\dot{v}_{t2}-\dot{v}_{w4}+\dot{\varphi}_2 l_1)C_{s1}=P_4 \quad (6.100)$$

其中，M_c 为 1/2 的车体质量；v_c 和 φ_c 分别为车体质心竖向位移和绕水平轴转角；J_c 为 1/2 的车体惯性矩；v_{t1} 和 v_{t2} 为前、后转向架质心竖向位移；φ_1 和 φ_2 为前、后转向架绕水平轴转角；J_t 为 1/2 的转向架惯性矩；$2l_1$ 为转向架上两悬挂系中心之间的距离；$2l_2$ 为车体上两转向架中心之间的距离，其他符号的意义同上。

式(6.91)~式(6.100)用矩阵的形式可以写为

$$\boldsymbol{M}_u\ddot{\boldsymbol{a}}_u+\boldsymbol{C}_u\dot{\boldsymbol{a}}_u+\boldsymbol{K}_u\boldsymbol{a}_u=\boldsymbol{Q}_u$$

其中

$$\boldsymbol{a}_u=\{v_c \quad \varphi_c \quad v_{t1} \quad v_{t2} \quad \varphi_1 \quad \varphi_2 \quad v_{w1} \quad v_{w2} \quad v_{w3} \quad v_{w4}\}^T$$
$$\dot{\boldsymbol{a}}_u=\{\dot{v}_c \quad \dot{\varphi}_c \quad \dot{v}_{t1} \quad \dot{v}_{t2} \quad \dot{\varphi}_1 \quad \dot{\varphi}_2 \quad \dot{v}_{w1} \quad \dot{v}_{w2} \quad \dot{v}_{w3} \quad \dot{v}_{w4}\}^T \quad (6.101)$$
$$\ddot{\boldsymbol{a}}_u=\{\ddot{v}_c \quad \ddot{\varphi}_c \quad \ddot{v}_{t1} \quad \ddot{v}_{t2} \quad \ddot{\varphi}_1 \quad \ddot{\varphi}_2 \quad \ddot{v}_{w1} \quad \ddot{v}_{w2} \quad \ddot{v}_{w3} \quad \ddot{v}_{w4}\}^T$$

$$\boldsymbol{Q}_u=\{-M_c g \quad 0 \quad -M_t g \quad -M_t g \quad 0 \quad 0 \quad P_1 \quad P_2 \quad P_3 \quad P_4\}^T \quad (6.102)$$

$$\boldsymbol{M}_u=\text{diag}\{M_c \quad J_c \quad M_t \quad M_t \quad J_t \quad J_t \quad M_{w1} \quad M_{w2} \quad M_{w3} \quad M_{w4}\} \quad (6.103)$$

$$C_u = \begin{bmatrix} 2C_{s2} & 0 & -C_{s2} & -C_{s2} & 0 & 0 & 0 & 0 & 0 & 0 \\ & 2C_{s2}l_2^2 & C_{s2}l_2 & -C_{s2}l_2 & 0 & 0 & 0 & 0 & 0 & 0 \\ & & 2C_{s1}+C_{s2} & 0 & 0 & 0 & -C_{s1} & -C_{s1} & 0 & 0 \\ & & & 2C_{s1}+C_{s2} & 0 & 0 & 0 & 0 & -C_{s1} & -C_{s1} \\ & & & & 2C_{s1}l_1^2 & 0 & C_{s1}l_1 & -C_{s1}l_1 & 0 & 0 \\ & & & & & 2C_{s1}l_1^2 & 0 & 0 & C_{s1}l_1 & -C_{s1}l_1 \\ & & & & & & C_{s1} & 0 & 0 & 0 \\ & & \text{对称} & & & & & C_{s1} & 0 & 0 \\ & & & & & & & & C_{s1} & 0 \\ & & & & & & & & & C_{s1} \end{bmatrix}$$

(6.104)

$$K_u = \begin{bmatrix} 2K_{s2} & 0 & -K_{s2} & -K_{s2} & 0 & 0 & 0 & 0 & 0 & 0 \\ & 2K_{s2}l_2^2 & K_{s2}l_2 & -K_{s2}l_2 & 0 & 0 & 0 & 0 & 0 & 0 \\ & & 2K_{s1}+K_{s2} & 0 & 0 & 0 & -K_{s1} & -K_{s1} & 0 & 0 \\ & & & 2K_{s1}+K_{s2} & 0 & 0 & 0 & 0 & -K_{s1} & -K_{s1} \\ & & & & 2K_{s1}l_1^2 & 0 & K_{s1}l_1 & -K_{s1}l_1 & 0 & 0 \\ & & & & & 2K_{s1}l_1^2 & 0 & 0 & K_{s1}l_1 & -K_{s1}l_1 \\ & & & & & & K_{s1} & 0 & 0 & 0 \\ & & \text{对称} & & & & & K_{s1} & 0 & 0 \\ & & & & & & & & K_{s1} & 0 \\ & & & & & & & & & K_{s1} \end{bmatrix}$$

(6.105)

整车附有二系悬挂的车辆模型共有 10 个自由度。

6.7 车辆与轨道结构参数

前面几节介绍了各种车辆-轨道耦合系统分析模型。无论何种理论模型都需要预先确定一些必要的参数,如机车车辆各部件的质量、惯性矩、弹性系数和阻尼系数,轨道结构各部分的质量、弹性系数、阻尼系数、轮轨接触刚度等。本节将给出国内外客货车辆、有砟和无砟轨道结构各部件的参数取值范围,供读者在计算时参考。

6.7.1 车辆结构参数

中国常用的铁道车辆有 C_{62A} 和 C_{75} 型货车,SWJ 新型重载货车及 HSC 高速铁道车辆[20]。其结构参数见附录 A 中的表 A.1。

德国 ICE 高速动车和拖车的结构参数见附录 A 中的表 A.2 和表 A.3。

法国 TGV 中速、高速动车和拖车的结构参别见附录 A 中的表 A.4～表 A.6。

中国和谐号 CRH2、CRH3 和 CRH-380B 高速动车结构参数见附录 A 中的表 A.7～表 A.9。

6.7.2 轨道结构参数

1. 钢轨点支承刚度

如果把钢轨视为一根支承在有限个弹性点支承上的连续梁，则钢轨点支承刚度 k 可表示为

$$\frac{1}{k}=\frac{1}{k_{pc}}+\frac{1}{k_{bs}} \tag{6.106}$$

其中，k 为钢轨扣件和道床、路基串联在一起时的换算刚度；k_{pc} 为扣件刚度；k_{bs} 为道床、路基串联在一起时的刚度。

钢轨扣件刚度 k_{pc} 等于弹条刚度 k_c 与弹性垫板刚度 k_p 之和，即

$$k_{pc}=k_c+k_p \tag{6.107}$$

一般弹条刚度小，弹性垫板刚度大。一组扣件的弹条平均刚度为

$k_c=2.94\sim3.92\text{MN/m}$，　扣板式扣件

$k_c=3.92\text{MN/m}$，　弹条式扣件

橡胶垫板的平均刚度为

$k_p=49\text{MN/m}$，　弹程 12～14mm 的橡胶垫板

$k_p=117.6\text{MN/m}$，　弹程 7～8mm 的橡胶垫板

道床和路基串联刚度为

$$\frac{1}{k_{bs}}=\frac{1}{k_b}+\frac{1}{k_s} \tag{6.108}$$

道床的有效刚度取决于轨枕荷载面积的大小及形状、荷载压力的分布，以及道床的弹性。应用一个均布荷载并假设向下作锥体分布，使每一道床深处的压力分布均匀的简化模型，可以得到

$$k_b=\frac{c(l-b)E_b}{\ln\left[\dfrac{l(b+ch_b)}{b(l+ch_b)}\right]} \tag{6.109}$$

其中，k_b 为道床刚度，单位为 N/m；E_b 为道床的弹性模量，单位为 N/m²；l 为荷载面积的长度，即轨枕有效支承长度的一半；b 为荷载面积的宽度，即轨枕平均底宽；h_b 为道床厚度；$c=2\tan\varphi$，φ 为道砟内摩擦角，φ 的取值范围为 20°～35°。

若将钢轨视为支承在连续弹性基础上的无限长梁，则钢轨均布支承刚度可由下式计算，即

$$K=\frac{k}{a} \tag{6.110}$$

其中，K 为钢轨均布支承刚度，单位为 N/m^2；a 为轨枕间距。

2. 轮轨接触刚度

轮轨接触刚度不仅与轮轨间的接触力、相对接触位移、材质的弹性系数有关，还与轮轨踏面的形状有关。

当车轮为新轮时，可将钢轨和车轮都看成圆柱体。根据两圆柱体垂直相交接触的赫兹公式，轮轨相对接触位移与接触力之间有如下关系，即

$$y=Gp^{\frac{2}{3}} \tag{6.111}$$

其中，y 为轮轨间的相对位移；G 为挠度系数，单位为 $m/N^{2/3}$；p 为轮轨接触力。

当车轮为锥形踏面时，挠度系数 G 为

$$G=4.57R^{-0.149}\times 10^{-8} \tag{6.112}$$

当车轮为磨耗形踏面时，挠度系数 G 为

$$G=3.86R^{-0.115}\times 10^{-8} \tag{6.113}$$

此外，式(6.111)还可写成为

$$p=\frac{1}{G^{\frac{3}{2}}}y^{\frac{3}{2}}=Cy^{\frac{3}{2}} \tag{6.114}$$

其中，$C=\dfrac{1}{G^{\frac{3}{2}}}$ 称为刚度系数。

将赫兹非线性弹性刚度在车轮静荷载 p_0 附近线性化，即

$$k_w=\frac{\mathrm{d}p}{\mathrm{d}y}\bigg|_{p=p_0}=\frac{3}{2}Cy^{\frac{1}{2}}\bigg|_{p=p_0}=\frac{3}{2}p_0^{\frac{1}{3}}C^{\frac{2}{3}}=\frac{3}{2G}p_0^{\frac{1}{3}} \tag{6.115}$$

这时，式(6.114)可写为

$$p=k_w y \tag{6.116}$$

其中，k_w 为线性化的轮轨接触刚度，单位为 N/cm。

实验表明，钢轨类型及荷载变化对 k_w 的影响不大，对车轮直径变化的影响大些，但一般均在 12 250～14 210kN/cm 范围内。

3. 轨道结构参数取值范围

在附录 A 中，表 A.10 列出了普通有砟轨道结构参数取值范围，表 A.11 为普通有砟轨道结构材料参数，表 A.12 和表 A.13 分别为中国 CRTS Ⅱ 和 CRTS Ⅲ 板式轨道结构参数，表 A.14 和表 A.15 分别为钢轨和轨枕基本参数，表 A.16 和表 A.17 分别有砟轨道和无砟轨道扣件主要参数。

参 考 文 献

[1] 雷晓燕. 轨道力学与工程新方法[M]. 北京:中国铁道出版社, 2002.
[2] Knothe K, Grassie S L. Modeling of railway track and vehicle/track interaction at high frequencies[J]. Vehicle System Dynamics, 1993, 22(3-4):209-262.
[3] Trochanis A M, Chelliah R, Bielak J. Unified approach for beams on elastic foundation for moving load[J]. Journal of Geotechnical Engineering, 1987, 112:879-895.
[4] Ono K, Yamada M. Analysis of railway track vibration[J]. Journal of Sound and Vibration, 1989,130(2):269-297.
[5] Grassie S L, Gregory R W, Harrison D, et al. The dynamic response of railway track to high frequency vertical excitation[J]. Journal of Mechanical Engineering Science, 1982, 24: 77-90.
[6] Cai Z, Raymond G P. Theoretical model for dynamic wheel/rail and track interaction[C]// Proceedings of the 10th International Wheelset Congress, 1992:127-131.
[7] Jenkins H H, Stephenson J E, Morland G A, et al. The effect of track and vehicle parameters on wheel/rail vertical dynamic forces[J]. Railway Engineering Journal, 1974, (3): 2-16.
[8] Kerr A D. On the vertical modulus in the standard railway track analyses[J]. Rail International, 1989,235 (2):37-45.
[9] Makoto I, Shigeru M, Akiko K. Track deforming characteristics and vehicle running characteristics due to the settlement of embankment behind the abutment of bridges[J]. RTRI Report,1998, 12(3): 41-46.
[10] Nielsen J C O. Train/track interaction: coupling of moving and stationary dynamic system [D]. Chalmers University of Technology, Gotebory, 1993.
[11] Kisilowski J, Knothe K. Advanced Railway Vehicle System Dynamics[M]. Warsaw: Wydawnictwa Naukowo-Techniczne, 1991.
[12] Zhai W M, Sun X. A detailed model for investigating vertical interactions between railway vehicle and track[J]. Vehicle System Dynamics, Supplement, 1994, 23:603-615.
[13] Makoto I, Shigeru M, Akiko K. Track dynamic model and its analytical results[J]. RTRI Report, 1997, 11(2):19-26.
[14] Makoto I. The past and future of track dynamic models[J]. RTRI Report, 2000, 14(4): 1-6.
[15] Snyder J E, Wormley D N. Dynamic interactions between vehicle and elevated, flexible, randomly irregular guide ways[J]. Journal of Dynamical and Control Systems, 1977, 99: 23-33.
[16] Roberts J B, Spanos P D. Random vibration and statistical linearization[M]. New York: Wiley, 1990.
[17] Shinozuka M. Simulation of multivariate and multidimensional random processes[J]. Jour-

nal of Acoustical Society of American,1971,49(1):357-368.
[18] Yang F,Fonder G A. An iterative solution method for dynamic response of bridge-vehicles systems[J]. Journal of Earthquake Engineering and Structural Dynamics,1996,25(2):195-215.
[19] Lei X Y,Wang J. Dynamic analysis of the train and slab track coupling system with finite elements in a moving frame of reference[J]. Journal of Vibration and Control,2014,20(9):1301-1317.
[20] 翟婉明. 车辆-轨道耦合动力学(3版)[M]. 北京:科学出版社,2007.
[21] 雷晓燕,张斌,刘庆杰. 列车-轨道系统竖向动力分析的车辆轨道单元模型[J]. 振动与冲击,2010,29(3):168-173.
[22] 冯青松,雷晓燕,练松良. 不平顺条件下高速铁路轨道振动的解析研究[J]. 振动工程学报,2008,21(6):559-564.
[23] Zienkiewicz O C. The Finite Element Method (3rd ed)[M]. New York:McGraw-Hill,1977.
[24] 雷晓燕. 有限元法[M]. 北京:中国铁道出版社,2000.

第七章　车辆-轨道耦合系统动力分析的交叉迭代算法

我们在第六章讨论并建立了轨道结构的有限元方程、移动轴荷载作用下的轨道动力学模型、单轮附有一系悬挂的车辆模型、半车附有二系悬挂的车辆模型、整车附有二系悬挂的车辆模型，并推导了相应的动力学方程。这些模型有一个共同的特点，就是车辆和轨道结构的方程不是完全独立的，而是通过轮轨接触力和轮轨接触位移互相耦合的，因此欲求解的方程是包含车辆-轨道系统的耦合方程组。关于车辆-轨道系统耦合方程的解法，已经有不少文献涉及[1-4]，大致可分为两类，一类是迭代法[5-7]，另一类是基于能量原理的解法[8-11]。本章将讨论车辆-轨道耦合系统动力分析的交叉迭代算法，基于能量原理的另一类解法将在第八章和第九章中讨论。

7.1　车辆-轨道非线性耦合交叉迭代算法

车辆-轨道耦合系统计算模型如图 7.1 所示。其有限元方程数值解的实现，可

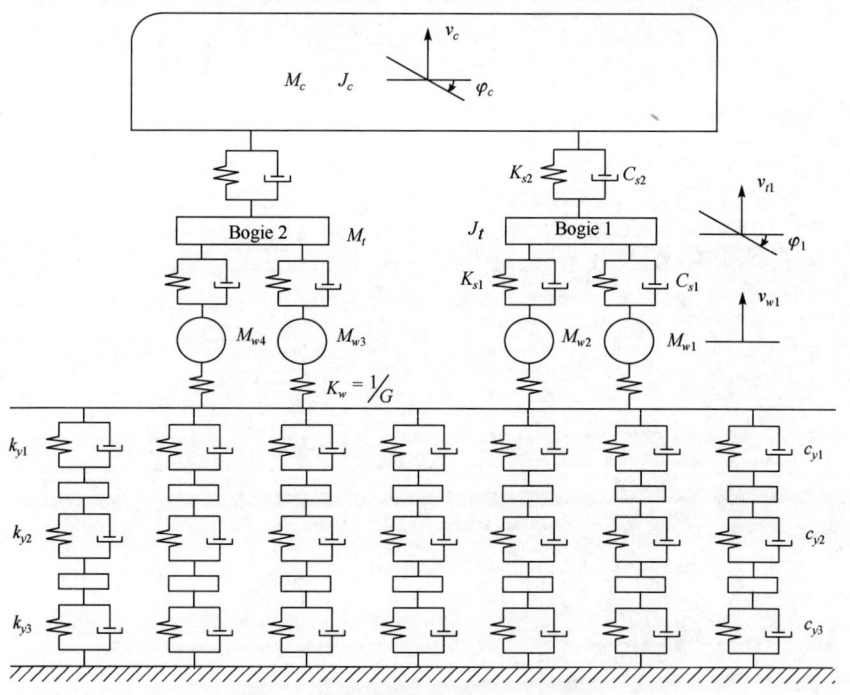

图 7.1　车辆-轨道耦合系统计算模型

通过将耦合系统分解为上部车辆子系统和下部轨道子系统,运用迭代法对两系统分别交叉迭代独立求解,两系统间通过几何相容和相互作用力的平衡条件联系。有限元动力方程的求解采用数值方法实现。

下面以 Newmark 数值积分法为例,讨论用迭代法求解车辆-轨道耦合方程的步骤。

在上、下两子系统中要求解的方程为二阶常微分方程组。对于车辆结构(图 7.2),有

$$M_u \ddot{a}_u + C_u \dot{a}_u + K_u a_u = Q_{ug} + F_{ul} \tag{7.1}$$

其中,M_u、C_u 和 K_u 分别为车辆子系统的质量、阻尼和刚度矩阵;a_u、$\dot{a}_u$ 和 $\ddot{a}_u$ 分别为车辆子系统的位移、速度和加速度;Q_{ug} 为车辆重力向量;F_{ul} 为轮轨接触力向量,可用赫兹非线性公式计算,即

$$F_{uli} = \begin{cases} \dfrac{1}{G^{\frac{3}{2}}} |v_{wi} - (v_{lci} + \eta_i)|^{\frac{3}{2}}, & v_{wi} - (v_{lci} + \eta_i) < 0 \\ 0, & v_{wi} - (v_{lci} + \eta_i) \geq 0 \end{cases} \tag{7.2}$$

其中,G 为接触挠度系数;v_{wi} 为第 i 个车轮位移;v_{lci} 和 η_i 分别为第 i 个轮轨接触处的钢轨位移和轨道不平顺值。

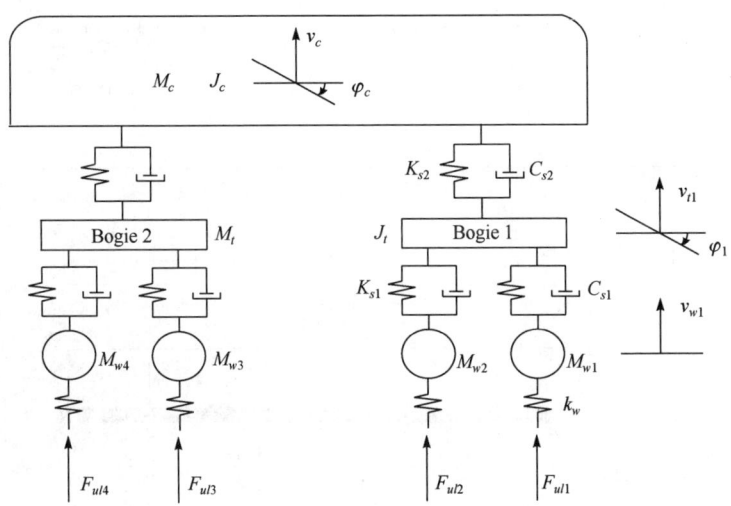

图 7.2 上部结构车辆模型

将赫兹非线性刚度线性化,则有

$$F_{ul} = \begin{cases} -K_w(a_u - a_{lc} - \eta), & (a_u - a_{lc} - \eta)_i < 0 \\ 0, & (a_u - a_{lc} - \eta)_i \geq 0 \end{cases} \tag{7.3}$$

其中,K_w 为轮轨接触刚度矩阵;η 为轮轨接触处轨道不平顺值。

$$Q_{ug} = -g\{M_c \quad 0 \quad M_t \quad M_t \quad 0 \quad 0 \quad M_{w1} \quad M_{w2} \quad M_{w3} \quad M_{w4}\}^T \tag{7.4}$$

$$\boldsymbol{a}_u = \{v_c \quad \varphi_c \quad v_{t1} \quad v_{t2} \quad \varphi_1 \quad \varphi_2 \quad v_{w1} \quad v_{w2} \quad v_{w3} \quad v_{w4}\}^T \quad (7.5)$$

$$\boldsymbol{a}_{lc} = \{0 \quad 0 \quad 0 \quad 0 \quad 0 \quad 0 \quad v_{lc1} \quad v_{lc2} \quad v_{lc3} \quad v_{lc4}\}^T \quad (7.6)$$

$$\boldsymbol{K}_w = \mathrm{diag}\{0 \quad 0 \quad 0 \quad 0 \quad 0 \quad 0 \quad k_w \quad k_w \quad k_w \quad k_w\} \quad (7.7)$$

k_w 为轮轨线性化接触刚度，即

$$k_w = \frac{3}{2G} p_0^{1/3} \quad (\mathrm{N/cm}) \quad (7.8)$$

其中，p_0 为车轮作用在钢轨上的静荷载。

式(7.1)经刚度线性化后还可以写为

$$\boldsymbol{M}_u \ddot{\boldsymbol{a}}_u + \boldsymbol{C}_u \dot{\boldsymbol{a}}_u + (\boldsymbol{K}_u + \boldsymbol{K}_w)\boldsymbol{a}_u = \boldsymbol{Q}_{ug} + \boldsymbol{K}_w(\boldsymbol{a}_{lc} + \boldsymbol{\eta}) \quad (7.9)$$

车辆-轨道非线性耦合交叉迭代算法框图如图 7.3 所示。对于轨道结构，有

$$\boldsymbol{M}_l \ddot{\boldsymbol{a}}_l + \boldsymbol{C}_l \dot{\boldsymbol{a}}_l + \boldsymbol{K}_l \boldsymbol{a}_l = \boldsymbol{Q}_{lg} - \boldsymbol{F}_{ul} \quad (7.10)$$

其中，$\boldsymbol{M}_l$、$\boldsymbol{C}_l$ 和 $\boldsymbol{K}_l$ 分别为轨道子系统的质量、阻尼和刚度矩阵；$\boldsymbol{a}_l$、$\dot{\boldsymbol{a}}_l$ 和 $\ddot{\boldsymbol{a}}_l$ 分别为轨道子系统的位移、速度和加速度；$\boldsymbol{Q}_{lg}$ 为轨道结构重力向量。

图 7.3 车辆-轨道非线性耦合交叉迭代算法框图

利用 Newmark 数值积分法，已知系统在 $t-\Delta t$ 时刻的解答 $^{t-\Delta t}\boldsymbol{a}$、$^{t-\Delta t}\dot{\boldsymbol{a}}$、$^{t-\Delta t}\ddot{\boldsymbol{a}}$，欲求 t 时刻的解 $^t\boldsymbol{a}$、$^t\dot{\boldsymbol{a}}$、$^t\ddot{\boldsymbol{a}}$，可以通过解式(7.11)得到[12]，即

$$(\boldsymbol{K}+c_0\boldsymbol{M}+c_1\boldsymbol{C}){}^t\boldsymbol{a}={}^t\boldsymbol{Q}+\boldsymbol{M}(c_0{}^{t-\Delta t}\boldsymbol{a}+c_2{}^{t-\Delta t}\dot{\boldsymbol{a}}+c_3{}^{t-\Delta t}\ddot{\boldsymbol{a}})+\boldsymbol{C}(c_1{}^{t-\Delta t}\boldsymbol{a}+c_4{}^{t-\Delta t}\dot{\boldsymbol{a}}+c_5{}^{t-\Delta t}\ddot{\boldsymbol{a}})$$
(7.11)

将 $^{t-\Delta t}\boldsymbol{a}$、$^{t-\Delta t}\dot{\boldsymbol{a}}$、$^{t-\Delta t}\ddot{\boldsymbol{a}}$ 和 $^t\boldsymbol{a}$ 代入式(7.12)和式(7.13),可以得到 t 时刻的速度 $^t\dot{\boldsymbol{a}}$ 和加速度 $^t\ddot{\boldsymbol{a}}$,即

$${}^t\dot{\boldsymbol{a}}={}^{t-\Delta t}\dot{\boldsymbol{a}}+c_6{}^{t-\Delta t}\ddot{\boldsymbol{a}}+c_7{}^t\ddot{\boldsymbol{a}} \tag{7.12}$$

$${}^t\ddot{\boldsymbol{a}}=c_0({}^t\boldsymbol{a}-{}^{t-\Delta t}\boldsymbol{a})-c_2{}^{t-\Delta t}\dot{\boldsymbol{a}}-c_3{}^{t-\Delta t}\ddot{\boldsymbol{a}} \tag{7.13}$$

1. 初始计算

① 在起始第一时间步和首次迭代时,假设轨道结构初始位移为 $\boldsymbol{a}_l^0$(通常取 $\boldsymbol{a}_l^0=\boldsymbol{0}$),根据 $\boldsymbol{a}_l^0$ 可得到第 i 个轮轨接触处的初始钢轨位移 $v_{lci}^0(i=1,2,3,4)$,进而得到 $\boldsymbol{a}_{lc}^0$。

② 将初始钢轨位移 $\boldsymbol{a}_{lc}^0$ 代入式(7.9),解微分方程(7.9),可以得到车辆位移、速度和加速度($\boldsymbol{a}_u^0$、$\dot{\boldsymbol{a}}_u^0$ 和 $\ddot{\boldsymbol{a}}_u^0$)。

2. 对时间步长循环

设在时间步长 t,已进行了 $k-1$ 次迭代,现考察第 k 次迭代。

① 将车辆位移 $^t\boldsymbol{a}_u^{k-1}$ 和轨道位移 $^t\boldsymbol{a}_{lc}^{k-1}$ 代入式(7.2),计算 $^tF_{udi}^k(i=1,2,3,4)$,即

$${}^tF_{udi}^k=\begin{cases}\dfrac{1}{G^{\frac{3}{2}}}|{}^tv_{wi}^{k-1}-({}^tv_{lci}^{k-1}+{}^t\eta_i^{k-1})|^{\frac{3}{2}}, & {}^tv_{wi}^{k-1}-({}^tv_{lci}^{k-1}+{}^t\eta_i^{k-1})<0 \\ 0, & {}^tv_{wi}^{k-1}-({}^tv_{lci}^{k-1}+{}^t\eta_i^{k-1})\geqslant 0\end{cases}$$

② 运用松弛法对轮轨接触力进行修正,令

$${}^tF_{udi}^k={}^tF_{udi}^{k-1}+\mu({}^tF_{udi}^k-{}^tF_{udi}^{k-1}) \tag{7.14}$$

其中,μ 为松弛因子,一般取 $0<\mu<1$,通常取 $\mu=0.2\sim 0.5$ 可以获得较好的效果。

③ 将 $^tF_{udi}^k$ 组合成轮轨力向量 $^t\boldsymbol{F}_{ud}^k$ 施加于下部轨道结构,解微分方程(7.10),可以得到轨道结构位移、速度和加速度($^t\boldsymbol{a}_l^k$、$^t\dot{\boldsymbol{a}}_l^k$ 和 $^t\ddot{\boldsymbol{a}}_l^k$)。

④ 根据轨道结构位移 $^t\boldsymbol{a}_l^k$ 可得第 i 个轮轨接触处的钢轨位移 $^tv_{lci}^k$,并由赫兹接触式(7.2)计算轨道结构对车辆系统的作用力 $^tF_{udi}^k$。

⑤ 将 $^tF_{udi}^k$ 组合成轮轨力向量 $^t\boldsymbol{F}_{ud}^k$ 并作为外荷载施加于车辆子系统,解车辆子系统微分方程(7.1),得到车辆位移、速度和加速度($^t\boldsymbol{a}_u^k$、$^t\dot{\boldsymbol{a}}_u^k$ 和 $^t\ddot{\boldsymbol{a}}_u^k$)。

⑥ 计算轨道位移差值,即

$$\{\Delta{}^t\boldsymbol{a}\}_l^k={}^t\boldsymbol{a}_l^k-{}^t\boldsymbol{a}_l^{k-1} \tag{7.15}$$

其中,$^t\boldsymbol{a}_l^k$ 和 $^t\boldsymbol{a}_l^{k-1}$ 分别为当前迭代步及上一迭代步结束时轨道结构的结点位移向量。

定义收敛准则,即

$$\frac{\text{Norm}\{\Delta^t \boldsymbol{a}\}_l^k}{\text{Norm}(^t\boldsymbol{a}_l^k)} \leqslant \varepsilon \tag{7.16}$$

其中

$$\text{Norm}\{\Delta^t \boldsymbol{a}\}_l^k = \sum_{i=1}^n \{\Delta^t \boldsymbol{a}^2(i)\}_l^k, \quad \text{Norm}(^t\boldsymbol{a}_l^k) = \sum_{i=1}^n \{^t\boldsymbol{a}_l^{k^2}(i)\} \tag{7.17}$$

ε 取 $1.0 \times 10^{-8} \sim 1.0 \times 10^{-5}$ 之间的数。

⑦ 对轨道结构位移进行收敛性判别。

第一，如果收敛性得到满足，转时间步长循环，进入下一时间步长，令 $t = t + \Delta t$，并取

$$^{t+\Delta t}\boldsymbol{a}_u^0 = {^t\boldsymbol{a}_u^k}, \quad {^{t+\Delta t}\dot{\boldsymbol{a}}_u^0} = {^t\dot{\boldsymbol{a}}_u^k}, \quad {^{t+\Delta t}\ddot{\boldsymbol{a}}_u^0} = {^t\ddot{\boldsymbol{a}}_u^k}$$
$$^{t+\Delta t}\boldsymbol{a}_l^0 = {^t\boldsymbol{a}_l^k}, \quad {^{t+\Delta t}\dot{\boldsymbol{a}}_l^0} = {^t\dot{\boldsymbol{a}}_l^k}, \quad {^{t+\Delta t}\ddot{\boldsymbol{a}}_l^0} = {^t\ddot{\boldsymbol{a}}_l^k}$$

继续计算，直至整个时域 T。

第二，如果收敛性不满足，转步骤①，令 $k = k + 1$，进入下一迭代步循环。

7.2 算例验证及收敛性分析

7.2.1 算例验证

为了验证交叉迭代算法的正确性，与文献[9]提出的横向有限条与无砟轨道板段单元的车轨系统竖向振动分析法进行比较，计算条件为高速列车（1动+4拖）以 200km/h 速度在板式轨道上运行，取波长为 12.5m，波幅为 3mm 的周期性正弦函数为轨道高低不平顺激振源，比较两种方法的计算结果。

采用交叉迭代算法计算的结果如图 7.4～图 7.9 所示。可见，两种方法计算得到的系统动力响应幅值与变化规律基本一致，证明了算法的有效性和可行性。

图 7.4 动车车体垂向加速度时程

图 7.5　动车轮轨垂向力时程

图 7.6　钢轨垂向位移时程

图 7.7　钢轨垂向加速度时程

图 7.10 和图 7.11 分别为系统某一时刻(t 时刻)拖车轮轨相互作用力和相应轮轨接触处钢轨位移的迭代收敛过程图[13]。可以看出,耦合系统以上一时刻($t-\Delta t$ 时刻)平衡状态为初值,经过若干次迭代,逐步在该时刻(t 时刻)达到新的平衡状态。

(a) 交叉迭代法计算结果   (b) 文献[9]计算结果

图 7.8 轨道板垂向位移时程

(a) 交叉迭代法计算结果   (b) 文献[9]计算结果

图 7.9 轨道板垂向加速度时程

图 7.10 t 时刻拖车轮轨力迭代过程　　图 7.11 t 时刻轮轨接触点钢轨位移迭代过程

7.2.2 时间步长的影响

时间步长 Δt 分别选取 0.05ms、0.1ms、0.5ms、1ms，考察时间步长对系统方程求解过程的影响。其中，车辆为 CRH3 型动车，轨道结构为 CRTS II 型板式轨道，列车速度为 250km/h，收敛精度设置为 1.0×10^{-7}。

表 7.1 不同时间步长系统求解迭代次数

时间步长 Δt/ms	松弛因子 μ						
	0.1	0.2	0.3	0.4	0.5	0.6	0.7
0.05	2	2	2	2	2	2	2
0.1	2	2	2	2	2	2	2
0.5	7	4	3	2	2	2	3
1.0	7	4	3	3	4	6	10

表 7.1 是不同时间步长系统求解迭代次数。这里约定，每一时间步内轨道系统方程和车辆系统方程各自分别完成 1 次求解记为耦合系统 1 次交叉迭代，每一工况迭代次数按照耦合系统求解过程中最大迭代次数统计[13]。

从表 7.1 可以看出，时间步长越小，系统下一时刻的状态越接近上一时刻系统的平衡状态，很容易再次达到平衡位置，因此系统迭代次数少、收敛速度快且松弛因子对系统求解的影响逐渐降低，但是计算效率低下。此时，配合松弛因子，适当增大时间步长，可有效提高求解效率。例如，计算时间取 1s，比较 $\mu=0.3$，时间步长 Δt 从 0.5ms 减小到 0.1ms，耦合系统求解效率。当 $\Delta t=0.5$ms 时，系统总迭代次数为 $1/0.0005\times(2\times 78\%+3\times 22\%)=4440$ 次，其中 2 和 3 为该工况包含的迭代次数，78% 和 22% 为各自比例。同理，$\Delta t=0.1$ms 时，系统总迭代次数为 $1/0.0001\times 2\times 100\%=20\,000$ 次，后者为前者的 4.5 倍，求解效率大大降低。因此，松弛因子的使用可以选取更大的时间步长，提高求解时间的经济性。

然而，时间步长取得较大时，系统将严重偏离上一时刻平衡状态，丧失稳定性，导致系统数值解的发散而最终无法收敛。因此，对于复杂的列车-轨道非线性耦合动力学问题，Newmark 数值积分法不再是无条件稳定的，会产生数值不稳定现象。

7.2.3 收敛精度的影响

收敛精度 ε 分别选取 1.0×10^{-7}、1.0×10^{-8}、1.0×10^{-9}、1.0×10^{-10}，考虑有砟轨道和无砟轨道两种轨道类型，讨论收敛精度对不同轨道结构动力响应的影响。车辆选用 CRH3 型动车，轨道参数分别采用铁路干线轨道设计参数和 CRTS II 型板式轨道参数，列车速度取 250km/h。

图 7.12 为收敛精度对系统迭代次数的影响[13]，可以看出无砟轨道耦合系统的迭代次数普遍多于有砟轨道，原因是无砟轨道单元模型较有砟轨道单元模型位移自由度更多，矩阵阶数更高。但是，当松弛因子位于 0.2~0.4 时，两者迭代次数差别不大，且均有明显减少趋势。同时，收敛精度要求越高，系统迭代的次数也越多。在松弛因子为 0.3 附近时，迭代次数并没有随收敛精度提高而增加，因此松弛因子的合理选择，有助于耦合系统的加速迭代。

图 7.12 收敛精度对系统迭代次数的影响

此外，收敛精度对系统的动力响应具有显著影响，图 7.13 和图 7.14 分别为收敛精度为 1.0×10^{-7} 和 1.0×10^{-10} 时，有砟轨道系统的轮轨相互作用力时程图，此时松弛因子取 0.1。可以看出，轮轨力理论值为 70kN，计算机程序固有相对误差最大为 2%~3%。因此，一般动力学分析收敛精度在 $1.0 \times 10^{-7} \sim 1.0 \times 10^{-10}$ 均可满足计算要求，对于精细化分析则需采用较高的收敛精度。还要指出的是，松弛因子取 0.3 时，不同收敛精度间系统动力响应差别不明显，反映出松弛因子起到了增强迭代稳定性的作用。

图 7.13 收敛精度为 1.0×10^{-7} 时轮轨作用力时程

图 7.14 收敛精度为 1.0×10^{-10} 时轮轨作用力时程

7.3 列车-轨道非线性耦合系统动力分析

作为车辆-轨道非线性耦合系统动力响应分析的实例,考虑高速整车CRH3通过时车辆和轨道结构的动力响应,列车参数如表7.2所示。轨道结构为60kg/m有砟轨道,无缝线路,其参数如表7.3所示。采用美国六级不平顺功率谱密度函数作为轨道不平顺的激励,分别考虑轮轨线性和非线性接触,以及不同列车速度($V=80$、120、160、200km/h)对车辆和轨道结构振动的影响。取轨道长度为200m,时间积分步长对应于线性分析和非线性分析分别为0.001s和0.0005s。

表7.2 CRH3高速列车车辆参数表[12]

参数	数值	参数	数值
车体质量 $2M_c$/kg	40 000	一系悬挂阻尼 c_{s1}/(kN·s/m)	50
转向架质量 $2M_t$/kg	3200	二系悬挂刚度 k_{s2}/(kN/m)	400
轮对质量 $2M_{wi}$/kg	2400	二系悬挂阻尼 c_{s2}/(kN·s/m)	60
车体点头惯量 $2J_c$/(kg·m²)	547 000	固定轴距 $2l_1$/m	2.5
转向架点头惯量 $2J_t$/(kg·m²)	6800	转向架中心距离 $2l_2$/m	17.375
一系悬挂刚度 k_{s1}/(kN/m)	1040	车辆长度/m	25.675

表7.3 我国干线60kg/m轨道结构基本参数[11]

参数	数值	参数	数值
钢轨质量 m_r/kg	60.64	道砟质量 m_b/kg	560
钢轨密度 ρ_r/(kg/m³)	7800	轨下垫板刚度 k_{y1}/(MN/m)	78
钢轨惯性矩 I_r/cm⁴	3217	轨下垫板阻尼 c_{y1}/(kN·s/m)	50
钢轨弹性模量 E_r/Mpa	206 000	道床刚度 k_{y2}/(MN/m)	180
钢轨截面积 A_r/cm²	77.45	道床阻尼 c_{y2}/(kN·s/m)	60
轨枕间距 l/m	0.568	路基刚度 k_{y3}/(MN/m)	65
轨枕质量 m_t/kg	250	路基阻尼 c_{y3}/(kN·s/m)	90

计算结果如表7.4~表7.13所示,分别代表考虑轨道不平顺激励和不同列车速度下,轮轨线性接触和非线性接触所对应的钢轨位移、轨枕位移和道床位移,钢轨加速度、轨枕加速度和道床加速度,车轮加速度、转向架加速度和车体加速度,以及轮轨接触力的最大值和振幅[14]。图7.15和图7.16分别为考虑轮轨线性接触和非线性接触时的轮轨力时程曲线[14]。

表 7.4 钢轨位移最大值和振幅

速度/(km/h)	轮轨线性接触			轮轨非线性接触		
	Max/mm	Min/mm	振幅/mm	Max/mm	Min/mm	振幅/mm
200	0.054	−1.300	1.350	0.050	−1.100	1.150
160	0.050	−1.200	1.250	0.050	−0.879	0.929
120	0.048	−0.990	1.040	0.040	−0.847	0.887
80	0.051	−0.834	0.885	0.043	−0.901	0.944

表 7.5 轨枕位移最大值和振幅

速度/(km/h)	轮轨线性接触			轮轨非线性接触		
	Max/mm	Min/mm	振幅/mm	Max/mm	Min/mm	振幅/mm
200	0.043	−0.902	0.945	0.040	−0.698	0.738
160	0.036	−0.769	0.805	0.038	−0.543	0.580
120	0.033	−0.630	0.663	0.027	−0.545	0.572
80	0.032	−0.526	0.559	0.028	−0.567	0.595

表 7.6 道床位移最大值和振幅

速度/(km/h)	轮轨线性接触			轮轨非线性接触		
	Max/mm	Min/mm	振幅/mm	Max/mm	Min/mm	振幅/mm
200	0.035	−0.682	0.717	0.034	−0.533	0.566
160	0.028	−0.574	0.602	0.031	−0.410	0.441
120	0.025	−0.468	0.493	0.021	−0.409	0.430
80	0.024	−0.389	0.413	0.021	−0.421	0.442

从表 7.4~表 7.6 可见，速度对轨道结构位移影响较大，当列车速度从 80km/h 增加到 200 km/h 时，在线性接触时钢轨、轨枕、道床的振幅分别从 0.885mm、0.559mm、0.413mm 增加到 1.35mm、0.945mm、0.717mm，增幅分别为 52.5%、69.1%、73.6%。在非线性接触时，钢轨、轨枕、道床位移振幅随速度增大而增大，但在速度为 120km/h 时比 80km/h 小，速度为 160km/h 时比 120 km/h 增大不多，在速度为 200km/h 时，有明显的增大。

钢轨、轨枕和道床最大竖向挠度和振幅在线性接触时比非线性接触时大，其增大范围为 10%~20%，但在速度为 80km/h 时，结果相反。

图 7.15 不同列车速度下轮轨线性接触时轮轨力时程曲线

图 7.16 不同列车速度下轮轨非线性接触时轮轨力时程曲线

从表 7.7～表 7.9 可见,随着速度的增加,钢轨、轨枕和道床加速度最大值和振幅也增加,线性接触时其振幅从速度 80km/h 时的 37.1m/s²、13.8m/s²、11.3m/s² 增加到速度 200km/h 时的 183.9m/s²、78.2m/s²、63.6m/s²,增幅分别为 395.7%、466.7%、462.8%,非线性接触时其振幅增加的幅度分别为 407.8%、408.9%、410.6%。

表 7.7 钢轨加速度最大值和振幅

速度/(km/h)	轮轨线性接触			轮轨非线性接触		
	Max/(m/s²)	Min/(m/s²)	振幅/(m/s²)	Max/(m/s²)	Min/(m/s²)	振幅/(m/s²)
200	71.1	−112.8	183.9	101.9	−55.0	156.9
160	44.2	−86.5	130.7	81.2	−29.4	110.6
120	18.8	−57.6	76.4	56.2	−15.4	71.6
80	9.3	−27.7	37.1	24.7	−6.2	30.9

表 7.8 轨枕加速度最大值和振幅

速度/(km/h)	轮轨线性接触			轮轨非线性接触		
	Max/(m/s²)	Min/(m/s²)	振幅/(m/s²)	Max/(m/s²)	Min/(m/s²)	振幅/(m/s²)
200	46.7	−31.5	78.2	25.7	−37.4	63.1
160	26.4	−25.1	51.5	23.8	−20.8	44.6
120	12.6	−21.6	34.2	19.7	−10.8	30.5
80	6.0	−7.7	13.8	7.4	−5.0	12.4

表 7.9 道床加速度最大值和振幅

速度/(km/h)	轮轨线性接触			轮轨非线性接触		
	Max/(m/s²)	Min/(m/s²)	振幅/(m/s²)	Max/(m/s²)	Min/(m/s²)	振幅/(m/s²)
200	37.2	−26.4	63.6	26.0	−31.7	57.7
160	20.9	−25.4	46.4	25.3	−16.6	41.9
120	9.6	−18.1	27.7	18.1	−8.8	26.9
80	4.9	−6.5	11.3	6.9	−4.4	11.3

线性接触时,钢轨、轨枕和道床加速度最大值和振幅均比非线性接触时大,其增大范围为 10%～20%,且速度越大越明显。

从表 7.10～表 7.12 可以看出,转向架和车体的加速度振幅随着速度的增加而增加,线性接触时其加速度从速度 80km/h 时的 8.27m/s²、0.451m/s² 增加到速度 200km/h 时的 11.70m/s²、0.784m/s²,增幅分别为 41.5％、73.8％;非线性接触时增幅分别为 50.6％、51.1％。车轮加速度随着速度的增加基本增大,但是车轮的加速度振幅在车速为 80km/h 时比 120km/h 时大,这可能与轨道个别点不平顺幅值过大有关。

表 7.10 车轮加速度最大值和振幅

速度/(km/h)	轮轨线性接触			轮轨非线性接触		
	Max/(m/s²)	Min/(m/s²)	振幅/(m/s²)	Max/(m/s²)	Min/(m/s²)	振幅/(m/s²)
200	37.0	−36.3	73.3	37.5	−35.6	73.0
160	29.1	−21.4	50.5	25.2	−28.2	53.3
120	21.2	−21.7	42.9	20.3	−20.5	40.8
80	24.6	−22.9	47.5	21.4	−22.7	44.1

表 7.11 转向架加速度最大值和振幅

速度/(km/h)	轮轨线性接触			轮轨非线性接触		
	Max/(m/s²)	Min/(m/s²)	振幅/(m/s²)	Max/(m/s²)	Min/(m/s²)	振幅/(m/s²)
200	6.98	−4.67	11.70	4.79	−6.77	11.60
160	5.22	−3.90	9.11	3.71	−4.95	8.66
120	5.29	−3.67	8.96	3.43	−4.81	8.24
80	4.11	−4.16	8.27	3.95	−3.75	7.70

表 7.12 车体加速度最大值和振幅

速度/(km/h)	轮轨线性接触			轮轨非线性接触		
	Max/(m/s²)	Min/(m/s²)	振幅/(m/s²)	Max/(m/s²)	Min/(m/s²)	振幅/(m/s²)
200	0.361	−0.423	0.784	0.354	−0.319	0.674
160	0.270	−0.311	0.581	0.317	−0.278	0.594
120	0.233	−0.286	0.518	0.285	−0.231	0.517
80	0.196	−0.255	0.451	0.253	−0.193	0.446

考虑轮轨线性接触时的转向架和车轮的加速度振幅比非线性接触时略大,其增大范围在 5％以内;车体加速度振幅在 200km/h 时线性接触比非线性接触时略大,其他速度下则基本相等,但无论是最大值还是振幅都在 1m/s² 范围内,说明车辆的一系和二系悬挂系统具有良好的隔振作用。

表 7.13　轮轨接触力最大值和振幅

速度/(km/h)	轮轨线性接触			轮轨非线性接触		
	Max/kN	Min/kN	振幅/kN	Max/kN	Min/kN	振幅/kN
200	112.0	27.7	84.2	113.0	26.4	86.6
160	106.0	41.7	64.0	98.7	33.1	65.6
120	97.3	45.4	51.9	93.4	42.1	51.3
80	98.1	40.7	57.4	95.0	40.9	54.1

从表 7.13、图 7.15 和图 7.16 可以看出，轮轨力最大值和振幅基本随速度增加而增大，但速度为 80km/h 时的轮轨力最大值和振幅比 120km/h 时的略大；当速度从 120km/h 增加到 200km/h 时，线性接触时轮轨力最大值和振幅分别从 97.3kN、51.9 kN 增加到 112kN、84.2kN，增幅为 15.1%、62.2%；非线性接触时轮轨力最大值和振幅分别从 93.4kN、51.3kN 增加到 113kN、86.6 kN，增幅为 20.9%、68.8%。

轮轨力最大值在线性接触时比非线性时略大些，轮轨力振幅差别较小。

7.4　结　　论

运用有限元法建立了车辆-轨道非线性耦合系统动力分析模型，该模型包含车辆、轨道两个子系统，其中车辆子系统为附有二系悬挂的整车模型，轨道结构子系统为离散的三层弹性梁模型，两子系统通过轮轨非线性接触力和位移协调条件实现耦合。针对车辆-轨道非线性耦合系统动力学方程，我们提出交叉迭代算法。为加速迭代收敛速度，引入松弛法对轮轨接触力进行修正。通过对车辆-轨道非线性耦合系统动力响应实例分析，可以得到如下结论。

① 列车速度对车辆和轨道结构的动力响应有显著影响，无论是轮轨线性接触模型，还是非线性接触模型，钢轨、轨枕和道床的位移，钢轨、轨枕、道床、转向架和车体的加速度，以及轮轨接触力均随着列车速度的提高而增加。

② 采用轮轨线性接触模型得到的车辆和轨道结构的动力响应比轮轨非线性接触模型得到的结果要大，其中位移、加速度最大值和振幅增大范围在 10%～20%，轮轨接触力最大值和振幅增大范围约在 5% 以内。因此，在按轮轨线性接触模型进行车辆、轨道结构动力分析，并根据分析结果进行结构设计时是偏保守和偏安全的。

③ 采用交叉迭代算法和引入松弛因子对轮轨接触力进行修正能加快收敛速度，在每一时步中只要经过 3～8 次迭代即可收敛。

④ 将车辆-轨道非线性耦合系统分解为车辆子系统和轨道子系统，可分别独立求解，既降低分析问题的规模，又减小程序设计的难度。同时，由于两个子系统有限元方程的系数矩阵全部为定值，且为对称矩阵，只需对方程的系数矩阵一次求逆，在每一时步的迭代中只需进行回代计算，因此可以极大地提高计算速度。目前

已有的基于"对号入座"求解车辆-轨道耦合系统动力响应的算法,随着车辆在轨道上的位置不断改变,有限元耦合方程的系数矩阵也在不断变化,因此在每一时步的计算中,需要进行求逆运算,大大降低了计算效率。通过对列车在 300m 长轨道上运行引起车辆和轨道动力响应实例的仿真分析,得到结论:采用交叉迭代算法在普通计算机工作站上运行用时只需 15 分钟,而基于对号入座算法用时则需要 150 分钟。一般情况下,前者的计算效率是后者的 5～10 倍,求解问题的规模越大则计算效率越高。

应当指出,本章提出的交叉迭代算法具有普遍适用性,可以广泛应用于移动荷载作用下的各类线性和非线性耦合动力学问题的分析中。

参 考 文 献

[1] Clough R W, Penzien J. Dynamic of Structures(3rd ed)[M]. Berkeley: Computers and Structures, 1995.

[2] Rezaiee P M, Alamatian J. Numerical time integration for dynamic analysis using a new higher order predictor-corrector method[J]. Engineering Computations, 2008, 25(6): 541-568.

[3] Chen C, Ricles J M. Stability analysis of direct integration algorithms applied to MDOF nonlinear structural dynamics[J]. Journal of Engineering Mechanics, 2010, 136(4): 485-495.

[4] 翟婉明. 车辆-轨道耦合动力学(3版)[M]. 北京:科学出版社,2007.

[5] 张楠,夏禾. 基于全过程迭代的车桥耦合动力系统分析方法[J]. 中国铁道科学,2013,34(5):32-38.

[6] 吴定俊,李奇,陈艾荣. 车桥耦合振动迭代求解数值稳定性问题[J]. 力学季刊,2007,28(3):405-411.

[7] Yang F H, Fonder G A. An iterative solution method for dynamic response of bridge-vehicles systems[J]. Journal of Earthquake Engineering and Structural Dynamics, 1996, 25(2): 195-215.

[8] 张斌,雷晓燕. 基于车辆-轨道单元的无砟轨道动力特性有限元分析[J]. 铁道学报,2011,33(7):78-85.

[9] 向俊,赫丹,曾庆元. 横向有限条与无砟轨道板段单元的车轨系统竖向振动分析法[J]. 铁道学报,2007,29(4):64-69.

[10] 雷晓燕. 轨道力学与工程新方法[M]. 北京:中国铁道出版社,2002.

[11] 雷晓燕,张斌,刘庆杰. 列车-轨道系统竖向动力分析的车辆轨道单元模型[J]. 振动与冲击,2010,29(3):168-173.

[12] 雷晓燕. 有限元法[M]. 北京:中国铁道出版社,2000.

[13] 张斌,雷晓燕,罗雁云. 列车-轨道-路基耦合系统振动分析的交叉迭代法[J]. 中南大学学报(自然科学版),2016,47(1):298-306.

[14] 雷晓燕,吴神花,张斌. 车辆-轨道非线性耦合系统交叉迭代算法及应用[J]. 噪声与振动控制,2016,36(4):113-119.

第八章 动轮单元模型及算法

第七章讨论了求解列车-轨道耦合系统动力响应的交叉迭代算法。交叉迭代算法的优点是能够考虑轮轨接触的非线性行为,且程序编制简单。对于线性问题,交叉迭代算法的计算效率并不具有优势。已经发表的文献只是简要地提到采用"对号入座"法形成列车-轨道耦合系统求解方程,并未给出具体算法和相关公式[1-6]。本章将以简单的单轮动轮单元模型、单轮附有一系悬挂的动轮单元模型,再到单轮附有二系悬挂的动轮单元模型为例,讨论联立求解列车-轨道耦合系统动力响应的算法,并推导出显式计算式。

8.1 动轮单元模型

考察在钢轨上运动的车轮,其单元模型如图 8.1 所示,其中车轮可以简化为具有质量为 m_w 的质点,并以速度 V 运动,钢轨模拟为二维梁单元。假设车轮与钢轨之间为弹性接触,接触刚度为 k_c,该模型称为动轮单元模型[1]。在图 8.1 中,1、2 号点为钢轨梁单元的两个结点,分别考虑竖向位移和转角 v_i,θ_i ($i=1,2$);3 号点为动轮结点,也称为目标点,其竖向位移为 v_3;c 点为轮轨接触点,其竖向位移用 v_c 表示。

该模型有三个结点,分别为 1、2、3,共有 5 个自由度。结点 c 与结点 1 之间的距离为 x_c,单元长为 l,如图 8.1 所示。

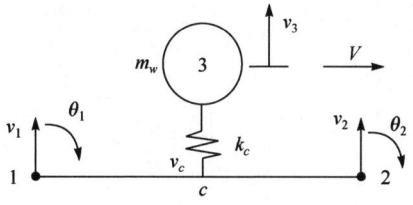

图 8.1 动轮单元模型

我们在第六章讨论了两结点的平面梁单元,单元内任意一点的位移可通过插值函数和单元结点位移表示,即

$$v = N_1 v_1 + N_2 \theta_1 + N_3 v_2 + N_4 \theta_2 \tag{8.1}$$

其中,$N_1 \sim N_4$ 为两结点平面梁单元的插值函数,即

$$N_1 = 1 - \frac{3}{l^2}x^2 + \frac{2}{l^3}x^3$$

$$N_2 = -x + \frac{2}{l}x^2 - \frac{1}{l^2}x^3$$

$$N_3 = \frac{3}{l^2}x^2 - \frac{2}{l^3}x^3$$

$$N_4 = \frac{1}{l}x^2 - \frac{1}{l^2}x^3 \tag{8.2}$$

对于结点 c，其竖向位移 v_c 可以表示为

$$v_c = N_1 v_1 + N_2 \theta_1 + N_3 v_2 + N_4 \theta_2 \tag{8.3}$$

其中，$N_1 \sim N_4$ 分别为 $x = x_c$ 时的插值函数。

令动轮单元的结点位移向量为

$$\boldsymbol{a}^e = \{v_1 \quad \theta_1 \quad v_2 \quad \theta_2 \quad v_3\}^{\mathrm{T}} \tag{8.4}$$

3 号结点的竖向位移为 v_3 可表示为

$$v_3 = \boldsymbol{N}_3^{\mathrm{T}} \boldsymbol{a}^e \tag{8.5}$$

$$\dot{v}_3 = \boldsymbol{N}_3^{\mathrm{T}} \dot{\boldsymbol{a}}^e \tag{8.6}$$

其中

$$\boldsymbol{N}_3^{\mathrm{T}} = \{0 \quad 0 \quad 0 \quad 0 \quad 1\} \tag{8.7}$$

结点 c 的竖向位移为 v_c，可用插值函数表示为

$$v_c = \{N_1 \quad N_2 \quad N_3 \quad N_4 \quad 0\} \boldsymbol{a}^e \tag{8.8}$$

由此可得

$$v_3 - v_c = \{-N_1 \quad -N_2 \quad -N_3 \quad -N_4 \quad 1\} \boldsymbol{a}^e = \boldsymbol{N}_{3c}^{\mathrm{T}} \boldsymbol{a}^e \tag{8.9}$$

其中

$$\boldsymbol{N}_{3c}^{\mathrm{T}} = \{-N_1 \quad -N_2 \quad -N_3 \quad -N_4 \quad 1\} \tag{8.10}$$

运用 Lagrange 方程，即

$$\frac{\mathrm{d}}{\mathrm{d}t}\frac{\partial L}{\partial \dot{\boldsymbol{a}}} - \frac{\partial L}{\partial \boldsymbol{a}} + \frac{\partial R}{\partial \dot{\boldsymbol{a}}} = \boldsymbol{0} \tag{8.11}$$

其中，L 为 Lagrange 函数，即

$$L = T - \Pi \tag{8.12}$$

式中，T 为动能；Π 为势能；R 为耗散能。

动轮单元的动能为

$$T = \frac{1}{2} m_w \dot{v}_3^2 = \frac{1}{2} m_w (\boldsymbol{N}_3^{\mathrm{T}} \dot{\boldsymbol{a}}^e)^{\mathrm{T}} (\boldsymbol{N}_3^{\mathrm{T}} \dot{\boldsymbol{a}}^e) = \frac{1}{2} (\dot{\boldsymbol{a}}^e)^{\mathrm{T}} \boldsymbol{m}_u^e \dot{\boldsymbol{a}}^e \tag{8.13}$$

其中，动轮单元的质量矩阵为

$$\boldsymbol{m}_u^e = m_w \boldsymbol{N}_3 \boldsymbol{N}_3^{\mathrm{T}} = \begin{bmatrix} 0 & 0 & 0 & 0 & 0 \\ 0 & 0 & 0 & 0 & 0 \\ 0 & 0 & 0 & 0 & 0 \\ 0 & 0 & 0 & 0 & 0 \\ 0 & 0 & 0 & 0 & m_w \end{bmatrix} \quad (8.14)$$

动轮单元的势能为

$$\begin{aligned} \Pi &= \frac{1}{2} k_c (v_3 - v_c)^2 + (v_3 m_w g) \\ &= \frac{1}{2} k_c (\boldsymbol{N}_{3c}^{\mathrm{T}} \boldsymbol{a}^e)^{\mathrm{T}} \boldsymbol{N}_{3c}^{\mathrm{T}} \boldsymbol{a}^e + (\boldsymbol{a}^e)^{\mathrm{T}} m_w g \boldsymbol{N}_3 \\ &= \frac{1}{2} (\boldsymbol{a}^e)^{\mathrm{T}} \boldsymbol{k}_u^e \boldsymbol{a}^e - (\boldsymbol{a}^e)^{\mathrm{T}} \boldsymbol{Q}_u^e \end{aligned} \quad (8.15)$$

其中，动轮单元的刚度矩阵为

$$\boldsymbol{k}_u^e = k_c \boldsymbol{N}_{3c} \boldsymbol{N}_{3c}^{\mathrm{T}} = k_c \begin{bmatrix} N_1^2 & N_1 N_2 & N_1 N_3 & N_1 N_4 & -N_1 \\ & N_2^2 & N_2 N_3 & N_2 N_4 & -N_2 \\ & & N_3^2 & N_3 N_4 & -N_3 \\ & 对称 & & N_4^2 & -N_4 \\ & & & & 1 \end{bmatrix} \quad (8.16)$$

单元结点荷载向量为

$$\boldsymbol{Q}_u^e = \{0 \quad 0 \quad 0 \quad 0 \quad -m_w g\}^{\mathrm{T}} \quad (8.17)$$

将式(8.13)和式(8.15)代入式(8.11)和式(8.12)中，则动轮单元的动力学方程为

$$\boldsymbol{m}_u^e \ddot{\boldsymbol{a}} + \boldsymbol{k}_u^e \boldsymbol{a} = \boldsymbol{Q}_u^e \quad (8.18)$$

8.2 单轮附有一系悬挂的动轮单元模型

图 8.2 为单轮附有一系悬挂的动轮单元模型。该模型有四个结点，分别为 1、2、3、4，共 6 个自由度，其中 1、2 号点为钢轨梁单元的两个结点，分别考虑竖向位移和转角 $v_i, \theta_i (i=1,2)$；3 号点为车体结点，其竖向位移为 v_3，m_c 为 1/8 的车体质量；k_s 和 c_s 分别为等效的一系悬挂刚度系数和阻尼系数；4 号点为车轮结点，其竖向位移为 v_4，m_w 为 1/2 的轮对质量，且车轮以匀速 V 运动；c 点为轮轨接触点，其竖向位移用 v_c 表示，结点 1 与结点 c 之间的距离为 x_c，单元长为 l；k_c 为轮轨接触刚度。

定义该单元的结点位移向量为

$$\boldsymbol{a}^e = \{v_1 \quad \theta_1 \quad v_2 \quad \theta_2 \quad v_3 \quad v_4\}^{\mathrm{T}} \quad (8.19)$$

3 号结点的竖向位移为 v_3，则有

$$v_3 = \boldsymbol{N}_3^{\mathrm{T}} \boldsymbol{a}^e \quad (8.20)$$

$$\dot{v}_3 = \mathbf{N}_3^{\mathrm{T}} \dot{\mathbf{a}}^e \tag{8.21}$$

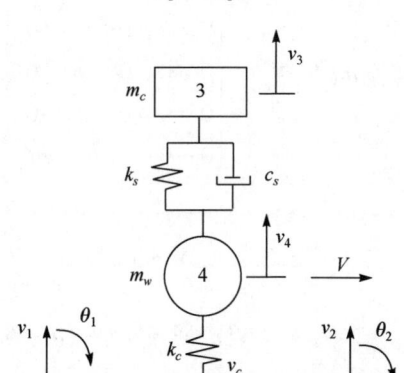

图 8.2 单轮附有一系悬挂的动轮单元模型

其中
$$\mathbf{N}_3^{\mathrm{T}} = \{0 \quad 0 \quad 0 \quad 0 \quad 1 \quad 0\} \tag{8.22}$$

4 号结点的竖向位移为 v_4,同理有
$$v_4 = \mathbf{N}_4^{\mathrm{T}} \mathbf{a}^e \tag{8.23}$$
$$\dot{v}_4 = \mathbf{N}_4^{\mathrm{T}} \dot{\mathbf{a}}^e \tag{8.24}$$

其中
$$\mathbf{N}_4^{\mathrm{T}} = \{0 \quad 0 \quad 0 \quad 0 \quad 0 \quad 1\} \tag{8.25}$$
$$v_3 - v_4 = \mathbf{N}_{34}^{\mathrm{T}} \mathbf{a}^e \tag{8.26}$$
$$\dot{v}_3 - \dot{v}_4 = \mathbf{N}_{34}^{\mathrm{T}} \dot{\mathbf{a}}^e \tag{8.27}$$

其中,$\mathbf{N}_{34}^{\mathrm{T}} = \{0 \quad 0 \quad 0 \quad 0 \quad 1 \quad -1\}$。

结点 c 的竖向位移为 v_c,用插值函数可表示为
$$v_c = \mathbf{N}_c^{\mathrm{T}} \mathbf{a}^e \tag{8.28}$$

其中
$$\mathbf{N}_c^{\mathrm{T}} = \{N_1 \quad N_2 \quad N_3 \quad N_4 \quad 0 \quad 0\} \tag{8.29}$$

由此可得
$$v_4 - v_c = \mathbf{N}_{4c}^{\mathrm{T}} \mathbf{a}^e \tag{8.30}$$

其中
$$\mathbf{N}_{4c}^{\mathrm{T}} = \{-N_1 \quad -N_2 \quad -N_3 \quad -N_4 \quad 0 \quad 1\} \tag{8.31}$$

单元的动能为
$$T = \frac{1}{2} m_c \dot{v}_3^2 + \frac{1}{2} m_w \dot{v}_4^2$$
$$= \frac{1}{2} m_c (\mathbf{N}_3^{\mathrm{T}} \dot{\mathbf{a}}^e)^{\mathrm{T}} (\mathbf{N}_3^{\mathrm{T}} \dot{\mathbf{a}}^e) + \frac{1}{2} m_w (\mathbf{N}_4^{\mathrm{T}} \dot{\mathbf{a}}^e)^{\mathrm{T}} (\mathbf{N}_4^{\mathrm{T}} \dot{\mathbf{a}}^e)$$

$$= \frac{1}{2}(\dot{\boldsymbol{a}}^e)^{\mathrm{T}} \boldsymbol{m}_u^e \dot{\boldsymbol{a}}^e \tag{8.32}$$

其中,单元质量矩阵为

$$\boldsymbol{m}_u^e = m_c \boldsymbol{N}_3 \boldsymbol{N}_3^{\mathrm{T}} + m_w \boldsymbol{N}_4 \boldsymbol{N}_4^{\mathrm{T}} = \mathrm{diag}\{0 \quad 0 \quad 0 \quad 0 \quad m_c \quad m_w\} \tag{8.33}$$

单元的势能为

$$\Pi = \frac{1}{2} k_s (v_3 - v_4)^2 + \frac{1}{2} k_c (v_4 - v_c)^2 + (v_3 m_c g) + (v_4 m_w g)$$

$$= \frac{1}{2} \boldsymbol{a}^{e\mathrm{T}} \{k_s \boldsymbol{N}_{34} \boldsymbol{N}_{34}^{\mathrm{T}} + k_c \boldsymbol{N}_{4c} \boldsymbol{N}_{4c}^{\mathrm{T}}\} \boldsymbol{a}^e + (\boldsymbol{a}^e)^{\mathrm{T}} \{m_c g \boldsymbol{N}_3 + m_w g \boldsymbol{N}_4\}$$

$$= \frac{1}{2}(\boldsymbol{a}^e)^{\mathrm{T}} \boldsymbol{k}_u^e \boldsymbol{a}^e - (\boldsymbol{a}^e)^{\mathrm{T}} \boldsymbol{Q}_u^e \tag{8.34}$$

其中,单元刚度矩阵为

$$\boldsymbol{k}_u^e = \boldsymbol{k}_s^e + \boldsymbol{k}_c^e$$
$$= k_s \boldsymbol{N}_{34} \boldsymbol{N}_{34}^{\mathrm{T}} + k_c \boldsymbol{N}_{4c} \boldsymbol{N}_{4c}^{\mathrm{T}}$$

$$= \begin{bmatrix} 0 & 0 & 0 & 0 & 0 & 0 \\ & 0 & 0 & 0 & 0 & 0 \\ & & 0 & 0 & 0 & 0 \\ & & & 0 & 0 & 0 \\ \text{对称} & & & & k_s & -k_s \\ & & & & & k_s \end{bmatrix} + k_c \begin{bmatrix} N_1^2 & N_1 N_2 & N_1 N_3 & N_1 N_4 & 0 & -N_1 \\ & N_2^2 & N_2 N_3 & N_2 N_4 & 0 & -N_2 \\ & & N_3^2 & N_3 N_4 & 0 & -N_3 \\ & & & N_4^2 & 0 & -N_4 \\ \text{对称} & & & & 0 & 0 \\ & & & & & 1 \end{bmatrix}$$
$$\tag{8.35}$$

单元结点荷载向量为

$$\boldsymbol{Q}_u^e = \{0 \quad 0 \quad 0 \quad 0 \quad -m_c g \quad -m_w g\}^{\mathrm{T}} \tag{8.36}$$

单元的耗散能为

$$R = \frac{1}{2} c_s (\dot{v}_3 - \dot{v}_4)^2 = \frac{1}{2}(\dot{\boldsymbol{a}}^e)^{\mathrm{T}} \boldsymbol{c}_u^e \dot{\boldsymbol{a}}^e \tag{8.37}$$

其中,单元阻尼矩阵为

$$\boldsymbol{c}_u^e = c_s \boldsymbol{N}_{34} \boldsymbol{N}_{34}^{\mathrm{T}} = \begin{bmatrix} 0 & 0 & 0 & 0 & 0 & 0 \\ & 0 & 0 & 0 & 0 & 0 \\ & & 0 & 0 & 0 & 0 \\ & & & 0 & 0 & 0 \\ \text{对称} & & & & c_s & -c_s \\ & & & & & c_s \end{bmatrix} \tag{8.38}$$

将式(8.32)、式(8.34)和式(8.37)代入 Lagrange 方程式(8.11)和式(8.12)中,可以得到附有一系悬挂的动轮单元动力学方程为

$$m_u^e \ddot{a} + c_u^e \dot{a} + k_u^e a = Q_u^e \tag{8.39}$$

8.3 单轮附有二系悬挂的动轮单元模型

图 8.3 为单轮附有二系悬挂的动轮单元模型。该模型有 5 个结点,7 个自由度,其中 1、2 号点为钢轨梁单元的两个结点,分别考虑竖向位移和转角 v_i, θ_i ($i=1,2$);3 号点为车体结点,其竖向位移为 v_3,m_c 为 1/8 的车体质量;k_{s2} 和 c_{s2} 分别为二系悬挂的刚度系数和阻尼系数;4 号点为转向架结点,其竖向位移为 v_4,m_t 为 1/4 的转向架质量;k_{s1} 和 c_{s1} 分别为一系悬挂的刚度系数和阻尼系数;5 号点为车轮结点,其竖向位移为 v_5,m_w 为 1/2 的轮对质量,且车轮以匀速 V 运动;c 点为轮轨接触点,其竖向位移用 v_c 表示,结点 c 与结点 1 之间的距离为 x_c,单元长为 l;k_c 为轮轨接触刚度。

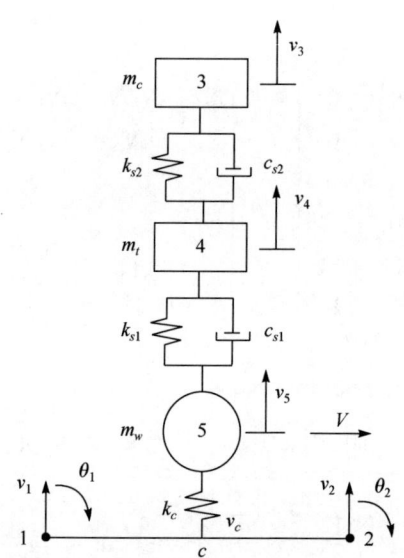

图 8.3 单轮附有二系悬挂的动轮单元模型

定义该单元的结点位移向量为

$$a^e = \{v_1 \quad \theta_1 \quad v_2 \quad \theta_2 \quad v_3 \quad v_4 \quad v_5\}^T \tag{8.40}$$

3 号结点的竖向位移为 v_3,则有

$$v_3 = N_3^T a^e \tag{8.41}$$

$$\dot{v}_3 = N_3^T \dot{a}^e \tag{8.42}$$

其中

$$N_3^T = \{0 \quad 0 \quad 0 \quad 0 \quad 1 \quad 0 \quad 0\} \tag{8.43}$$

4 号结点的竖向位移为 v_4,同理有

第八章 动轮单元模型及算法

$$v_4 = \mathbf{N}_4^T \mathbf{a}^e \tag{8.44}$$

$$\dot{v}_4 = \mathbf{N}_4^T \dot{\mathbf{a}}^e \tag{8.45}$$

其中

$$\mathbf{N}_4^T = \{0 \quad 0 \quad 0 \quad 0 \quad 0 \quad 1 \quad 0\} \tag{8.46}$$

由此可得

$$v_3 - v_4 = \mathbf{N}_{34}^T \mathbf{a}^e \tag{8.47}$$

$$\dot{v}_3 - \dot{v}_4 = \mathbf{N}_{34}^T \dot{\mathbf{a}}^e \tag{8.48}$$

其中

$$\mathbf{N}_{34}^T = \{0 \quad 0 \quad 0 \quad 0 \quad 1 \quad -1 \quad 0\} \tag{8.49}$$

5 号结点的竖向位移为 v_5，同理有

$$v_5 = \mathbf{N}_5^T \mathbf{a}^e \tag{8.50}$$

$$\dot{v}_5 = \mathbf{N}_5^T \dot{\mathbf{a}}^e \tag{8.51}$$

其中

$$\mathbf{N}_5^T = \{0 \quad 0 \quad 0 \quad 0 \quad 0 \quad 0 \quad 1\} \tag{8.52}$$

由此可得

$$v_4 - v_5 = \mathbf{N}_{45}^T \mathbf{a}^e \tag{8.53}$$

$$\dot{v}_4 - \dot{v}_5 = \mathbf{N}_{45}^T \dot{\mathbf{a}}^e \tag{8.54}$$

其中

$$\mathbf{N}_{45}^T = \{0 \quad 0 \quad 0 \quad 0 \quad 0 \quad 1 \quad -1\} \tag{8.55}$$

结点 c 的竖向位移为 v_c，用插值函数可表示为

$$v_c = \mathbf{N}_c^T \mathbf{a}^e \tag{8.56}$$

其中

$$\mathbf{N}_c^T = \{N_1 \quad N_2 \quad N_3 \quad N_4 \quad 0 \quad 0 \quad 0\} \tag{8.57}$$

由此可得

$$v_5 - v_c = \mathbf{N}_{5c}^T \mathbf{a}^e \tag{8.58}$$

其中

$$\mathbf{N}_{5c}^T = \{-N_1 \quad -N_2 \quad -N_3 \quad -N_4 \quad 0 \quad 0 \quad 1\} \tag{8.59}$$

单元的动能为

$$T = \frac{1}{2} m_c \dot{v}_3^2 + \frac{1}{2} m_t \dot{v}_4^2 + \frac{1}{2} m_w \dot{v}_5^2$$

$$= \frac{1}{2} m_c (\mathbf{N}_3^T \dot{\mathbf{a}}^e)^T (\mathbf{N}_3^T \dot{\mathbf{a}}^e) + \frac{1}{2} m_t (\mathbf{N}_4^T \dot{\mathbf{a}}^e)^T (\mathbf{N}_4^T \dot{\mathbf{a}}^e) + \frac{1}{2} m_w (\mathbf{N}_5^T \dot{\mathbf{a}}^e)^T (\mathbf{N}_5^T \dot{\mathbf{a}}^e)$$

$$= \frac{1}{2} (\dot{\mathbf{a}}^e)^T \mathbf{m}_u^e \dot{\mathbf{a}}^e \tag{8.60}$$

其中,单元质量矩阵为

$$m_u^e = m_c N_3 N_3^T + m_t N_4 N_4^T + m_w N_5 N_5^T = \text{diag}\{0 \quad 0 \quad 0 \quad 0 \quad m_c \quad m_t \quad m_w\} \tag{8.61}$$

单元的势能为

$$\begin{aligned}\Pi &= \frac{1}{2}k_{s2}(v_3-v_4)^2 + \frac{1}{2}k_{s1}(v_4-v_5)^2 + \frac{1}{2}k_c(v_5-v_c)^2 + (v_3 m_c g) + (v_4 m_t g) + (v_5 m_w g)\\ &= \frac{1}{2}(a^{eT})\{k_{s2}N_{34}N_{34}^T + k_{s1}N_{45}N_{45}^T + k_c N_{5c}N_{5c}^T\}a^e + (a^e)^T\{m_c g N_3 + m_t g N_4 + m_w g N_5\}\\ &= \frac{1}{2}(a^e)^T k_u^e a^e - (a^e)^T Q_u\end{aligned} \tag{8.62}$$

其中,单元刚度矩阵为

$$\begin{aligned}k_u^e &= k_{s2}^e + k_{s1}^e + k_c^e\\ &= k_{s2}N_{34}N_{34}^T + k_{s1}N_{45}N_{45}^T + k_c N_{5c}N_{5c}^T\\ &= \begin{bmatrix} 0 & 0 & 0 & 0 & 0 & 0 & 0 \\ & 0 & 0 & 0 & 0 & 0 & 0 \\ & & 0 & 0 & 0 & 0 & 0 \\ & & & 0 & 0 & 0 & 0 \\ & & & & k_{s2} & -k_{s2} & 0 \\ \text{对称} & & & & & k_{s2}+k_{s1} & -k_{s1} \\ & & & & & & k_{s1} \end{bmatrix} + k_c \begin{bmatrix} N_1^2 & N_1 N_2 & N_1 N_3 & N_1 N_4 & 0 & 0 & -N_1 \\ & N_2^2 & N_2 N_3 & N_2 N_4 & 0 & 0 & -N_2 \\ & & N_3^2 & N_3 N_4 & 0 & 0 & -N_3 \\ & & & N_4^2 & 0 & 0 & -N_4 \\ & & & & 0 & 0 & 0 \\ \text{对称} & & & & & 0 & 0 \\ & & & & & & 1 \end{bmatrix}\end{aligned} \tag{8.63}$$

单元结点荷载向量为

$$Q_u = \{0 \quad 0 \quad 0 \quad 0 \quad -m_c g \quad -m_t g \quad -m_w g\}^T \tag{8.64}$$

单元的耗散能为

$$R = \frac{1}{2}c_{s2}(\dot{v}_3 - \dot{v}_4)^2 + \frac{1}{2}c_{s1}(\dot{v}_4 - \dot{v}_5)^2 = \frac{1}{2}(\dot{a}^e)^T c_u^e \dot{a}^e \tag{8.65}$$

其中,单元阻尼矩阵为

$$c_u^e = c_{s2}N_{34}N_{34}^T + c_{s1}N_{45}N_{45}^T = \begin{bmatrix} 0 & 0 & 0 & 0 & 0 & 0 & 0 \\ & 0 & 0 & 0 & 0 & 0 & 0 \\ & & 0 & 0 & 0 & 0 & 0 \\ & & & 0 & 0 & 0 & 0 \\ & & & & c_{s2} & -c_{s2} & 0 \\ \text{对称} & & & & & c_{s2}+c_{s1} & -c_{s1} \\ & & & & & & c_{s1} \end{bmatrix} \tag{8.66}$$

将式(8.60)、式(8.62)和式(8.65)代入式(8.11)和式(8.12)中,可以得到附有二系悬挂的动轮单元动力学方程,即

$$m_u^e \ddot{a} + c_u^e \dot{a} + k_u^e a = Q_u^e \tag{8.67}$$

8.4 单轮过桥动力分析模型及算法

为了说明动轮单元在车辆-轨道(或桥梁)耦合系统动力分析中的应用,现考虑附有一系悬挂的单轮通过桥梁时的振动响应,分析模型如图 8.4 所示。桥梁用仅考虑竖向位移和转动的二维梁单元模拟,如图 8.5 所示。其中,E 为桥梁的弹性模量,I 为截面绕水平轴的惯性矩,A 为横截面面积,l 为梁单元的长度。单轮过桥动力分析模型共划分为 $(m+1)$ 个单元,其中有 m 个梁单元,1 个动轮单元;共有 $(n+2)$ 个结点,其中桥梁有 n 个结点,动轮单元有 2 个结点。

图 8.4 附有一系悬挂的单轮过桥动力分析模型

图 8.5 二维 2 结点 4 自由度梁单元

对二维 2 结点 4 自由度梁单元,有如下单元质量矩阵、刚度矩阵和阻尼矩阵[6],即

$$m_b^e = \frac{\rho A l}{420} \begin{bmatrix} 156 & -22l & 54 & 13l \\ & 4l^2 & -13l & -3l^2 \\ & & 156 & 22l \\ \text{对称} & & & 4l^2 \end{bmatrix} \tag{8.68}$$

$$k_b^e = \begin{bmatrix} \dfrac{12EI}{l^3} & -\dfrac{6EI}{l^2} & -\dfrac{12EI}{l^3} & -\dfrac{6EI}{l^2} \\ & \dfrac{4EI}{l} & \dfrac{6EI}{l^2} & \dfrac{2EI}{l} \\ & & \dfrac{12EI}{l^3} & \dfrac{6EI}{l^2} \\ \text{对称} & & & \dfrac{4EI}{l} \end{bmatrix} \tag{8.69}$$

采用比例阻尼,有

$$c_b^e = \alpha m_b^e + \beta k_b^e \tag{8.70}$$

其中,m_b^e、k_b^e 和 c_b^e 分别表示二维梁单元的质量矩阵、刚度矩阵和阻尼矩阵。

对于附有一系悬挂的动轮单元,其单元质量矩阵、刚度矩阵、阻尼矩阵和单元结点荷载向量已在 8.2 节中给出,见式(8.33)、式(8.35)、式(8.38)和式(8.36)。

现给出单轮过桥动力分析模型算法的主要计算步骤。

① 按式(8.68)~式(8.70)计算每个桥梁单元的质量矩阵、刚度矩阵和阻尼矩阵。

② 利用通用的有限元集成方法形成桥梁结构的总刚度矩阵、总质量矩阵和总阻尼矩阵,即

$$M_b = \sum_e m_b^e, \quad K_b = \sum_e k_b^e, \quad C_b = \sum_e c_b^e \tag{8.71}$$

③ 运用 Newmark 数值积分法,对时间步长循环,在每一时间步中执行如下步骤。

第一步,根据列车速度和运行时间判别动轮单元在桥梁上的位置,确定动轮与桥梁接触的单元号。

第二步,根据式(8.33)、式(8.35)、式(8.38)和式(8.36),计算动轮单元质量矩阵、刚度矩阵、阻尼矩阵和单元结点荷载向量。

第三步,按有限元集成方法,将动轮单元的质量矩阵、刚度矩阵和阻尼矩阵集成到桥梁结构的总刚度矩阵、总质量矩阵和总阻尼矩阵中,即

$$M = \sum_e (M_b + m_u^e), \quad K = \sum_e (K_b + k_u^e), \quad C = \sum_e (C_b + c_u^e) \tag{8.72}$$

第四步,将动轮单元的单元结点荷载向量集成形成总结点荷载向量,即

$$Q = \sum_e Q_u^e \tag{8.73}$$

第五步,用 Newmark 数值积分法,求解下列有限元方程,即

$$M\ddot{a} + C\dot{a} + Ka = Q \tag{8.74}$$

得到桥梁结构和动轮单元的结点位移、速度和加速度。

第六步，返回步骤③，继续下一时间步长计算，直至计算结束。

参 考 文 献

[1] Koh C G, Ong J S Y, Chua D K H, et al. Moving element method for train-track dynamics [J]. International Journal for Numerical Methods in Engineering, 2003, 56: 1549-1567.
[2] Ono K, Yamada M. Analysis of railway track vibration[J]. Journal of Sound and Vibration, 1989, 130: 269-297.
[3] Venancio F F. Finite element analysis of structures under moving loads[J]. Shock and Vibration Digest, 1978, 10: 27-35.
[4] 翟婉明. 车辆-轨道耦合动力学(3版)[M]. 北京：科学出版社, 2007.
[5] 雷晓燕, 圣小珍. 现代轨道理论研究(2版)[M]. 北京：中国铁道出版社, 2008.
[6] Lei X Y, Noda N A. Analyses of dynamic response of vehicle and track coupling system with random irregularity of track vertical profile[J]. Journal of Sound and Vibration, 2002, 258(1): 147-165.

第九章　轨道单元和车辆单元模型及算法

随着高速铁路的快速发展，高速行驶的列车导致轨道结构动应力增加，车体振动增大，直接影响行车安全和舒适性。进行列车-轨道-路基耦合系统动力学分析是解决这一问题的基础。国内外学者在该领域做了许多工作，并取得一定的研究成果[1-12]。例如，Nielsen 建立了车辆-轨道相互作用模型[1]。Knothe 等研究了高频范围车辆与轨道的相互作用问题[2]。Koh 等提出一种新的用于分析列车-轨道耦合系统的动轮单元[3]。翟婉明建立了将车辆、轨道作为一个整体耦合系统的分析模型[6]。雷晓燕等采用有限元和交叉迭代法建立了车辆-轨道-路基非线性耦合系统振动分析模型[7,8]。这些模型各有特色，也有各自的局限性，有的计算效率低、有的编程复杂、有的只适合某些特殊问题的分析。

本章根据列车-轨道-路基耦合系统的特点，建立适合分析该问题的新型车辆单元和轨道单元模型，运用有限元方法和 Lagrange 方程，推导了两种单元的刚度矩阵、质量矩阵和阻尼矩阵[8-12]。整个列车-轨道-路基耦合系统只需离散成车辆单元和轨道单元，轨道-路基系统离散成一系列的轨道单元，一节车辆离散为一个车辆单元。计算时只需形成一次轨道-路基系统的总刚度矩阵、总质量矩阵和总阻尼矩阵，以后在每一时步的计算中，只需组集车辆单元的刚度、质量和阻尼矩阵，因此可以极大地提高计算效率。由于控制方程的建立基于能量原理，得到的刚度、质量和阻尼矩阵都是对称的，又由于整个列车-轨道-路基耦合系统只包含车辆和轨道两种单元，使得程序编制特别容易，因此该单元具有程序编制容易、计算效率高的特点。

9.1　有砟轨道单元模型

9.1.1　基本假设

在用有限元法建立列车-有砟轨道-路基耦合系统竖向振动模型时，采用以下基本假设。

① 仅考虑车辆-轨道-路基耦合系统竖向振动效应。
② 轨道-路基系统和上部车辆系统沿线路方向左右对称，可取一半结构研究。
③ 上部车辆系统为附有二系悬挂的整车模型，车体和转向架考虑沉浮振动和点头振动。
④ 轮轨间为线弹性接触。

⑤ 钢轨被离散为二维梁单元,轨下垫板和扣件的弹性及阻尼分别用弹性系数 k_{y1} 和阻尼系数 c_{y1} 表示。

⑥ 轨枕质量作为集中质量处理并仅考虑竖向振动效应。枕下道床的弹性系数和阻尼系数分别用 k_{y2} 和 c_{y2} 表示。

⑦ 道砟质量简化为集中质量并仅考虑竖向振动效应。道砟下路基的弹性系数和阻尼系数分别用 k_{y3} 和 c_{y3} 表示。

9.1.2 三层有砟轨道单元

三层有砟轨道单元模型如图 9.1 所示,v_1 和 v_4 表示钢轨的竖向位移,θ_1 和 θ_4 表示钢轨的转角,v_2 和 v_5 表示轨枕的竖向位移,v_3 和 v_6 为道砟的竖向位移。

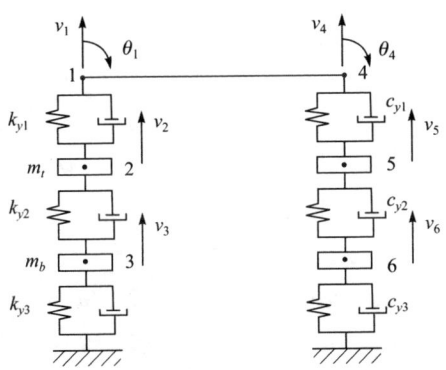

图 9.1 三层有砟轨道单元模型

定义三层有砟轨道单元的结点位移为

$$\boldsymbol{a}_i^e = \{v_1 \quad \theta_1 \quad v_2 \quad v_3 \quad v_4 \quad \theta_4 \quad v_5 \quad v_6\}^T \tag{9.1}$$

其中,$v_i(i=1,2,\cdots,6)$ 分别表示有砟轨道单元中钢轨、轨枕和道砟的竖向位移;θ_i ($i=1,4$) 表示钢轨第 i 个结点的转角。

三层有砟轨道单元的质量矩阵为

$$\boldsymbol{m}_l^e = \boldsymbol{m}_r^e + \boldsymbol{m}_b^e \tag{9.2}$$

其中,$\boldsymbol{m}_r^e$ 为钢轨的协调质量矩阵;$\boldsymbol{m}_b^e$ 为轨枕和道砟的质量矩阵,即

$$\boldsymbol{m}_r^e = \frac{\rho_r A_r l}{420}
\begin{bmatrix}
156 & -22l & 0 & 0 & 54 & 13l & 0 & 0 \\
 & 4l^2 & 0 & 0 & -13l & -3l^2 & 0 & 0 \\
 & & 0 & 0 & 0 & 0 & 0 & 0 \\
 & & & 0 & 0 & 0 & 0 & 0 \\
 & & & & 156 & 22l & 0 & 0 \\
 & & & & & 4l^2 & 0 & 0 \\
 & \text{对称} & & & & & 0 & 0 \\
 & & & & & & & 0
\end{bmatrix} \tag{9.3}$$

式中，ρ_r 为钢轨密度；A_r 为钢轨的横截面积；l 为有砟轨道单元的长度。

根据基本假设⑥和⑦，分别将轨枕质量 m_t 和两轨枕间道砟质量 m_b 作为集中质量施加于三层有砟轨道单元上，可得

$$\boldsymbol{m}_b^e = \mathrm{diag}\left\{0 \quad 0 \quad \frac{1}{4}m_t \quad \frac{1}{4}m_b \quad 0 \quad 0 \quad \frac{1}{4}m_t \quad \frac{1}{4}m_b\right\} \tag{9.4}$$

三层有砟轨道单元的刚度矩阵为

$$\boldsymbol{k}_l^e = \boldsymbol{k}_r^e + \boldsymbol{k}_e^e \tag{9.5}$$

其中，$\boldsymbol{k}_r^e$ 为钢轨弯曲引起的刚度；$\boldsymbol{k}_e^e$ 为轨道支承弹性引起的刚度。

$$\boldsymbol{k}_r^e = \frac{E_r I_r}{l^3} \begin{bmatrix} 12 & -6l & 0 & 0 & -12 & -6l & 0 & 0 \\ & 4l^2 & 0 & 0 & 6l & 2l^2 & 0 & 0 \\ & & 0 & 0 & 0 & 0 & 0 & 0 \\ & & & 0 & 0 & 0 & 0 & 0 \\ & & & & 12 & 6l & 0 & 0 \\ & & & & & 4l^2 & 0 & 0 \\ \text{对称} & & & & & & 0 & 0 \\ & & & & & & & 0 \end{bmatrix} \tag{9.6}$$

$$\boldsymbol{k}_e^e = \frac{1}{2}\begin{bmatrix} k_{y1} & 0 & -k_{y1} & 0 & 0 & 0 & 0 & 0 \\ & 0 & 0 & 0 & 0 & 0 & 0 & 0 \\ & & k_{y1}+k_{y2} & -k_{y2} & 0 & 0 & 0 & 0 \\ & & & k_{y2}+k_{y3} & 0 & 0 & 0 & 0 \\ & & & & k_{y1} & 0 & -k_{y1} & 0 \\ & & & & & 0 & 0 & 0 \\ \text{对称} & & & & & & k_{y1}+k_{y2} & -k_{y2} \\ & & & & & & & k_{y2}+k_{y3} \end{bmatrix} \tag{9.7}$$

其中，E_r 和 I_r 分别为钢轨的弹性模量和绕水平轴的截面惯性矩；l 为三层有砟轨道单元的长度，即相邻两轨枕间距；k_{y1}、k_{y2} 和 k_{y3} 分别为钢轨扣件、道砟和路基的弹性系数。

三层有砟轨道单元的阻尼矩阵为

$$\boldsymbol{c}_l^e = \boldsymbol{c}_r^e + \boldsymbol{c}_c^e \tag{9.8}$$

其中，$\boldsymbol{c}_r^e$ 为钢轨阻尼矩阵，与阻尼比和系统固有频率有关，即

$$\boldsymbol{c}_r^e = \alpha \boldsymbol{m}_r^e + \beta \boldsymbol{k}_r^e, \quad \alpha、\beta \text{ 为比例阻尼系数} \tag{9.9}$$

$\boldsymbol{c}_c^e$ 为由钢轨扣件、道砟和路基引起的阻尼，即

$$\boldsymbol{c}_c^e = \frac{1}{2}\begin{bmatrix} c_{y1} & 0 & -c_{y1} & 0 & 0 & 0 & 0 & 0 \\ & 0 & 0 & 0 & 0 & 0 & 0 & 0 \\ & & c_{y1}+c_{y2} & -c_{y2} & 0 & 0 & 0 & 0 \\ & & & c_{y2}+c_{y3} & 0 & 0 & 0 & 0 \\ & & & & c_{y1} & 0 & -c_{y1} & 0 \\ & & & & & 0 & 0 & 0 \\ \text{对称} & & & & & & c_{y1}+c_{y2} & -c_{y2} \\ & & & & & & & c_{y2}+c_{y3} \end{bmatrix} \quad (9.10)$$

其中，c_{y1}、c_{y2} 和 c_{y3} 分别为钢轨扣件、道砟和路基的阻尼系数。

按有限元集成规则组集单元质量、刚度和阻尼矩阵式(9.2)、式(9.5)和式(9.8)，可得到三层有砟轨道结构的总质量、总刚度和总阻尼矩阵为

$$\begin{aligned} \boldsymbol{m}_l &= \sum_e \boldsymbol{m}_l^e = \sum_e (\boldsymbol{m}_r^e + \boldsymbol{m}_b^e) \\ \boldsymbol{k}_l &= \sum_e \boldsymbol{k}_l^e = \sum_e (\boldsymbol{k}_r^e + \boldsymbol{k}_e^e) \\ \boldsymbol{c}_l &= \sum_e \boldsymbol{c}_l^e = \sum_e (\boldsymbol{c}_r^e + \boldsymbol{c}_c^e) \end{aligned} \quad (9.11)$$

9.2 板式轨道单元模型

9.2.1 基本假设

在用有限元法建立列车-板式轨道-路基耦合系统竖向振动模型时，采用以下基本假设。

① 仅考虑车辆-板式轨道-路基耦合系统竖向振动效应。

② 上部车辆系统为附有二系悬挂的整车模型，车体和转向架考虑沉浮振动和点头振动。

③ 板式轨道-路基系统和上部车辆系统沿线路方向左右对称，可取一半结构研究。

④ 轮轨间为线弹性接触。

⑤ 钢轨视为离散黏弹性点支承的二维梁单元，轨下垫板的支承弹性系数和阻尼系数分别用 k_{y1} 和 c_{y1} 表示。

⑥ 预制轨道板被离散为连续黏弹性支承的二维梁单元，预制轨道板下沥青水泥砂浆层的弹性系数和阻尼系数分别用 k_{y2} 和 c_{y2} 表示。

⑦ 混凝土支承层被离散为连续黏弹性支承的二维梁单元，混凝土支承层下防冻路基层的弹性系数和阻尼系数分别用 k_{y3} 和 c_{y3} 表示。

⑧ 仅讨论处于轨道板中间部分的单元，对于轨道板端部的单元可以依照同样的方法推导其相关矩阵。

9.2.2 三层板式轨道单元

三层板式轨道单元模型如图 9.2 所示，v_1 和 v_4 表示钢轨的竖向位移，θ_1 和 θ_4 表示钢轨的转角，v_2 和 v_5 表示预制轨道板的竖向位移，θ_2 和 θ_5 表示预制轨道板的转角，v_3 和 v_6 表示混凝土支承层的竖向位移，θ_3 和 θ_6 表示混凝土支承层的转角。

(a) 板式轨道横截面图

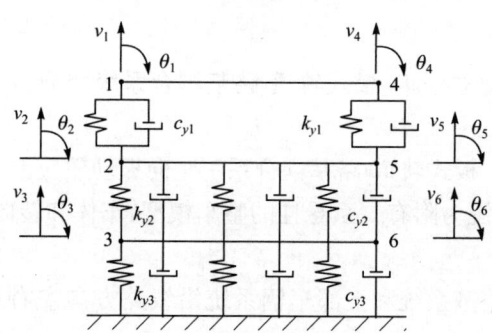

(b) 三层板式轨道单元

图 9.2　三层板式轨道单元模型

定义三层板式轨道单元的结点位移向量为

$$a^e = \{v_1 \quad \theta_1 \quad v_2 \quad \theta_2 \quad v_3 \quad \theta_3 \quad v_4 \quad \theta_4 \quad v_5 \quad \theta_5 \quad v_6 \quad \theta_6\}^T \quad (9.12)$$

其中，v_i 和 $\theta_i (i=1,2,\cdots,6)$ 分别表示板式轨道单元中第 i 个结点的竖向位移和转角。

9.2.3 板式轨道单元质量矩阵

板式轨道单元的质量矩阵包含钢轨、预制轨道板和混凝土支承层的质量,其质量矩阵为

$$m_l^e = m_r^e + m_s^e + m_h^e \tag{9.13}$$

其中,m_r^e 为钢轨的质量矩阵;m_s^e 为预制轨道板的质量矩阵;m_h^e 为混凝土支承层的质量矩阵。

$$m_r^e = \frac{\rho_r A_r l}{420} \begin{bmatrix} 156 & -22l & 0 & 0 & 0 & 0 & 54 & 13l & 0 & 0 & 0 & 0 \\ & 4l^2 & 0 & 0 & 0 & 0 & -13l & -3l^2 & 0 & 0 & 0 & 0 \\ & & 0 & 0 & 0 & 0 & 0 & 0 & 0 & 0 & 0 & 0 \\ & & & 0 & 0 & 0 & 0 & 0 & 0 & 0 & 0 & 0 \\ & & & & 0 & 0 & 0 & 0 & 0 & 0 & 0 & 0 \\ & & & & & 0 & 0 & 0 & 0 & 0 & 0 & 0 \\ & & & & & & 156 & 22l & 0 & 0 & 0 & 0 \\ & & & & & & & 4l^2 & 0 & 0 & 0 & 0 \\ & & & & & & & & 0 & 0 & 0 & 0 \\ & \text{对称} & & & & & & & & 0 & 0 & 0 \\ & & & & & & & & & & 0 & 0 \\ & & & & & & & & & & & 0 \end{bmatrix} \tag{9.14}$$

$$m_s^e = \frac{\rho_s A_s l}{420} \begin{bmatrix} 0 & 0 & 0 & 0 & 0 & 0 & 0 & 0 & 0 & 0 & 0 & 0 \\ & 0 & 0 & 0 & 0 & 0 & 0 & 0 & 0 & 0 & 0 & 0 \\ & & 156 & -22l & 0 & 0 & 0 & 0 & 54 & 13l & 0 & 0 \\ & & & 4l^2 & 0 & 0 & 0 & 0 & -13l & -3l^2 & 0 & 0 \\ & & & & 0 & 0 & 0 & 0 & 0 & 0 & 0 & 0 \\ & & & & & 0 & 0 & 0 & 0 & 0 & 0 & 0 \\ & & & & & & 0 & 0 & 0 & 0 & 0 & 0 \\ & & & & & & & 0 & 0 & 0 & 0 & 0 \\ & & & & & & & & 156 & 22l & 0 & 0 \\ & \text{对称} & & & & & & & & 4l^2 & 0 & 0 \\ & & & & & & & & & & 0 & 0 \\ & & & & & & & & & & & 0 \end{bmatrix} \tag{9.15}$$

$$\boldsymbol{m}_h^e = \frac{\rho_h A_h l}{420} \begin{bmatrix} 0 & 0 & 0 & 0 & 0 & 0 & 0 & 0 & 0 & 0 & 0 & 0 \\ & 0 & 0 & 0 & 0 & 0 & 0 & 0 & 0 & 0 & 0 & 0 \\ & & 0 & 0 & 0 & 0 & 0 & 0 & 0 & 0 & 0 & 0 \\ & & & 0 & 0 & 0 & 0 & 0 & 0 & 0 & 0 & 0 \\ & & & & 156 & -22l & 0 & 0 & 0 & 0 & 54 & 13l \\ & & & & & 4l^2 & 0 & 0 & 0 & 0 & -13l & -3l^2 \\ & & & & & & 0 & 0 & 0 & 0 & 0 & 0 \\ & & & & & & & 0 & 0 & 0 & 0 & 0 \\ & & & & & & & & 0 & 0 & 0 & 0 \\ \text{对称} & & & & & & & & & 0 & 0 & 0 \\ & & & & & & & & & & 156 & 22l \\ & & & & & & & & & & & 4l^2 \end{bmatrix} \quad (9.16)$$

其中,ρ_r、ρ_s 和 ρ_h 分别为钢轨、预制轨道板和混凝土支承层的密度;A_r、A_s 和 A_h 分别为钢轨、预制轨道板和混凝土支承层的横截面面积;l 为板式轨道单元的长度。

9.2.4 板式轨道单元刚度矩阵

板式轨道单元的刚度矩阵由钢轨、预制轨道板、混凝土支承层弯曲势能引起的刚度,以及由钢轨扣件离散弹性点支承、沥青水泥砂浆层和防冻路基层的连续弹性支承引起的刚度组成。

(1) 由钢轨引起的弯曲刚度

$$\boldsymbol{k}_r^e = \frac{E_r I_r}{l^3} \begin{bmatrix} 12 & -6l & 0 & 0 & 0 & 0 & -12 & -6l & 0 & 0 & 0 & 0 \\ & 4l^2 & 0 & 0 & 0 & 0 & 6l & 2l^2 & 0 & 0 & 0 & 0 \\ & & 0 & 0 & 0 & 0 & 0 & 0 & 0 & 0 & 0 & 0 \\ & & & 0 & 0 & 0 & 0 & 0 & 0 & 0 & 0 & 0 \\ & & & & 0 & 0 & 0 & 0 & 0 & 0 & 0 & 0 \\ & & & & & 0 & 0 & 0 & 0 & 0 & 0 & 0 \\ & & & & & & 12 & 6l & 0 & 0 & 0 & 0 \\ & & & & & & & 4l^2 & 0 & 0 & 0 & 0 \\ & & & & & & & & 0 & 0 & 0 & 0 \\ \text{对称} & & & & & & & & & 0 & 0 & 0 \\ & & & & & & & & & & 0 & 0 \\ & & & & & & & & & & & 0 \end{bmatrix} \quad (9.17)$$

其中，k_r^e 为钢轨弯曲刚度矩阵；E_r 和 I_r 分别为钢轨的弹性模量和绕水平轴的截面惯性矩；l 为板式轨道单元的长度。

（2）由预制轨道板引起的弯曲刚度

$$k_s^e = \frac{E_s I_s}{l^3} \begin{bmatrix} 0 & 0 & 0 & 0 & 0 & 0 & 0 & 0 & 0 & 0 & 0 & 0 \\ & 0 & 0 & 0 & 0 & 0 & 0 & 0 & 0 & 0 & 0 & 0 \\ & & 12 & -6l & 0 & 0 & 0 & 0 & -12 & -6l & 0 & 0 \\ & & & 4l^2 & 0 & 0 & 0 & 0 & 6l & 2l^2 & 0 & 0 \\ & & & & 0 & 0 & 0 & 0 & 0 & 0 & 0 & 0 \\ & & & & & 0 & 0 & 0 & 0 & 0 & 0 & 0 \\ & & & \text{对称} & & & 0 & 0 & 0 & 0 & 0 & 0 \\ & & & & & & & 0 & 0 & 0 & 0 & 0 \\ & & & & & & & & 12 & 6l & 0 & 0 \\ & & & & & & & & & 4l^2 & 0 & 0 \\ & & & & & & & & & & 0 & 0 \\ & & & & & & & & & & & 0 \end{bmatrix} \quad (9.18)$$

其中，k_s^e 为预制轨道板弯曲刚度矩阵；E_s 和 I_s 分别为预制轨道板的弹性模量和绕水平轴的截面惯性矩；l 为板式轨道单元的长度。

（3）由混凝土支承层引起的弯曲刚度

$$k_h^e = \frac{E_h I_h}{l^3} \begin{bmatrix} 0 & 0 & 0 & 0 & 0 & 0 & 0 & 0 & 0 & 0 & 0 & 0 \\ & 0 & 0 & 0 & 0 & 0 & 0 & 0 & 0 & 0 & 0 & 0 \\ & & 0 & 0 & 0 & 0 & 0 & 0 & 0 & 0 & 0 & 0 \\ & & & 0 & 0 & 0 & 0 & 0 & 0 & 0 & 0 & 0 \\ & & & & 12 & -6l & 0 & 0 & 0 & 0 & -12 & -6l \\ & & & & & 4l^2 & 0 & 0 & 0 & 0 & 6l & 2l^2 \\ & & & \text{对称} & & & 0 & 0 & 0 & 0 & 0 & 0 \\ & & & & & & & 0 & 0 & 0 & 0 & 0 \\ & & & & & & & & 0 & 0 & 0 & 0 \\ & & & & & & & & & 0 & 0 & 0 \\ & & & & & & & & & & 12 & 6l \\ & & & & & & & & & & & 4l^2 \end{bmatrix} \quad (9.19)$$

其中，k_h^e 为混凝土支承层弯曲刚度矩阵；E_h 和 I_h 分别为混凝土支承层的弹性模量和绕水平轴的截面惯性矩；l 为板式轨道单元的长度。

(4) 由钢轨扣件离散弹性点支承引起的刚度

$$\boldsymbol{k}_{1c}^e = \frac{1}{2}\begin{bmatrix} k_{y1} & 0 & -k_{y1} & 0 & 0 & 0 & 0 & 0 & 0 & 0 & 0 & 0 \\ & 0 & 0 & 0 & 0 & 0 & 0 & 0 & 0 & 0 & 0 & 0 \\ & & k_{y1} & 0 & 0 & 0 & 0 & 0 & 0 & 0 & 0 & 0 \\ & & & 0 & 0 & 0 & 0 & 0 & 0 & 0 & 0 & 0 \\ & & & & 0 & 0 & 0 & 0 & 0 & 0 & 0 & 0 \\ & & & & & 0 & 0 & 0 & 0 & 0 & 0 & 0 \\ & & & & & & k_{y1} & 0 & -k_{y1} & 0 & 0 & 0 \\ & & & & & & & 0 & 0 & 0 & 0 & 0 \\ & & & & & & & & k_{y1} & 0 & 0 & 0 \\ & 对称 & & & & & & & & 0 & 0 & 0 \\ & & & & & & & & & & 0 & 0 \\ & & & & & & & & & & & 0 \end{bmatrix} \quad (9.20)$$

其中,$\boldsymbol{k}_{1c}^e$ 为钢轨扣件离散弹性点支承引起的刚度矩阵;k_{y1} 为钢轨扣件弹性系数。

(5) 由沥青水泥砂浆层连续弹性支承引起的刚度

单元中任意一点轨道板与混凝土支承层间的相对位移为

$$\begin{aligned} v_{sh} &= v_s - v_h \\ &= N_1 v_2 + N_2 \theta_2 + N_3 v_5 + N_4 \theta_5 - N_1 v_3 - N_2 \theta_3 - N_3 v_6 - N_4 \theta_6 \\ &= \{0 \quad 0 \quad N_1 \quad N_2 \quad -N_1 \quad -N_2 \quad 0 \quad 0 \quad N_3 \quad N_4 \quad -N_3 \quad -N_4\}\boldsymbol{a}^e \\ &= \boldsymbol{N}_{sh}^T \boldsymbol{a}^e \end{aligned} \quad (9.21)$$

其中,$N_1 \sim N_4$ 为二维梁单元的插值函数,即

$$\begin{cases} N_1 = 1 - \dfrac{3}{l^2}x^2 + \dfrac{2}{l^3}x^3 \\ N_2 = -x + \dfrac{2}{l}x^2 - \dfrac{1}{l^2}x^3 \\ N_3 = \dfrac{3}{l^2}x^2 - \dfrac{2}{l^3}x^3 \\ N_4 = \dfrac{1}{l}x^2 - \dfrac{1}{l^2}x^3 \end{cases} \quad (9.22)$$

由此可以得到沥青水泥砂浆层的弹性势能,即

$$\Pi_{2c} = \frac{1}{2}\int_l k_{y2}v_{sh}^2 \mathrm{d}x = \frac{1}{2}\boldsymbol{a}^{eT}\int_l \{k_{y2}\boldsymbol{N}_{sh}\boldsymbol{N}_{sh}^T\}\mathrm{d}x\boldsymbol{a}^e = \frac{1}{2}\boldsymbol{a}^{eT}\boldsymbol{k}_{2c}^e\boldsymbol{a}^e \quad (9.23)$$

其中,$\boldsymbol{k}_{2c}^e$ 为沥青水泥砂浆层连续弹性支承引起的刚度矩阵;k_{y2} 为沥青水泥砂浆支承层的弹性系数。

$$k_{2c}^e = \frac{k_{y2}l}{420} \begin{bmatrix} 0 & 0 & 0 & 0 & 0 & 0 & 0 & 0 & 0 & 0 & 0 & 0 \\ & 0 & 0 & 0 & 0 & 0 & 0 & 0 & 0 & 0 & 0 & 0 \\ & & 156 & -22l & -156 & 22l & 0 & 0 & 54 & 13l & -54 & -13l \\ & & & 4l^2 & 22l & -4l^2 & 0 & 0 & -13l & -3l^2 & 13l & 3l^2 \\ & & & & 156 & -22l & 0 & 0 & -54 & -13l & 54 & 13l \\ & & & & & 4l^2 & 0 & 0 & 13l & 3l^2 & -13l & -3l^2 \\ & & & & & & 0 & 0 & 0 & 0 & 0 & 0 \\ & & & & & & & 0 & 0 & 0 & 0 & 0 \\ & & 对称 & & & & & & 156 & 22l & -156 & -22l \\ & & & & & & & & & 4l^2 & -22l & -4l^2 \\ & & & & & & & & & & 156 & 22l \\ & & & & & & & & & & & 4l^2 \end{bmatrix}$$

(9.24)

(6) 由防冻路基层连续弹性支承引起的刚度

同理,可得

$$k_{3c}^e = \frac{k_{y3}l}{420} \begin{bmatrix} 0 & 0 & 0 & 0 & 0 & 0 & 0 & 0 & 0 & 0 & 0 & 0 \\ & 0 & 0 & 0 & 0 & 0 & 0 & 0 & 0 & 0 & 0 & 0 \\ & & 0 & 0 & 0 & 0 & 0 & 0 & 0 & 0 & 0 & 0 \\ & & & 0 & 0 & 0 & 0 & 0 & 0 & 0 & 0 & 0 \\ & & & & 156 & -22l & 0 & 0 & 0 & 0 & 54 & 13l \\ & & & & & 4l^2 & 0 & 0 & 0 & 0 & -13l & -3l^2 \\ & & & & & & 0 & 0 & 0 & 0 & 0 & 0 \\ & & & & & & & 0 & 0 & 0 & 0 & 0 \\ & & & & & & & & 0 & 0 & 0 & 0 \\ & & 对称 & & & & & & & 0 & 0 & 0 \\ & & & & & & & & & & 156 & 22l \\ & & & & & & & & & & & 4l^2 \end{bmatrix}$$

(9.25)

其中,k_{3c}^e 为防冻路基层连续弹性支承引起的刚度矩阵;k_{y3} 为防冻路基支承层的弹性系数。

最后可得板式轨道单元的刚度矩阵,即

$$k_l^e = k_r^e + k_s^e + k_h^e + k_{1c}^e + k_{2c}^e + k_{3c}^e \tag{9.26}$$

其中,k_l^e 为板式轨道单元的刚度矩阵。

9.2.5 板式轨道单元阻尼矩阵

板式轨道单元的阻尼矩阵由钢轨、预制轨道板和混凝土支承层的内摩擦引起的阻尼,和由钢轨扣件、沥青水泥砂浆层和防冻路基支承层引起的阻尼组成,其阻尼矩阵为

$$\boldsymbol{c}_l^e = \boldsymbol{c}_r^e + \boldsymbol{c}_{1c}^e + \boldsymbol{c}_{2c}^e + \boldsymbol{c}_{3c}^e \tag{9.27}$$

其中,$\boldsymbol{c}_r^e$ 为由钢轨、预制轨道板和混凝土支承层的内摩擦引起的阻尼矩阵,通常可采用比例阻尼;$\boldsymbol{c}_{1c}^e$、$\boldsymbol{c}_{2c}^e$ 和 $\boldsymbol{c}_{3c}^e$ 分别为由钢轨扣件、沥青水泥砂浆层和防冻路基支承层引起的阻尼矩阵。

$$\boldsymbol{c}_r^e = \alpha_r \boldsymbol{m}_r^e + \beta_r \boldsymbol{k}_r^e + \alpha_s \boldsymbol{m}_s^e + \beta_s \boldsymbol{k}_s^e + \alpha_h \boldsymbol{m}_h^e + \beta_h \boldsymbol{m}_h^e \tag{9.28}$$

其中,α_r、β_r、α_s、β_s、α_h 和 β_h 分别为钢轨、预制轨道板和混凝土支承层的比例阻尼系数。

$$\boldsymbol{c}_{1c}^e = \frac{1}{2} \begin{bmatrix} c_{y1} & 0 & -c_{y1} & 0 & 0 & 0 & 0 & 0 & 0 & 0 & 0 & 0 \\ & 0 & 0 & 0 & 0 & 0 & 0 & 0 & 0 & 0 & 0 & 0 \\ & & c_{y1} & 0 & 0 & 0 & 0 & 0 & 0 & 0 & 0 & 0 \\ & & & 0 & 0 & 0 & 0 & 0 & 0 & 0 & 0 & 0 \\ & & & & 0 & 0 & 0 & 0 & 0 & 0 & 0 & 0 \\ & & & & & 0 & 0 & 0 & 0 & 0 & 0 & 0 \\ & & & & & & c_{y1} & 0 & -c_{y1} & 0 & 0 & 0 \\ & & & & & & & 0 & 0 & 0 & 0 & 0 \\ & & & & & & & & c_{y1} & 0 & 0 & 0 \\ & \text{对称} & & & & & & & & 0 & 0 & 0 \\ & & & & & & & & & & 0 & 0 \\ & & & & & & & & & & & 0 \end{bmatrix} \tag{9.29}$$

$$\boldsymbol{c}_{2c}^e = \frac{c_{y2} l}{420} \begin{bmatrix} 0 & 0 & 0 & 0 & 0 & 0 & 0 & 0 & 0 & 0 & 0 & 0 \\ & 0 & 0 & 0 & 0 & 0 & 0 & 0 & 0 & 0 & 0 & 0 \\ & & 156 & -22l & -156 & 22l & 0 & 0 & 54 & 13l & -54 & -13l \\ & & & 4l^2 & 22l & -4l^2 & 0 & 0 & -13l & -3l^2 & 13l & 3l^2 \\ & & & & 156 & -22l & 0 & 0 & -54 & -13l & 54 & 13l \\ & & & & & 4l^2 & 0 & 0 & 13l & 3l^2 & -13l & -3l^2 \\ & & & & & & 0 & 0 & 0 & 0 & 0 & 0 \\ & & & & & & & 0 & 0 & 0 & 0 & 0 \\ & & & & & & & & 156 & 22l & -156 & -22l \\ & \text{对称} & & & & & & & & 4l^2 & -22l & -4l^2 \\ & & & & & & & & & & 156 & 22l \\ & & & & & & & & & & & 4l^2 \end{bmatrix}$$

$$\tag{9.30}$$

$$\boldsymbol{c}_{3c}^{e}=\frac{c_{y3}l}{420}\begin{bmatrix} 0 & 0 & 0 & 0 & 0 & 0 & 0 & 0 & 0 & 0 & 0 & 0 \\ & 0 & 0 & 0 & 0 & 0 & 0 & 0 & 0 & 0 & 0 & 0 \\ & & 0 & 0 & 0 & 0 & 0 & 0 & 0 & 0 & 0 & 0 \\ & & & 0 & 0 & 0 & 0 & 0 & 0 & 0 & 0 & 0 \\ & & & & 156 & -22l & 0 & 0 & 0 & 0 & 54 & 13l \\ & & & & & 4l^2 & 0 & 0 & 0 & 0 & -13l & -3l^2 \\ & & & & & & 0 & 0 & 0 & 0 & 0 & 0 \\ & & & & & & & 0 & 0 & 0 & 0 & 0 \\ & & \text{对称} & & & & & & 0 & 0 & 0 & 0 \\ & & & & & & & & & 0 & 0 & 0 \\ & & & & & & & & & & 156 & 22l \\ & & & & & & & & & & & 4l^2 \end{bmatrix}$$

(9.31)

其中，c_{y1}、c_{y2} 和 c_{y3} 分别为钢轨扣件、沥青水泥砂浆和防冻路基的阻尼系数。

按有限元集成规则组集单元质量、刚度和阻尼矩阵[式(9.13)、式(9.26)和式(9.27)]，可以得到三层板式轨道结构的总质量、总刚度和总阻尼矩阵，即

$$\begin{aligned} \boldsymbol{m}_l &= \sum_e \boldsymbol{m}_l^e = \sum_e (\boldsymbol{m}_r^e + \boldsymbol{m}_s^e + \boldsymbol{m}_h^e) \\ \boldsymbol{k}_l &= \sum_e \boldsymbol{k}_l^e = \sum_e (\boldsymbol{k}_r^e + \boldsymbol{k}_s^e + \boldsymbol{k}_h^e + \boldsymbol{k}_{1c}^e + \boldsymbol{k}_{2c}^e + \boldsymbol{k}_{3c}^e) \\ \boldsymbol{c}_l &= \sum_e \boldsymbol{c}_l^e = \sum_e (\boldsymbol{c}_r^e + \boldsymbol{c}_{1c}^e + \boldsymbol{c}_{2c}^e + \boldsymbol{c}_{3c}^e) \end{aligned}$$ (9.32)

9.3 板式轨道-桥梁单元模型

9.3.1 基本假设

在用有限元法建立列车-板式轨道-桥梁耦合系统竖向振动模型时，采用以下基本假设。

① 仅考虑车辆-轨道-桥梁耦合系统竖向振动效应。

② 上部车辆系统为附有二系悬挂的整车模型，车体和转向架考虑沉浮振动和点头振动。

③ 板式轨道-桥梁耦合系统和上部车辆系统沿线路方向左右对称，可取一半结构研究。

④ 轮轨间为线弹性接触。

⑤ 钢轨视为离散黏弹性点支承的二维梁单元，轨下垫板的弹性系数和阻尼系

数分别用 k_{y1} 和 c_{y1} 表示。

⑥ 预制轨道板被离散为连续黏弹性支承的二维梁单元,预制轨道板下沥青水泥砂浆层的弹性系数和阻尼系数分别用 k_{y2} 和 c_{y2} 表示。

⑦ 混凝土桥梁被离散为二维梁单元。

⑧ 仅讨论处于轨道-桥梁耦合系统中间部分的单元,对于轨道板端部的单元可以依照同样的方法推导其相关矩阵。

9.3.2 三层板式轨道-桥梁单元

三层板式轨道-桥梁单元模型如图9.3所示,v_1 和 v_4 表示钢轨的竖向位移,θ_1 和 θ_4 表示钢轨的转角,v_2 和 v_5 表示预制轨道板的竖向位移,θ_2 和 θ_5 表示预制轨道板的转角,v_3 和 v_6 表示混凝土桥梁的竖向位移,θ_3 和 θ_6 表示混凝土桥梁的转角。

定义三层板式轨道-桥梁单元的结点位移向量为

$$\boldsymbol{a}^e = \{v_1 \quad \theta_1 \quad v_2 \quad \theta_2 \quad v_3 \quad \theta_3 \quad v_4 \quad \theta_4 \quad v_5 \quad \theta_5 \quad v_6 \quad \theta_6\}^T \tag{9.33}$$

其中,v_i 和 $\theta_i (i=1,2,\cdots,6)$ 分别表示板式轨道-桥梁单元中第 i 个结点的竖向位移和转角。

(a) 高架板式轨道横截面图(单位:mm)

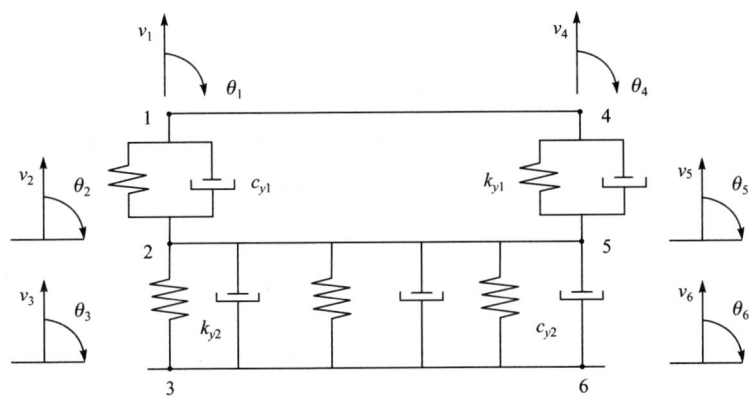

(b) 三层板式轨道-桥梁单元

图 9.3　三层板式轨道-桥梁单元模型

9.3.3　板式轨道-桥梁单元质量矩阵

板式轨道-桥梁单元的质量矩阵包含钢轨、预制轨道板和混凝土桥梁的质量，其质量矩阵为

$$m_l^e = m_r^e + m_s^e + m_b^e \tag{9.34}$$

其中，m_r^e 为钢轨的质量矩阵；m_s^e 为预制轨道板的质量矩阵；m_b^e 为混凝土桥梁的质量矩阵。

$$m_r^e = \frac{\rho_r A_r l}{420} \begin{bmatrix} 156 & -22l & 0 & 0 & 0 & 0 & 54 & 13l & 0 & 0 & 0 & 0 \\ & 4l^2 & 0 & 0 & 0 & 0 & -13l & -3l^2 & 0 & 0 & 0 & 0 \\ & & 0 & 0 & 0 & 0 & 0 & 0 & 0 & 0 & 0 & 0 \\ & & & 0 & 0 & 0 & 0 & 0 & 0 & 0 & 0 & 0 \\ & & & & 0 & 0 & 0 & 0 & 0 & 0 & 0 & 0 \\ & & & & & 0 & 0 & 0 & 0 & 0 & 0 & 0 \\ & & & & & & 156 & 22l & 0 & 0 & 0 & 0 \\ & & & & & & & 4l^2 & 0 & 0 & 0 & 0 \\ & & & & & & & & 0 & 0 & 0 & 0 \\ & 对称 & & & & & & & & 0 & 0 & 0 \\ & & & & & & & & & & 0 & 0 \\ & & & & & & & & & & & 0 \end{bmatrix} \tag{9.35}$$

$$\boldsymbol{m}_s^e = \frac{\rho_s A_s l}{420} \begin{bmatrix} 0 & 0 & 0 & 0 & 0 & 0 & 0 & 0 & 0 & 0 & 0 & 0 \\ & 0 & 0 & 0 & 0 & 0 & 0 & 0 & 0 & 0 & 0 & 0 \\ & & 156 & -22l & 0 & 0 & 0 & 0 & 54 & 13l & 0 & 0 \\ & & & 4l^2 & 0 & 0 & 0 & 0 & -13l & -3l^2 & 0 & 0 \\ & & & & 0 & 0 & 0 & 0 & 0 & 0 & 0 & 0 \\ & & & & & 0 & 0 & 0 & 0 & 0 & 0 & 0 \\ & & \text{对称} & & & & 0 & 0 & 0 & 0 & 0 & 0 \\ & & & & & & & 0 & 0 & 0 & 0 & 0 \\ & & & & & & & & 156 & 22l & 0 & 0 \\ & & & & & & & & & 4l^2 & 0 & 0 \\ & & & & & & & & & & 0 & 0 \\ & & & & & & & & & & & 0 \end{bmatrix}$$

(9.36)

$$\boldsymbol{m}_b^e = \frac{\rho_b A_b l}{420} \begin{bmatrix} 0 & 0 & 0 & 0 & 0 & 0 & 0 & 0 & 0 & 0 & 0 & 0 \\ & 0 & 0 & 0 & 0 & 0 & 0 & 0 & 0 & 0 & 0 & 0 \\ & & 0 & 0 & 0 & 0 & 0 & 0 & 0 & 0 & 0 & 0 \\ & & & 0 & 0 & 0 & 0 & 0 & 0 & 0 & 0 & 0 \\ & & & & 156 & -22l & 0 & 0 & 0 & 0 & 54 & 13l \\ & & & & & 4l^2 & 0 & 0 & 0 & 0 & -13l & -3l^2 \\ & & \text{对称} & & & & 0 & 0 & 0 & 0 & 0 & 0 \\ & & & & & & & 0 & 0 & 0 & 0 & 0 \\ & & & & & & & & 0 & 0 & 0 & 0 \\ & & & & & & & & & 0 & 0 & 0 \\ & & & & & & & & & & 156 & 22l \\ & & & & & & & & & & & 4l^2 \end{bmatrix}$$

(9.37)

其中，ρ_r、ρ_s 和 ρ_b 分别为钢轨、预制轨道板和混凝土桥梁的密度；A_r、A_s 和 A_b 分别为钢轨、预制轨道板和混凝土桥梁的横截面面积；l 为板式轨道-桥梁单元的长度。

9.3.4 板式轨道-桥梁单元刚度矩阵

板式轨道-桥梁单元的刚度矩阵由钢轨、预制轨道板、混凝土桥梁弯曲势能引起的刚度，以及由钢轨扣件离散弹性点支承和沥青水泥砂浆层的连续弹性支承引起的刚度组成。

$$k_l^e = k_r^e + k_s^e + k_b^e + k_{1c}^e + k_{2c}^e \tag{9.38}$$

其中，k_l^e 为板式轨道-桥梁单元的刚度矩阵。

$$k_r^e = \frac{E_r I_r}{l^3} \begin{bmatrix} 12 & -6l & 0 & 0 & 0 & 0 & -12 & -6l & 0 & 0 & 0 & 0 \\ & 4l^2 & 0 & 0 & 0 & 0 & 6l & 2l^2 & 0 & 0 & 0 & 0 \\ & & 0 & 0 & 0 & 0 & 0 & 0 & 0 & 0 & 0 & 0 \\ & & & 0 & 0 & 0 & 0 & 0 & 0 & 0 & 0 & 0 \\ & & & & 0 & 0 & 0 & 0 & 0 & 0 & 0 & 0 \\ & & & & & 0 & 0 & 0 & 0 & 0 & 0 & 0 \\ & & & & & & 12 & 6l & 0 & 0 & 0 & 0 \\ & & & & & & & 4l^2 & 0 & 0 & 0 & 0 \\ & & & & & & & & 0 & 0 & 0 & 0 \\ & & \text{对称} & & & & & & & 0 & 0 & 0 \\ & & & & & & & & & & 0 & 0 \\ & & & & & & & & & & & 0 \end{bmatrix} \tag{9.39}$$

其中，k_r^e 为钢轨弯曲刚度矩阵；E_r 和 I_r 分别为钢轨的弹性模量和绕水平轴的截面惯性矩。

$$k_s^e = \frac{E_s I_s}{l^3} \begin{bmatrix} 0 & 0 & 0 & 0 & 0 & 0 & 0 & 0 & 0 & 0 & 0 & 0 \\ & 0 & 0 & 0 & 0 & 0 & 0 & 0 & 0 & 0 & 0 & 0 \\ & & 12 & -6l & 0 & 0 & 0 & 0 & -12 & -6l & 0 & 0 \\ & & & 4l^2 & 0 & 0 & 0 & 0 & 6l & 2l^2 & 0 & 0 \\ & & & & 0 & 0 & 0 & 0 & 0 & 0 & 0 & 0 \\ & & & & & 0 & 0 & 0 & 0 & 0 & 0 & 0 \\ & & & & & & 0 & 0 & 0 & 0 & 0 & 0 \\ & & & & & & & 0 & 0 & 0 & 0 & 0 \\ & & & & & & & & 12 & 6l & 0 & 0 \\ & & \text{对称} & & & & & & & 4l^2 & 0 & 0 \\ & & & & & & & & & & 0 & 0 \\ & & & & & & & & & & & 0 \end{bmatrix} \tag{9.40}$$

其中，k_s^e 为预制轨道板弯曲刚度矩阵；E_s 和 I_s 分别为预制轨道板的弹性模量和绕水平轴的截面惯性矩。

$$\boldsymbol{k}_b^e = \frac{E_b I_b}{l^3} \begin{bmatrix} 0 & 0 & 0 & 0 & 0 & 0 & 0 & 0 & 0 & 0 & 0 & 0 \\ & 0 & 0 & 0 & 0 & 0 & 0 & 0 & 0 & 0 & 0 & 0 \\ & & 0 & 0 & 0 & 0 & 0 & 0 & 0 & 0 & 0 & 0 \\ & & & 0 & 0 & 0 & 0 & 0 & 0 & 0 & 0 & 0 \\ & & & & 12 & -6l & 0 & 0 & 0 & 0 & -12 & -6l \\ & & & & & 4l^2 & 0 & 0 & 0 & 0 & 6l & 2l^2 \\ & & & & & & 0 & 0 & 0 & 0 & 0 & 0 \\ & & & & & & & 0 & 0 & 0 & 0 & 0 \\ & & & & & & & & 0 & 0 & 0 & 0 \\ & \text{对称} & & & & & & & & 0 & 0 & 0 \\ & & & & & & & & & & 12 & 6l \\ & & & & & & & & & & & 4l^2 \end{bmatrix} \quad (9.41)$$

其中，$\boldsymbol{k}_b^e$ 为混凝土桥梁弯曲刚度矩阵；E_b 和 I_b 分别为混凝土桥梁的弹性模量和绕水平轴的截面惯性矩。

$$\boldsymbol{k}_{1c}^e = \frac{1}{2} \begin{bmatrix} k_{y1} & 0 & -k_{y1} & 0 & 0 & 0 & 0 & 0 & 0 & 0 & 0 & 0 \\ & 0 & 0 & 0 & 0 & 0 & 0 & 0 & 0 & 0 & 0 & 0 \\ & & k_{y1} & 0 & 0 & 0 & 0 & 0 & 0 & 0 & 0 & 0 \\ & & & 0 & 0 & 0 & 0 & 0 & 0 & 0 & 0 & 0 \\ & & & & 0 & 0 & 0 & 0 & 0 & 0 & 0 & 0 \\ & & & & & 0 & 0 & 0 & 0 & 0 & 0 & 0 \\ & & & & & & k_{y1} & 0 & -k_{y1} & 0 & 0 & 0 \\ & & & & & & & 0 & 0 & 0 & 0 & 0 \\ & & & & & & & & k_{y1} & 0 & 0 & 0 \\ & \text{对称} & & & & & & & & 0 & 0 & 0 \\ & & & & & & & & & & 0 & 0 \\ & & & & & & & & & & & 0 \end{bmatrix} \quad (9.42)$$

其中，$\boldsymbol{k}_{1c}^e$ 为钢轨扣件离散弹性点支承引起的刚度矩阵；k_{y1} 为钢轨扣件弹性系数。

$$\boldsymbol{k}_{2c}^{e} = \frac{k_{y2}l}{420} \begin{bmatrix} 0 & 0 & 0 & 0 & 0 & 0 & 0 & 0 & 0 & 0 & 0 & 0 \\ & 0 & 0 & 0 & 0 & 0 & 0 & 0 & 0 & 0 & 0 & 0 \\ & & 156 & -22l & -156 & 22l & 0 & 0 & 54 & 13l & -54 & -13l \\ & & & 4l^2 & 22l & -4l^2 & 0 & 0 & -13l & -3l^2 & 13l & 3l^2 \\ & & & & 156 & -22l & 0 & 0 & -54 & -13l & 54 & 13l \\ & & & & & 4l^2 & 0 & 0 & 13l & 3l^2 & -13l & -3l^2 \\ & & & & & & 0 & 0 & 0 & 0 & 0 & 0 \\ & & & & & & & 0 & 0 & 0 & 0 & 0 \\ & & & & & & & & 156 & 22l & -156 & -22l \\ & \text{对称} & & & & & & & & 4l^2 & -22l & -4l^2 \\ & & & & & & & & & & 156 & 22l \\ & & & & & & & & & & & 4l^2 \end{bmatrix}$$

(9.43)

其中，$\boldsymbol{k}_{2c}^{e}$ 为沥青水泥砂浆层连续弹性支承引起的刚度矩阵；k_{y2} 为沥青水泥砂浆支承层的弹性系数。

9.3.5 板式轨道-桥梁单元阻尼矩阵

板式轨道-桥梁单元的阻尼矩阵由钢轨、预制轨道板和混凝土桥梁的内摩擦引起的阻尼，以及由轨下垫板和扣件及沥青水泥砂浆层引起的阻尼组成。其阻尼矩阵为

$$\boldsymbol{c}_{l}^{e} = \boldsymbol{c}_{r}^{e} + \boldsymbol{c}_{1c}^{e} + \boldsymbol{c}_{2c}^{e} \tag{9.44}$$

其中，$\boldsymbol{c}_{r}^{e}$ 为由钢轨、预制轨道板和混凝土桥梁的内摩擦引起的阻尼矩阵，通常可采用比例阻尼；$\boldsymbol{c}_{1c}^{e}$ 和 $\boldsymbol{c}_{2c}^{e}$ 分别为由轨下垫板和扣件及沥青水泥砂浆层引起的阻尼矩阵。

$$\boldsymbol{c}_{r}^{e} = \alpha_{r}\boldsymbol{m}_{r}^{e} + \beta_{r}\boldsymbol{k}_{r}^{e} + \alpha_{s}\boldsymbol{m}_{s}^{e} + \beta_{s}\boldsymbol{k}_{s}^{e} + \alpha_{b}\boldsymbol{m}_{b}^{e} + \beta_{b}\boldsymbol{m}_{b}^{e} \tag{9.45}$$

其中，α_r、β_r、α_s、β_s、α_b 和 β_b 分别为钢轨、预制轨道板和混凝土桥梁的比例阻尼系数。

$$\boldsymbol{c}_{1c}^{e} = \frac{1}{2} \begin{bmatrix} c_{y1} & 0 & -c_{y1} & 0 & 0 & 0 & 0 & 0 & 0 & 0 & 0 & 0 \\ & 0 & 0 & 0 & 0 & 0 & 0 & 0 & 0 & 0 & 0 & 0 \\ & & c_{y1} & 0 & 0 & 0 & 0 & 0 & 0 & 0 & 0 & 0 \\ & & & 0 & 0 & 0 & 0 & 0 & 0 & 0 & 0 & 0 \\ & & & & 0 & 0 & 0 & 0 & 0 & 0 & 0 & 0 \\ & & & & & 0 & 0 & 0 & 0 & 0 & 0 & 0 \\ & & & & & & c_{y1} & 0 & -c_{y1} & 0 & 0 & 0 \\ & & & & & & & 0 & 0 & 0 & 0 & 0 \\ & & & & & & & & c_{y1} & 0 & 0 & 0 \\ & \text{对称} & & & & & & & & 0 & 0 & 0 \\ & & & & & & & & & & 0 & 0 \\ & & & & & & & & & & & 0 \end{bmatrix} \tag{9.46}$$

$$c_{2c}^e = \frac{c_{y2}l}{420} \begin{bmatrix} 0 & 0 & 0 & 0 & 0 & 0 & 0 & 0 & 0 & 0 & 0 \\ & 0 & 0 & 0 & 0 & 0 & 0 & 0 & 0 & 0 & 0 \\ & & 156 & -22l & -156 & 22l & 0 & 0 & 54 & 13l & -54 & -13l \\ & & & 4l^2 & 22l & -4l^2 & 0 & 0 & -13l & -3l^2 & 13l & 3l^2 \\ & & & & 156 & -22l & 0 & 0 & -54 & -13l & 54 & 13l \\ & & & & & 4l^2 & 0 & 0 & 13l & 3l^2 & -13l & -3l^2 \\ & & & & & & 0 & 0 & 0 & 0 & 0 & 0 \\ & & & & & & & 0 & 0 & 0 & 0 & 0 \\ & & & & & & & & 156 & 22l & -156 & -22l \\ \text{对称} & & & & & & & & & 4l^2 & -22l & -4l^2 \\ & & & & & & & & & & 156 & 22l \\ & & & & & & & & & & & 4l^2 \end{bmatrix}$$

(9.47)

其中，c_{y1} 和 c_{y2} 分别为轨下垫板和扣件及沥青水泥砂浆的阻尼系数。

按有限元集成规则组集单元质量、刚度和阻尼矩阵[式(9.34)、式(9.38)和式(9.44)]，可得到车辆-轨道-桥梁耦合系统的总质量、总刚度和总阻尼矩阵，即

$$\begin{aligned} m_l &= \sum_e m_l^e = \sum_e (m_r^e + m_s^e + m_b^e) \\ k_l &= \sum_e k_l^e = \sum_e (k_r^e + k_s^e + k_b^e + k_{1c}^e + k_{2c}^e) \\ c_l &= \sum_e c_l^e = \sum_e (c_r^e + c_{1c}^e + c_{2c}^e) \end{aligned} \quad (9.48)$$

运用 Lagrange 方程，可以得到有砟轨道结构、板式轨道结构和高架轨道结构的有限元方程，写成统一的形式，即

$$m_l \ddot{a}_l + c_l \dot{a}_l + k_l a_l = Q_l \quad (9.49)$$

其中，Q_l 为有砟轨道结构，或板式轨道结构，或高架轨道结构的总结点荷载向量。

9.4 车辆单元模型

车辆单元模型如图 9.4 所示，M_c 和 J_c 为 1/2 的车体质量与转动惯量；M_t 和 J_t 为 1/2 的转向架质量与转动惯量；k_{s1} 和 k_{s2} 为车辆一系和二系悬挂刚度；c_{s1} 和 c_{s2} 为车辆一系和二系悬挂阻尼；$M_{wi}(i=1,2,3,4)$ 为第 i 个轮对的 1/2 轮对质量；k_c 为轮轨间赫兹接触刚度；v_9 和 θ_9 为车体沉浮振动的竖向位移和车体点头振动的角位移；v_i 和 $\theta_i(i=10,11)$ 为前、后转向架沉浮振动的竖向位移和点头振动的角位移；$v_i(i=12,13,14,15)$ 为第 i 个车轮的竖向位移；$v_{ci}(i=1,2,3,4)$ 为第 i 个轮轨接触处钢轨的竖向位移；$v_i(i=1,2,\cdots,8)$ 表示钢轨第 i 个结点的竖向位移；$\theta_i(i=$

$1,2,\cdots,8$)表示钢轨第 i 个结点的转角。考虑轨面随机不平顺,不平顺幅值用 η 表示,与四个车轮接触处的不平顺幅值分别为 η_1、η_2、η_3 和 η_4。

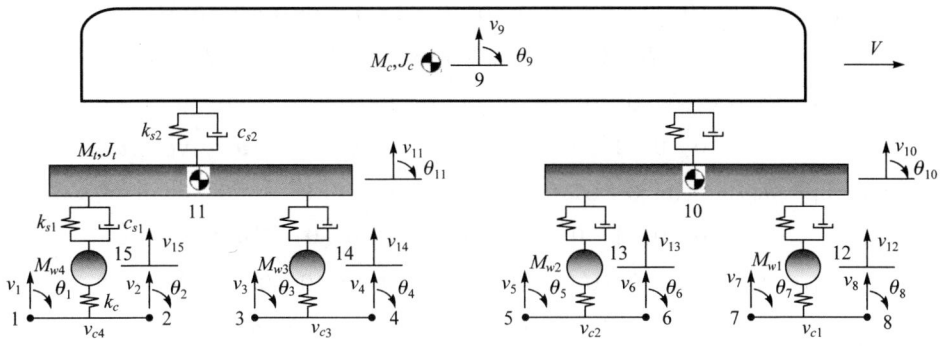

图 9.4 车辆单元模型

如图 9.4 所示,单元共有 26 个自由度,定义单元的结点位移向量为

$$a^e = \{v_1 \quad \theta_1 \quad v_2 \quad \theta_2 \quad v_3 \quad \theta_3 \quad v_4 \quad \theta_4 \quad v_5 \quad \theta_5 \quad v_6 \quad \theta_6 \quad v_7 \quad \theta_7 \quad v_8 \quad \theta_8 \quad v_9$$
$$\theta_9 \quad v_{10} \quad v_{11} \quad \theta_{10} \quad \theta_{11} \quad v_{12} \quad v_{13} \quad v_{14} \quad v_{15}\}^T \tag{9.50}$$

为建立车辆单元的有限元方程,可以运用 Lagrange 方程,即

$$\frac{\mathrm{d}}{\mathrm{d}t}\frac{\partial L}{\partial \dot{a}} - \frac{\partial L}{\partial a} + \frac{\partial R}{\partial \dot{a}} = 0 \tag{9.51}$$

其中,L 为 Lagrange 函数,$L = T - \Pi$,T 为动能,Π 为势能;R 为耗散能。

9.4.1 车辆单元的势能

$$\begin{aligned}
\Pi_u &= \frac{1}{2}k_{s2}(v_9 - v_{10} - \theta_9 l_2)^2 + \frac{1}{2}k_{s2}(v_9 - v_{11} + \theta_9 l_2)^2 + \frac{1}{2}k_{s1}(v_{10} - v_{12} - \theta_{10} l_1)^2 \\
&+ \frac{1}{2}k_{s1}(v_{10} - v_{13} + \theta_{10} l_1)^2 + \frac{1}{2}k_{s1}(v_{11} - v_{14} - \theta_{11} l_1)^2 + \frac{1}{2}k_{s1}(v_{11} - v_{15} + \theta_{11} l_1)^2 \\
&+ \frac{1}{2}k_c(v_{12} - v_{c1} - \eta_1)^2 + \frac{1}{2}k_c(v_{13} - v_{c2} - \eta_2)^2 + \frac{1}{2}k_c(v_{14} - v_{c3} - \eta_3)^2 \\
&+ \frac{1}{2}k_c(v_{15} - v_{c4} - \eta_4)^2 + v_9 M_c g + v_{10} M_t g + v_{11} M_t g + v_{12} M_w g + v_{13} M_w g \\
&+ v_{14} M_w g + v_{15} M_w g
\end{aligned} \tag{9.52}$$

其中

$$v_9 - v_{10} - \theta_9 l_2 = \{0 \quad 0 \quad 0 \quad 0 \quad 0 \quad 0 \quad 0 \quad 0 \quad 0 \quad 0 \quad 0 \quad 0 \quad 0 \quad 0 \quad 0 \quad 0 \quad 1 \quad -l_2 \quad -1 \quad 0 \quad 0 \quad 0 \quad 0 \quad 0 \quad 0 \quad 0\} a^e = N_{9-10}^T a^e$$

$$\dot{v}_9 - \dot{v}_{10} - \dot{\theta}_9 l_2 = \{0 \quad 0 \quad 0 \quad 0 \quad 0 \quad 0 \quad 0 \quad 0 \quad 0 \quad 0 \quad 0 \quad 0 \quad 0 \quad 0 \quad 0 \quad 0 \quad 1 \quad -l_2 \quad -1 \quad 0 \quad 0 \quad 0 \quad 0 \quad 0 \quad 0 \quad 0\} \dot{a}^e = N_{9-10}^T \dot{a}^e$$

$$v_9 - v_{11} + \theta_9 l_2 = \{0\ 0\ 0\ 0\ 0\ 0\ 0\ 0\ 0\ 0\ 0\ 0\ 0\ 0\ 0\ 0\ 1\ l_2\ 0\ -1\ 0\ 0\ 0\ 0\ 0\ 0\}\boldsymbol{a}^e = \boldsymbol{N}_{9-11}^T \boldsymbol{a}^e$$

$$\dot{v}_9 - \dot{v}_{11} + \dot{\theta}_9 l_2 = \{0\ 0\ 0\ 0\ 0\ 0\ 0\ 0\ 0\ 0\ 0\ 0\ 0\ 0\ 0\ 0\ 1\ l_2\ 0\ -1\ 0\ 0\ 0\ 0\ 0\ 0\}\dot{\boldsymbol{a}}^e = \boldsymbol{N}_{9-11}^T \dot{\boldsymbol{a}}^e$$

$$v_{10} - v_{12} - \theta_{10} l_1 = \{0\ 0\ 0\ 0\ 0\ 0\ 0\ 0\ 0\ 0\ 0\ 0\ 0\ 0\ 0\ 0\ 0\ 0\ 1\ 0\ -l_1\ 0\ -1\ 0\ 0\ 0\}\boldsymbol{a}^e = \boldsymbol{N}_{10-12}^T \boldsymbol{a}^e$$

$$\dot{v}_{10} - \dot{v}_{12} - \dot{\theta}_{10} l_1 = \{0\ 0\ 0\ 0\ 0\ 0\ 0\ 0\ 0\ 0\ 0\ 0\ 0\ 0\ 0\ 0\ 0\ 0\ 1\ 0\ -l_1\ 0\ -1\ 0\ 0\ 0\}\dot{\boldsymbol{a}}^e = \boldsymbol{N}_{10-12}^T \dot{\boldsymbol{a}}^e$$

$$v_{10} - v_{13} + \theta_{10} l_1 = \{0\ 0\ 0\ 0\ 0\ 0\ 0\ 0\ 0\ 0\ 0\ 0\ 0\ 0\ 0\ 0\ 0\ 0\ 1\ 0\ l_1\ 0\ 0\ -1\ 0\ 0\}\boldsymbol{a}^e = \boldsymbol{N}_{10-13}^T \boldsymbol{a}^e$$

$$\dot{v}_{10} - \dot{v}_{13} + \dot{\theta}_{10} l_1 = \{0\ 0\ 0\ 0\ 0\ 0\ 0\ 0\ 0\ 0\ 0\ 0\ 0\ 0\ 0\ 0\ 0\ 0\ 1\ 0\ l_1\ 0\ 0\ -1\ 0\ 0\}\dot{\boldsymbol{a}}^e = \boldsymbol{N}_{10-13}^T \dot{\boldsymbol{a}}^e$$

$$v_{11} - v_{14} - \theta_{11} l_1 = \{0\ 0\ 0\ 0\ 0\ 0\ 0\ 0\ 0\ 0\ 0\ 0\ 0\ 0\ 0\ 0\ 0\ 0\ 0\ 1\ 0\ -l_1\ 0\ 0\ -1\ 0\}\boldsymbol{a}^e = \boldsymbol{N}_{11-14}^T \boldsymbol{a}^e$$

$$\dot{v}_{11} - \dot{v}_{14} - \dot{\theta}_{11} l_1 = \{0\ 0\ 0\ 0\ 0\ 0\ 0\ 0\ 0\ 0\ 0\ 0\ 0\ 0\ 0\ 0\ 0\ 0\ 0\ 1\ 0\ -l_1\ 0\ 0\ -1\ 0\}\dot{\boldsymbol{a}}^e = \boldsymbol{N}_{11-14}^T \dot{\boldsymbol{a}}^e$$

$$v_{11} - v_{15} + \theta_{11} l_1 = \{0\ 0\ 0\ 0\ 0\ 0\ 0\ 0\ 0\ 0\ 0\ 0\ 0\ 0\ 0\ 0\ 0\ 0\ 0\ 1\ 0\ l_1\ 0\ 0\ 0\ -1\}\boldsymbol{a}^e = \boldsymbol{N}_{11-15}^T \boldsymbol{a}^e$$

$$\dot{v}_{11} - \dot{v}_{15} + \dot{\theta}_{11} l_1 = \{0\ 0\ 0\ 0\ 0\ 0\ 0\ 0\ 0\ 0\ 0\ 0\ 0\ 0\ 0\ 0\ 0\ 0\ 0\ 1\ 0\ l_1\ 0\ 0\ 0\ -1\}\dot{\boldsymbol{a}}^e = \boldsymbol{N}_{11-15}^T \dot{\boldsymbol{a}}^e$$

(9.53)

$$v_{12} - v_{c1} = \{0\ 0\ 0\ 0\ 0\ 0\ 0\ 0\ 0\ 0\ 0\ 0\ -N_1\ -N_2\ -N_3\ -N_4\ 0\ 0\ 0\ 0\ 0\ 0\ 1\ 0\ 0\ 0\}\boldsymbol{a}^e = \boldsymbol{N}_{c1}^T \boldsymbol{a}^e$$

$$v_{13} - v_{c2} = \{0\ 0\ 0\ 0\ 0\ 0\ 0\ 0\ -N_1\ -N_2\ -N_3\ -N_4\ 0\ 0\ 0\ 0\ 0\ 0\ 0\ 0\ 0\ 1\ 0\ 0\}\boldsymbol{a}^e = \boldsymbol{N}_{c2}^T \boldsymbol{a}^e$$

$$v_{14} - v_{c3} = \{0\ 0\ 0\ 0\ -N_1\ -N_2\ -N_3\ -N_4\ 0\ 0\ 0\ 0\ 0\ 0\ 0\ 0\ 0\ 0\ 0\ 0\ 0\ 0\ 0\ 1\ 0\}\boldsymbol{a}^e = \boldsymbol{N}_{c3}^T \boldsymbol{a}^e$$

$$v_{15} - v_{c4} = \{-N_1\ -N_2\ -N_3\ -N_4\ 0\ 0\ 0\ 0\ 0\ 0\ 0\ 0\ 0\ 0\ 0\ 0\ 0\ 0\ 0\ 0\ 0\ 0\ 0\ 0\ 0\ 1\}\boldsymbol{a}^e = \boldsymbol{N}_{c4}^T \boldsymbol{a}^e$$

(9.54)

$$v_9 = \{0\ 0\ 0\ 0\ 0\ 0\ 0\ 0\ 0\ 0\ 0\ 0\ 0\ 0\ 0\ 0\ 1\ 0\ 0\ 0\ 0\ 0\ 0\ 0\ 0\ 0\}\boldsymbol{a}^e = \boldsymbol{N}_9^T \boldsymbol{a}^e$$

$$v_{10} = \{0\ 0\ 0\ 0\ 0\ 0\ 0\ 0\ 0\ 0\ 0\ 0\ 0\ 0\ 0\ 0\ 0\ 1\ 0\ 0\ 0\ 0\ 0\ 0\ 0\ 0\}\boldsymbol{a}^e = \boldsymbol{N}_{10}^{\mathrm{T}}\boldsymbol{a}^e$$

$$v_{11} = \{0\ 0\ 0\ 0\ 0\ 0\ 0\ 0\ 0\ 0\ 0\ 0\ 0\ 0\ 0\ 0\ 0\ 0\ 1\ 0\ 0\ 0\ 0\ 0\ 0\ 0\}\boldsymbol{a}^e = \boldsymbol{N}_{11}^{\mathrm{T}}\boldsymbol{a}^e$$

$$v_{12} = \{0\ 0\ 0\ 0\ 0\ 0\ 0\ 0\ 0\ 0\ 0\ 0\ 0\ 0\ 0\ 0\ 0\ 0\ 0\ 1\ 0\ 0\ 0\}\boldsymbol{a}^e = \boldsymbol{N}_{12}^{\mathrm{T}}\boldsymbol{a}^e$$

$$v_{13} = \{0\ 0\ 0\ 0\ 0\ 0\ 0\ 0\ 0\ 0\ 0\ 0\ 0\ 0\ 0\ 0\ 0\ 0\ 0\ 0\ 1\ 0\ 0\}\boldsymbol{a}^e = \boldsymbol{N}_{13}^{\mathrm{T}}\boldsymbol{a}^e$$

$$v_{14} = \{0\ 0\ 0\ 0\ 0\ 0\ 0\ 0\ 0\ 0\ 0\ 0\ 0\ 0\ 0\ 0\ 0\ 0\ 0\ 0\ 0\ 1\ 0\}\boldsymbol{a}^e = \boldsymbol{N}_{14}^{\mathrm{T}}\boldsymbol{a}^e$$

$$v_{15} = \{0\ 0\ 0\ 0\ 0\ 0\ 0\ 0\ 0\ 0\ 0\ 0\ 0\ 0\ 0\ 0\ 0\ 0\ 0\ 0\ 0\ 0\ 1\}\boldsymbol{a}^e = \boldsymbol{N}_{15}^{\mathrm{T}}\boldsymbol{a}^e$$

(9.55)

式(9.54)中的 v_{c1}、v_{c2}、v_{c3} 和 v_{c4} 可以用钢轨两端的位移通过插值表示,即

$$v_{c4} = N_1 v_1 + N_2 \theta_1 + N_3 v_2 + N_4 \theta_2 \tag{9.56}$$

其中,$N_1 \sim N_4$ 为插值函数[式(9.22)]。

将轮轨接触处的局部坐标 x_{c4} 代入 $N_1 \sim N_4$,再代入式(9.54)中,即可得到 $\boldsymbol{N}_{c4}$。同理,将局部坐标 x_{c1}、x_{c2} 和 x_{c3} 分别代入插值函数,可计算 $\boldsymbol{N}_{c1}$、$\boldsymbol{N}_{c2}$ 和 $\boldsymbol{N}_{c3}$。

将式(9.53)~式(9.55)代入式(9.52)中,有

$$\begin{aligned}\boldsymbol{\Pi}_V = &\frac{1}{2}\boldsymbol{a}^{e\mathrm{T}}\{k_{s2}\boldsymbol{N}_{9-10}\boldsymbol{N}_{9-10}^{\mathrm{T}} + k_{s2}\boldsymbol{N}_{9-11}\boldsymbol{N}_{9-11}^{\mathrm{T}} + k_{s1}\boldsymbol{N}_{10-12}\boldsymbol{N}_{10-12}^{\mathrm{T}} + k_{s1}\boldsymbol{N}_{10-13}\boldsymbol{N}_{10-13}^{\mathrm{T}} \\ &+ k_{s1}\boldsymbol{N}_{11-14}\boldsymbol{N}_{11-14}^{\mathrm{T}} + k_{s1}\boldsymbol{N}_{11-15}\boldsymbol{N}_{11-15}^{\mathrm{T}} + k_c\boldsymbol{N}_{c1}\boldsymbol{N}_{c1}^{\mathrm{T}} + k_c\boldsymbol{N}_{c2}\boldsymbol{N}_{c2}^{\mathrm{T}} + k_c\boldsymbol{N}_{c3}\boldsymbol{N}_{c3}^{\mathrm{T}} + k_c\boldsymbol{N}_{c4}\boldsymbol{N}_{c4}^{\mathrm{T}}\}\boldsymbol{a}^e \\ &- \boldsymbol{a}^{e\mathrm{T}}(k_c\eta_1\boldsymbol{N}_{c1} + k_c\eta_2\boldsymbol{N}_{c2} + k_c\eta_3\boldsymbol{N}_{c3} + k_c\eta_4\boldsymbol{N}_{c4}) + \frac{1}{2}k_c(\eta_1^2 + \eta_2^2 + \eta_3^2 + \eta_4^2) \\ &+ \boldsymbol{a}^{e\mathrm{T}}(M_c g\boldsymbol{N}_9 + M_t g\boldsymbol{N}_{10} + M_t g\boldsymbol{N}_{11} + M_w g\boldsymbol{N}_{12} + M_w g\boldsymbol{N}_{13} + M_w g\boldsymbol{N}_{14} + M_w g\boldsymbol{N}_{15}) \\ = &\frac{1}{2}\boldsymbol{a}^{e\mathrm{T}}\{\boldsymbol{k}_1 + \boldsymbol{k}_2 + \boldsymbol{k}_3 + \boldsymbol{k}_4 + \boldsymbol{k}_5 + \boldsymbol{k}_6 + \boldsymbol{k}_{c1} + \boldsymbol{k}_{c2} + \boldsymbol{k}_{c3} + \boldsymbol{k}_{c4}\}\boldsymbol{a}^e \\ &- \boldsymbol{a}^{e\mathrm{T}}(k_c\eta_1\boldsymbol{N}_{c1} + k_c\eta_2\boldsymbol{N}_{c2} + k_c\eta_3\boldsymbol{N}_{c3} + k_c\eta_4\boldsymbol{N}_{c4}) + \frac{1}{2}k_c(\eta_1^2 + \eta_2^2 + \eta_3^2 + \eta_4^2) \\ &+ \boldsymbol{a}^{e\mathrm{T}}(M_c g\boldsymbol{N}_9 + M_t g\boldsymbol{N}_{10} + M_t g\boldsymbol{N}_{11} + M_w g\boldsymbol{N}_{12} + M_w g\boldsymbol{N}_{13} + M_w g\boldsymbol{N}_{14} + M_w g\boldsymbol{N}_{15}) \\ = &\frac{1}{2}\boldsymbol{a}^{e\mathrm{T}}\boldsymbol{k}_u^e\boldsymbol{a}^e + \boldsymbol{a}^{e\mathrm{T}}\boldsymbol{Q}_u^e + \frac{1}{2}k_c(\eta_1^2 + \eta_2^2 + \eta_3^2 + \eta_4^2) \end{aligned} \tag{9.57}$$

其中，k_u^e 为车辆单元的刚度矩阵；Q_u^e 为结点荷载向量。

$$k_u^e = k_v + k_c \tag{9.58}$$

其中，k_v 是刚度矩阵(9.58)中不变的部分；k_c 是变化的部分，与轮轨接触位置有关。

$$Q_u^e = Q_v + Q_\eta \tag{9.59}$$

$$\begin{aligned}
k_v &= k_1 + k_2 + k_3 + \cdots + k_6 \\
&= k_{s2} N_{9-10} N_{9-10}^T + k_{s2} N_{9-11} N_{9-11}^T \\
&\quad + k_{s1} N_{10-12} N_{10-12}^T + k_{s1} N_{10-13} N_{10-13}^T + k_{s1} N_{11-14} N_{11-14}^T + k_{s1} N_{11-15} N_{11-15}^T \\
&= \begin{bmatrix} \mathbf{0}_{16 \times 16} & \\ & k_{ve} \end{bmatrix}_{26 \times 26}
\end{aligned} \tag{9.60}$$

$$k_{ve} = \begin{bmatrix}
2k_{s2} & 0 & -k_{s2} & -k_{s2} & 0 & 0 & 0 & 0 & 0 & 0 \\
& 2k_{s2}l_2^2 & k_{s2}l_2 & -k_{s2}l_2 & 0 & 0 & 0 & 0 & 0 & 0 \\
& & 2k_{s1}+k_{s2} & 0 & 0 & 0 & -k_{s1} & -k_{s1} & 0 & 0 \\
& & & 2k_{s1}+k_{s2} & 0 & 0 & 0 & 0 & -k_{s1} & -k_{s1} \\
& & & & 2k_{s1}l_1^2 & 0 & k_{s1}l_1 & -k_{s1}l_1 & 0 & 0 \\
& & & & & 2k_{s1}l_1^2 & 0 & 0 & k_{s1}l_1 & -k_{s1}l_1 \\
& & & & & & k_{s1} & 0 & 0 & 0 \\
& & \text{对称} & & & & & k_{s1} & 0 & 0 \\
& & & & & & & & k_{s1} & 0 \\
& & & & & & & & & k_{s1}
\end{bmatrix} \tag{9.61}$$

其中，l_1 为二分之一的转向架长度；l_2 为二分之一的车体上两转向架中心之间长度。

$$\begin{aligned}
k_c &= k_{c1} + k_{c2} + k_{c3} + k_{c4} \\
&= k_c N_{c1} N_{c1}^T + k_c N_{c2} N_{c2}^T + k_c N_{c3} N_{c3}^T + k_c N_{c4} N_{c4}^T \\
&= k_c \begin{bmatrix}
NN_{c4} & \mathbf{0} & \mathbf{0} & \mathbf{0} & \mathbf{0} & NI_{c4} \\
& NN_{c3} & \mathbf{0} & \mathbf{0} & \mathbf{0} & NI_{c3} \\
& & NN_{c2} & \mathbf{0} & \mathbf{0} & NI_{c2} \\
& & & NN_{c1} & \mathbf{0} & NI_{c1} \\
& \text{对称} & & & \mathbf{0}_{6 \times 6} & \mathbf{0} \\
& & & & & \mathbf{I}_{4 \times 4}
\end{bmatrix}_{26 \times 26}
\end{aligned} \tag{9.62}$$

其中，$\mathbf{I}_{4 \times 4}$ 为四阶的单位矩阵。

$$NN_{ci} = \begin{bmatrix}
N_1^2 & N_1 N_2 & N_1 N_3 & N_1 N_4 \\
& N_2^2 & N_2 N_3 & N_2 N_4 \\
& & N_3^2 & N_3 N_4 \\
& \text{对称} & & N_4^2
\end{bmatrix}_{x_{ci}}, \quad i = 1, 2, 3, 4 \tag{9.63}$$

$$\mathbf{NI}_{c1} = \begin{bmatrix} -N_1 & 0 & 0 & 0 \\ -N_2 & 0 & 0 & 0 \\ -N_3 & 0 & 0 & 0 \\ -N_4 & 0 & 0 & 0 \end{bmatrix}_{x_{c1}} \tag{9.64}$$

$$\mathbf{NI}_{c2} = \begin{bmatrix} 0 & -N_1 & 0 & 0 \\ 0 & -N_2 & 0 & 0 \\ 0 & -N_3 & 0 & 0 \\ 0 & -N_4 & 0 & 0 \end{bmatrix}_{x_{c2}} \tag{9.65}$$

$$\mathbf{NI}_{c3} = \begin{bmatrix} 0 & 0 & -N_1 & 0 \\ 0 & 0 & -N_2 & 0 \\ 0 & 0 & -N_3 & 0 \\ 0 & 0 & -N_4 & 0 \end{bmatrix}_{x_{c3}} \tag{9.66}$$

$$\mathbf{NI}_{c4} = \begin{bmatrix} 0 & 0 & 0 & -N_1 \\ 0 & 0 & 0 & -N_2 \\ 0 & 0 & 0 & -N_3 \\ 0 & 0 & 0 & -N_4 \end{bmatrix}_{x_{c4}} \tag{9.67}$$

$$\begin{aligned} \mathbf{Q}_v = \{ & 0\ 0\ 0\ 0\ 0\ 0\ 0\ 0\ 0\ 0\ 0\ 0\ 0\ 0\ 0\ 0\ -M_cg\ 0\ -M_tg \\ & -M_tg\ 0\ 0\ -M_wg\ -M_wg\ -M_wg\ -M_wg \}^{\mathrm{T}} \end{aligned} \tag{9.68}$$

$$\mathbf{Q}_\eta = k_c\eta_1\mathbf{N}_{c1} + k_c\eta_2\mathbf{N}_{c2} + k_c\eta_3\mathbf{N}_{c3} + k_c\eta_4\mathbf{N}_{c4} \tag{9.69}$$

9.4.2 车辆单元的动能

$$\begin{aligned} T_v &= \frac{1}{2}M_cv_9^2 + \frac{1}{2}J_c\dot{\theta}_9^2 + \frac{1}{2}M_tv_{10}^2 + \frac{1}{2}M_tv_{11}^2 + \frac{1}{2}J_t\dot{\theta}_{10}^2 + \frac{1}{2}J_t\dot{\theta}_{11}^2 \\ &+ \frac{1}{2}M_wv_{12}^2 + \frac{1}{2}M_wv_{13}^2 + \frac{1}{2}M_wv_{14}^2 + \frac{1}{2}M_wv_{15}^2 \\ &= \frac{1}{2}\dot{\mathbf{a}}^{e\mathrm{T}}\mathbf{m}_u^e\dot{\mathbf{a}}^e \end{aligned} \tag{9.70}$$

其中,$\mathbf{m}_u^e$ 为车辆单元的质量矩阵,即

$$\mathbf{m}_u^e = \begin{bmatrix} \mathbf{0}_{16\times 16} & \\ & \mathbf{m}_{ve} \end{bmatrix}_{26\times 26} \tag{9.71}$$

$$\mathbf{m}_{ve} = \mathrm{diag}\{M_c\ J_c\ M_t\ M_t\ J_t\ J_t\ M_w\ M_w\ M_w\ M_w\} \tag{9.72}$$

9.4.3 车辆单元的耗散能

$$R_V = \frac{1}{2}c_{s2}(v_9 - v_{10} - \dot{\theta}_9 l_2)^2 + \frac{1}{2}c_{s2}(v_9 - v_{11} + \dot{\theta}_9 l_2)^2 + \frac{1}{2}c_{s1}(v_{10} - v_{12} - \dot{\theta}_{10} l_1)^2$$

$$+\frac{1}{2}c_{s1}(\dot{v}_{10}-\dot{v}_{13}+\dot{\theta}_{10}l_1)^2+\frac{1}{2}c_{s1}(\dot{v}_{11}-\dot{v}_{14}-\dot{\theta}_{11}l_1)^2+\frac{1}{2}c_{s1}(\dot{v}_{11}-\dot{v}_{15}+\dot{\theta}_{11}l_1)^2$$

$$=\frac{1}{2}\dot{a}^{eT}c_u^e\dot{a}^e \tag{9.73}$$

其中，c_u^e 为车辆单元的阻尼矩阵，即

$$c_u^e = \begin{bmatrix} \mathbf{0}_{16\times 16} & \\ & c_{ve} \end{bmatrix}_{26\times 26} \tag{9.74}$$

$$c_{ve} = \begin{bmatrix} 2c_{s2} & 0 & -c_{s2} & -c_{s2} & 0 & 0 & 0 & 0 & 0 & 0 \\ & 2c_{s2}l_2^2 & c_{s2}l_2 & -c_{s2}l_2 & 0 & 0 & 0 & 0 & 0 & 0 \\ & & 2c_{s1}+c_{s2} & 0 & 0 & 0 & -c_{s1} & -c_{s1} & 0 & 0 \\ & & & 2c_{s1}+c_{s2} & 0 & 0 & 0 & 0 & -c_{s1} & -c_{s1} \\ & & & & 2c_{s1}l_1^2 & 0 & c_{s1}l_1 & -c_{s1}l_1 & 0 & 0 \\ & & & & & 2c_{s1}l_1^2 & 0 & 0 & c_{s1}l_1 & -c_{s1}l_1 \\ & & & & & & c_{s1} & 0 & 0 & 0 \\ & & \text{对称} & & & & & c_{s1} & 0 & 0 \\ & & & & & & & & c_{s1} & 0 \\ & & & & & & & & & c_{s1} \end{bmatrix}$$

$$\tag{9.75}$$

9.5 车辆-轨道耦合系统有限元方程

考虑车辆-轨道（或轨道桥梁）耦合系统的有限元方程包含两种单元，即轨道单元（有砟轨道、板式轨道、板式轨道-桥梁）和车辆单元，其中轨道单元的刚度矩阵、质量矩阵和阻尼矩阵分别为 k_t^e、m_t^e 和 c_t^e，已在 9.2 节~9.4 节中给出了计算公式；车辆单元的刚度矩阵、质量矩阵和阻尼矩阵分别为 k_u^e、m_u^e 和 c_u^e，见式（9.58）、式（9.71）和式（9.74）。在数值计算时，只需集成一次轨道结构的总刚度矩阵、总质量矩阵、总阻尼矩阵和总荷载向量，然后在每一计算时间步长中，利用标准的有限元集成方法将车辆单元的刚度矩阵、质量矩阵、阻尼矩阵和荷载向量组集到轨道结构的总刚度矩阵、总质量矩阵、总阻尼矩阵和总荷载向量中，形成车辆-轨道（或轨道桥梁）耦合系统的总刚度矩阵、总质量矩阵、总阻尼矩阵和总荷载向量。

由此可以得到车辆-轨道（或轨道桥梁）耦合系统的动力有限元方程，即

$$M\ddot{a}+C\dot{a}+Ka=Q \tag{9.76}$$

其中，M、C、K 和 Q 分别为车辆-轨道（或轨道桥梁）耦合系统的总质量矩阵、总阻尼

矩阵、总刚度矩阵和总荷载向量,即

$$M = \sum_e (m_l + m_u^e), \quad C = \sum_e (c_l + c_u^e), \quad K = \sum_e (k_l + k_u^e), \quad Q = \sum_e (Q_l + Q_u)$$
(9.77)

车辆-轨道(或轨道桥梁)耦合系统动力有限元方程数值解可通过采用直接积分法,如 Newmark 积分法来实现。利用 Newmark 数值积分法,若已知系统在 t 时刻的解答 a_t、$\dot{a}_t$、$\ddot{a}_t$,欲求 $t+\Delta t$ 时刻的解 $a_{t+\Delta t}$,可通过求解式(9.78)得到,即

$$(K+c_0 M+c_1 C)a_{t+\Delta t}=Q_{t+\Delta t}+M(c_0 a_t+c_2 \dot{a}_t+c_3 \ddot{a}_t)+C(c_1 a_t+c_4 \dot{a}_t+c_5 \ddot{a}_t)$$
(9.78)

再将 a_t、$\dot{a}_t$、$\ddot{a}_t$ 和 $a_{t+\Delta t}$ 代入下式,就可以得到 $t+\Delta t$ 时刻的速度 $\dot{a}_{t+\Delta t}$ 和加速度 $\ddot{a}_{t+\Delta t}$,即

$$\begin{aligned} \ddot{a}_{t+\Delta t} &= c_0(a_{t+\Delta t}-a_t)-c_2 \dot{a}_t-c_3 \ddot{a}_t \\ \dot{a}_{t+\Delta t} &= \dot{a}_t+c_6 \ddot{a}_t+c_7 \ddot{a}_{t+\Delta t} \end{aligned}$$
(9.79)

其中

$$\begin{aligned} c_0 &= \frac{1}{\alpha \Delta t^2}, \quad c_1 = \frac{\delta}{\alpha \Delta t}, \quad c_2 = \frac{1}{\alpha \Delta t}, \quad c_3 = \frac{1}{2\alpha}-1 \\ c_4 &= \frac{\delta}{\alpha}-1, \quad c_5 = \frac{\Delta t}{2}\left(\frac{\delta}{\alpha}-2\right), \quad c_6 = \Delta t(1-\delta), \quad c_7 = \delta \Delta t \end{aligned}$$
(9.80)

其中,Δt 为时间步长;α 和 δ 为 Newmark 数值积分参数,当 α 和 δ 分别取 0.25 和 0.5 时,Newmark 数值积分法是无条件稳定的算法。

9.6 列车-轨道耦合系统动力分析

下面给出 3 个算例,其中算例 1 主要用于验证算法,算例 2 和算例 3 分别为考虑轨道平顺和不平顺条件下一节整车通过时车辆和轨道结构的动力响应分析。

算例 1,为验证模型的正确性,考察文献[3]简化的模型(图 9.5),其中车辆简化为 3 自由度的弹簧阻尼刚体系统,轨道简化为单层连续弹性梁。列车速度为 72km/h,轨枕间距 0.5m,比较两种模型的计算结果。

轨道参数为:$E=2.0\times 10^5$ MPa,$I=3.06\times 10^{-5}$ m^4,单位长度轨道质量 $m=60$ kg/m,单位长度轨道刚度 $k=1\times 10^4$ kN/m^2,单位长度轨道阻尼 $c=4.9$ kN·s/m^2。车辆参数为:$m_1=350$ kg,$m_2=250$ kg,$m_3=3500$ kg,$k_1=8.0\times 10^6$ kN/m,$k_2=1.26\times 10^3$ kN/m,$k_3=1.41\times 10^2$ kN/m,$c_1=6.7\times 10^2$ kN·s/m,$c_2=7.1$ kN·s/m,$c_3=8.87$ kN·s/m。

计算结果如图 9.6 所示,其中图 9.6(a)为文献[3]计算结果,图 9.6(b)为本章

车辆轨道单元计算结果,可见两者吻合良好[12]。

图 9.5 简化的车辆-轨道耦合系统动力学分析模型

(a) 文献[3]计算结果　　　　　　　(b) 车辆轨道单元计算结果

图 9.6 沿轨道方向钢轨位移分布图

算例2,分析一节整车通过时,车辆和轨道结构的动力响应。车辆为我国高速铁道车辆,其参数如表 9.1 所示。轨道结构为 60kg/m 无缝钢轨,钢轨抗弯模量 $EI=2×6.625MN·m^2$,Ⅲ 型轨枕,轨枕间距 0.60m,有砟轨道,其他轨道参数如表 9.2 所示。假设线路为平顺状态,列车速度为 252km/h,Newmark 数值积分法时间步长 $\Delta t=0.001s$,轮轨接触刚度系数 $K_c=1.325×10^6$ kN/m。线路总长 220m,在线路的两端各设置 20m 长的边界区,以消除边界效应。线路划分为 385 个轨道单元,1 个车辆单元,1168 个结点。

表 9.1 HSC 高速铁道车辆结构参数

参数	取值	参数	取值
1/2 车体质量 M_c/kg	26 000	二系悬挂刚度 K_{s2}/(kN/m)	1.72×10^3
1/2 构架质量 M_t/kg	1600	一系悬挂阻尼 C_{s1}/(kN·s/m)	5×10^2
1/2 轮对质量 M_w/kg	1400	二系悬挂阻尼 C_{s2}/(kN·s/m)	1.96×10^2
1/2 车体点头惯量 J_c/(kg·m²)	2.31×10^6	固定轴距 $2l_1$/m	2.50
1/2 构架点头惯量 J_t/(kg·m²)	3120	转向架中心距离 $2l_2$/m	18.0
一系悬挂刚度 K_{s1}/(N/m)	1.87×10^6	车轮半径/m	0.4575

表 9.2 轨道结构参数

轨道结构	单位长度质量/kg	单位长度刚度/(MN/m²)	单位长度阻尼/(kN·s/m²)
钢轨	60	133	83.3
轨枕	284	200	100
道床	1360	425	150

计算结果如图 9.7～图 9.11 所示,分别表示钢轨挠度沿轨道分布、轨枕挠度沿轨道分布、钢轨垂向加速度时程曲线、车体垂向加速度时程曲线和轮轨作用力时程曲线[12]。可以看出,钢轨和轨枕挠度曲线中的四个峰值明显对应于车辆的四个轮对。在车体的垂向加速度和轮轨作用力时程曲线上,前 1 秒内计算结果出现较大振荡,这是由于初始计算条件影响到解的稳定性,这个时段内数值解是不准确的。1 秒后,计算趋于稳定。由于假设轨道是完全平顺的,稳定后的动力分析结果与静力解相同。

算例 3,考虑轨道的随机不平顺状态,分析一节整车通过时,车辆和轨道结构的动力响应。采用美国轨道高低不平顺功率谱密度函数,设线路不平顺状态为 6 级,用三角级数法生成轨道不平顺样本 $\eta(x)$,将该样本代入式(9.69),可以得到由轨道不平顺引起的附加动荷载。车辆、轨道结构及计算参数同算例 2。

图 9.7 钢轨挠度沿轨道分布

图 9.8 轨枕挠度沿轨道分布

图 9.9　钢轨垂向加速度时程曲线

图 9.10　车体垂向加速度时程曲线

图 9.11　轮轨作用力时程曲线

计算结果如图 9.12~图 9.16 所示,分别表示整车通过时钢轨挠度沿轨道分布、轨枕挠度沿轨道分布、钢轨垂向加速度时程曲线、车体垂向加速度时程曲线和轮轨作用力时程曲线[12]。可以看出,轨道不平顺的存在将引发附加动荷载,导致车辆和轨道结构动力响应明显增大。

图 9.12　钢轨挠度沿轨道分布

图 9.13　轨枕挠度沿轨道分布

图 9.14 钢轨垂向加速度时程曲线

图 9.15 车体垂向加速度时程曲线

图 9.16 轮轨垂向力时程曲线

参 考 文 献

[1] Nielsen J C O. Train/track interaction: coupling of moving and stationary dynamic systems [D]. Chalers University of Technology, Gotebory, 1993.

[2] Knothe K, Grassie S L. Modeling of railway track and vehicle/track interaction at high frequencies[J]. Vehicle System Dynamics, 1993, 22(3-4):209-262.

[3] Koh C G, Ong J S Y, Chua D K H, et al. Moving element method for train-track dynamics [J]. International Journal for Numerical Methods in Engineering, 2003, 56:1549-1567.

[4] Ono K, Yamada M. Analysis of railway track vibration[J]. Journal of Sound and Vibration, 1989, 130:269-297.

[5] Venancio F F. Finite element analysis of structures under moving loads[J]. Shock and Vibration Digest, 1978, 10:27-35.

[6] 翟婉明. 车辆-轨道耦合动力学(3版)[M]. 北京:科学出版社,2007.

[7] 雷晓燕,圣小珍. 现代轨道理论研究(2版)[M]. 北京:中国铁道出版社,2008.

[8] Lei X Y, Noda N A. Analyses of dynamic response of vehicle and track coupling system

with random irregularity of track vertical profile[J]. Journal of Sound and Vibration, 2002, 258(1):147-165.

[9] Lei X Y, Zhang B. Influence of track stiffness distribution on vehicle and track interactions in track transition[J]. Journal of Rail and Rapid Transit, 2010, 224(1): 592-604.

[10] Lei X Y, Zhang B. Analysis of dynamic behavior for slab track of high-speed railway based on vehicle and track elements[J]. Journal of Transportation Engineering, 2011, 137(4): 227-240.

[11] Lei X Y, Zhang B. Analyses of dynamic behavior of track transition with finite elements [J]. Journal of Vibration and Control, 2011, 17(11): 1733-1747.

[12] 张斌. 高速铁路轨道结构动力特性有限元分析[D]. 南昌:华东交通大学硕士学位论文,2007.

第十章 车辆-轨道耦合系统动力分析的移动单元法

随着高速铁路和客运专线的快速发展,列车速度显著提高,无砟轨道结构也逐渐成为高速铁路的主要型式。列车运行速度的大幅提高在带来巨大社会效益和经济效益的同时,也使得轨道结构动应力增加,振动噪声问题凸现。板式轨道结构是一种新型的轨道结构型式,与传统的有砟轨道结构有很大的不同。对上述问题的研究需要动力学的支撑,因此研究车辆-轨道耦合系统动力学的有效算法意义重大。国内外学者在该领域进行了大量的研究。剑桥大学的 Grassie 等[1]研究了轨道在高频车辆作用下的动力响应问题。慕尼黑大学工程技术大学的 Eisenmann[2]提出无砟轨道多层理论进行结构设计及荷载检算。国内的翟婉明建立了车辆-轨道耦合动力学统一模型[3,4],并将其应用到无砟轨道动力学的研究中。向俊和曾庆元等[5,6]建立了运动方程"对号入座"法则和矩阵组装的方法。雷晓燕等[7,8]采用有限元和交叉迭代法建立了列车-轨道-路基非线性耦合系统振动分析模型。谢伟平等[9]研究了移动荷载下 Winkler 梁的动力响应。新加坡国立大学的 Koh 等[10]提出移动单元法,并针对简化的轨道模型进行了动力学分析。以上研究方法都存在截断边界对解的影响问题。本章将移动单元法运用到车辆-板式轨道耦合系统动力学分析中,建立车辆-板式轨道三层梁模型,并推导板式轨道-路基移动单元的质量、阻尼和刚度矩阵。车辆采用第九章中的整车模型,利用有限元方法和 Lagrange 方程实现车辆与轨道结构的耦合。该模型能有效避免边界对计算结果的影响,提高计算效率。

10.1 基本假设

在建立 CRTS Ⅱ 型板式轨道三层梁移动单元模型时,采用如下基本假设。

① 仅考虑轮轨竖向振动效应。
② 轮轨间考虑线弹性接触。
③ 板式轨道与上部车辆结构沿线路方向左右对称,因此可取一股轨道进行研究。
④ 钢轨视为连续黏弹性支承的二维梁单元,轨下垫板和扣件的弹性系数和阻尼系数分别用 k_r 和 c_r 表示。
⑤ 预制轨道板被离散为连续黏弹性支承的二维梁单元,预制轨道板下沥青水泥砂浆层的弹性系数和阻尼系数分别用 k_s 和 c_s 表示。

⑥ 混凝土支承层被离散为连续黏弹性支承的二维梁单元,混凝土支承层下路基的弹性系数和阻尼系数分别用 k_h 和 c_h 表示。

⑦ 仅讨论处于轨道板中间部分的单元,轨道板端部的单元可以依照同样的方法推导相关矩阵。

10.2 板式轨道三层梁移动单元模型

CRTSⅡ板式轨道几何尺寸如图10.1所示。简化的板式轨道三层梁移动单元模型如图10.2所示。

图 10.1　CRTSⅡ板式轨道几何尺寸

图 10.2　简化的板式轨道三层连续梁移动单元模型

在图10.2中,E_r、E_s 和 E_h 分别表示钢轨、轨道板和混凝土支承层的弹性模量;I_r、I_s 和 I_h 分别表示钢轨、轨道板和混凝土支承层绕水平轴的惯性矩;m_r、m_s 和 m_h 分别表示钢轨、轨道板和混凝土支承层单位长度的质量。

10.2.1　板式轨道控制方程

车辆-轨道耦合系统动力分析模型将整个系统分为上部车辆子系统和下部板式轨道子系统,如图10.3所示。车辆以速度 V 沿轨道 x 方向行驶。

定义钢轨、预制轨道板和混凝土支承层的竖向振动位移分别为 w、z 和 y，可以写出板式轨道子系统控制方程为

图 10.3 车辆-轨道耦合系统动力分析模型

$$E_r I_r \frac{\partial^4 w}{\partial x^4} + m_r \frac{\partial^2 w}{\partial t^2} + c_r\left(\frac{\partial w}{\partial t} - \frac{\partial z}{\partial t}\right) + k_r(w-z) = F(t)\delta(x-Vt) \quad (10.1)$$

$$E_s I_s \frac{\partial^4 z}{\partial x^4} + m_s \frac{\partial^2 z}{\partial t^2} + c_s\left(\frac{\partial z}{\partial t} - \frac{\partial y}{\partial t}\right) - c_r\left(\frac{\partial w}{\partial t} - \frac{\partial z}{\partial t}\right) + k_s(z-y) - k_r(w-z) = 0 \quad (10.2)$$

$$E_h I_h \frac{\partial^4 y}{\partial x^4} + m_h \frac{\partial^2 y}{\partial t^2} + c_h \frac{\partial y}{\partial t} - c_s\left(\frac{\partial z}{\partial t} - \frac{\partial y}{\partial t}\right) + k_h y - k_s(z-y) = 0 \quad (10.3)$$

其中，$F(t)$ 为轮轨接触处的动荷载；δ 为 Dirac-delta 函数；x 为沿轨道方向的固定坐标。

x 轴的坐标原点可以是任意选取，但为了方便起见，原点通常选取在上游边界的左端点。

图 10.4 为轨道被离散成有限个单元的情况，两端是被截断的边界，车辆荷载作用点应选择位于轨道结构的中间部位，距离上游和下游边界都足够的远，以减小边界效应的影响。

图 10.4 离散的轨道单元

考虑长度为 l、两端结点分别为 I 和 J 的典型单元，定义如下移动坐标，即

$$r = x - x_I - Vt \tag{10.4}$$

其中,x_I 为结点 I 在 x 轴上的固定坐标;坐标 r 的原点为随列车荷载以速度 V 移动的。

因此,该单元也称为移动单元。将式(10.4)代入式(10.1)~式(10.3),则板式轨道-路基子系统控制方程可写为

$$E_r I_r \frac{\partial^4 w}{\partial r^4} + m_r \left(V^2 \frac{\partial^2 w}{\partial r^2} - 2V \frac{\partial^2 w}{\partial r \partial t} + \frac{\partial^2 w}{\partial t^2} \right) + c_r \left(\frac{\partial w}{\partial t} - V \frac{\partial w}{\partial r} \right)$$

$$- c_r \left(\frac{\partial z}{\partial t} - V \frac{\partial z}{\partial r} \right) + k_r (w - z) = F(t) \delta(r + x_I) \tag{10.5}$$

$$E_s I_s \frac{\partial^4 z}{\partial r^4} + m_s \left(V^2 \frac{\partial^2 z}{\partial r^2} - 2V \frac{\partial^2 z}{\partial r \partial t} + \frac{\partial^2 z}{\partial t^2} \right) + c_s \left(\frac{\partial z}{\partial t} - V \frac{\partial z}{\partial r} \right)$$

$$- c_s \left(\frac{\partial y}{\partial t} - V \frac{\partial y}{\partial r} \right) - c_r \left(\frac{\partial w}{\partial t} - V \frac{\partial w}{\partial r} \right) + c_r \left(\frac{\partial z}{\partial t} - V \frac{\partial z}{\partial r} \right)$$

$$+ k_s (z - y) - k_r (w - z) = 0 \tag{10.6}$$

$$E_h I_h \frac{\partial^4 y}{\partial r^4} + m_h \left(V^2 \frac{\partial^2 y}{\partial r^2} - 2V \frac{\partial^2 y}{\partial r \partial t} + \frac{\partial^2 y}{\partial t^2} \right) + c_h \left(\frac{\partial y}{\partial t} - V \frac{\partial y}{\partial r} \right)$$

$$- c_s \left(\frac{\partial z}{\partial t} - V \frac{\partial z}{\partial r} \right) + c_s \left(\frac{\partial y}{\partial t} - V \frac{\partial y}{\partial r} \right) + k_h y - k_s (z - y) = 0 \tag{10.7}$$

车辆在运动中只有少数单元与车轮接触,大多数单元上没有作用荷载,这时式(10.5)的右端项等于 0。

10.2.2 板式轨道移动单元的质量、阻尼和刚度矩阵

典型的板式轨道单元模型如图 10.5 所示,v_1 和 v_4 为钢轨的竖向位移,θ_1 和 θ_4 为钢轨的转角,v_2 和 v_5 为轨道板的竖向位移,θ_2 和 θ_5 为轨道板的转角,v_3 和 v_6 为混凝土支承层的竖向位移,θ_3 和 θ_6 为混凝土支承层的转角。

图 10.5 典型的板式轨道单元模型

每个移动单元有 12 个自由度,定义单元结点位移向量为

$$\boldsymbol{a}^e = \{v_1 \quad \theta_1 \quad v_2 \quad \theta_2 \quad v_3 \quad \theta_3 \quad v_4 \quad \theta_4 \quad v_5 \quad \theta_5 \quad v_6 \quad \theta_6\}^{\mathrm{T}} \quad (10.8)$$

钢轨上任意一点的位移可以通过插值函数表示,即

$$\begin{aligned} w &= N_1 v_1 + N_2 \theta_1 + N_3 v_4 + N_4 \theta_4 \\ &= [N_1 \quad N_2 \quad 0 \quad 0 \quad 0 \quad 0 \quad N_3 \quad N_4 \quad 0 \quad 0 \quad 0 \quad 0] \boldsymbol{a}^e \\ &= \boldsymbol{N}_r \boldsymbol{a}^e \end{aligned} \quad (10.9)$$

其中,$\boldsymbol{N}_r$ 为钢轨位移的插值函数矩阵;$N_1 \sim N_4$ 为移动单元的位移插值函数,即

$$N_1 = 1 - \frac{3}{l^2} r^2 + \frac{2}{l^3} r^3, \quad N_2 = -r + \frac{2}{l} r^2 - \frac{1}{l^2} r^3$$

$$N_3 = \frac{3}{l^2} r^2 - \frac{2}{l^3} r^3, \quad N_4 = \frac{1}{l} r^2 - \frac{1}{l^2} r^3 \quad (10.10)$$

同理,预制轨道板上任意一点的位移为

$$\begin{aligned} z &= N_1 v_2 + N_2 \theta_2 + N_3 v_5 + N_4 \theta_5 \\ &= [0 \quad 0 \quad N_1 \quad N_2 \quad 0 \quad 0 \quad 0 \quad 0 \quad N_3 \quad N_4 \quad 0 \quad 0] \boldsymbol{a}^e \\ &= \boldsymbol{N}_s \boldsymbol{a}^e \end{aligned} \quad (10.11)$$

其中,$\boldsymbol{N}_s$ 为轨道板位移的插值函数矩阵。

混凝土支承层上任意一点的位移为

$$\begin{aligned} y &= N_1 v_3 + N_2 \theta_3 + N_3 v_6 + N_4 \theta_6 \\ &= [0 \quad 0 \quad 0 \quad 0 \quad N_1 \quad N_2 \quad 0 \quad 0 \quad 0 \quad 0 \quad N_3 \quad N_4] \boldsymbol{a}^e \\ &= \boldsymbol{N}_h \boldsymbol{a}^e \end{aligned} \quad (10.12)$$

其中,$\boldsymbol{N}_h$ 为混凝土支承层位移的插值函数矩阵。

1. 移动单元第一层梁的单元矩阵

取位移函数 w 为加权函数,将控制方程式(10.5)乘以加权函数 w,可得到控制方程的弱形式,即

$$\int_0^l w(r) \left[E_r I_r \frac{\partial^4 w}{\partial r^4} + m_r \left(V^2 \frac{\partial^2 w}{\partial r^2} - 2V \frac{\partial^2 w}{\partial r \partial t} + \frac{\partial^2 w}{\partial t^2} \right) \right.$$

$$\left. + c_r \left(\frac{\partial w}{\partial t} - V \frac{\partial w}{\partial r} \right) - c_r \left(\frac{\partial z}{\partial t} - V \frac{\partial z}{\partial r} \right) + k_r (w - z) - F(t) \delta(r) \right] \mathrm{d}r = 0$$

$$(10.13)$$

采用分部积分法,对单元长度 l 进行逐项积分,即

$$\int_0^l w(r) E_r I_r \frac{\partial^4 w}{\partial r^4} \mathrm{d}r = E_r I_r \int_0^l w(r) \mathrm{d} \frac{\partial^3 w}{\partial r^3}$$

$$= E_r I_r \left[\left(w(r) \frac{\partial^3 w}{\partial r^3} \right) \Big|_0^l - \int_0^l \frac{\partial^3 w}{\partial r^3} \frac{\partial w}{\partial r} \mathrm{d}r \right]$$

$$\begin{aligned}
&= -E_r I_r \int_0^l \frac{\partial w}{\partial r} \mathrm{d} \frac{\partial^2 w}{\partial r^2} \\
&= -E_r I_r \left[\left(\frac{\partial w}{\partial r} \cdot \frac{\partial^2 w}{\partial r^2} \right) \Big|_0^l - \int_0^l \frac{\partial^2 w}{\partial r^2} \frac{\partial^2 w}{\partial r^2} \mathrm{d}r \right] \\
&= E_r I_r \int_0^l (\boldsymbol{N}_{r,rr} \boldsymbol{a}^e)^{\mathrm{T}} (\boldsymbol{N}_{r,rr} \boldsymbol{a}^e) \mathrm{d}r \\
&= (\boldsymbol{a}^e)^{\mathrm{T}} E_r I_r \int_0^l \boldsymbol{N}_{r,rr}^{\mathrm{T}} \boldsymbol{N}_{r,rr} \mathrm{d}r \cdot \boldsymbol{a}^e
\end{aligned} \qquad (10.14)$$

$$\begin{aligned}
\int_0^l w(r) m_r V^2 \frac{\partial^2 w}{\partial r^2} \mathrm{d}r &= m_r V^2 \int_0^l w(r) \frac{\partial^2 w}{\partial r^2} \mathrm{d}r \\
&= m_r V^2 \int_0^l w(r) \mathrm{d}\left(\frac{\partial w}{\partial r} \right) \\
&= m_r V^2 \left[\left(w(r) \frac{\partial w}{\partial r} \right) \Big|_0^l - \int_0^l \frac{\partial w}{\partial r} \frac{\partial w}{\partial r} \mathrm{d}r \right] \\
&= -m_r V^2 \int_0^l (\boldsymbol{N}_{r,r} \boldsymbol{a}^e)^{\mathrm{T}} (\boldsymbol{N}_{r,r} \boldsymbol{a}^e) \mathrm{d}r \\
&= -(\boldsymbol{a}^e)^{\mathrm{T}} m_r V^2 \int_0^l \boldsymbol{N}_{r,r}^{\mathrm{T}} \boldsymbol{N}_{r,r} \mathrm{d}r \boldsymbol{a}^e
\end{aligned} \qquad (10.15)$$

$$\begin{aligned}
-2 \int_0^l w(r) m_r V \frac{\partial^2 w}{\partial r \partial t} \mathrm{d}r &= -2 m_r V \int_0^l w(r) \left(\frac{\partial^2 w}{\partial r \partial t} \right) \mathrm{d}r \\
&= -2 m_r V \int_0^l (\boldsymbol{N}_r \boldsymbol{a}^e)^{\mathrm{T}} (\boldsymbol{N}_{r,r} \dot{\boldsymbol{a}}^e) \mathrm{d}r \\
&= -(\boldsymbol{a}^e)^{\mathrm{T}} 2 m_r V \int_0^l \boldsymbol{N}_r^{\mathrm{T}} \boldsymbol{N}_{r,r} \mathrm{d}r \cdot \dot{\boldsymbol{a}}^e
\end{aligned} \qquad (10.16)$$

$$\begin{aligned}
\int_0^l w(r) m_r \frac{\partial^2 w}{\partial t^2} \mathrm{d}r &= m_r \int_0^l w(r) \left(\frac{\partial^2 w}{\partial t^2} \right) \mathrm{d}r \\
&= m_r \int_0^l (\boldsymbol{N}_r \boldsymbol{a}^e)^{\mathrm{T}} (\boldsymbol{N}_r \ddot{\boldsymbol{a}}^e) \mathrm{d}r \\
&= (\boldsymbol{a}^e)^{\mathrm{T}} m_r \int_0^l \boldsymbol{N}_r^{\mathrm{T}} \boldsymbol{N}_r \mathrm{d}r \cdot \ddot{\boldsymbol{a}}^e
\end{aligned} \qquad (10.17)$$

$$\begin{aligned}
\int_0^l w(r) c_r \frac{\partial w}{\partial t} \mathrm{d}r &= c_r \int_0^l w(r) \left(\frac{\partial w}{\partial t} \right) \mathrm{d}r \\
&= c_r \int_0^l (\boldsymbol{N}_r \boldsymbol{a}^e)^{\mathrm{T}} (\boldsymbol{N}_r \dot{\boldsymbol{a}}^e) \mathrm{d}r \\
&= (\boldsymbol{a}^e)^{\mathrm{T}} c_r \int_0^l \boldsymbol{N}_r^{\mathrm{T}} \boldsymbol{N}_r \mathrm{d}r \cdot \dot{\boldsymbol{a}}^e
\end{aligned} \qquad (10.18)$$

$$-\int_0^l w(r)c_rV\frac{\partial w}{\partial r}\mathrm{d}r = -c_rV\int_0^l w(r)\frac{\partial w}{\partial r}\mathrm{d}r$$

$$= -c_rV\int_0^l (\boldsymbol{N}_{,r}\boldsymbol{a}^e)^{\mathrm{T}}(\boldsymbol{N}_{r,r}\boldsymbol{a}^e)\mathrm{d}r$$

$$= -(\boldsymbol{a}^e)^{\mathrm{T}}c_rV\int_0^l \boldsymbol{N}_r^{\mathrm{T}}\boldsymbol{N}_{r,r}\mathrm{d}r \cdot \boldsymbol{a}^e \tag{10.19}$$

$$-\int_0^l w(r)c_r\frac{\partial z}{\partial t}\mathrm{d}r = -c_r\int_0^l w(r)\frac{\partial z}{\partial t}\mathrm{d}r$$

$$= -c_r\int_0^l (\boldsymbol{N}_{,r}\boldsymbol{a}^e)^{\mathrm{T}}(\boldsymbol{N}_s\dot{\boldsymbol{a}}^e)\mathrm{d}r$$

$$= -(\boldsymbol{a}^e)^{\mathrm{T}}c_r\int_0^l \boldsymbol{N}_r^{\mathrm{T}}\boldsymbol{N}_s\mathrm{d}r \cdot \dot{\boldsymbol{a}}^e \tag{10.20}$$

$$\int_0^l w(r)c_rV\frac{\partial z}{\partial r}\mathrm{d}r = c_rV\int_0^l w(r)\frac{\partial z}{\partial r}\mathrm{d}r$$

$$= c_rV\int_0^l (\boldsymbol{N}_{,r}\boldsymbol{a}^e)^{\mathrm{T}}(\boldsymbol{N}_{s,r}\boldsymbol{a}^e)\mathrm{d}r$$

$$= (\boldsymbol{a}^e)^{\mathrm{T}}c_rV\int_0^l \boldsymbol{N}_r^{\mathrm{T}}\boldsymbol{N}_{s,r}\mathrm{d}r \cdot \boldsymbol{a}^e \tag{10.21}$$

$$\int_0^l w(r)k_rw(r)\mathrm{d}r = k_r\int_0^l w(r)^2\mathrm{d}r = k_r\int_0^l (\boldsymbol{N}_{,r}\boldsymbol{a}^e)^{\mathrm{T}}(\boldsymbol{N}_{,r}\boldsymbol{a}^e)\mathrm{d}r$$

$$= (\boldsymbol{a}^e)^{\mathrm{T}}k_r\int_0^l \boldsymbol{N}_r^{\mathrm{T}}\boldsymbol{N}_r\mathrm{d}r \cdot \boldsymbol{a}^e \tag{10.22}$$

$$-\int_0^l w(r)k_rz(r)\mathrm{d}r = -k_r\int_0^l w(r)z(r)\mathrm{d}r$$

$$= -k_r\int_0^l (\boldsymbol{N}_{,r}\boldsymbol{a}^e)^{\mathrm{T}}(\boldsymbol{N}_s\boldsymbol{a}^e)\mathrm{d}r$$

$$= -(\boldsymbol{a}^e)^{\mathrm{T}}k_r\int_0^l \boldsymbol{N}_r^{\mathrm{T}}\boldsymbol{N}_s\mathrm{d}r \cdot \boldsymbol{a}^e \tag{10.23}$$

运用能量原理,可得到板式轨道移动单元第一层梁的质量、阻尼和刚度矩阵,即

$$\boldsymbol{m}_r^e = m_r\int_0^l \boldsymbol{N}_r^{\mathrm{T}}\boldsymbol{N}_r\mathrm{d}r \tag{10.24}$$

$$\boldsymbol{c}_r^e = -2m_rV\int_0^l \boldsymbol{N}_r^{\mathrm{T}}\boldsymbol{N}_{r,r}\mathrm{d}r + c_r\int_0^l \boldsymbol{N}_r^{\mathrm{T}}\boldsymbol{N}_r\mathrm{d}r - c_r\int_0^l \boldsymbol{N}_r^{\mathrm{T}}\boldsymbol{N}_s\mathrm{d}r \tag{10.25}$$

$$\boldsymbol{k}_r^e = E_rI_r\int_0^l \boldsymbol{N}_{r,rr}^{\mathrm{T}}\boldsymbol{N}_{r,rr}\mathrm{d}r - m_rV^2\int_0^l \boldsymbol{N}_{r,r}^{\mathrm{T}}\boldsymbol{N}_{r,r}\mathrm{d}r - c_rV\int_0^l \boldsymbol{N}_r^{\mathrm{T}}\boldsymbol{N}_{r,r}\mathrm{d}r$$

$$+ c_rV\int_0^l \boldsymbol{N}_r^{\mathrm{T}}\boldsymbol{N}_{s,r}\mathrm{d}r + k_r\int_0^l \boldsymbol{N}_r^{\mathrm{T}}\boldsymbol{N}_r\mathrm{d}r - k_r\int_0^l \boldsymbol{N}_r^{\mathrm{T}}\boldsymbol{N}_s\mathrm{d}r \tag{10.26}$$

2. 移动单元第二层梁的单元矩阵

取位移函数 z 为加权函数,将控制方程式(10.6)乘以加权函数 z,可得到控制

方程的弱形式,即

$$\int_0^l z(r)\left[E_sI_s\frac{\partial^4 z}{\partial r^4}+m_s\left(V^2\frac{\partial^2 z}{\partial r^2}-2V\frac{\partial^2 z}{\partial r\partial t}+\frac{\partial^2 z}{\partial t^2}\right)+c_s\left(\frac{\partial z}{\partial t}-V\frac{\partial z}{\partial r}\right)\right.$$

$$-c_s\left(\frac{\partial y}{\partial t}-V\frac{\partial y}{\partial r}\right)-c_r\left(\frac{\partial w}{\partial t}-V\frac{\partial w}{\partial r}\right)$$

$$\left.+c_r\left(\frac{\partial z}{\partial t}-V\frac{\partial z}{\partial r}\right)+k_s(z-y)-k_r(w-z)\right]\mathrm{d}r=0 \tag{10.27}$$

采用分部积分法,对单元长度 l 进行逐项积分,即

$$\int_0^l z(r)E_sI_s\frac{\partial^4 z}{\partial r^4}\mathrm{d}r = E_sI_s\int_0^l z(r)\mathrm{d}\frac{\partial^3 z}{\partial r^3}$$

$$= E_sI_s\left[\left(z(r)\frac{\partial^3 z}{\partial r^3}\right)\Big|_0^l-\int_0^l \frac{\partial^3 z}{\partial r^3}\frac{\partial z}{\partial r}\mathrm{d}r\right]$$

$$=-E_sI_s\int_0^l \frac{\partial z}{\partial r}\mathrm{d}\left(\frac{\partial^2 z}{\partial r^2}\right)$$

$$=-E_sI_s\left[\left(\frac{\partial z}{\partial r}\frac{\partial^2 z}{\partial r^2}\right)\Big|_0^l-\int_0^l \frac{\partial^2 z}{\partial r^2}\frac{\partial^2 z}{\partial r^2}\mathrm{d}r\right]$$

$$= E_sI_s\int_0^l (\boldsymbol{N}_{s,rr}\boldsymbol{a}^e)^{\mathrm{T}}(\boldsymbol{N}_{s,rr}\boldsymbol{a}^e)\mathrm{d}r$$

$$= (\boldsymbol{a}^e)^{\mathrm{T}}E_sI_s\int_0^l \boldsymbol{N}_{s,rr}^{\mathrm{T}}\boldsymbol{N}_{s,rr}\mathrm{d}r\cdot \boldsymbol{a}^e \tag{10.28}$$

$$\int_0^l z(r)m_sV^2\frac{\partial^2 z}{\partial r^2}\mathrm{d}r = m_sV^2\int_0^l z(r)\frac{\partial^2 z}{\partial r^2}\mathrm{d}r$$

$$= m_sV^2\int_0^l z(r)\mathrm{d}\frac{\partial z}{\partial r}$$

$$= m_sV^2\left[\left(z(r)\frac{\partial z}{\partial r}\right)\Big|_0^l-\int_0^l \frac{\partial z}{\partial r}\frac{\partial z}{\partial r}\mathrm{d}r\right]$$

$$=-m_sV^2\int_0^l (\boldsymbol{N}_{s,r}\boldsymbol{a}^e)^{\mathrm{T}}(\boldsymbol{N}_{s,r}\boldsymbol{a}^e)\mathrm{d}r$$

$$=-(\boldsymbol{a}^e)^{\mathrm{T}}m_sV^2\int_0^l \boldsymbol{N}_{s,r}^{\mathrm{T}}\boldsymbol{N}_{s,r}\mathrm{d}r\cdot \boldsymbol{a}^e \tag{10.29}$$

$$-2\int_0^l m_sVz(r)\frac{\partial^2 z}{\partial r\partial t}\mathrm{d}r =-2m_sV\int_0^l z(r)\frac{\partial^2 z}{\partial r\partial t}\mathrm{d}r$$

$$=-2m_sV\int_0^l (\boldsymbol{N}_s\boldsymbol{a}^e)^{\mathrm{T}}(\boldsymbol{N}_{s,r}\dot{\boldsymbol{a}}^e)\mathrm{d}r$$

$$=-(\boldsymbol{a}^e)^{\mathrm{T}}2m_sV\int_0^l \boldsymbol{N}_s^{\mathrm{T}}\boldsymbol{N}_{s,r}\mathrm{d}r\cdot \dot{\boldsymbol{a}}^e \tag{10.30}$$

$$\int_0^l z(r) m_s \frac{\partial^2 z}{\partial t^2} \mathrm{d}r = m_s \int_0^l z(r) \frac{\partial^2 z}{\partial t^2} \mathrm{d}r$$

$$= m_s \int_0^l (\boldsymbol{N}_s \boldsymbol{a}^e)^{\mathrm{T}} (\boldsymbol{N}_s \ddot{\boldsymbol{a}}^e) \mathrm{d}r$$

$$= (\boldsymbol{a}^e)^{\mathrm{T}} m_s \int_0^l \boldsymbol{N}_s^{\mathrm{T}} \boldsymbol{N}_s \mathrm{d}r \cdot \ddot{\boldsymbol{a}}^e \tag{10.31}$$

$$\int_0^l z(r) c_s \frac{\partial z}{\partial t} \mathrm{d}r = c_s \int_0^l z(r) \frac{\partial z}{\partial t} \mathrm{d}r$$

$$= c_s \int_0^l (\boldsymbol{N}_s \boldsymbol{a}^e)^{\mathrm{T}} (\boldsymbol{N}_s \dot{\boldsymbol{a}}^e) \mathrm{d}r$$

$$= (\boldsymbol{a}^e)^{\mathrm{T}} c_s \int_0^l \boldsymbol{N}_s^{\mathrm{T}} \boldsymbol{N}_s \mathrm{d}r \cdot \dot{\boldsymbol{a}}^e \tag{10.32}$$

$$-\int_0^l z(r) c_s V \frac{\partial z}{\partial r} \mathrm{d}r = -c_s V \int_0^l z(r) \frac{\partial z}{\partial r} \mathrm{d}r$$

$$= -c_s V \int_0^l (\boldsymbol{N}_s \boldsymbol{a}^e)^{\mathrm{T}} (\boldsymbol{N}_{s,r} \boldsymbol{a}^e) \mathrm{d}r$$

$$= -(\boldsymbol{a}^e)^{\mathrm{T}} c_s V \int_0^l \boldsymbol{N}_s^{\mathrm{T}} \boldsymbol{N}_{s,r} \mathrm{d}r \cdot \boldsymbol{a}^e \tag{10.33}$$

$$-\int_0^l z(r) c_s \frac{\partial y}{\partial t} \mathrm{d}r = -c_s \int_0^l z(r) \frac{\partial y}{\partial t} \mathrm{d}r$$

$$= -c_s \int_0^l (\boldsymbol{N}_s \boldsymbol{a}^e)^{\mathrm{T}} (\boldsymbol{N}_h \dot{\boldsymbol{a}}^e) \mathrm{d}r$$

$$= -(\boldsymbol{a}^e)^{\mathrm{T}} c_s \int_0^l \boldsymbol{N}_s^{\mathrm{T}} \boldsymbol{N}_h \mathrm{d}r \cdot \dot{\boldsymbol{a}}^e \tag{10.34}$$

$$\int_0^l z(r) c_s V \frac{\partial y}{\partial r} \mathrm{d}r = c_s V \int_0^l z(r) \frac{\partial y}{\partial r} \mathrm{d}r$$

$$= c_s V \int_0^l (\boldsymbol{N}_s \boldsymbol{a}^e)^{\mathrm{T}} (\boldsymbol{N}_{h,r} \boldsymbol{a}^e) \mathrm{d}r$$

$$= (\boldsymbol{a}^e)^{\mathrm{T}} c_s V \int_0^l \boldsymbol{N}_s^{\mathrm{T}} \boldsymbol{N}_{h,r} \mathrm{d}r \cdot \boldsymbol{a}^e \tag{10.35}$$

$$-\int_0^l z(r) c_r \frac{\partial w}{\partial t} \mathrm{d}r = -c_r \int_0^l z(r) \frac{\partial w}{\partial t} \mathrm{d}r$$

$$= -c_r \int_0^l (\boldsymbol{N}_s \boldsymbol{a}^e)^{\mathrm{T}} (\boldsymbol{N}_r \dot{\boldsymbol{a}}^e) \mathrm{d}r$$

$$= -(\boldsymbol{a}^e)^{\mathrm{T}} c_r \int_0^l \boldsymbol{N}_s^{\mathrm{T}} \boldsymbol{N}_r \mathrm{d}r \cdot \dot{\boldsymbol{a}}^e \tag{10.36}$$

$$\int_0^l z(r) c_r V \frac{\partial w}{\partial r} \mathrm{d}r = c_r V \int_0^l z(r) \frac{\partial w}{\partial r} \mathrm{d}r$$

$$= c_r V \int_0^l (\boldsymbol{N}_s \boldsymbol{a}^e)^{\mathrm{T}} (\boldsymbol{N}_{r,r} \boldsymbol{a}^e) \mathrm{d}r$$

$$= (\pmb{a}^e)^{\mathrm{T}} c_r V \int_0^l \pmb{N}_s^{\mathrm{T}} \pmb{N}_{r,r} \mathrm{d}r \cdot \pmb{a}^e \tag{10.37}$$

$$\int_0^l z(r) c_r \frac{\partial z}{\partial t} \mathrm{d}r = c_r \int_0^l z(r) \frac{\partial z}{\partial t} \mathrm{d}r$$

$$= c_r \int_0^l (\pmb{N}_s \pmb{a}^e)^{\mathrm{T}} (\pmb{N}_s \dot{\pmb{a}}^e) \mathrm{d}r$$

$$= (\pmb{a}^e)^{\mathrm{T}} \cdot c_r \int_0^l \pmb{N}_s^{\mathrm{T}} \pmb{N}_s \mathrm{d}r \cdot (\dot{\pmb{a}}^e) \tag{10.38}$$

$$-\int_0^l z(r) c_r V \frac{\partial z}{\partial r} \mathrm{d}r = -c_r V \int_0^l z(r) \frac{\partial z}{\partial r} \mathrm{d}r$$

$$= -c_r V \int_0^l (\pmb{N}_s \pmb{a}^e)^{\mathrm{T}} (\pmb{N}_{s,r} \pmb{a}^e) \mathrm{d}r$$

$$= -(\pmb{a}^e)^{\mathrm{T}} c_r V \int_0^l \pmb{N}_s^{\mathrm{T}} \pmb{N}_{s,r} \mathrm{d}r \cdot \pmb{a}^e \tag{10.39}$$

$$\int_0^l z(r) k_s z(r) \mathrm{d}r = k_s \int_0^l z(r)^2 \mathrm{d}r$$

$$= k_s \int_0^l (\pmb{N}_s \pmb{a}^e)^{\mathrm{T}} (\pmb{N}_s \pmb{a}^e) \mathrm{d}r$$

$$= (\pmb{a}^e)^{\mathrm{T}} k_s \int_0^l \pmb{N}_s^{\mathrm{T}} \pmb{N}_s \mathrm{d}r \cdot \pmb{a}^e \tag{10.40}$$

$$-\int_0^l z(r) k_s y(r) \mathrm{d}r = -k_s \int_0^l z(r) y(r) \mathrm{d}r$$

$$= -k_s \int_0^l (\pmb{N}_s \pmb{a}^e)^{\mathrm{T}} (\pmb{N}_h \pmb{a}^e) \mathrm{d}r$$

$$= -(\pmb{a}^e)^{\mathrm{T}} k_s \int_0^l \pmb{N}_s^{\mathrm{T}} \pmb{N}_h \mathrm{d}r \cdot \pmb{a}^e \tag{10.41}$$

$$-\int_0^l z(r) k_r w(r) \mathrm{d}r = -k_r \int_0^l z(r) w(r) \mathrm{d}r$$

$$= -k_r \int_0^l (\pmb{N}_s \pmb{a}^e)^{\mathrm{T}} (\pmb{N}_r \pmb{a}^e) \mathrm{d}r$$

$$= -(\pmb{a}^e)^{\mathrm{T}} k_r \int_0^l \pmb{N}_s^{\mathrm{T}} \pmb{N}_r \mathrm{d}r \cdot \pmb{a}^e \tag{10.42}$$

$$\int_0^l z(r) k_r z(r) \mathrm{d}r = k_r \int_0^l z(r)^2 \mathrm{d}r$$

$$= k_r \int_0^l (\pmb{N}_s \pmb{a}^e)^{\mathrm{T}} (\pmb{N}_s \pmb{a}^e) \mathrm{d}r$$

$$= (\pmb{a}^e)^{\mathrm{T}} k_r \int_0^l \pmb{N}_s^{\mathrm{T}} \pmb{N}_s \mathrm{d}r \cdot \pmb{a}^e \tag{10.43}$$

运用能量原理,可以得到板式轨道移动单元第二层梁的质量、阻尼和刚度矩阵,即

$$\boldsymbol{m}_s^e = m_s \int_0^l \boldsymbol{N}_s^{\mathrm{T}} \boldsymbol{N}_s \mathrm{d}r \tag{10.44}$$

$$\begin{aligned}\boldsymbol{c}_s^e =& -2m_s V \int_0^l \boldsymbol{N}_s^{\mathrm{T}} \boldsymbol{N}_{s,r} \mathrm{d}r + c_s \int_0^l \boldsymbol{N}_s^{\mathrm{T}} \boldsymbol{N}_s \mathrm{d}r - c_s \int_0^l \boldsymbol{N}_s^{\mathrm{T}} \boldsymbol{N}_h \mathrm{d}r \\ & - c_r \int_0^l \boldsymbol{N}_s^{\mathrm{T}} \boldsymbol{N}_r \mathrm{d}r + c_r \int_0^l \boldsymbol{N}_s^{\mathrm{T}} \boldsymbol{N}_s \mathrm{d}r \end{aligned} \tag{10.45}$$

$$\begin{aligned}\boldsymbol{k}_s^e =& E_s I_s \int_0^l \boldsymbol{N}_{s,rr}^{\mathrm{T}} \boldsymbol{N}_{s,rr} \mathrm{d}r - m_s V^2 \int_0^l \boldsymbol{N}_{s,r}^{\mathrm{T}} \boldsymbol{N}_{s,r} \mathrm{d}r - c_s V \int_0^l \boldsymbol{N}_s^{\mathrm{T}} \boldsymbol{N}_{s,r} \mathrm{d}r + c_s V \int_0^l \boldsymbol{N}_s^{\mathrm{T}} \boldsymbol{N}_{h,r} \mathrm{d}r \\ & + c_r V \int_0^l \boldsymbol{N}_s^{\mathrm{T}} \boldsymbol{N}_{r,r} \mathrm{d}r - c_r V \int_0^l \boldsymbol{N}_s^{\mathrm{T}} \boldsymbol{N}_{s,r} \mathrm{d}r + k_s \int_0^l \boldsymbol{N}_s^{\mathrm{T}} \boldsymbol{N}_s \mathrm{d}r - k_s \int_0^l \boldsymbol{N}_s^{\mathrm{T}} \boldsymbol{N}_h \mathrm{d}r \\ & - k_r \int_0^l \boldsymbol{N}_s^{\mathrm{T}} \boldsymbol{N}_r \mathrm{d}r + k_r \int_0^l \boldsymbol{N}_s^{\mathrm{T}} \boldsymbol{N}_s \mathrm{d}r \end{aligned} \tag{10.46}$$

3. 移动单元第三层梁的单元矩阵

取位移函数 y 为加权函数,将控制方程式(10.7)乘以加权函数 y,可以得到控制方程的弱形式,即

$$\begin{aligned}& \int_0^l y(r) \Big[E_h I_h \frac{\partial^4 y}{\partial r^4} + m_h \Big(V^2 \frac{\partial^2 y}{\partial r^2} - 2V \frac{\partial^2 y}{\partial r \partial t} + \frac{\partial^2 y}{\partial t^2} \Big) + c_h \Big(\frac{\partial y}{\partial t} - V \frac{\partial y}{\partial r} \Big) \\ & - c_s \Big(\frac{\partial z}{\partial t} - V \frac{\partial z}{\partial r} \Big) + c_s \Big(\frac{\partial y}{\partial t} - V \frac{\partial y}{\partial r} \Big) + k_h y - k_s (z - y) \Big] \mathrm{d}r = 0 \end{aligned} \tag{10.47}$$

采用分部积分法,对单元长度 l 进行逐项积分,即

$$\begin{aligned}\int_0^l y(r) E_h I_h \frac{\partial^4 y}{\partial r^4} \mathrm{d}r &= E_h I_h \int_0^l y(r) \mathrm{d} \frac{\partial^3 y}{\partial r^3} \\ &= E_h I_h \Big[\Big(y(r) \frac{\partial^3 y}{\partial r^3} \Big) \Big|_0^l - \int_0^l \frac{\partial^3 y}{\partial r^3} \frac{\partial y}{\partial r} \mathrm{d}r \Big] \\ &= -E_h I_h \int_0^l \frac{\partial y}{\partial r} \mathrm{d} \frac{\partial^2 y}{\partial r^2} \\ &= -E_h I_h \Big[\Big(\frac{\partial y}{\partial r} \cdot \frac{\partial^2 y}{\partial r^2} \Big) \Big|_0^l - \int_0^l \frac{\partial^2 y}{\partial r^2} \frac{\partial^2 y}{\partial r^2} \mathrm{d}r \Big] \\ &= E_h I_h \int_0^l (\boldsymbol{N}_{h,rr} \boldsymbol{a}^e)^{\mathrm{T}} (\boldsymbol{N}_{h,rr} \boldsymbol{a}^e) \mathrm{d}r \\ &= (\boldsymbol{a}^e)^{\mathrm{T}} E_h I_h \int_0^l \boldsymbol{N}_{h,rr}^{\mathrm{T}} \boldsymbol{N}_{h,rr} \mathrm{d}r \cdot (\boldsymbol{a}^e) \end{aligned} \tag{10.48}$$

$$\begin{aligned}\int_0^l y(r) m_h V^2 \frac{\partial^2 y}{\partial r^2} \mathrm{d}r &= m_h V^2 \int_0^l y(r) \frac{\partial^2 y}{\partial r^2} \mathrm{d}r \\ &= m_h V^2 \int_0^l y(r) \mathrm{d} \frac{\partial y}{\partial r} \\ &= m_h V^2 \Big[\Big(y(r) \frac{\partial y}{\partial r} \Big) \Big|_0^l - \int_0^l \frac{\partial y}{\partial r} \frac{\partial y}{\partial r} \mathrm{d}r \Big] \end{aligned}$$

$$\begin{aligned}&= -m_h V^2 \int_0^l (\boldsymbol{N}_{h,r}\boldsymbol{a}^e)^{\mathrm{T}}(\boldsymbol{N}_{h,r}\boldsymbol{a}^e)\mathrm{d}r\\&= -(\boldsymbol{a}^e)^{\mathrm{T}} m_h V^2 \int_0^l \boldsymbol{N}_{h,r}^{\mathrm{T}}\boldsymbol{N}_{h,r}\mathrm{d}r \cdot \boldsymbol{a}^e \end{aligned} \qquad (10.49)$$

$$\begin{aligned}-2\int_0^l m_h V y(r)\frac{\partial^2 y}{\partial r \partial t}\mathrm{d}r &= -2m_h V \int_0^l y(r)\frac{\partial^2 y}{\partial r \partial t}\mathrm{d}r\\&= -2m_h V \int_0^l (\boldsymbol{N}_h \boldsymbol{a}^e)^{\mathrm{T}}(\boldsymbol{N}_{h,r}\dot{\boldsymbol{a}}^e)\mathrm{d}r\\&= -(\boldsymbol{a}^e)^{\mathrm{T}} 2m_h V \int_0^l \boldsymbol{N}_h^{\mathrm{T}}\boldsymbol{N}_{h,r}\mathrm{d}r \cdot \dot{\boldsymbol{a}}^e \end{aligned} \qquad (10.50)$$

$$\begin{aligned}\int_0^l y(r) m_h \frac{\partial^2 y}{\partial t^2}\mathrm{d}r &= m_h \int_0^l y(r)\frac{\partial^2 y}{\partial t^2}\mathrm{d}r\\&= m_h \int_0^l (\boldsymbol{N}_h \boldsymbol{a}^e)^{\mathrm{T}}(\boldsymbol{N}_h \ddot{\boldsymbol{a}}^e)\mathrm{d}r\\&= (\boldsymbol{a}^e)^{\mathrm{T}} m_h \int_0^l \boldsymbol{N}_h^{\mathrm{T}}\boldsymbol{N}_h \mathrm{d}r \cdot \ddot{\boldsymbol{a}}^e \end{aligned} \qquad (10.51)$$

$$\begin{aligned}\int_0^l y(r) c_h \frac{\partial y}{\partial t}\mathrm{d}r &= c_h \int_0^l y(r)\frac{\partial y}{\partial t}\mathrm{d}r\\&= c_h \int_0^l (\boldsymbol{N}_h \boldsymbol{a}^e)^{\mathrm{T}}(\boldsymbol{N}_h \dot{\boldsymbol{a}}^e)\mathrm{d}r\\&= (\boldsymbol{a}^e)^{\mathrm{T}} c_h \int_0^l \boldsymbol{N}_h^{\mathrm{T}}\boldsymbol{N}_h \mathrm{d}r \cdot \dot{\boldsymbol{a}}^e \end{aligned} \qquad (10.52)$$

$$\begin{aligned}-\int_0^l y(r) c_h V \frac{\partial y}{\partial r}\mathrm{d}r &= -c_h V \int_0^l y(r)\frac{\partial y}{\partial r}\mathrm{d}r\\&= -c_h V \int_0^l (\boldsymbol{N}_h \boldsymbol{a}^e)^{\mathrm{T}}(\boldsymbol{N}_{h,r}\boldsymbol{a}^e)\mathrm{d}r\\&= -(\boldsymbol{a}^e)^{\mathrm{T}} c_h V \int_0^l \boldsymbol{N}_h^{\mathrm{T}}\boldsymbol{N}_{h,r}\mathrm{d}r \cdot \boldsymbol{a}^e \end{aligned} \qquad (10.53)$$

$$\begin{aligned}-\int_0^l y(r) c_s \frac{\partial z}{\partial t}\mathrm{d}r &= -c_s \int_0^l y(r)\frac{\partial z}{\partial t}\mathrm{d}r\\&= -c_s \int_0^l (\boldsymbol{N}_h \boldsymbol{a}^e)^{\mathrm{T}}(\boldsymbol{N}_s \dot{\boldsymbol{a}}^e)\mathrm{d}r\\&= -(\boldsymbol{a}^e)^{\mathrm{T}} c_s \int_0^l \boldsymbol{N}_h^{\mathrm{T}}\boldsymbol{N}_s \mathrm{d}r \cdot \dot{\boldsymbol{a}}^e \end{aligned} \qquad (10.54)$$

$$\begin{aligned}\int_0^l y(r) c_s V \frac{\partial z}{\partial r}\mathrm{d}r &= c_s V \int_0^l y(r)\frac{\partial z}{\partial r}\mathrm{d}r\\&= c_s V \int_0^l (\boldsymbol{N}_h \boldsymbol{a}^e)^{\mathrm{T}}(\boldsymbol{N}_{s,r}\boldsymbol{a}^e)\mathrm{d}r\\&= (\boldsymbol{a}^e)^{\mathrm{T}} c_s V \int_0^l \boldsymbol{N}_h^{\mathrm{T}}\boldsymbol{N}_{s,r}\mathrm{d}r \cdot \boldsymbol{a}^e \end{aligned} \qquad (10.55)$$

$$\int_0^l y(r)c_s \frac{\partial y}{\partial t} dr = c_s \int_0^l y(r) \frac{\partial y}{\partial t} dr$$

$$= c_s \int_0^l (\boldsymbol{N}_h \boldsymbol{a}^e)^T (\boldsymbol{N}_h \dot{\boldsymbol{a}}^e) dr$$

$$= (\boldsymbol{a}^e)^T c_s \int_0^l \boldsymbol{N}_h^T \boldsymbol{N}_h dr \cdot \dot{\boldsymbol{a}}^e \tag{10.56}$$

$$-\int_0^l y(r) c_s V \frac{\partial y}{\partial r} dr = -c_s V \int_0^l y(r) \frac{\partial y}{\partial r} dr$$

$$= -c_s V \int_0^l (\boldsymbol{N}_h \boldsymbol{a}^e)^T (\boldsymbol{N}_{h,r} \boldsymbol{a}^e) dr$$

$$= -(\boldsymbol{a}^e)^T c_s V \int_0^l \boldsymbol{N}_h^T \boldsymbol{N}_{h,r} dr \cdot \boldsymbol{a}^e \tag{10.57}$$

$$\int_0^l y(r) k_h y(r) dr = k_h \int_0^l y(r)^2 dr$$

$$= k_h \int_0^l (\boldsymbol{N}_h \boldsymbol{a}^e)^T (\boldsymbol{N}_h \boldsymbol{a}^e) dr$$

$$= (\boldsymbol{a}^e)^T k_h \int_0^l \boldsymbol{N}_h^T \boldsymbol{N}_h dr \cdot \boldsymbol{a}^e \tag{10.58}$$

$$-\int_0^l y(r) k_s z(r) dr = -k_s \int_0^l y(r) z(r) dr$$

$$= -k_s \int_0^l (\boldsymbol{N}_h \boldsymbol{a}^e)^T (\boldsymbol{N}_s \boldsymbol{a}^e) dr$$

$$= -(\boldsymbol{a}^e)^T k_s \int_0^l \boldsymbol{N}_h^T \boldsymbol{N}_s dr \cdot \boldsymbol{a}^e \tag{10.59}$$

$$\int_0^l y(r) k_s y(r) dr = k_s \int_0^l y(r)^2 dr$$

$$= k_s \int_0^l (\boldsymbol{N}_h \boldsymbol{a}^e)^T (\boldsymbol{N}_h \boldsymbol{a}^e) dr$$

$$= (\boldsymbol{a}^e)^T k_s \int_0^l \boldsymbol{N}_h^T \boldsymbol{N}_h dr \cdot \boldsymbol{a}^e \tag{10.60}$$

运用能量原理,可以得到板式轨道移动单元第三层梁的质量、阻尼和刚度矩阵,即

$$\boldsymbol{m}_h^e = m_h \int_0^l \boldsymbol{N}_h^T \boldsymbol{N}_h dr \tag{10.61}$$

$$\boldsymbol{c}_h^e = -2 m_h V \int_0^l \boldsymbol{N}_h^T \boldsymbol{N}_{h,r} dr + c_h \int_0^l \boldsymbol{N}_h^T \boldsymbol{N}_h dr - c_s \int_0^l \boldsymbol{N}_h^T \boldsymbol{N}_s dr + c_s \int_0^l \boldsymbol{N}_h^T \boldsymbol{N}_h dr \tag{10.62}$$

$$\boldsymbol{k}_h^e = E_h I_h \int_0^l \boldsymbol{N}_{h,rr}^T \boldsymbol{N}_{h,rr} dr - m_h V^2 \int_0^l \boldsymbol{N}_{h,r}^T \boldsymbol{N}_{h,r} dr - c_h V \int_0^l \boldsymbol{N}_h^T \boldsymbol{N}_{h,r} dr$$

$$+ c_s V \int_0^l \boldsymbol{N}_h^{\mathrm{T}} \boldsymbol{N}_{s,r} \mathrm{d}r - c_s V \int_0^l \boldsymbol{N}_h^{\mathrm{T}} \boldsymbol{N}_{h,r} \mathrm{d}r + k_h \int_0^l \boldsymbol{N}_h^{\mathrm{T}} \boldsymbol{N}_h \mathrm{d}r - k_s \int_0^l \boldsymbol{N}_h^{\mathrm{T}} \boldsymbol{N}_s \mathrm{d}r$$
$$+ k_s \int_0^l \boldsymbol{N}_h^{\mathrm{T}} \boldsymbol{N}_h \mathrm{d}r \tag{10.63}$$

最后得到板式轨道移动单元的质量、阻尼和刚度矩阵，即
$$\boldsymbol{m}_l^e = \boldsymbol{m}_r^e + \boldsymbol{m}_s^e + \boldsymbol{m}_h^e \tag{10.64}$$
$$\boldsymbol{c}_l^e = \boldsymbol{c}_r^e + \boldsymbol{c}_s^e + \boldsymbol{c}_h^e \tag{10.65}$$
$$\boldsymbol{k}_l^e = \boldsymbol{k}_r^e + \boldsymbol{k}_s^e + \boldsymbol{k}_h^e \tag{10.66}$$

按有限元集成规则组集单元质量、刚度和阻尼矩阵式(10.64)、式(10.65)和式(10.66)，可以得到板式轨道移动单元法的总质量、总刚度和总阻尼矩阵，即
$$\boldsymbol{m}_l = \sum_e \boldsymbol{m}_l^e, \quad \boldsymbol{k}_l = \sum_e \boldsymbol{k}_l^e, \quad \boldsymbol{c}_l = \sum_e \boldsymbol{c}_l^e \tag{10.67}$$

运用 Lagrange 方程，可以得到板式轨道移动单元法的有限元方程，即
$$\boldsymbol{m}_l \ddot{\boldsymbol{a}}_l + \boldsymbol{c}_l \dot{\boldsymbol{a}}_l + \boldsymbol{k}_l \boldsymbol{a}_l = \boldsymbol{Q}_l \tag{10.68}$$
其中，$\boldsymbol{Q}_l$ 为板式轨道的总结点荷载向量。

10.3 车辆单元模型

车辆单元模型与图 9.4 中的模型完全相同，车辆单元的刚度矩阵、质量矩阵、阻尼矩阵和结点荷载向量 $\boldsymbol{k}_u^e$、$\boldsymbol{m}_u^e$、$\boldsymbol{c}_u^e$ 和 $\boldsymbol{Q}_u^e$ 分别见式(9.58)、式(9.71)、式(9.74)和式(9.59)。

10.4 车辆-板式轨道耦合系统有限元方程

车辆-板式轨道耦合系统的有限元方程包含两种单元，即板式轨道移动单元和车辆单元，其中板式轨道移动单元的刚度矩阵、质量矩阵和阻尼矩阵分别为 $\boldsymbol{k}_l^e$、$\boldsymbol{m}_l^e$ 和 $\boldsymbol{c}_l^e$，已在 10.2 节中给出了计算公式，车辆单元的刚度矩阵、质量矩阵和阻尼矩阵分别为 $\boldsymbol{k}_u^e$、$\boldsymbol{m}_u^e$、$\boldsymbol{c}_u^e$ 见式(9.58)、式(9.71)和式(9.74)。在数值计算时，只需集成一次板式轨道的总刚度矩阵、总质量矩阵、总阻尼矩阵和总荷载向量，然后在每一计算时间步长中，利用标准有限元的集成方法将车辆单元的刚度矩阵、质量矩阵、阻尼矩阵和荷载向量组集到板式轨道的总刚度矩阵、总质量矩阵、总阻尼矩阵和总荷载向量中，形成车辆-板式轨道耦合系统的总刚度矩阵、总质量矩阵、总阻尼矩阵和总荷载向量。

由此可以得到车辆-板式轨道耦合系统的动力有限元方程，即
$$\boldsymbol{M}\ddot{\boldsymbol{a}} + \boldsymbol{C}\dot{\boldsymbol{a}} + \boldsymbol{K}\boldsymbol{a} = \boldsymbol{Q} \tag{10.69}$$
其中，$\boldsymbol{M}$、$\boldsymbol{C}$、$\boldsymbol{K}$ 和 $\boldsymbol{Q}$ 分别为车辆-板式轨道耦合系统的总质量矩阵、总阻尼矩阵、总

刚度矩阵和总荷载向量,即

$$M=\sum_e (m_l+m_u^e), \quad C=\sum_e (c_l+c_u^e), \quad K=\sum_e (k_l+k_u^e), \quad Q=\sum_e (Q_l+Q_u)$$

(10.70)

车辆-板式轨道耦合系统动力有限元方程的数值解可通过采用直接积分法求得,如 Newmark 积分法。

10.5 算例验证

根据上述算法,利用 MATLAB 编制计算程序。为了验证模型和计算方法的正确性,现考察和谐号列车以 72km/h 在 CRTSⅡ型板式轨道通过时车辆和轨道结构的动力响应,并与有限元分析结果进行对比。假设线路是完全平顺的,计算时间步长取 0.001s,车辆结构参数和轨道结构参数分别如表 10.1 和表 10.2 所示。计算结果如图 10.6 和图 10.7[11,12]所示。

表 10.1 和谐号高速动车 CRH3 结构参数

参数	取值	参数	取值
车体质量/kg	40 000	二系悬挂刚度/(MN/m)	0.8
构架质量/kg	3200	一系悬挂阻尼/(kN·s/m)	100
轮对质量/kg	2400	二系悬挂阻尼/(kN·s/m)	120
车体点头惯量/(kg·m^2)	5.47×10^5	固定轴距/m	2.5
构架点头惯量/(kg·m^2)	6800	构架中心距离/m	17.375
一系悬挂刚度/(MN/m)	2.08	轮轨接触刚度/(MN/m)	1.325×10^3
中间车长度/m	24.775	头车长度/m	25.675

表 10.2 CRTSⅡ型板式轨道结构参数

参数	取值	参数	取值
钢轨弹性模量/MPa	2.1×10^5	混凝土支承层惯性矩/m^4	3.3×10^{-3}
钢轨惯性矩/m^4	3.217×10^{-5}	垫板和扣件刚度系数/(MN/m)	60
钢轨质量/(kg/m)	60	垫板和扣件阻尼系数/(kN·s/m)	47.7
轨道板质量/(kg/m)	1275	CA 砂浆刚度系数/(MN/m)	900
轨道板弹性模量/MPa	3.9×10^4	CA 砂浆阻尼系数/(kN·s/m)	83
轨道板惯性矩/m^4	8.5×10^{-5}	路基刚度系数/(MN/m)	60
混凝土支承层质量/(kg/m)	2340	路基阻尼系数/(kN·s/m)	90
混凝土支承层弹性模量/MPa	3×10^4	单元长度/m	0.5

(a) 移动单元法计算结果　　　　(b) 有限元法计算结果

图 10.6　钢轨竖向位移沿轨道方向分布

(a) 移动单元法计算结果　　　　(b) 有限元法计算结果

图 10.7　轮轨接触力时程曲线

从图 10.6 可以看出，使用本章建立的模型和计算方法得到的钢轨竖向位移和应用有限元法得到的结果吻合良好。图 10.7 为两种方法得到的轮轨接触力，因为两种算法的差异，计算结果在稳定前的图形有所不同，但是最后都稳定在车轮承受的静荷载值上，由于假设轨道是完全平顺的，说明计算结果是准确的，证明了本算法和模型的正确性和可行性。

10.6　高速列车-板式轨道耦合系统动力分析

作为应用实例，分析高速列车整车通过时，车辆和轨道结构的动力响应。车辆为我国 CRH3 高速动车，轨道结构为 CRTS Ⅱ 型板式轨道，分别如图 10.8 和图 10.9 所示。车辆结构参数和轨道结构参数如表 10.1 和表 10.2 所示。取列车速度为 200km/h，采用德国低干扰谱模拟轨道不平顺，不平顺样本如图 10.10 所示。

计算中时间步长取 0.001s。由于初始条件的影响，计算结果的前几秒响应通常是不准确的。下面给出的是计算稳定后 5s 内的动力响应时程曲线图，包括车体加速度，钢轨、轨道板和混凝土支承层位移、速度、加速度，以及轮轨接触力[11,12]。

图 10.8　CRH3 型和谐号高速列车

图 10.9　高速铁路路基段板式轨道

在钢轨存在随机不平顺的情况下，轮轨相互作用明显增加。图 10.11～图 10.13 依次为第二车轮接触处钢轨、轨道板和混凝土支承层的竖向位移时程曲线。由于轨道存在随机不平顺，钢轨、轨道板和混凝土支承层的位移值是振荡的。

图 10.14～图 10.16 分别表示沿轨道方向钢轨、轨道板和混凝土支承层竖向位移分布图。图 10.14 中存在四个明显的峰值点，对应的是四个车轮作用处。图 10.15 中轨道板位移则只有两个圆滑的峰值点，最大值也小了很多。相同的情况也出现在图 10.16 混凝土支承层的位移中，说明经过轨下垫板和扣件及 CA 砂浆

的作用,列车运行时产生的附加动荷载有明显的减小。

图 10.10　德国低干扰谱不平顺样本

图 10.11　钢轨竖向位移时程曲线

图 10.12　轨道板竖向位移时程曲线

图 10.13 混凝土支承层竖向位移时程曲线

图 10.14 沿轨道方向钢轨竖向位移分布图

图 10.15 沿轨道方向轨道板竖向位移分布图

图 10.16　沿轨道方向混凝土支承层竖向位移分布图

图 10.17～图 10.19 分别表示第二车轮接触处钢轨、轨道板和混凝土支承层的振动速度时程曲线。由此可见,钢轨、轨道板和混凝土支承层的速度值也呈现出依次衰减的规律。图 10.20～图 10.22 为第二车轮接触处钢轨、轨道板和混凝土支承层的振动加速度时程曲线。由于轨下垫板和扣件及 CA 砂浆的作用,轨道板和混凝土支承层的加速度峰值也明显减小。

图 10.17　钢轨竖向振动速度时程曲线

图 10.18　轨道板竖向振动速度时程曲线

第十章 车辆-轨道耦合系统动力分析的移动单元法

图 10.19　混凝土支承层竖向振动速度时程曲线

图 10.20　钢轨竖向振动加速度时程曲线

图 10.21　轨道板竖向振动加速度时程曲线

图 10.22 混凝土支承层竖向振动加速度时程曲线

图 10.23 为车体振动加速度时程曲线。车体加速度是衡量乘客舒适度的一项重要指标。在列车速度为 200km/h 和德国低干扰谱高低不平顺的作用下,车体加速度振幅在合理范围内,说明舒适度可以得到保证。

图 10.23 车体振动加速度时程曲线

图 10.24 为轮轨接触力时程曲线。可以看出,轮轨接触力围绕静载 70kN 上下波动,最大峰值不超过 120kN。

本章讨论车辆-轨道耦合系统动力分析的移动单元算法,建立了板式轨道三层连续梁模型,并推导了板式轨道移动单元的质量、阻尼和刚度矩阵。车辆为考虑 26 个自由度的整车模型。该算法综合了移动单元法和有限元法的优点,一是由于轮轨接触点不变,消除了在计算过程中必须追踪每个单元的接触点,因而提高了计算效率;二是计算中车辆永远不会到达边界,消除了边界对计算结果的影响,提高了分析精度。其缺点是必须假设轨道结构是连续的,这与钢轨是离散点支承的实际是有差别的。

图 10.24 轮轨接触力时程曲线

参 考 文 献

[1] Grassie S L, Gregory R W, Harrison D, et al. The dynamic response of railway track to high frequency vertical excitation[J]. Journal of Mechanical Engineering Science, 1982, 24: 77-90.

[2] Eisenmann J. Redundancy of Rheda-type slab track[J]. Eisenbahningenieur, 2002, 53(10): 13-18.

[3] 翟婉明. 车辆-轨道垂向耦合动力学[D]. 成都:西南交通大学博士学位论文, 1991.

[4] 翟婉明. 车辆-轨道垂向系统的统一模型及其耦合动力学原理[J]. 铁道学报, 1992, 14(3): 10-21.

[5] 向俊, 赫丹. 高速列车与博格板式轨道系统竖向振动分析模型[J]. 交通运输工程学报, 2007, 7(3): 1-5.

[6] 赫丹, 向俊, 曾庆元. 一种无砟轨道动力学建模的新方法[J]. 中南大学学报, 2007, 12(6): 1206-1211.

[7] 雷晓燕, 圣小珍. 现代轨道理论研究(2版)[M]. 北京:中国铁道出版社, 2008.

[8] 雷晓燕, 张斌, 刘庆杰. 列车-轨道系统竖向动力分析的车辆轨道单元模型[J]. 振动与冲击, 2009, 29(3): 168-173.

[9] 谢伟平, 镇斌. 移动荷载下Winkler梁稳态动力响应分析[J]. 武汉理工大学学报, 2005, 27(7): 61-63.

[10] Koh C G, Ong J S Y, Chua D K H, et al. Moving element method for train-track dynamics [J]. International Journal for Numerical Methods in Engineering, 2003, 56: 1549-1567.

[11] 王健. 高速铁路无砟轨道动力特性分析的移动单元法[D]. 南昌:华东交通大学硕士学位论文, 2012.

[12] Lei X Y, Wang J. Dynamic analysis of the train and slab track coupling system with finite elements in a moving frame of reference[J]. Journal of Vibration and Control, 2014, 20(9): 1301-1317.

第十一章 车辆-轨道-路基-大地耦合系统竖向动力分析模型

前面的第六章~第十章论述了各种车辆-轨道耦合系统动力分析模型及算法,在这些模型中,没有考虑大地的影响,同时将路基简化成黏弹性阻尼元件。准确分析列车对轨道结构的动力作用需要考虑车辆、轨道、路基和大地的相互作用[1-6]。本章将在前述模型的基础上,建立包含车辆-轨道-路基和大地为一体的竖向耦合振动分析模型,并讨论其数值方法。

11.1 移动荷载作用下板式轨道-路堤-大地系统模型

图 11.1 为板式轨道-路堤-大地耦合系统模型[7]。考虑钢轨、轨道板和混凝土底座为无限长的 Euler 梁,轨下垫板及扣件、CA 砂浆调整层的刚度和阻尼采用均布的线性弹簧和阻尼器模拟。大地简化为三维层状大地模型。由于基床和路堤本体的宽度一般相差较大,因此将基床和路堤本体分开考虑,将基床划归到轨道结构模型中,忽略基床的弯曲刚度,将基床考虑为弹性质量块,具有沿轨道方向均匀分布的质量、垂向刚度和阻尼。路堤本体考虑为覆盖在大地表面三维空间的层状土。板式轨道-路堤-大地系统划分为上部和下部两部分。上面部分为板式轨道-基床系统,考虑为一个沿 x 方向的一维无限体。下面部分为路堤本体-大地系统,考虑为一个半无限大的三维体。两者在路堤本体中心线上保持接触,接触宽度记为 $2b$(基床底部的宽度)。

图 11.1 板式轨道-路堤-大地耦合系统模型

11.1.1 板式轨道-基床系统动力方程及解

钢轨梁的振动微分方程为

$$EI_r\frac{\partial^4 w_r}{\partial x^4}+m_r\ddot{w}_r+k_p(w_r-y_s)+c_p(\dot{w}_r-\dot{y}_s)=P(x,t) \tag{11.1}$$

其中, $P(x,t)=\sum\limits_{l=1}^{M}P_l\mathrm{e}^{\mathrm{i}\Omega t}\delta(x-Vt-a_l)$。

轨道板的振动微分方程为

$$EI_s\frac{\partial^4 y_s}{\partial x^4}+m_s\ddot{y}_s-k_p(w_r-y_s)-c_p(\dot{w}_r-\dot{y}_s)+k_s(y_s-y_d)+c_s(\dot{y}_s-\dot{y}_d)=0 \tag{11.2}$$

混凝土底座的振动微分方程为

$$EI_d\frac{\partial^4 y_d}{\partial x^4}+m_d\ddot{y}_d-k_s(y_s-y_d)-c_s(\dot{y}_s-\dot{y}_d)=-F_3 \tag{11.3}$$

由于路基基床较厚(一般 2.5～3m),因此假定基床垂向位移沿厚度方向线性变化,采用近似的一致质量矩阵表示惯性的影响,基床的振动微分方程为

$$\frac{m_c}{6}\begin{bmatrix}2 & 1\\1 & 2\end{bmatrix}\begin{Bmatrix}\ddot{y}_d\\\ddot{y}_c\end{Bmatrix}+k_c\begin{bmatrix}1 & -1\\-1 & 1\end{bmatrix}\begin{Bmatrix}y_d\\y_c\end{Bmatrix}+c_c\begin{bmatrix}1 & -1\\-1 & 1\end{bmatrix}\begin{Bmatrix}\dot{y}_d\\\dot{y}_c\end{Bmatrix}=\begin{Bmatrix}F_3\\-F_4\end{Bmatrix} \tag{11.4}$$

在式(11.1)~式(11.4)中,w_r、y_s、y_d 和 y_c 分别为 $w_r(x,t)$、$y_s(x,t)$、$y_d(x,t)$ 和 $y_c(x,t)$ 的简写,表示钢轨、轨道板、混凝土底座和基床底的垂向位移;EI_r、EI_s 和 EI_d 分别为钢轨、轨道板和混凝土底座的抗弯刚度;m_r、m_s、m_d 和 m_c 分别为单位长度钢轨、轨道板、混凝土底座和基床的质量;k_p、k_s、k_c 和 c_p、c_s、c_c 分别为单位长度轨下垫板及扣件、CA 砂浆调整层、基床的刚度和阻尼;F_3 和 F_4 分别为 $F_3(x,t)$ 和 $F_4(x,t)$ 的简写,表示混凝土底座和基床之间,基床和路堤本体之间的作用力;δ 为 Dirac 函数;V 为列车运行速度;$P_l\mathrm{e}^{\mathrm{i}\Omega t}$ 为第 l 个轮载,可表示移动轴荷载或谐波轨道不平顺引起的动态轮轨力,荷载频率为 Ω,单位 rad/s,荷载幅值为 P_l,方向向下为正;a_l 为 $t=0$ 时第 l 个轮载距原点距离;M 表示轮载总数。

定义 x 方向的傅里叶变换与逆变换为

$$\widetilde{f}(\beta,t)=\int_{-\infty}^{+\infty}f(x,t)e^{-\mathrm{i}\beta x}\mathrm{d}x, \quad f(x,t)=\frac{1}{2\pi}\int_{-\infty}^{+\infty}\widetilde{f}(\beta,t)\mathrm{e}^{\mathrm{i}\beta x}\mathrm{d}\beta \tag{11.5}$$

其中,β 为空间坐标 x 对应的振动波数,单位 rad/m。

对式(11.1)~式(11.4)作 x 方向的傅里叶变换,整理得

$$EI_r\beta^4\widetilde{w}_r(\beta,t)+m_r\frac{\partial^2\widetilde{w}_r(\beta,t)}{\partial t^2}+k_p(\widetilde{w}_r(\beta,t)-\widetilde{y}_s(\beta,t))+c_p\left(\frac{\partial\widetilde{w}_r(\beta,t)}{\partial t}-\frac{\partial\widetilde{y}_s(\beta,t)}{\partial t}\right)=\widetilde{P}(\beta,t) \tag{11.6}$$

$$EI_s\beta^4\tilde{y}_s(\beta,t)+m_s\frac{\partial^2\tilde{y}_s(\beta,t)}{\partial t^2}-k_p(\tilde{w}_r(\beta,t)-\tilde{y}_s(\beta,t))-c_p\left(\frac{\partial\tilde{w}_r(\beta,t)}{\partial t}-\frac{\partial\tilde{y}_s(\beta,t)}{\partial t}\right)$$
$$+k_s(\tilde{y}_s(\beta,t)-\tilde{y}_d(\beta,t))+c_s\left(\frac{\partial\tilde{y}_s(\beta,t)}{\partial t}-\frac{\partial\tilde{y}_d(\beta,t)}{\partial t}\right)=0 \tag{11.7}$$

$$EI_d\beta^4\tilde{y}_d(\beta,t)+\left(m_d+\frac{m_c}{3}\right)\frac{\partial^2\tilde{y}_d(\beta,t)}{\partial t^2}+\frac{m_c}{6}\frac{\partial^2\tilde{y}_c(\beta,t)}{\partial t^2}-k_s(\tilde{y}_s(\beta,t)-\tilde{y}_d(\beta,t))$$
$$-c_s\left(\frac{\partial\tilde{y}_s(\beta,t)}{\partial t}-\frac{\partial\tilde{y}_d(\beta,t)}{\partial t}\right)+k_c(\tilde{y}_d(\beta,t)-\tilde{y}_c(\beta,t))+c_c\left(\frac{\partial\tilde{y}_d(\beta,t)}{\partial t}-\frac{\partial\tilde{y}_c(\beta,t)}{\partial t}\right)=0 \tag{11.8}$$

$$\frac{m_c}{6}\frac{\partial^2\tilde{y}_d(\beta,t)}{\partial t^2}+\frac{m_c}{3}\frac{\partial^2\tilde{y}_c(\beta,t)}{\partial t^2}-k_c(\tilde{y}_d(\beta,t)-\tilde{y}_c(\beta,t))-c_c\left(\frac{\partial\tilde{y}_d(\beta,t)}{\partial t}-\frac{\partial\tilde{y}_c(\beta,t)}{\partial t}\right)$$
$$=-\tilde{F}_4(\beta,t) \tag{11.9}$$

其中,$\tilde{w}_r(\beta,t)$、$\tilde{y}_s(\beta,t)$、$\tilde{y}_d(\beta,t)$、$\tilde{y}_c(\beta,t)$、$\tilde{F}_4(\beta,t)$ 和 $\tilde{P}(\beta,t)$ 分别为 $w_r(x,t)$、$y_s(x,t)$、$y_d(x,t)$、$y_c(x,t)$、$F_4(x,t)$ 和 $P(x,t)$ 对应的傅里叶变换,$\tilde{P}(\beta,t)=\sum_{l=1}^{M}P_l e^{-i\beta a_l}e^{i(\Omega-\beta V)t}$。

求解式(11.6)~式(11.9)的稳态位移解,设
$$\begin{aligned}\tilde{w}_r(\beta,t)&=\bar{w}_r(\beta)e^{i(\Omega-\beta V)t}\\ \tilde{y}_s(\beta,t)&=\bar{y}_s(\beta)e^{i(\Omega-\beta V)t}\\ \tilde{y}_d(\beta,t)&=\bar{y}_d(\beta)e^{i(\Omega-\beta V)t}\\ \tilde{y}_c(\beta,t)&=\bar{y}_c(\beta)e^{i(\Omega-\beta V)t}\\ \tilde{F}_4(\beta,t)&=\bar{F}_4(\beta)e^{i(\Omega-\beta V)t}\\ \tilde{P}(\beta,t)&=\bar{P}(\beta)e^{i(\Omega-\beta V)t}\end{aligned} \tag{11.10}$$

其中,$\bar{P}(\beta)=\sum_{l=1}^{M}P_l e^{-i\beta a_l}$。

令 $\omega=\Omega-\beta V$,将式(11.10)代入式(11.6)~式(11.9)可得
$$EI_r\beta^4\bar{w}_r(\beta)-m_r\omega^2\bar{w}_r(\beta)+(k_p+i\omega c_p)(\bar{w}_r(\beta)-\bar{y}_s(\beta))=\bar{P}(\beta) \tag{11.11}$$

$$EI_s\beta^4\bar{y}_s(\beta)-m_s\omega^2\bar{y}_s(\beta)-(k_p+i\omega c_p)(\bar{w}_r(\beta)-\bar{y}_s(\beta))$$
$$+(k_s+i\omega c_s)(\bar{y}_s(\beta)-\bar{y}_d(\beta))=0 \tag{11.12}$$

$$EI_d\beta^4\bar{y}_d(\beta)-\left(m_d+\frac{m_c}{3}\right)\omega^2\bar{y}_d(\beta)-\frac{m_c}{6}\omega^2\bar{y}_c(\beta)-(k_s+i\omega c_s)(\bar{y}_s(\beta)-\bar{y}_d(\beta))$$
$$+(k_c+i\omega c_c)(\bar{y}_d(\beta)-\bar{y}_c(\beta))=0 \tag{11.13}$$

$$-\frac{m_c}{6}\omega^2\bar{y}_d(\beta)-\frac{m_c}{3}\omega^2\bar{y}_c(\beta)-(k_c+i\omega c_c)(\bar{y}_d(\beta)-\bar{y}_c(\beta))=-\bar{F}_4(\beta) \tag{11.14}$$

式(11.11)~式(11.14)共有 4 个方程,5 个未知量,需通过基床和路堤本体-

层状大地系统的耦合关系求解。

11.1.2 路堤本体-大地系统动力方程及解

路堤本体考虑为覆盖在大地表面的层状土，路堤本体-大地系统可以简化为三维层状大地模型。设基床与路堤本体之间的接触力 $F_4(x,t)$ 均匀分布于路堤本体表面，接触宽度 $2b$（基床底部的宽度），则作用于路堤本体表面的谐荷载为[7]

$$\begin{aligned} p_x &= 0 \\ p_y &= 0 \\ p_z &= \begin{cases} \dfrac{F_4(x,t)}{2b}, & -b \leqslant y \leqslant b \\ 0, & \text{其他} \end{cases} \end{aligned} \tag{11.15}$$

对式(11.15)作傅里叶变换，并结合式(11.10)，可得傅里叶变换域内谐荷载幅值，即

$$\begin{aligned} \bar{p}_x &= 0 \\ \bar{p}_y &= 0 \\ \bar{p}_z &= \dfrac{\bar{F}_4(\beta)\sin\gamma b}{\gamma b} \end{aligned} \tag{11.16}$$

其中，β 和 γ 分别为空间坐标 x 和 y 对应的振动波数，单位 rad/m。

将式(11.16)代入文献[7]第二章的式(2.16)，可得傅里叶变换域内路堤本体表面位移幅值，即

$$\begin{aligned} \bar{u}_{10}(\beta,\gamma,\omega) &= \bar{Q}_{13}(\beta,\gamma,\omega)\dfrac{\sin\gamma b}{\gamma b}\bar{F}_4(\beta) \\ \bar{v}_{10}(\beta,\gamma,\omega) &= \bar{Q}_{23}(\beta,\gamma,\omega)\dfrac{\sin\gamma b}{\gamma b}\bar{F}_4(\beta) \\ \bar{w}_{10}(\beta,\gamma,\omega) &= \bar{Q}_{33}(\beta,\gamma,\omega)\dfrac{\sin\gamma b}{\gamma b}\bar{F}_4(\beta) \end{aligned} \tag{11.17}$$

设 $\bar{Q}(\beta,\gamma,\omega)$ 为傅里叶变换域内移动动柔度矩阵，对于层状半无限域大地，$\bar{Q}(\beta,\gamma,\omega)$ 的一般表达式为

$$\bar{Q}(\beta,\gamma,\omega) = \begin{bmatrix} \bar{Q}_{11} & \bar{Q}_{12} & \bar{Q}_{13} \\ \bar{Q}_{21} & \bar{Q}_{22} & \bar{Q}_{23} \\ \bar{Q}_{31} & \bar{Q}_{32} & \bar{Q}_{33} \end{bmatrix} = -(\boldsymbol{RS}^{-1}\boldsymbol{T}_{21}-\boldsymbol{T}_{11})^{-1}(\boldsymbol{T}_{12}-\boldsymbol{RS}^{-1}\boldsymbol{T}_{22}) \tag{11.18}$$

其中，$\boldsymbol{R}$ 为傅里叶变换域内弹性半空间土层顶面位移表达式的系数矩阵；$\boldsymbol{S}$ 为傅里叶变换域内弹性半空间土层顶面应力表达式的系数矩阵；$\boldsymbol{T}$ 为传递矩阵[7]。

特殊情况下，当大地仅为无限大弹性半空间体时，则有

$$\bar{Q}(\beta,\gamma,\omega) = -\mathbf{R}\mathbf{S}^{-1} \qquad (11.19)$$

其中，当 $\omega \neq 0$ 时，有

$$\mathbf{R} = \begin{bmatrix} -\dfrac{\mathrm{i}\beta}{k_{\infty,1}^2} & 1 & 0 \\ -\dfrac{\mathrm{i}\gamma}{k_{\infty,1}^2} & 0 & 1 \\ \dfrac{\alpha_{\infty,1}}{k_{\infty,1}^2} & \dfrac{\mathrm{i}\beta}{\alpha_{\infty,2}} & \dfrac{\mathrm{i}\gamma}{\alpha_{\infty,2}} \end{bmatrix} \qquad (11.20)$$

$$\mathbf{S} = \begin{bmatrix} \dfrac{2\mathrm{i}\mu_\infty \beta \alpha_{\infty,1}}{k_{\infty,1}^2} & -\dfrac{\mu_\infty(\beta^2+\alpha_{\infty,2}^2)}{\alpha_{\infty,2}} & -\dfrac{\mu_\infty \beta \gamma}{\alpha_{\infty,2}} \\ \dfrac{2\mathrm{i}\mu_\infty \gamma \alpha_{\infty,1}}{k_{\infty,1}^2} & -\dfrac{\mu_\infty \gamma \beta}{\alpha_{\infty,2}} & -\dfrac{\mu_\infty(\gamma^2+\alpha_{\infty,2}^2)}{\alpha_{\infty,2}} \\ \lambda_{n+1} - \dfrac{2\mu_\infty \alpha_{\infty,1}^2}{k_{\infty,1}^2} & -2\mathrm{i}\mu_\infty \beta & -2\mathrm{i}\mu_\infty \gamma \end{bmatrix} \qquad (11.21)$$

当 $\omega = 0$ 时，有

$$\mathbf{R} = \begin{bmatrix} 0 & 1 & 0 \\ 0 & 0 & 1 \\ -\dfrac{\lambda_\infty + 3\mu_\infty}{2\alpha_{\infty,1}\mu_\infty} & \dfrac{\mathrm{i}\beta}{\alpha_{\infty,1}} & \dfrac{\mathrm{i}\gamma}{\alpha_{\infty,1}} \end{bmatrix} \qquad (11.22)$$

$$\mathbf{S} = \begin{bmatrix} -\dfrac{\mathrm{i}\beta\mu_\infty}{\alpha_{\infty,1}} & -\dfrac{\beta^2\mu_\infty + \alpha_{\infty,1}^2\mu_\infty}{\alpha_{\infty,1}} & -\dfrac{\beta\gamma\mu_\infty}{\alpha_{\infty,1}} \\ -\dfrac{\mathrm{i}\gamma\mu_\infty}{\alpha_{\infty,1}} & -\dfrac{\beta\gamma\mu_\infty}{\alpha_{\infty,1}} & -\dfrac{\gamma^2\mu_\infty + \alpha_{\infty,1}^2\mu_\infty}{\alpha_{\infty,1}} \\ \lambda_\infty + 2\mu_\infty & -2\mathrm{i}\mu_\infty \beta & -2\mathrm{i}\mu_\infty \gamma \end{bmatrix} \qquad (11.23)$$

在式(11.20)~式(11.23)中，下角标"∞"表示无限大弹性半空间体中的物理量，$\alpha_{\infty,1}^2 = \beta^2 + \gamma^2 - k_{\infty,1}^2$，$k_{\infty,1}^2 = \dfrac{\rho_\infty \omega^2}{\lambda_\infty + 2\mu_\infty}$，$\alpha_{\infty,2}^2 = \beta^2 + \gamma^2 - k_{\infty,2}^2$，$k_{\infty,2}^2 = \dfrac{\rho_\infty \omega^2}{\mu_\infty}$，$\lambda_\infty = \dfrac{\nu_\infty E_\infty(1+\mathrm{i}\eta_\infty \mathrm{sgn}(\omega))}{(1+\nu_\infty)(1-2\nu_\infty)}$，$\mu_\infty = \dfrac{E_\infty(1+\mathrm{i}\eta_\infty \mathrm{sgn}(\omega))}{2(1+\nu_\infty)}$。其中，$E_\infty[1+\mathrm{i}\eta_\infty \mathrm{sgn}(\omega)]$为考虑阻尼时的无限大弹性半空间体弹性模量；$\mathrm{sgn}(\omega)$表示符号函数，当 $\omega > 0$，$\mathrm{sgn}(\omega) = 1$，当 $\omega < 0$，$\mathrm{sgn}(\omega) = -1$，$\omega$ 为振动角频率；η_∞ 为损失因子；ν_∞ 为泊松比。

将式(11.17)代入文献[7]的式(2.13)，可以得到傅里叶变换域内路堤本体表面的稳态位移即

$$\tilde{u}_{10}(\beta,\gamma,t) = \bar{u}_{10}(\beta,\gamma)e^{i(\Omega-\beta N)t} = \bar{Q}_{13}(\beta,\gamma,\omega)\frac{\sin\gamma b}{\gamma b}\bar{F}_4(\beta)e^{i(\Omega-\beta N)t}$$

$$\tilde{v}_{10}(\beta,\gamma,t) = \bar{v}_{10}(\beta,\gamma)e^{i(\Omega-\beta N)t} = \bar{Q}_{23}(\beta,\gamma,\omega)\frac{\sin\gamma b}{\gamma b}\bar{F}_4(\beta)e^{i(\Omega-\beta N)t} \quad (11.24)$$

$$\tilde{w}_{10}(\beta,\gamma,t) = \bar{w}_{10}(\beta,\gamma)e^{i(\Omega-\beta N)t} = \bar{Q}_{33}(\beta,\gamma,\omega)\frac{\sin\gamma b}{\gamma b}\bar{F}_4(\beta)e^{i(\Omega-\beta N)t}$$

对式(11.24)作傅里叶逆变换可以得到空间域内路堤本体表面位移 $u_{10}(x,y,t)$、$v_{10}(x,y,t)$ 和 $w_{10}(x,y,t)$。

11.1.3 板式轨道-路堤-大地系统耦合振动

由基床与路堤本体接触面中心线 $y=0$ 处竖向位移连续[7],得

$$y_c(x,t) = w_{10}(x,y,t)|_{y=0} = w_{10}(x,0,t) \quad (11.25)$$

其中

$$w_{10}(x,0,t) = \frac{1}{4\pi^2}\iint_{-\infty}^{\infty}\tilde{w}_{10}(\beta,\gamma,t)e^{i(\beta x+\gamma y)}d\beta d\gamma\bigg|_{y=0} = \frac{1}{4\pi^2}\iint_{-\infty}^{\infty}\tilde{w}_{10}(\beta,\gamma,t)e^{i\beta x}d\beta d\gamma \quad (11.26)$$

对式(11.25)作 x 方向的傅里叶变换,并联合式(11.26)可得

$$\bar{y}_c(\beta,t) = \frac{1}{2\pi}\int_{-\infty}^{\infty}\tilde{w}_{10}(\beta,\gamma,t)d\gamma \quad (11.27)$$

将式(11.24)代入式(11.27),并联合式(11.10)可得

$$\bar{y}_c(\beta) = \left(\frac{1}{2\pi}\int_{-\infty}^{\infty}\bar{Q}_{33}(\beta,\gamma,\omega)\frac{\sin\gamma b}{\gamma b}d\gamma\right)\bar{F}_4(\beta) = \bar{H}(\beta)\bar{F}_4(\beta) \quad (11.28)$$

其中

$$\bar{H}(\beta) = \frac{1}{2\pi}\int_{-\infty}^{\infty}\bar{Q}_{33}(\beta,\gamma,\omega)\frac{\sin\gamma b}{\gamma b}d\gamma \quad (11.29)$$

联立求解式(11.11)~式(11.14)和式(11.28)可得

$$\bar{w}_r(\beta) = \bar{P}(\beta)\bigg/\left[EI_r\beta^4 - m_r\omega^2 + i\omega c_p + k_p - \frac{(k_p+i\omega c_p)^2}{K_{14}}\right] \quad (11.30)$$

$$\bar{y}_s(\beta) = \frac{k_p+i\omega c_p}{K_{14}}\bar{w}_r(\beta) \quad (11.31)$$

$$\bar{y}_d(\beta) = \frac{k_s+i\omega c_s}{K_{13}}\bar{y}_s(\beta) \quad (11.32)$$

$$\bar{F}_4(\beta) = K_{12}\bar{y}_d(\beta) \quad (11.33)$$

其中

$$K_{11}=EI_d\beta^4-(m_d+\frac{m_c}{3})\omega^2+(k_s+k_c)+\mathrm{i}\omega(c_s+c_c)$$

$$K_{12}=\frac{m_c\omega^2/6+k_c+\mathrm{i}\omega c_c}{(-m_c\omega^2/3+k_c+\mathrm{i}\omega c_c)\overline{H}(\beta)+1}$$

$$K_{13}=K_{11}+(-m_c\omega^2/6-k_c-\mathrm{i}\omega c_c)\overline{H}(\beta)K_{12}$$

$$K_{14}=EI_s\beta^4-m_s\omega^2+(k_p+k_s)+\mathrm{i}\omega(c_p+c_s)-\frac{(k_s+\mathrm{i}\omega c_s)^2}{K_{13}}$$

将式(11.30)~式(11.33)和式(11.28)代入式(11.10)进行傅里叶逆变换可以得到空间-时间域内的解。

令 $\overline{w}_r(\beta)$、$\overline{y}_s(\beta)$、$\overline{y}_d(\beta)$、$\overline{F}_4(\beta)$、$\overline{y}_c(\beta)$、$\overline{u}_{10}(\beta,\gamma)$、$\overline{v}_{10}(\beta,\gamma)$ 和 $\overline{w}_{10}(\beta,\gamma)$ 的傅里叶逆变换为 $\hat{w}_r(x)$、$\hat{y}_s(x)$、$\hat{y}_d(x)$、$\hat{F}_4(x)$、$\hat{y}_c(x)$、$\hat{u}_{10}(x,y)$、$\hat{v}_{10}(x,y)$ 和 $\hat{w}_{10}(x,y)$,则板式轨道-路堤-大地系统在空间-时间域内的解为

$$\begin{aligned}w_r(x,t)&=\hat{w}_r(x-Vt)\mathrm{e}^{\mathrm{i}\Omega t}\\y_s(x,t)&=\hat{y}_s(x-Vt)\mathrm{e}^{\mathrm{i}\Omega t}\\y_d(x,t)&=\hat{y}_d(x-Vt)\mathrm{e}^{\mathrm{i}\Omega t}\\y_c(x,t)&=\hat{y}_c(x-Vt)\mathrm{e}^{\mathrm{i}\Omega t}\\F_4(x,t)&=\hat{F}_4(x-Vt)\mathrm{e}^{\mathrm{i}\Omega t}\\u_{10}(x,y,t)&=\hat{u}_{10}(x-Vt,y)\mathrm{e}^{\mathrm{i}\Omega t}\\v_{10}(x,y,t)&=\hat{v}_{10}(x-Vt,y)\mathrm{e}^{\mathrm{i}\Omega t}\\w_{10}(x,y,t)&=\hat{w}_{10}(x-Vt,y)\mathrm{e}^{\mathrm{i}\Omega t}\end{aligned} \quad (11.34)$$

当轮载考虑为移动轴荷载时,轮载频率 $\Omega=0$。由此可以直接求出移动轴荷载引起的板式轨道-路堤-大地系统的振动位移。

11.2 移动荷载作用下有砟轨道-路堤-大地系统模型

有砟轨道-路堤-大地系统模型如图 11.2 所示[7]。钢轨仍考虑为无限长 Euler 梁。轨枕对钢轨形成离散支承。当轮对质量沿钢轨移动时,将产生参数激振。对于普通有砟轨道,当频率低于 200 Hz 时,离散支承的影响可以忽略。频率低意味着不平顺的波长大,而长波不平顺的幅值通常是比较大的,其作用往往大大超过参数激振。于是将轨枕简化为沿轨道方向均匀分布的质量。轨下垫板和扣件的刚度及阻尼仍用均布的线性弹簧和阻尼器模拟。由于道床内各横截面间约束较弱,因此道床被考虑为弹性质量块,具有沿轨道方向均匀分布的质量、垂向刚度和阻尼。基床、路堤本体和大地模型与 11.1 节相同。这样有砟轨道-路堤-大地系统也被划分为上、下两部分。上面部分为有砟轨道-基床系统,考虑为一个沿 x 方向的一维无限体。下面部分为路堤本体-大地系统,考虑为一个半无限大的三维体。两者

在路堤本体中心线上保持接触,接触宽度记为 $2b$(基床底的宽度)。

图 11.2 有砟轨道-路堤-大地耦合系统模型

11.2.1 有砟轨道-基床系统动力方程及解

钢轨梁的振动微分方程与式(11.1)相同,即

$$EI_r\frac{\partial^4 w_r}{\partial x^4}+m_r\ddot{w}_r+k_p(w_r-y_s)+c_p(\dot{w}_r-\dot{y}_s)=P(x,t) \quad (11.35)$$

其中,$P(x,t)=\sum_{l=1}^{M}P_l e^{i\Omega t}\delta(x-Vt-a_l)$。

轨枕的振动微分方程为

$$m_s\ddot{y}_s-k_p(w_r-y_s)-c_p(\dot{w}_r-\dot{y}_s)+k_s(y_s-y_d)+c_s(\dot{y}_s-\dot{y}_d)=0 \quad (11.36)$$

道床的振动微分方程为

$$m_d\ddot{y}_d-k_s(y_s-y_d)-c_s(\dot{y}_s-\dot{y}_d)=-F_3 \quad (11.37)$$

基床的振动微分方程与式(11.4)相同,即

$$\frac{m_c}{6}\begin{bmatrix}2 & 1\\ 1 & 2\end{bmatrix}\begin{bmatrix}\ddot{y}_d\\ \ddot{y}_c\end{bmatrix}+k_c\begin{bmatrix}1 & -1\\ -1 & 1\end{bmatrix}\begin{bmatrix}y_d\\ y_c\end{bmatrix}+c_c\begin{bmatrix}1 & -1\\ -1 & 1\end{bmatrix}\begin{bmatrix}\dot{y}_d\\ \dot{y}_c\end{bmatrix}=\begin{bmatrix}F_3\\ -F_4\end{bmatrix} \quad (11.38)$$

在式(11.35)~式(11.38)中,y_s 和 y_d 分别为 $y_s(x,t)$ 和 $y_d(x,t)$ 的简写,表示轨枕和道床的垂向位移;m_s 和 m_d 分别为单位长度轨枕和道床的质量;k_s 和 c_s 为单位长度道床的刚度和阻尼;F_3 为 $F_3(x,t)$ 的简写,表示道床和基床之间的作用力;其余符号的含义与 11.1.1 节相同。

对式(11.35)~式(11.38)作 x 方向的傅里叶变换,并设变换域内稳态位移解为谐波函数,则得

$$EI_r\beta^4\overline{w}_r(\beta)-m_r\omega^2\overline{w}_r(\beta)+(k_p+i\omega c_p)(\overline{w}_r(\beta)-\overline{y}_s(\beta))=\overline{P}(\beta) \quad (11.39)$$

$$-m_s\omega^2\bar{y}_s(\beta)-(k_p+\mathrm{i}\omega c_p)[\bar{w}_r(\beta)-\bar{y}_s(\beta)]+(k_s+\mathrm{i}\omega c_s)[\bar{y}_s(\beta)-\bar{y}_d(\beta)]=0 \tag{11.40}$$

$$-\left(m_d+\frac{m_c}{3}\right)\omega^2\bar{y}_d(\beta)-\frac{m_c}{6}\omega^2\bar{y}_c(\beta)-(k_s+\mathrm{i}\omega c_s)[\bar{y}_s(\beta)-\bar{y}_d(\beta)]$$
$$+(k_c+\mathrm{i}\omega c_c)[\bar{y}_d(\beta)-\bar{y}_c(\beta)]=0 \tag{11.41}$$

$$-\frac{m_c}{6}\omega^2\bar{y}_d(\beta)-\frac{m_c}{3}\omega^2\bar{y}_c(\beta)-(k_c+\mathrm{i}\omega c_c)[\bar{y}_d(\beta)-\bar{y}_c(\beta)]=-\bar{F}_4(\beta) \tag{11.42}$$

式(11.39)~式(11.42)共有 4 个方程和 5 个未知量,需通过基床和路堤本体-层状大地系统的耦合关系求解。

11.2.2 有砟轨道-路堤-大地系统耦合振动

路堤本体-大地系统模型与 11.1 节相同,采用三维层状大地模型。根据基床与路堤本体表面之间的接触力平衡和接触位移相容条件,由 11.1 节推导,可以建立 $y_c(x,t)$ 与 $F_4(x,t)$ 傅里叶变换域内的幅值关系,见式(11.28)。

联立求解式(11.39)~式(11.42)和式(11.28)可得

$$\bar{w}_r(\beta)=\frac{\bar{P}(\beta)}{EI_r\beta^4-m_r\omega^2+\mathrm{i}\omega c_p+k_p-\dfrac{(k_p+\mathrm{i}\omega c_p)^2}{K_{14}}} \tag{11.43}$$

$$\bar{y}_s(\beta)=\frac{k_p+\mathrm{i}\omega c_p}{K_{14}}\bar{w}_r(\beta) \tag{11.44}$$

$$\bar{y}_d(\beta)=\frac{k_s+\mathrm{i}\omega c_s}{K_{13}}\bar{y}_s(\beta) \tag{11.45}$$

$$\bar{F}_4(\beta)=K_{12}\cdot\bar{y}_d(\beta) \tag{11.46}$$

$$\bar{y}_c(\beta)=\bar{H}(\beta)\cdot\bar{F}_4(\beta) \tag{11.47}$$

其中

$$K_{11}=-\left(m_d+\frac{m_c}{3}\right)\omega^2+(k_s+k_c)+\mathrm{i}\omega(c_s+c_c)$$

$$K_{12}=\frac{m_c\omega^2/6+k_c+\mathrm{i}\omega c_c}{(-m_c\omega^2/3+k_c+\mathrm{i}\omega c_c)\bar{H}(\beta)+1}$$

$$K_{13}=K_{11}+\bar{H}(\beta)(-m_c\omega^2/6-k_c-\mathrm{i}\omega c_c)K_{12}$$

$$K_{14}=-m_s\omega^2+(k_p+k_s)+\mathrm{i}\omega(c_p+c_s)-\frac{(k_s+\mathrm{i}\omega c_s)^2}{K_{13}}$$

对 $\bar{w}_r(\beta)\mathrm{e}^{\mathrm{i}\omega t}$、$\bar{y}_s(\beta)\mathrm{e}^{\mathrm{i}\omega t}$、$\bar{y}_d(\beta)\mathrm{e}^{\mathrm{i}\omega t}$、$\bar{F}_4(\beta)\mathrm{e}^{\mathrm{i}\omega t}$ 和 $\bar{y}_c(\beta)\mathrm{e}^{\mathrm{i}\omega t}$ 进行傅里叶逆变换可以得到空间-时间域内的解。

11.3 移动车辆-轨道-路基-大地耦合振动解析模型

本节采用波数-频率域方法建立车辆与轨道-路基-大地耦合振动模型。首先推导移动车辆在轮对处和轨道-路基-大地系统在轮轨接触点处的柔度矩阵,再由轮轨接触点处的位移限制条件建立考虑轨道不平顺的移动车辆与轨道-路基-大地系统耦合振动解析分析模型[7]。

11.3.1 移动车辆在轮对处的柔度矩阵

单节移动车辆采用整车附有二系悬挂的车辆模型,如图 11.3[7,8]所示。车辆被模拟成以速度 V 运行于轨道结构上的多刚体系统,车体与转向架、转向架与轮对之间通过线性弹簧和黏滞阻尼器连接,考虑车体、转向架的沉浮振动和点头振动,以及轮对的沉浮振动。为了在频率内分析,实际车辆悬挂系统的非线性特性处理为线性弹簧和黏滞阻尼。竖向位移以向下为正、转角以顺时针为正、轮轨接触力为压力。单节车辆模型共有 10 个自由度。

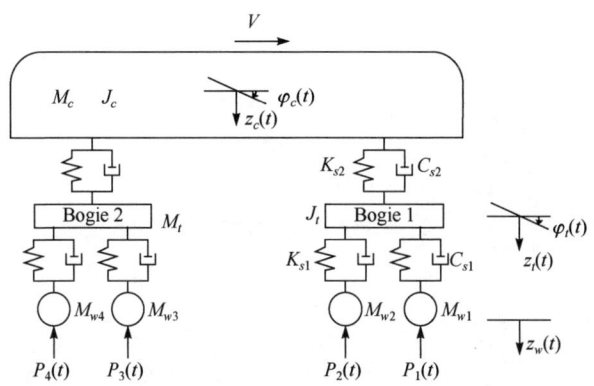

图 11.3 整车附有二系悬挂的车辆模型

移动车辆振动微分方程为

$$\boldsymbol{M}_u \ddot{\boldsymbol{Z}}_u(t) + \boldsymbol{C}_u \dot{\boldsymbol{Z}}_u(t) + \boldsymbol{K}_u \boldsymbol{Z}_u(t) = \boldsymbol{Q}_u(t) \tag{11.48}$$

其中,$\boldsymbol{M}_u$ 为车辆的质量矩阵;$\boldsymbol{C}_u$ 为车辆的阻尼矩阵;$\boldsymbol{K}_u$ 为车辆的刚度矩阵;$\boldsymbol{Z}_u(t)$、$\dot{\boldsymbol{Z}}_u(t)$ 和 $\ddot{\boldsymbol{Z}}_u(t)$ 分别为车辆的位移、速度和加速度向量;$\boldsymbol{Q}_u(t)$ 为由轨道不平顺引起的车辆动荷载向量,忽略其他因素对车辆动荷载的影响,车辆重力荷载以移动轴荷载的形式直接作用在轨道结构上,不考虑其参与车辆-轨道耦合振动。

上式中各变量的显示表达式分别为

$$\boldsymbol{M}_u = \mathrm{diag}\{M_C \quad J_C \quad M_t \quad M_t \quad J_t \quad J_t \quad M_{w1} \quad M_{w2} \quad M_{w3} \quad M_{w4}\} \tag{11.49}$$

$$\boldsymbol{Z}_u(t) = \{z_c(t) \ \varphi_c(t) \ z_{t1}(t) \ z_{t2}(t) \ \varphi_{t1}(t) \ \varphi_{t2}(t) \ z_{w1}(t) \ z_{w2}(t) \ z_{w3}(t) \ z_{w4}(t)\}^{\mathrm{T}}$$
(11.50)

$$\dot{\boldsymbol{Z}}_u(t) = \{\dot{z}_c(t) \ \dot{\varphi}_c(t) \ \dot{z}_{t1}(t) \ \dot{z}_{t2}(t) \ \dot{\varphi}_{t1}(t) \ \dot{\varphi}_{t2}(t) \ \dot{z}_{w1}(t) \ \dot{z}_{w2}(t) \ \dot{z}_{w3}(t) \ \dot{z}_{w4}(t)\}^{\mathrm{T}}$$
(11.51)

$$\ddot{\boldsymbol{Z}}_u(t) = \{\ddot{z}_c(t) \ \ddot{\varphi}_c(t) \ \ddot{z}_{t1}(t) \ \ddot{z}_{t2}(t) \ \ddot{\varphi}_{t1}(t) \ \ddot{\varphi}_{t2}(t) \ \ddot{z}_{w1}(t) \ \ddot{z}_{w2}(t) \ \ddot{z}_{w3}(t) \ \ddot{z}_{w4}(t)\}^{\mathrm{T}}$$
(11.52)

$$\boldsymbol{Q}_u(t) = \{0 \ 0 \ 0 \ 0 \ 0 \ 0 \ -P_1(t) \ -P_2(t) \ -P_3(t) \ -P_4(t)\}^{\mathrm{T}} \quad (11.53)$$

$$\boldsymbol{K}_u = \begin{bmatrix} 2K_{s2} & 0 & -K_{s2} & -K_{s2} & 0 & 0 & 0 & 0 & 0 & 0 \\ & 2L_2^2 K_{s2} & -L_2 K_{s2} & L_2 K_{s2} & 0 & 0 & 0 & 0 & 0 & 0 \\ & & 2K_{s1}+K_{s2} & 0 & 0 & 0 & -K_{s1} & -K_{s1} & 0 & 0 \\ & & & 2K_{s1}+K_{s2} & 0 & 0 & 0 & 0 & -K_{s1} & -K_{s1} \\ & & & & 2L_1^2 K_{s1} & 0 & -K_{s1}L_1 & K_{s1}L_1 & 0 & 0 \\ & & & & & 2L_1^2 K_{s1} & 0 & 0 & -K_{s1}L_1 & K_{s1}L_1 \\ & \text{对称} & & & & & K_{s1} & 0 & 0 & 0 \\ & & & & & & & K_{s1} & 0 & 0 \\ & & & & & & & & K_{s1} & 0 \\ & & & & & & & & & K_{s1} \end{bmatrix}$$
(11.54)

$$\boldsymbol{C}_u = \begin{bmatrix} 2C_{s2} & 0 & -C_{s2} & -C_{s2} & 0 & 0 & 0 & 0 & 0 & 0 \\ & 2L_2^2 C_{s2} & -L_2 C_{s2} & L_2 C_{s2} & 0 & 0 & 0 & 0 & 0 & 0 \\ & & 2C_{s1}+C_{s2} & 0 & 0 & 0 & -C_{s1} & -C_{s1} & 0 & 0 \\ & & & 2C_{s1}+C_{s2} & 0 & 0 & 0 & 0 & -C_{s1} & -C_{s1} \\ & & & & 2L_1^2 C_{s1} & 0 & -C_{s1}L_1 & C_{s1}L_1 & 0 & 0 \\ & & & & & 2L_1^2 C_{s1} & 0 & 0 & -C_{s1}L_1 & C_{s1}L_1 \\ & \text{对称} & & & & & C_{s1} & 0 & 0 & 0 \\ & & & & & & & C_{s1} & 0 & 0 \\ & & & & & & & & C_{s1} & 0 \\ & & & & & & & & & C_{s1} \end{bmatrix}$$
(11.55)

其中,M_c 和 J_c 为车体质量和转动惯量;M_t 和 J_t 为转向架质量和转动惯量;$M_{ui}(i=1,2,3,4)$ 为第 i 个轮对的质量;K_{s1} 和 C_{s1} 为车辆一系悬挂的刚度系数和阻尼系数;K_{s2} 和 C_{s2} 为车辆二系悬挂的刚度系数和阻尼系数;z_c 为车体的竖向位移,以向下为正;φ_c 为车体绕水平轴转角,以顺时针为正;z_t 为转向架的竖向位移;φ_t 为转向架绕水平轴转角;z_w 为轮对的竖向位移;$2L_2$ 为车体上两转向架中心之间的距离;$2L_1$ 为固定轴距。

假设轨道不平顺引起的车辆动荷载为简谐荷载,则车辆的振动为简谐振动,

因此设
$$Q_u(t) = Q_u(\Omega) e^{i\Omega t} \tag{11.56}$$
$$Z_u(t) = Z_u(\Omega) e^{i\Omega t} \tag{11.57}$$

其中，Ω 为激振圆频率。

将式(11.56)和式(11.57)代入式(11.48)整理可得
$$Z_u(\Omega) = (K_u + i\Omega C_u - \Omega^2 M_u)^{-1} Q_u(\Omega) = A_u Q_u(\Omega) \tag{11.58}$$

其中，$A_u = (K_u + i\Omega C_u - \Omega^2 M_u)^{-1}$ 为车辆的柔度矩阵。

令轨道不平顺引起的动态轮轨力幅值 $P(\Omega)$ 和轮对位移幅值 $Z_w(\Omega)$ 为
$$P(\Omega) = \{P_1(\Omega) \quad P_2(\Omega) \quad P_3(\Omega) \quad P_4(\Omega)\}^T \tag{11.59}$$
$$Z_w(\Omega) = \{z_{w1}(\Omega) \quad z_{w2}(\Omega) \quad z_{w3}(\Omega) \quad z_{w4}(\Omega)\}^T \tag{11.60}$$

则有
$$Q_u(\Omega) = -H^T P(\Omega) \tag{11.61}$$
$$H Z_u(\Omega) = Z_w(\Omega) \tag{11.62}$$

其中，$H = \begin{bmatrix} \mathbf{0}_{4\times 6} & \mathbf{I}_{4\times 4} \end{bmatrix}$。

将式(11.58)两边左乘 H，并将式(11.61)和式(11.62)代入，整理得
$$Z_w(\Omega) = -H A_u H^T P(\Omega) = -A_w P(\Omega) \tag{11.63}$$

其中，$A_w = H A_u H^T$ 为车辆在轮对处的柔度矩阵。

当考虑 N 节车辆时，整列车在轮对处的柔度矩阵为
$$A_{TW} = \mathrm{diag}\{A_{w1} \cdots A_{wi} \cdots A_{wN}\} \tag{11.64}$$

其中，A_{wi} 表示第 i 节车辆在轮对处的柔度矩阵。

11.3.2 轨道-路基-大地系统在轮轨接触点处的柔度矩阵

由 11.1 节和 11.2 节中可得到移动谐荷载作用下轨道-路基-大地系统各部分的位移。假定一单位谐荷载 $e^{i\Omega t}$ 作用于轨道结构，$t=0$ 时荷载位于原点，可以很容易求得钢轨的位移为
$$w_r^e(x,t) = \overline{w}_r^e(x-ct) e^{i\Omega t} \tag{11.65}$$

其中，上角标 e 表示单位谐荷载的作用。

当多个轮载作用时，单位力作用于第 k 个轮轨接触点引起的第 j 个轮轨接触点处钢轨位移为
$$w_{r,jk}^e = \overline{w}_r^e(l_{jk}) e^{i\Omega t} \tag{11.66}$$

其中，$l_{jk} = a_j - a_k$ 为两轮对之间的距离。

位移幅值可以定义为
$$\delta_{jk} = \overline{w}_r^e(l_{jk}) \tag{11.67}$$

单节车辆模型共有 4 个轮对，则动态轮轨力引起轮轨接触点处的钢轨位移幅值 $Z_R(\Omega)$ 为

$$Z_R(\Omega) = \{z_{R1}(\Omega) \quad z_{R2}(\Omega) \quad z_{R3}(\Omega) \quad z_{R4}(\Omega)\}^T = A_R P(\Omega) \qquad (11.68)$$

其中，$A_R = \begin{bmatrix} \delta_{11} & \delta_{12} & \delta_{13} & \delta_{14} \\ \delta_{21} & \delta_{22} & \delta_{23} & \delta_{24} \\ \delta_{31} & \delta_{32} & \delta_{33} & \delta_{34} \\ \delta_{41} & \delta_{42} & \delta_{43} & \delta_{44} \end{bmatrix}$ 为轨道-路基-大地系统在轮轨接触点处的柔度矩阵。

当考虑 N 节车辆时，共 $4N$ 个轮轨接触点，可方便地求出整列车运行时轨道-路基-大地系统在轮轨接触点处的柔度矩阵。

11.3.3 考虑轨道不平顺的移动车辆-轨道-路基-大地系统耦合

假设车轮和钢轨为线弹性赫兹接触，轮轨间接触刚度为

$$K_W = \frac{3}{2G} p^{1/3} \qquad (11.69)$$

其中，G 为接触挠度系数，当车轮为锥形踏面时，$G = 4.57 R^{-0.149} \times 10^{-8} \,(\text{m}/\text{N}^{2/3})$，当车轮为磨耗形踏面时，$G = 3.86 R^{-0.115} \times 10^{-8} \,(\text{m}/\text{N}^{2/3})$；$p$ 近似取轴重。

单节车辆模型中，轮轨接触点处相对位移幅值 $\boldsymbol{\eta}(\Omega)$ 为

$$\boldsymbol{\eta}(\Omega) = \{\eta_1(\Omega) \quad \eta_2(\Omega) \quad \eta_3(\Omega) \quad \eta_4(\Omega)\}^T = A_\Delta P(\Omega) \qquad (11.70)$$

式中，$A_\Delta = \text{diag}\{1/K_W \quad 1/K_W \quad 1/K_W \quad 1/K_W\}$。

设轨道表面不平顺 $\Delta z(x)$ 为谐波函数，即

$$\Delta z(x) = -A e^{i(2\pi/\lambda)x} \qquad (11.71)$$

其中，A 为轨道表面不平顺的幅值；λ 为不平顺波长。

第 l 个轮轨接触点处轨道不平顺为

$$\Delta z_l(x) = -A e^{i(2\pi/\lambda)(a_l + Vt)} = -A e^{i(2\pi/\lambda)a_l} e^{i2\pi(V/\lambda)t} = -\Delta z_l(\Omega) e^{i\Omega t} \qquad (11.72)$$

式中，$\Delta z_l(\Omega) = A e^{i(2\pi/\lambda)a_l}$；$\Omega = 2\pi V/\lambda$。

在单节车辆模型中，轮轨接触点处轨道表面不平顺幅值为

$$\Delta Z(\Omega) = -\{A e^{i(2\pi/\lambda)a_1} \quad A e^{i(2\pi/\lambda)a_2} \quad A e^{i(2\pi/\lambda)a_3} \quad A e^{i(2\pi/\lambda)a_4}\}^T \qquad (11.73)$$

假设车轮始终与钢轨保持接触，则接触点处位移相容条件为

$$Z_w(\Omega) = Z_R(\Omega) + \boldsymbol{\eta}(\Omega) + \Delta Z(\Omega) \qquad (11.74)$$

将式(11.63)、式(11.68)、式(11.70)、式(11.73)代入式(11.74)可得

$$(A_w + A_R + A_\Delta) P(\Omega) = \Delta Z(\Omega) \qquad (11.75)$$

由此可以求出轨道不平顺引起的动态轮轨力幅值 $P(\Omega)$，进而可得动态轮轨力为 $P(t) = P(\Omega) e^{i\Omega t}$。然后，根据 11.1 节和 11.2 节的推导，可以得出轨道不平顺引起的动态轮轨力作用下，轨道-路基-大地系统中各部分的振动响应。

11.4 高速列车-轨道-路基-大地耦合系统动力响应分析

根据上述原理编制计算程序,对高速列车-轨道-路基-大地耦合系统进行动力响应分析。为简化计算,仅考虑单台 TGV 高速动车的影响。

11.4.1 列车速度和轨道不平顺对路堤本体振动的影响

TGV 高速动车的计算参数详见文献[9]。轨道条件为 60kg/m 无缝钢轨,有砟轨道,钢轨抗弯刚度 $EI=2\times6.625$MN·m^2,Ⅲ型轨枕,轨枕间距 0.6m,轨枕长度 2.6m;道床厚度 35cm,道床肩宽 50cm,道床边坡比 1∶1.75,道床密度 1900 kg/m^3;基床厚度取 3.0m,基床顶宽 8.2m,基床边坡比 1∶1.5,基床密度 1900 kg/m^3。其他轨道与基床的计算参数如表 11.1 所示。路堤本体厚 2m,参数取表 11.2 中硬质土;大地为弹性半空间,参数如表 11.2 所示。取法国轨道不平顺评价管理标准中高低不平顺的对应值,半峰值 $A=3$ mm,波长 $l=12.2$ m。

表 11.1 其他轨道与基床计算参数

计算参数	单位长度刚度/(MN/m^2)	单位长度阻尼/(kN·s/m^2)
轨下垫板及扣件	80/0.6	50/0.6
道床	120/0.6	60/0.6
基床	1102	275

表 11.2 路堤本体-大地参数

土层	土质类型	弹性模量/(10^3kN/m^2)	泊松比	密度/(kg/m^3)	损失因子
路堤本体	硬质土	269	0.257	1550	0.1
	中等硬度土	60	0.44	1550	0.1
	软土	30	0.47	1500	0.1
大地	半空间	2040	0.179	2450	0.1

计算结果如图 11.4 和图 11.5[10]所示。图 11.4 为不同列车速度下,路堤本体表面垂向位移。图 11.5 为其他参数不变,不同轨道高低不平顺半峰值条件下,路堤本体表面垂向位移随距离衰减曲线。

由图 11.4 可以看出,随着列车速度的增大,路堤本体垂向位移呈现出的波动性越来越明显。当列车速度为 200km/h 时,路堤本体表面垂向位移仅在轮载作用位置处较大,在其他位置都很小;当速度达到 300km/h 时,除轮载作用处外,其他位置的垂向位移也很大。由图 11.5 可以看出,随着轨道高低不平顺半峰值的增加,路堤本体垂向位移随之增加,但增幅不大,且仅影响轨道附近路堤本体振动位移。由此可知,路堤本体表面垂向位移主要由移动列车轴荷载引起。

(a) 列车速度 200km/h

(b) 列车速度 250km/h

(c) 列车速度 300km/h

图 11.4　列车速度对路堤本体表面垂向位移的影响

图 11.5　轨道不平顺对路堤本体表面垂向位移的影响

11.4.2 基床刚度对路堤本体振动的影响

考虑列车速度为 200km/h，其他参数与 11.4.1 节相同，分析不同基床刚度对路堤本体表面垂向位移的影响，如图 11.6[10] 所示。

(a) 基床刚度 $k_c=0.5×1102\text{MN/m}^2$ (b) 基床刚度 $k_c=0.25×1102\text{MN/m}^2$

图 11.6 基床刚度对路堤本体表面垂向位移的影响

由图 11.4(a) 和图 11.6 比较可知，基床刚度对路堤本体表面垂向位移有很大影响，随着基床刚度的降低，路堤本体垂向位移显著增加，并且波动性明显增大。

11.4.3 路堤土体刚度对路堤本体振动的影响

考虑列车速度为 200km/h，其他参数与 11.4.1 节相同，分析不同路堤土质对路堤本体表面垂向位移的影响，如图 11.7[10] 所示。路堤本体土质参数如表 11.2

图 11.7 路堤土质对路堤本体表面垂向位移的影响

所示。由图 11.7 可以得出,土质参数对路堤本体垂向位移有显著影响,与硬质土相比,软土路堤垂向位移增加较大。因此,在工程中,应特别重视软土路堤的影响,可通过增加路堤土体刚度来减小路堤的振动。

参 考 文 献

[1] 谢伟平,胡建武,徐劲.高速移动荷载作用下的轨道-地基系统的动力响应[J].岩石力学与工程学报,2002,21(7):1075-1078.

[2] 边学成,陈云敏.列车荷载作用下轨道和地基的动响应分析[J].力学学报,2005,37(4):477-484.

[3] 李志毅,高广运,冯世进,等.高速列车运行引起的地表振动分析[J].同济大学学报(自然科学版),2007,35(7):909-914.

[4] Sheng X, Jones C J C, Thompson D J. A theoretical model for ground vibration from trains generated by vertical track irregularities[J]. Journal of Sound and Vibration, 2004, 272:937-965.

[5] Lombaert G, Degrande G, Kogut J. The experimental validation of a numerical model for the prediction of railway induced vibrations[J]. Journal of Sound and Vibration, 2006, 297:512-535.

[6] Sheng X, Jones C J C, Petyt M. Ground vibration generated by a harmonic load acting on a railway track[J]. Journal of Sound and Vibration, 1999, 225(1):3-28.

[7] 冯青松.高速列车诱发的大地振动研究[D].上海:同济大学博士学位论文,2013.

[8] 雷晓燕,圣小珍.现代轨道理论研究(2版)[M].北京:中国铁道出版社,2008.

[9] 冯青松,雷晓燕,练松良.不平顺条件下高速铁路轨道振动的解析研究[J].振动工程学报,2008,21(6):559-564.

[10] 冯青松,雷晓燕,练松良.高速铁路路基-地基系统振动响应分析[J].铁道科学与工程,2010,7(1):1-6.

第十二章　列车-有砟轨道-路基耦合系统动力特性分析

随着高速铁路的大量新建和铁路大面积提速的完成,铁路运输进入高速时代。列车速度的提高,必然引起列车对轨道的动力作用增大,导致轨道结构功能退化或失效。特别是,随着宽轨枕、整体道床和重型钢轨等刚性基础的采用和推广,轮轨间的冲击及轨道的振动更加激烈。轨面剥离、掉块、波形磨耗、道砟粉碎、道床板结都是直接与这种冲击、振动相关联的。分析轨道振动的产生机理及其在轨道各部件的传递规律,研究振动对轨道的破坏作用,提出有效的轨道减振隔振措施,提高轨道的抗振能力,是提高轨道承载能力和保证行车安全的重要途径之一。轨道动力学分析是实现上述目的的前提。本章对列车-有砟轨道-路基耦合系统动力特性进行分析,重点是针对高速铁道路桥衔接处经常发生的跳车现象导致线路病害频发的问题,利用第九章中提出的车辆单元和轨道单元模型及算法[1-5],开发计算软件并进行仿真分析,研究列车经过轨道过渡段时引起车辆和轨道结构动力响应的因素。

12.1　车辆与轨道结构参数

在研究列车经过轨道路桥过渡段时引起车辆和轨道结构动力响应的分析中,车辆为如图 12.1 所示的和谐号 CRH3 动车,车辆参数如表 12.1 所示;轨道结构为 60kg/m 无缝钢轨,Ⅲ型轨枕,有砟轨道,其他轨道参数如表 12.2 所示。Newmark 数值积分法时间步长取 $\Delta t = 0.001$s。

图 12.1　和谐号 CRH3 动车

表 12.1 和谐号高速动车 CRH3 车辆参数

参数	值	参数	值
车体质量 $2M_c$/kg	40 000	二系悬挂刚度 K_s/(N/m)	0.8×10^6
构架质量 $2M_t$/kg	3200	一系悬挂阻尼 C_{s1}/(N·s/m)	1.0×10^5
轮对质量 $2M_w$/kg	2400	二系悬挂阻尼 C_{s2}/(N·s/m)	1.2×10^5
车体点头惯量 $2J_c$/(kg·m²)	5.47×10^5	固定轴距 $2l_1$/m	2.5
构架点头惯量 $2J_t$/(kg·m²)	6800	构架中心距离 $2l_2$/m	17.375
一系悬挂刚度 K_{s1}/(N/m)	2.08×10^6	轮轨接触刚度 K_c/(N/m)	1.325×10^9
中间车长度/m	24.775	头车长度/m	25.675

表 12.2 有砟轨道结构参数

	参数	值		参数	值
钢轨	质量/(kg/m)	60	轨枕	间距/m	0.57
	密度/(kg/m³)	7800		质量/kg	340
	断面积/(cm²)	77.45	道床	刚度系数/(MN/m)	120
	水平惯性矩/(cm⁴)	3217		阻尼系数/(kN·s/m)	60
	弹性模量/MPa	2.06×10^5		质量/kg	2718
垫板	刚度系数/(MN/m)	80	路基	刚度系数/(MN/m)	60
	阻尼系数/(kN·s/m)	50		阻尼系数/(kN·s/m)	90

12.2 列车速度效应分析

在铁道线路中,存在大量的路桥过渡段、路涵过渡段,以及交叉道口,这些地段都是线路病害多发区。国内外学者对轨道过渡段已有不少研究[6-11],但多局限于实验和工程措施研究,缺乏深入的理论分析。从本节起,我们将研究列车经过轨道过渡段时引起车辆和轨道结构动力响应的影响因素。下面首先分析列车速度的影响。

有砟轨道路桥过渡段动力响应分析计算模型如图 12.2 所示。模型中取线路总长度为 300m。为了消除计算模型两端边界的影响,取左边界长度为 100m,计时零点选取在距离左边界为 100m 处,右边界长度为 20m。在线路 170m 处设置轨道刚度变化点,假定对应于桥梁段的轨道刚度 K_f 是普通有砟轨道路基刚度 K_{f0} 的 5倍,即 $K_f=5K_{f0}$,其中 $K_{f0}=60$MN/m。轨道结构模型划分为 526 个单元,共 1591个结点。

在考虑边界效应的情况下,从计时零点后,在线路上取 7 个点进行车辆和轨道动力响应分析,分别为 $O1,O2,\cdots,O7$,其中在普通路基有砟轨道线路和刚性段路基桥梁上分别取 3 个点,在路桥衔接变刚度处取 1 个点,它们距离计时零点的轨道坐标分别为 25m、45m、65m、70m、80m、100m 和 120m。考虑列车以不同行车速度 V=160km/h,200km/h,250km/h 和 300km/h 经过观察点($O1,O2,\cdots,O7$)时,引起车辆和轨道结构的动力响应分布规律。

图 12.2 有砟轨道路桥过渡段动力响应分析计算模型(单位:m)

为了全面分析和评价列车速度效应,下面列举部分程序计算结果,包括钢轨垂向加速度、车体垂向加速度和轮轨作用力等指标的时程曲线,如图 12.3～图 12.5[11]所示。

从图 12.3～图 12.5 可以看出,路基刚度的变化对钢轨的垂向加速度和轮轨作用力有显著的影响。随着列车行车速度的提高,动力响应显著增大,速度效应灵敏。在路基刚度变化处,钢轨垂向加速度、轮轨作用力的峰值明显,速度增大的结果是其峰值呈倍数增长,对轨道结构产生巨大冲击。列车行车速度对车体垂向加速度的影响甚微,说明车体加速度的行车速度效应不明显,原因是车体附有的一系和二系悬挂系统起到了很好的减振作用。

图 12.3 钢轨垂向加速度的速度效应

图 12.4 车体垂向加速度的速度效应

(a) $V=160$km/h

(b) $V=200$km/h

(c) $V=250$km/h

(d) $V=300$km/h

图 12.5 轮轨作用力的速度效应($K_f=5K_{f0}$)

12.3 轨道基础刚度效应分析

轨道过渡段动力响应轨道基础刚度效应分析模型如图12.6所示。计算取线路长度为300m,在线路内侧两端考虑边界效应的影响,取左边界长度为100m,右边界长度为20m,在线路170m处设置过渡段,即计时零点后70m位置处,过渡段长度取为20m,假定行车速度$V=250$km/h,轨道结构模型共划分为526个单元,1591个结点。

图12.6 轨道过渡段动力响应轨道基础刚度效应分析模型(单位:m)

轨道基础刚度效应分析考虑四种工况。

工况A,过渡线型呈突变型,道床刚度突然变化5倍,路基刚度突然变化40倍。

工况B,过渡线型呈阶梯型,道床刚度呈阶梯变化:1—2—3—4—5倍,路基刚度呈阶梯变化:1—5—10—20—40倍。

工况C,过渡线型呈线性型,道床刚度呈线性变化:从1倍到5倍线性插值取值,路基刚度呈线性变化:从1倍到40倍线性插值取值。

工况D,过渡线型呈余弦型,道床刚度呈余弦曲线变化:从1倍到5倍余弦插值取值,路基刚度呈余弦曲线变化:从1倍到40倍余弦插值取值。

计算结果如图12.7~图12.9所示,它们分别表示整车通过时车体垂向加速度、钢轨垂向加速度、轮轨作用力的轨道刚度过渡线型效应[11]。

由图12.7可以看出,四种过渡段刚度变化形式的车体垂向加速度完全重合,说明轨道结构刚度变化对车体加速度影响甚微,车体加速度的轨道基础刚度效应不明显。原因是车体附有的一系和二系悬挂系统起到了很好的减振效果。从图12.8可以看出,钢轨垂向加速度在普通路基轨道和刚性段轨道并无明显变化,可见轨道结构刚度对钢轨垂向加速度的影响不大,但在过渡段轨道结构刚度变化处,钢轨垂向加速度有显著变化,随着过渡刚度变化形式的不同,钢轨垂向加速度成倍增长,其中以刚度余弦过渡变化最小。此外,轮轨作用力随四种过渡变化形式不同而有所区别,由图12.9和表12.3可以看出,路桥间轨道基础刚度余弦形式过渡时,轮轨作用力变化幅度最小,附加动力作用最小,可以显著降低对车辆及轨道结构的冲击作用,提高旅客舒适度和满足高速行车的要求。

图12.7 车体垂向加速度的轨道刚度过渡线型效应

图12.8 钢轨垂向加速度的轨道刚度过渡线型效应

图12.9 轮轨作用力的轨道刚度过渡线型效应

表 12.3 轮轨作用力及钢轨加速度的过渡线型效应比较

轮轨作用力	突变型	阶梯变化型	线性变化型	余弦变化型
轮轨作用力上峰值/kN	−58.050	−62.755	−67.18	−68.406
轮轨作用力下峰值/kN	−80.253	−77.382	−75.937	−72.301
轮轨作用力变化幅度/kN	22.203	14.627	8.757	3.895
变化幅度减小比例/%	0	34.12	60.56	82.46
钢轨加速度最大值/(m/s^2)	28.248	20.442	17.638	15.138
最大值减小比例/%	0	27.63	37.56	46.41

12.4 过渡段不平顺效应分析

列车在经过路桥过渡段时,经常会出现跳车现象。造成桥头跳车的因素很多,例如新建线路路基桥梁连接处产生的工后沉降;在车辆反复荷载作用下,台背填料压缩密实引起的路基沉降;路基与桥梁刚度不均等。研究表明,路桥间轨道基础刚度的变化对行车安全性和舒适性影响甚微,路桥沉降差产生的过渡段不平顺对行车的影响则非常剧烈[6-9]。在以下分析中,仅考虑过渡段不平顺引起的动力响应,不计路桥间轨道基础刚度的影响。同时,为了更真实地模拟实际线路状况,采用第五章中的方法,考虑轨道高低随机不平顺因素,应用 MATLAB 编制计算程序,分析如下三种工况。

工况 A,过渡段为平顺状态,车辆以速度 250km/h 驶入过渡段。

工况 B,路桥间沉降差为 5cm,过渡段的不平顺分别为线性型、余弦型连接,车辆以速度 250km/h 驶入过渡段。

工况 C,车辆驶出过渡段,其余条件与工况 B 相同。

在计算模型中,线路长度取 300m,线路起始端设置 100m 边界区,线路终端设置 20m 边界区,过渡段长度假设为 20m。线路不平顺样本是借用美国联邦铁路管理局标准的 6 级线路轨道高低不平顺谱,利用三角级数产生的。这里仅列出部分具有代表性的动力学评价指标曲线图,各种工况计算结果分别如图 12.10～图 12.21 所示[11]。

图 12.10 车辆驶入桥面计算示意图(单位:m)

图 12.11 列车通过过渡段时车体加速度和轮轨作用力(工况 A)

图 12.12 列车通过过渡段时车体加速度和轮轨作用力(工况 A+随机不平顺)

图 12.13 车辆驶入线性型过渡段时车体加速度和轮轨作用力(工况 B)

图 12.14　车辆驶入线性型过渡段时车体加速度和轮轨作用力(工况 B+随机不平顺)

图 12.15　车辆驶入余弦型过渡段时车体加速度和轮轨作用力(工况 B)

图 12.16　车辆驶入余弦型过渡段时车体加速度和轮轨作用力(工况 B+随机不平顺)

图 12.17　车辆驶出桥面计算示意图(单位:m)

(a) 车体加速度　　　　　　　(b) 轮轨作用力

图 12.18　车辆驶出线性型过渡段时车体加速度和轮轨作用力(工况 C)

(a) 车体加速度　　　　　　　(b) 轮轨作用力

图 12.19　车辆驶出线性型过渡段时车体加速度和轮轨作用力(工况 C＋随机不平顺)

图 12.20　车辆驶出余弦型过渡段时车体加速度和轮轨作用力（工况 C）

图 12.21　车辆驶出余弦型过渡段时车体加速度和轮轨作用力（工况 C＋随机不平顺）

通过上述计算，可以得到如下结论。

① 从图 12.11～图 12.21 中可以看出，车体加速度和轮轨作用力均在合理取值范围内。当车辆驶入过渡段时，存在一个爬坡过程，对过渡段起始点 $O1$ 产生附加的冲击作用，因此在此位置轮轨作用力出现一个向下的峰值。爬坡过程结束时，存在发生瞬间轮轨分离的可能性，因此在位置 $O2$ 点轮轨作用力再一次出现峰值，且为向上的峰值。当车辆驶出过渡段时，存在一个下坡过程，在位置 $O3$ 点车辆可能出现悬空状态，脱轨的危险较大。下坡过程结束时，即位置 $O4$ 点，车辆对轨道产生一个冲击力。模拟车辆驶入、驶出图形符合实际情况，说明计算模型正确，计算结果可信。

② 从表 12.4 可以看出，不平顺呈线性连接时，车辆对过渡段轨道的冲击作用在位置 $O1$ 点小于位置 $O4$ 点，也就是车辆驶出比车辆驶入对轨道结构的破坏更加

严重;轮轨作用力上峰值在位置 $O3$ 点明显大于位置 $O2$ 点,说明车辆驶出过渡段比车辆驶入时脱轨的危险性更大。不平顺呈余弦连接时,车辆驶出同样比车辆驶入对轨道的冲击力大。与线性连接不同,车辆驶进比驶出脱轨的可能性大。这表明,不平顺是引起过渡段动力特性改变的根本因素之一。

表 12.4 不同工况下的轮轨作用力

轮轨作用力	平顺过渡	不平顺过渡			
		线性型驶入	余弦型驶入	线性型驶出	余弦型驶出
上峰值/kN	−70	−26.192	−58.30	−23.873	−61.25
下峰值/kN	−70	−117.81	−79.17	−118.34	−81.82
振幅/kN	0	91.618	20.87	94.467	20.57

③ 轨道不平顺过渡形式对车辆和轨道结构的动力学指标有显著的影响。线性变化过渡时,动力响应非常大,而采用缓和的余弦变化过渡时,动力响应则明显降低。

④ 轨道不平顺是车辆、轨道振动的主要激扰源,直接影响列车平稳、安全运营。车体加速度是评价乘车舒适性的重要指标,对轨道不平顺极为敏感,但车辆附有的一、二系悬挂系统起到了一定的减振作用,并且效果良好。

12.5 过渡段综合效应分析

轨道过渡段综合效应分析是在考虑路桥过渡段实际工况的情况下展开的,过渡段轨面既存在随机不平顺,同时路桥间轨道基础刚度也发生变化。过渡段综合效应分析主要是分析轨面弯折与轨道刚度变化共同作用对高速行车条件下车辆和轨道结构动力响应的综合影响。

轨道过渡段动力响应综合效应分析模型如图 12.22 所示。计算中取线路长度为 300m,在线路内侧两端考虑边界效应的影响,取左边界长度为 100m,计时零点选取在距离左边界为 100m 处,右边界长度为 20m。在线路 170m 处设置过渡段,过渡段长度取为 20m,假定列车行车速度 $V=250$km/h,轨道结构模型共划分为 526 个单元,1591 个结点。

分别取不同的轨面弯折角度,考虑 α 为 0、0.0010、0.0015、0.0020、0.0025、0.0030 rad 等情况,同时假定对应桥梁段的刚性路基刚度 K_f 是普通有砟轨道路基刚度 K_{f0} 的 5 倍,即 $K_f=5K_{f0}$,其中 $K_{f0}=60$MN/m;取列车速度 $V=250$km/h,考察车辆和轨道结构的动力响应,在线路上取 7 个观察点($Oa, Ob, \cdots, Og$),轨道坐标分别为 60m、68m、72m、80m、88m、92m、100m,计算结果如图 12.23 ~

图 12.25[11] 所示。

图 12.22　轨道过渡段动力响应综合效应分析模型(单位:m)

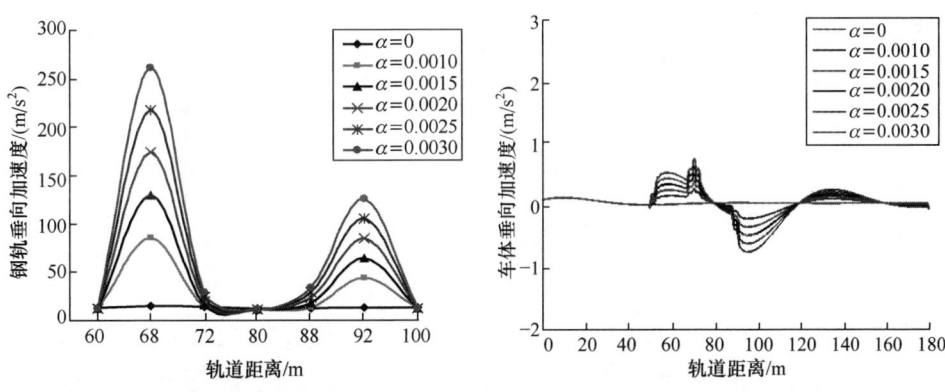

图 12.23　钢轨垂向加速度的综合效应　　图 12.24　车体垂向加速度的综合效应

(a) $\alpha=0$　　　　　　　　　　(b) $\alpha=0.0010$ rad

图 12.25 轮轨作用力的综合效应($V=250$km/h)

通过上述对不同条件下轨道过渡段综合效应的分析可知,在列车行车速度一定和存在轨道刚度突变的情况下,过渡段轨道折角对钢轨垂向加速度、轮轨作用力等动力参数有非常显著的影响,并随着折角的增大而加剧;综合效应比轨道基础刚度效应和不平顺效应都更为突出。从图 12.23 可以看出,钢轨垂向加速度在 68m 和 92m 处分别出现两个峰值,并且第一个峰值大小是第二个峰值的 2.1 倍,这是因为第一个峰值是由轨道刚度突变和轨面折角共同作用造成的,第二个峰值仅由轨面弯折引起。从图 12.24 可以看出,过渡段综合效应对车体垂向加速度的影响并不是很大,说明车体附有的一系和二系悬挂系统起到了很好的减振效果。

本章对有砟轨道系统的动力特性进行了研究,主要是对列车桥头跳车引起线路病害产生的机理进行深入分析。因为技术难度大,理论研究滞后于实际工程应用,此病害尚没有从根本上得到解决。不仅限制行车速度,增加车辆运营成本,严重时甚至危及行车安全,在很大程度上降低铁路的服务水平,影响铁路的社会效益和经济效益。桥头跳车即使在铁路较为发达的国家也是尚未得到很好解决的问题之一[1-5]。为保持良好路况,工务部门对过渡段要进行频繁的维修和养护。因此,对桥头跳车产生的原因进行理论分析,旨在对工程实际问题的处理起到更好的指导作用。

利用 MATLAB 编制仿真分析软件,选取典型的轨道过渡段,针对不同列车运行速度,轨道基础刚度变化形式,及过渡段不平顺等因素对列车和轨道结构动力响应的影响,进行仿真分析和评价。通过分析,得到如下结论。

① 如果存在轨道基础刚度突变,则车辆和轨道结构各动力参数的速度效应将非常明显,若行车速度高且路桥间刚度相差又大,则两者的合成效应将更加显著。

② 路桥间轨道基础刚度的变化,对各动力学指标存在不同程度的影响,但对行车安全影响较小。由轨道基础刚度效应分析可知,可以选择不同的轨道基础刚度过渡形式,如余弦型,作为工程整治的理论依据,可以有效降低对轨道的冲击和破坏。

③ 路桥沉降差引起的过渡段不平顺对各动力学指标均有显著影响,车辆和轨道结构对过渡段轨道不平顺因素非常敏感,对轨面平顺度要求较高,轨道基础刚度效应对行车的影响不及轨道不平顺的影响。

④ 从过渡段综合效应分析可以看出,在实际线路同时存在轨道基础刚度差异和轨面不平顺的情况下,综合效应比单独的轨道基础刚度效应和不平顺效应都要明显。采用合理的轨道过渡形式,可显著降低过渡段区域车辆对轨道结构的冲击作用,满足旅客对舒适度和高速行车安全的要求。

⑤ 轨道不平顺对行车舒适性与安全性的影响已成为制约高速铁路发展的主要因素之一,铁路工务技术人员对过渡段的治理应以严格控制过渡段不平顺为重点,加强线路养护,最大限度地缓和和消除不平顺,避免桥头跳车现象。这对减少过渡段病害、保障铁路高效安全运营有非常积极的意义。

参 考 文 献

[1] Lei X Y, Zhang B. Influence of track stiffness distribution on vehicle and track interactions in track transition[J]. Journal of Rail and Rapid Transit, Proceedings of the Institution of Mechanical Engineers Part F, 2010, 224(1): 592-604.

[2] Lei X Y, Zhang B. Analysis of dynamic behavior for slab track of high-speed railway based on vehicle and track elements[J]. Journal of Transportation Engineering, 2011, 137(4): 227-240.

[3] Lei X Y, Zhang B. Analyses of dynamic behavior of track transition with finite elements[J]. Journal of Vibration and Control, 2011, 17(11): 1733-1747.

[4] 雷晓燕,张斌,刘庆杰. 列车-轨道系统竖向动力分析的车辆轨道单元模型[J]. 振动与冲击, 2010, 29(3): 168-173.

[5] 张斌,雷晓燕. 基于车辆-轨道单元的无砟轨道动力特性有限元分析[J]. 铁道学报,2011, 33(7):78-85.
[6] Kerr A D, Moroney B E. Track transition problems and remedies[J]. Bulletin 742, American Railway Engineering Association, 1993,742:267-298.
[7] Moroney B E. A study of railroad track transition points and problems[D]. Department of Civil Engineering, University of Delaware, Newmark, 1991.
[8] 刘林芽,雷晓燕. 既有线路桥过渡段的设计与动力学性能评价[J]. 铁道标准设计,2004, 1:9-10.
[9] 蔡成标,翟婉明,赵铁军,等. 列车通过路桥过渡段时的动力作用研究[J]. 交通运输工程学报,2001,1(1):17-19.
[10] 雷晓燕,张斌,刘庆杰. 轨道过渡段动力特性的有限元分析[J]. 中国铁道科学,2009,30(5):15-21.
[11] 张斌. 高速铁路轨道结构动力特性有限元分析[D]. 南昌:华东交通大学硕士学位论文,2007.

第十三章　列车-板式轨道-路基耦合系统动力特性分析

相对传统的有砟轨道,板式轨道以其诸多优点在高速铁路发达国家得到广泛应用。我国正大力发展客运专线,轨道结构型式以成区段铺设板式轨道为主,对板式轨道进行动力特性分析具有重要现实意义。高速列车与板式轨道的动力相互作用问题是列车-轨道耦合系统振动分析的核心。板式轨道结构在列车荷载作用下的强迫振动,对其工作状态和使用寿命有直接影响。同时,列车运行平稳性和安全性是评价板式轨道结构设计参数合理与否的重要指标。

板式轨道相对于有砟轨道刚度大,由此引起的高速铁路轮轨系统的振动更加剧烈。轨道基础刚度既是影响列车服役性能的关键因素之一,也是影响轮轨系统动力特性的重要参数。随着高速铁路的快速发展,板式轨道基础刚度问题已成为国内外学者研究热点之一。因此,有必要对板式轨道结构系统进行全面、深入地研究,为合理选取轨道结构参数提供理论依据。

本章利用第九章提出的车辆单元和轨道单元模型及算法[1-6],对板式轨道结构动力特性进行研究。重点是对板式轨道结构进行参数分析,并通过参数分析对板式轨道结构进行参数优化,达到减缓轨道变形、延长轨道寿命、提高轨道稳定性的目的。

13.1　算例验证

为了验证本章提出的列车-板式轨道-路基耦合系统动力分析模型与方法的正确性,取文献[7]中华之星高速列车(列车编组:1动+1拖)参数及博格板参数,进行两种工况下列车-博格板式轨道耦合系统竖向振动特性分析,并分别与文献[7]中提出的横向有限条与板段单元动力分析模型和文献[8]中提出的板式轨道静力模型(双层叠合梁)计算结果进行对比。

工况一,假定轨道是完全平顺的,计算在中华之星高速列车以速度50km/h运行下钢轨和博格板的最大竖向振动位移,同时与采用文献[7]和文献[8]模型计算所得结果对比,如表13.1所示。钢轨位移和博格板位移时程曲线如图13.1和图13.2[6]所示。

表 13.1　钢轨和博格板竖向位移最大值的比较

计算参数	本章模型计算值	文献[7]计算值	文献[8]计算值
钢轨竖向位移/mm	0.815	0.817	0.802
博格板竖向位移/μm	2.038	1.700	0.800

图 13.1　钢轨位移时程曲线　　　　图 13.2　博格板位移时程曲线

工况二,对中华之星高速列车(编组:1动+1拖)以速度 200km/h 通过博格板轨道时轨道结构竖向振动进行仿真分析。激振源取轨道高低不平顺为波长 20m、波幅 6mm 的周期性正弦函数。钢轨和博格板的竖向位移时程曲线及与文献[7]计算结果的对比分别如图 13.3 和图 13.4[6]所示。

从以上两种工况计算对比可以看出,结果吻合良好,验证了本模型的正确性,而且可以清晰地看出列车车轮经过的痕迹。

图 13.3　钢轨竖向位移时程曲线的对比

图 13.4 博格板竖向位移时程曲线的对比

13.2 板式轨道结构参数

在下面的仿真分析中,车辆选用高速动车 CRH3。车辆参数如表 12.1 所示。板式轨道选取京津城际高铁铺设的德国博格板轨道,其轨道结构参数如表 13.2 所示。

表 13.2 博格板式轨道结构参数表

	类别	值		类别	值
轨道板	长度/mm	6450	混凝土支承层	长度/mm	6450
	宽度/mm	2550		宽度/mm	2950
	高度/mm	200		高度/mm	300
	密度/(kg/m^3)	2500		密度/(kg/m^3)	2500
	弹性模量/Pa	3.9×10^{10}		弹性模量/Pa	3.0×10^{10}
垫板	刚度系数/(MN/m)	60	CA 砂浆	刚度系数/(MN/m)	900
	阻尼系数/(kN·s/m)	47.7		阻尼系数/(kN·s/m)	83
路基	刚度系数/(MN/m)	60			
	阻尼系数/(kN·s/m)	90			

13.3 列车-板式轨道-路基耦合系统动力特性参数分析

博格板式轨道的特点是在混凝土基床与轨道板之间铺设一层 CA 砂浆。作为预制钢筋混凝土轨道板的支承层,CA 砂浆不但可以填充轨道板与混凝土基床之间的缝隙,与钢轨垫板一起调整轨道高差,使轨道结构精确定位,而且还能给轨道提供足够的强度和一定的弹性。因此,合理选择CA砂浆的刚度与阻尼系数,对提高板式轨道结构的整体动力性能具有十分重要的意义。在板式轨道结构系统中,垫板和路基的刚度与阻尼对车辆和轨道结构的动力性能也有重要影响。

下面采用第九章建立的车辆、轨道单元模型,假设线路为平顺状态,考虑列车行车速度$V=250$km/h,Newmark数值积分法时间步长取为$\Delta t=0.001$s,仿真分析轨下垫板、CA砂浆及路基的刚度和阻尼等参数对板式轨道整体动力学性能的影响。评价指标包括车体垂向加速度,轮轨作用力,钢轨、轨道板、混凝土支承层挠度和垂向加速度。通过分析,旨在对合理选取博格板式轨道结构参数提供理论依据。

13.3.1 轨下垫板和扣件刚度的影响

在其他参数不变的情况下,考虑六种轨下垫板和扣件刚度系数(2×10^7N/m、4×10^7N/m、6×10^7N/m、8×10^7N/m、1.0×10^8N/m、1.2×10^8N/m)对车辆和轨道结构动力性能的影响,计算结果如图13.5~图13.9[6]所示。

从图13.5~图13.9可以看出,轨下垫板刚度系数的变化对钢轨振动的影响显著。随着垫板刚度的增大,钢轨挠度、垂向加速度明显降低。钢轨的激烈振动,尤其是钢轨的垂向加速度,容易引起钢轨的损伤,所以适当增大垫板刚度有利于降低钢轨的动力响应。但是,随着轨下垫板刚度的增大,导致直接作用于轨道板上的作用力更为集中,从而引起轨道板的加速度有所增大。轨道板的振动加速度影响CA砂浆的受力状态。从图13.9(d)可以看出,轨道板垂向加速度随着轨下垫板刚度的增大而增大。因此,仅从改善CA砂浆受力的角度,垫板刚度应该适当减小。

图13.5 车体加速度的垫板刚度效应

图13.6 轮轨作用力的垫板刚度效应

由此可知,轨下垫板刚度的变化对钢轨和轨道板的影响效应是相反的,在轨道结构设计中,应当使钢轨和轨道板的响应均在一个合理的取值范围内,使轨道结构的整体动力性能处于最优状态。根据分析,垫板刚度取60~80kN/mm范围比较合适。此外,从图13.5~图13.9还可以看出,轨道板和混凝土支承层挠度可近似认为基本没有变化,轮轨作用力和车体垂向加速度影响也不明显。

图 13.7 钢轨垂向加速度的垫板刚度效应比较

图 13.8 轨道板垂向加速度的垫板刚度效应比较

(a) 钢轨挠度随垫板刚度的变化　　(b) 钢轨垂向加速度随垫板刚度的变化

(c) 轨道板挠度随垫板刚度的变化
(d) 轨道板垂向加速度随垫板刚度的变化
(e) 混凝土支承层挠度随垫板刚度的变化
(f) 混凝土支承层加速度随垫板刚度的变化

图 13.9　垫板刚度对各动力学评价指标的影响

13.3.2　轨下垫板和扣件阻尼的影响

选择合理的轨下垫板和扣件阻尼对改善轨道的动力性能具有重要意义。考虑六种轨下垫板和扣件阻尼系数($3.63×10^4$ N·s/m、$4.77×10^4$ N·s/m、$1.0×10^5$ N·s/m、$3.0×10^5$ N·s/m、$6.0×10^5$ N·s/m、$10×10^5$ N·s/m)对车辆和轨道结构动力性能的影响,计算结果如图13.10～图13.14[6]所示。

从图 13.10～图 13.14 可以看出,钢轨挠度和钢轨垂向加速度随着轨下垫板阻尼的增大而减小,轨道板和混凝土支承层的垂向加速度则随着阻尼的增大而显著增大;轨下垫板阻尼对轮轨作用力有一定影响,对车体加速度的影响不明显,对轨道板挠度和混凝土支承层挠度影响可忽略。当轨下垫板阻尼大于$1×10^5$ N·s/m 时,轨道结构各部件振动响应的变化速度有明显改变,通常轨下垫板阻尼选取在 $1×10^5$ N·s/m 左右比较合适,可根据实际情况进行选择。综上所述,增大轨下垫板阻尼可以降低钢轨振动,但将增加轨道板和混凝土支承层的动力响应。因此,轨下垫板阻尼系数应在综合考虑轨道结构各部件振动响应的基础上进行合理选择,以利于延长板式轨道的使用寿命。

图 13.10 车体加速度的垫板阻尼效应

图 13.11 轮轨作用力的垫板阻尼效应

图 13.12 钢轨垂向加速度的垫板阻尼效应比较

图 13.13 轨道板垂向加速度的垫板阻尼效应比较

图 13.14　垫板阻尼对各动力学评价指标的影响

13.3.3　CA 砂浆刚度的影响

在其他参数不变的情况下,考虑六种 CA 砂浆刚度系数(3×10^8 N/m、6×10^8

N/m、$9×10^8$ N/m、$1.2×10^9$ N/m、$1.5×10^9$ N/m、$3.0×10^9$ N/m)对车辆和轨道结构动力性能的影响,计算结果如图 13.15～图 13.19[6]所示。

由图 13.15～图 13.19 可以看出,CA 砂浆刚度变化对钢轨和轨道板的挠度影响较为明显,而对于混凝土支承层挠度的影响则较小。从钢轨和轨道板挠度曲线看,钢轨和轨道板挠度最大值均随 CA 砂浆刚度的增大而减小。CA 砂浆刚度对钢轨垂向加速度的影响甚微,轨道板垂向加速度和混凝土支承层加速度均随 CA 砂浆刚度的增大呈减小的趋势,车体加速度和轮轨作用力则基本不受影响。由此可见,增大 CA 砂浆刚度,虽然可在一定程度上减小轨道变形,但过大的 CA 砂浆刚度将削弱板式轨道的弹性,不利于轨道结构减振。CA 砂浆刚度变化对列车和轨道结构所产生的影响不及轨下垫板刚度产生的影响明显。

图 13.15　车体加速度的 CA 砂浆刚度效应　　图 13.16　轮轨作用力的 CA 砂浆刚度效应

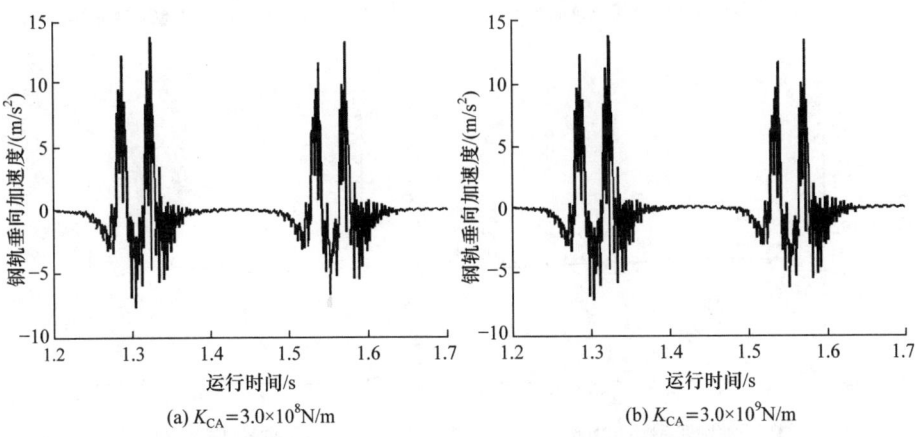

图 13.17　钢轨垂向加速度的 CA 砂浆刚度效应比较

(a) $K_{CA}=3.0\times10^8$N/m

(b) $K_{CA}=3.0\times10^9$N/m

图 13.18 轨道板垂向加速度的 CA 砂浆刚度效应比较

(a) 钢轨挠度随CA砂浆刚度的变化

(b) 钢轨垂向加速度随CA砂浆刚度的变化

(c) 轨道板挠度随CA砂浆刚度的变化

(d) 轨道板垂向加速度随CA砂浆刚度的变化

(e) 混凝土支承层挠度随CA砂浆刚度的变化　　(f) 混凝土支承层加速度随CA砂浆刚度的变化

图 13.19　CA 砂浆刚度对各动力学评价指标的影响

13.3.4　CA 砂浆阻尼的影响

在其他计算参数不变的情况下,考虑五种 CA 砂浆阻尼系数(2×10^4N·s/m、4×10^4N·s/m、8.3×10^4N·s/m、1.6×10^5N·s/m、3.2×10^5N·s/m)对车辆和轨道结构动力性能的影响,计算结果如图 13.20～图 13.24[6]所示。

由图 13.20～图 13.24 可以看出,随着 CA 砂浆阻尼的增大,钢轨挠度和垂向加速度、轨道板挠度、混凝土支承层挠度基本没有变化,轨道板和混凝土支承层垂向加速度则明显减小。CA 砂浆阻尼对轮轨作用力和车体垂向加速度影响不明显,基本无变化。通过上述分析可知,应尽量采用大阻尼的板下 CA 砂浆垫层,这有利于降低轨道结构的振动,延长板式轨道的使用寿命,减轻轨道结构的维修工作量。

图 13.20　车体加速度的 CA 砂浆阻尼效应

图 13.21　轮轨作用力的 CA 砂浆阻尼效应

图 13.22　钢轨垂向加速度的 CA 砂浆阻尼效应比较

图 13.23　轨道板垂向加速度的 CA 砂浆阻尼效应比较

图 13.24 CA 砂浆阻尼对各动力学评价指标的影响

13.3.5 路基刚度的影响

假定其他参数不变,仅改变路基刚度系数。考虑六种路基刚度系数(2×10^7 N/m、4×10^7 N/m、6×10^7 N/m、8×10^7 N/m、1.0×10^8 N/m、1.2×10^8 N/m)对车辆和轨道结构动力性能的影响,计算结果如图 13.25~图 13.29[6] 所示。

从图 13.25~图 13.29 可以看出,路基刚度系数的改变对整个轨道结构振动的影响非常显著。随着路基刚度的增大,轨道结构各部件的动力学指标均呈下降趋势。相比之下,钢轨挠度、轨道板挠度、混凝土支承层挠度的下降幅度要大于相应的垂向加速度下降幅度,说明轨道结构挠度的路基刚度效应要比轨道结构垂向加速度的路基刚度效应更加灵敏。此外,较小的路基刚度系数可能引起轨道结构很大的动力响应。当列车速度持续提高时,有可能达到和超过轨道临界速度,引起轨道结构强烈振动。路基刚度系数是影响轨道临界速度的主要因素,轨道临界速度随路基刚度的增加而提高,提高路基刚度有利于轨道的安全稳定。

图 13.25　车体加速度的路基刚度效应　　　图 13.26　轮轨作用力的路基刚度效应

图 13.27　钢轨垂向加速度的路基刚度效应比较

图 13.28　轨道板垂向加速度的路基刚度效应比较

图 13.29 路基刚度对各动力学评价指标的影响

13.3.6 路基阻尼的影响

假定其他参数不变,仅改变路基阻尼。考虑六种路基阻尼系数(3×10^4 N·s/m、6×10^4 N·s/m、9×10^4 N·s/m、1.2×10^5 N·s/m、1.5×10^5 N·s/m、1.8×10^5 N·s/m)对车辆和轨道结构动力性能的影响,计算结果如图 13.30~图 13.34[6]所示。

由图 13.30~图 13.34 可以看出,提高路基阻尼系数,对钢轨挠度和垂向加速度、轨道板挠度、混凝土支承层挠度影响不大,但轨道板和混凝土支承层垂向加速度则呈减小的趋势。路基阻尼对轮轨作用力和车体垂向加速度的影响不明显,基本无变化。上述分析说明,路基阻尼对轨道结构振动影响甚微。

图 13.30 车体加速度的路基阻尼效应

图 13.31 轮轨作用力的路基阻尼效应

图 13.32 钢轨垂向加速度的路基阻尼效应比较

第十三章 列车-板式轨道-路基耦合系统动力特性分析

(a) $C_s = 3 \times 10^4 \text{N} \cdot \text{s/m}$

(b) $C_s = 1.8 \times 10^5 \text{N} \cdot \text{s/m}$

图 13.33 轨道板垂向加速度的路基阻尼效应比较

(a) 钢轨挠度随路基阻尼的变化

(b) 钢轨垂向加速度随路基阻尼的变化

(c) 轨道板挠度随路基阻尼的变化

(d) 轨道板垂向加速度随路基阻尼的变化

(e) 混凝土支承层挠度随路基阻尼的变化　　(f) 混凝土支承层加速度随路基阻尼的变化

图 13.34　路基阻尼对各动力学评价指标的影响

参 考 文 献

[1] Lei X Y, Zhang B. Analyses of dynamic behavior of track transition with finite elements[J]. Journal of Vibration and Control, 2011, 17(11): 1733-1747.

[2] Lei X Y, Zhang B. Analysis of dynamic behavior for slab track of high-speed railway based on vehicle and track elements[J]. Journal of Transportation Engineering, 2011, 137(4): 227-240.

[3] Lei X Y, Zhang B. Influence of track stiffness distribution on vehicle and track interactions in track transition[J]. Journal of Rail and Rapid Transit, Proceedings of the Institution of Mechanical Engineers Part F, 2010, 224(1): 592-604.

[4] 雷晓燕,张斌,刘庆杰. 列车-轨道系统竖向动力分析的车辆轨道单元模型[J]. 振动与冲击, 2010, 29(3): 168-173.

[5] 张斌,雷晓燕. 基于车辆-轨道单元的无砟轨道动力特性有限元分析[J]. 铁道学报, 2011, 33(7): 78-85.

[6] 张斌. 高速铁路轨道结构动力特性有限元分析[D]. 南昌:华东交通大学硕士学位论文,2007.

[7] 赫丹,向俊,曾庆元. 一种无砟轨道动力学建模的新方法[J]. 中南大学学报(自然科学版), 2007,38(6): 1206-1211.

[8] 陈秀方. 轨道工程[M]. 北京:中国建筑工业出版社,2005.

第十四章 有砟-无砟轨道过渡段动力特性分析

铁路交通存在大量桥梁、平交道口和刚性涵管。轨道从路基线路过渡到桥台、平交道口和刚性涵管前后,从有砟轨道过渡到无砟轨道都存在刚度不均匀问题,如不加处理,存在刚度突变。试验表明,车辆通过刚度突变区时,附加动力作用明显增加,导致路基发生变形,引起轨道不平顺。这一问题会随着列车速度的提高更加严重。据国外对有砟轨道与无砟轨道过渡段的调查发现,在列车荷载长期作用下,有砟-无砟轨道过渡段会出现一系列问题,对轨道结构造成了不同程度的损坏,包括如下问题。

① 车辆运行速度达到 200km/h 以上时,轨道不平顺对车辆运行的影响被放大,过渡段难以保持平顺性和稳定性要求,每年要耗费大量的养护维修费用。

② 对于有砟轨道与无砟轨道过渡段,设计上采取的措施都是在过渡段长度内铺设十几米或二十几米的钢筋混凝土搭板。但在列车荷载的反复作用下,搭板会出现局部悬空的现象,导致无砟轨道受力状态发生变化,严重影响车辆与无砟轨道的动态相互作用及轨道结构的强度与稳定性。

③ 有砟轨道的不平顺可以通过道砟捣固和整道消除,无砟轨道的不平顺则只能通过调整轨下垫板来减小或消除。由于轨下垫板调高量十分有限,无砟轨道对变形量有严格的限制。然而,在列车荷载的反复作用下,随着过渡段变形的积累,无砟轨道的变形将超过钢轨垫板的容许调高量。

④ 过渡段轨道板发生翘曲现象,在轨道板的表面,冲击力产生的拉力会超过混凝土的抗拉强度,造成轨道板表面开裂,致使内部钢筋锈蚀,降低强度。

⑤ 过渡段残余变形积累速度大大超过线路其他区段,而无砟轨道一旦出现大变形就不易维修,严重时线路需重新铺设。

造成以上问题的原因是无砟轨道的整体刚度远大于有砟轨道,为减缓列车通过轨道过渡处时刚度变化引起的附加动力,通常在有砟轨道与无砟轨道之间设置刚度渐变的过渡段。

国内外学者对列车通过轨道过渡段时车辆和轨道结构的动力特性问题进行过一些研究[1-10],主要是以试验为主[1-4],也有少量的理论和数值分析[5-10],但研究还不深入,有待进一步深化。本章根据客运专线有砟轨道与无砟轨道过渡段的主要结构型式和设计参数,利用第九章中提出的车辆单元和轨道单元模型及算法[11,12],运用所开发的软件,考虑列车行车速度和轨道基础刚度的影响,对有砟-无砟轨道过渡段动力特性进行参数分析。通过分析,为有砟-无砟轨道过渡段轨道基础刚度合理匹配提供理论依据。

14.1 有砟-无砟轨道过渡段行车速度效应分析

计算中取线路总长度为300m,在线路内侧两端考虑边界效应的影响,取左边界长度为100m,右边界长度为20m。仅考虑不设置过渡段时的行车速度效应,即有砟轨道与无砟轨道在线路190m处直接连接,轨道结构模型共502个单元,1516个结点。

为了消除模型边界的影响,从计时零点后,在线路上取7个点进行车辆和轨道动力响应分析,分别为$O_1, O_2, \cdots, O_7$。其中,有砟轨道线路和无砟轨道线路上分别有3个点,连接处有1个点,它们距离计时零点的轨道坐标分别为30m、50m、70m、90m、110m、130m、150m。考虑列车以四种不同行车速度$V=160$、200、250、300km/h经过观察点($O_1, O_2, \cdots, O_7$)时,引起车辆和轨道结构的动力响应分布规律。速度效应计算示意图如图14.1所示。

图14.1 速度效应计算示意图(单位:m)

为了全面分析和评价列车速度效应,下面列举部分程序计算结果,包括钢轨垂向加速度、车体垂向加速度和轮轨作用力等指标,如图14.2~图14.4[13]所示。

从图14.2~图14.4可以看出,无砟轨道整体结构刚度是有砟轨道的几倍,沿线路纵向轨道刚度存在着显著的差异。这种刚度的差异导致轮轨接触力增大,随着行车速度的提高,轮轨接触力进一步增大。强大的轮轨作用力产生的拉力足以超过轨道板钢筋混凝土的抗拉强度,使轨道板开裂、翘曲。在有砟轨道和无砟轨道连接处,钢轨垂向加速度、轮轨作用力的峰值明显,特别是行车速度达到200km/h以上时,钢轨垂向加速度、轮轨作用力峰值成倍增长,对轨道结构产生巨大冲击破坏。行车速度对车体垂向加速度影响不显著,说明车体加速度的行车速度效应不明显。其原因是车体附有的一系和二系悬挂系统起到了很好的减振效果。

图 14.2 钢轨垂向加速度的速度效应

图 14.3 车体垂向加速度的速度效应

(a) $V=160$km/m

(b) $V=200$km/m

(c) $V=250$km/m

(d) $V=300$km/m

图 14.4 轮轨作用力的速度效应

14.2 有砟-无砟轨道过渡段轨道基础刚度效应分析

根据我国客运专线建设中过渡段通常设置在有砟轨道一侧的原则,考虑在有砟轨道设置长度为 20m 的过渡段。计算中取线路总长度为 300m,在线路内侧两端考虑边界效应的影响,取左边界长度为 100m,右边界长度为 20m,在线路 170m 处设置过渡段,即计时零点后 70m 位置处。过渡段长度取为 20m,有砟轨道与无砟轨道在线路 190m 位置处连接。轨道基础刚度效应计算示意图如图 14.5 所示。假定列车行车速度 $V=250$km/h,轨道结构模型共划分为 526 个单元,1591 个结点。

图 14.5　轨道基础刚度效应计算示意图(单位:m)

根据调研资料中设置路基本体过渡、道砟层过渡的工程措施,轨道基础刚度效应分析考虑四种工况。

工况 A,过渡线型呈突变型,即有砟轨道与无砟轨道之间不设置过渡段。

工况 B,过渡线型呈阶梯型,道砟层刚度呈阶梯变化:1—2—3—4—5 倍;路基本体刚度呈阶梯变化:1—5—10—20—40 倍。

工况 C,过渡线型呈线性型,道砟层刚度呈线性变化:从 1 倍到 5 倍线性插值取值;路基本体刚度呈线性变化:从 1 倍到 40 倍线性插值取值。

工况 D,过渡线型呈余弦型,道砟层刚度呈余弦曲线变化:从 1 倍到 5 倍余弦插值取值;路基本体刚度呈余弦曲线变化:从 1 倍到 40 倍余弦插值取值。

计算结果如图 14.6~图 14.8 所示,它们分别表示整车通过时车体垂向加速度、钢轨垂向加速度和轮轨作用力的过渡线型效应。

由图 14.6 可以看出,四种轨道基础刚度变化形式下的车体垂向加速度曲线基本重合,说明轨道结构刚度变化对车体加速度影响甚微,车体加速度的轨道基础刚度效应不明显。其原因是车体附有的一系和二系悬挂系统起到了很好的减振效果。

第十四章 有砟-无砟轨道过渡段动力特性分析

图 14.6 车体垂向加速度的过渡线型效应

图 14.7 钢轨垂向加速度的过渡线型效应

图 14.8 轮轨作用力的过渡线型效应

从图 14.7 可以看出,在有砟轨道一侧,轨道基础刚度发生变化时,即计时零点后 70m 位置处,钢轨垂向加速度有显著变化,随着刚度过渡变化形式的不同,钢轨垂向加速度增长明显,其中以轨道基础刚度余弦过渡变化最小。在有砟轨道与无砟轨道连接处,即计时零点后 90m 位置处,钢轨垂向加速度再次出现峰值。设置过渡段的工况 B、工况 C 和工况 D 对应的钢轨垂向加速度明显要小于没有设置过渡段的工况 A。这说明,在有砟轨道与无砟轨道之间设置过渡段可显著降低轨道结构的振动。

从图 14.8 可以看出,设置过渡段的工况 B、工况 C 和工况 D,其轮轨作用力出现了两个峰值。70m 位置处的峰值是有砟轨道基础刚度变化引起的,其中以余弦形式过渡时轮轨作用力变化幅度最小,附加动力作用最小。90m 位置处的峰值是有砟轨道与无砟轨道连接处轨道纵向刚度差异引起的。工况 A 为无过渡段连接,其轮轨作用力峰值是设置过渡段的工况 B、工况 C 和工况 D 的几十倍,巨大的轮轨作用力将对轨道结构造成极大的损伤。这再次说明,在有砟轨道与无砟轨道之间设置过渡段的重要性。

从 70m 和 90m 位置处的轮轨作用力峰值可以看出,采用路基本体过渡和道砟层过渡的措施虽然可以有效解决有砟轨道与无砟轨道基础刚度过渡的问题,但是车辆进入有砟轨道过渡段时的冲击力已经超过有砟轨道与无砟轨道连接处的冲击力,出现二次峰值现象。此时可以采取延长过渡段长度的做法,降低有砟轨道一侧的轮轨作用力,避免对车辆、轨道造成二次冲击,以满足旅客舒适度和高速行车的要求。

14.3　有砟-无砟轨道过渡段整治措施

我国对轨道过渡段进行了许多试验研究,根据相关试验资料,并借鉴国外有关经验和规定,先后制定了《无砟轨道客运专线铁路设计暂行规定》、《京沪高速铁路设计暂行规定》、《新建时速 200～250 公里客运专线铁路设计暂行规定》和《新建时速 300—350 公里客运专线铁路设计暂行规定》,对过渡段设置作出了规定[14,15]。

一般将过渡段设置于有砟轨道一侧。主要措施有两种。一是在过渡段有砟轨道部分设置刚度变化的过渡区以增大轨道的竖向刚度,如采用优质填料换填路基、较高的路基压实标准、掺水泥的级配碎石、基床表层设置阶梯形钢筋混凝土板、固化道砟层、道床厚度渐变、调整轨下胶垫刚度,以及设置辅助轨以增加轨道垂向抗弯刚度等。二是减小无砟轨道的整体刚度,如采用低刚度轨下胶垫、板下设置弹性垫层、在轨道板底粘贴微孔橡胶垫层,以及增加轨道板配筋率等。下面列举说明在工程中得到应用的部分技术措施。

措施一,《新建时速 300～350 公里客运专线铁路设计暂行规定》指出,路堤与

桥台连接处应设置过渡段,可采用沿线路纵向倒梯形级配碎石过渡段(图14.9),并应符合下列规定,即

$$L=a+(H-h)n \tag{14.1}$$

图14.9 沿线路纵向设置倒梯形级配碎石的过渡段

其中,L 为过渡段长度,一般不小于20m;H 为台后路堤高度;h 为基床表层厚度;a 为常数,取 3~5m;n 为常数,取 2~5m。

措施二,在我国客运专线建设中,普遍采取增加有砟轨道刚度的过渡措施。典型做法是设置厚度渐变的混凝土基础板,同时在不同部位采用不同水泥比例的级配碎石。在有砟轨道与无砟轨道之间设置至少20m长的过渡段,基床基底铺设级配碎石垫层(掺3%~5%水泥)。有砟轨道与无砟轨道过渡段纵剖面如图14.10所示。

图14.10 有砟轨道与无砟轨道过渡段纵剖面

措施三,赣龙线枫树排隧道内铺设为板式无砟轨道。在有砟轨道与无砟轨道过渡段,为了减小有砟轨道与无砟轨道的刚度差,减缓列车的振动和冲击,在与有砟轨道相邻处设置5块减振型无砟轨道。

措施四,遂渝铁路无砟轨道试验段对有砟轨道和无砟轨道过渡段采取降低无砟轨道刚度和增加有砟轨道刚度的措施。遂渝线板式轨道与有砟轨道的过渡段长度为25m,其中有砟轨道长20m,在桥隧间9m刚性基础范围内设道床厚度渐变段,道床厚度由250mm逐渐过渡到桥上350mm。在过渡范围内的5块轨道板底粘贴20mm厚微孔橡胶垫层,靠近板式轨道端铺设5根2.8m的长轨枕,扣件刚度为35~55kN/mm,同时利用桥上50kg/m护轨作为过渡段辅助轨。

措施五，路基上的博格板式轨道与有砟轨道过渡段设计纵剖面如图 14.11 所示。由图可知，板式轨道的水硬性承载层向有砟轨道端延长 10m，并在有砟轨道第一个 15m 范围内对道床灌注环氧树脂黏结剂使道砟完全黏结，第二个 15m 范围内使部分道砟黏结，第三个 15m 范围内使砟肩部分黏结。

图 14.11　博格板式轨道与有砟轨道过渡段设计纵剖面

措施六，为了保证高速列车平稳通过，减小无砟轨道与有砟轨道的刚度差，控制两者之间的沉降差，保持轨道的弹性平顺，在桥上板式轨道和桥下有砟轨道设置过渡段，可采取如下技术措施。

① 在台背基坑采用混凝土回填，在台后采用强度大、变形小的优质级配碎石填筑，路堤基床表层压实密度 $K_{30} \geqslant 190 \mathrm{MPa}$，孔隙率 $\eta < 15\%$；基床表层以下的压实密度 $K_{30} \geqslant 150 \mathrm{MPa}$，孔隙率 $\eta < 20\%$。

② 在与桥头路基相邻的一跨梁上，轨道板底面粘贴缓冲橡胶弹性垫层。

③ 在过渡段线路基本轨之间设置 2 根辅助轨。

措施七，为了避免有砟轨道与无砟轨道上部结构之间产生刚度突变，将无砟轨道的水硬性承载层再延长 10m，伸入到道砟中。在无砟轨道结束端，混凝土承载层和水硬性承载层要相互锚固在一起。通过锚固，使混凝土承载层和水硬性承载层之间保持良好的连接刚度。为了平滑不同的轨道刚度，在实际工程中，过渡段的道砟宜采用灌注环氧树脂黏结剂使道砟完全黏结。过渡段的道砟黏结强度，从无砟轨道向有砟轨道逐渐降低。过渡段设置在有砟轨道一侧，总长度为 45m 左右，且分成长度相等的三段，即完全黏结（基础道砟、边梁及各轨枕之间）、部分黏结（基础道砟与边梁）和部分黏结（基础道砟）。

参 考 文 献

[1] Kerr A D, Moroney B E. Track transition problems and remedies[J]. American Railway Engineering Association, 1995, 742: 267-297.

[2] Kerr A D. A method for determining the track modulus using a locomotive or car on multi-axle trucks[J]. Proceedings of American Railway Engineering Association, 1987, 84 (2): 270-286.

[3] Kerr A D. On the vertical modulus in the standard railway track analyses[J]. Rail International,1989,235 (2):37-45.

[4] Moroney B E. A study of railroad track transition points and problems[D]. Department of Civil Engineering,Newark,University of Delaware,1991.

[5] Lei X Y, Mao L J. Dynamic response analyses of vehicle and track coupled system on track transition of conventional high speed railway[J]. Journal of Sound and Vibration,2004,271 (3):1133-1146.

[6] 雷晓燕. 移动荷载作用下轨道基础刚度突变对轨道振动的影响[J]. 振动工程学报,2006,19 (2):195-199.

[7] 王其昌. 高速铁路土木工程 [M]. 成都:西南交通大学出版社,1999.

[8] 雷晓燕. 轨道过渡段刚度突变对轨道振动的影响[J]. 中国铁道科学,2006,27 (5):42-45.

[9] 刘林芽,雷晓燕,刘晓燕. 既有线路桥过渡段的设计与动力学性能评价[J]. 铁道标准设计,2004,504(1):9-10.

[10] 雷晓燕,张斌,刘庆杰. 轨道过渡段动力特性的有限元分析[J]. 中国铁道科学,2009,30 (5): 15-21.

[11] Lei X Y, Zhang B. Analyses of dynamic behavior of track transition with finite elements [J]. Journal of Vibration and Control,2011, 17(11): 1733-1747.

[12] Lei X Y, Zhang B. Analysis of dynamic behavior for slab track of high-speed railway based on vehicle and track elements[J]. Journal of Transportation Engineering, 2011, 137(4): 227-240.

[13] 张斌. 高速铁路轨道结构动力特性有限元分析[D]. 南昌:华东交通大学硕士学位论文,2007.

[14] 铁道第三勘察设计院. 新建时速 200~250 公里客运专线铁路设计暂行规定[S]. 北京:中国铁道出版社,2005.

[15] 铁道第三勘察设计院. 新建时速 300~350 公里客运专线铁路设计暂行规定[S]. 北京:中国铁道出版社,2007.

第十五章 基于谱单元法的轨道结构中高频振动特性分析

我国高速铁路大量采用无砟轨道结构,经过10余年的运营实践,无砟轨道结构病害陆续显现。例如,不均匀沉降产生的轨道板开裂,轮轨相互作用引起的轨道疲劳损伤,温度荷载引起的轨道结构裂隙等,有的病害已经发展到较严重而必须进行限速和大修的程度。随着高速铁路大量投入运营、无砟轨道结构服役时间的增加,以及列车运行速度的不断提高,无砟轨道结构的服役环境进一步恶化,导致车辆与轨道之间的相互作用更加剧烈。轨道结构的剧烈振动一方面会对轨道结构造成严重的损伤,另一方面会诱发轨道结构的强烈振动与噪声。轮轨之间的相互作用引起的轨道结构振动噪声的频率范围通常较宽,从几赫兹到上千赫兹。因此,研究轨道结构在中高频率范围的振动特性对轨道结构在全生命周期中的安全运营和绿色环保具有重要意义。

15.1 引 言

国内外学者对高速列车诱发轨道结构振动噪声问题开展了大量研究与试验工作。Knothe和Grassie等[1-3]发表了几篇频域内轨道动力学和车辆-轨道相互作用研究进展的文章。Mathews[4,5]采用傅里叶变换和移动坐标,解决了任意移动荷载作用在弹性基础无限长梁上的振动问题。Thompson等[6]建立了三种不同的钢轨模型(连续支承、周期离散支承,以及考虑截面变形的连续支承),并对比分析了这些模型的优缺点。Jezequel[7]将轨道结构简化为无限长弹性基础上的Euler-Bernoulli梁,假设列车为匀速运动的移动荷载,建立了轨道结构振动分析模型。Wu等[8]建立双层Timoshenko轨道梁垂向振动模型,研究连续支承和离散支承下轨道结构的高频振动问题,计算频率可达6.5kHz。徐志胜等[9]运用车辆-轨道耦合动力学理论,编制基于Timoshenko梁模型的车辆-轨道耦合振动分析软件,分析车辆和轨道结构的垂向振动特性,并与基于Euler梁模型的软件仿真结果进行比较。

传统的动力有限元法需要划分密集的单元,选取细小的积分步长才能模拟较高频率的振动响应,但由此产生的累积误差又直接影响计算结果的精度,因此不适合结构振动的中高频分析。此外,波数有限元和半解析有限元方法也被用于研究轨道结构的振动特性[10]。尽管它们能准确地反映高频下钢轨的截面变形特征,但对于离散支承轨道结构,只能将其等效为连续支承形式。谱单元法是一种高精度的频域分析方法,特别适合宽频域结构振动分析问题[11]。谱单元法从结构单元的波动方程出发,利用谱分析方法,将时域下的位移响应表示为谱分量的形式并代入轨道结构运动方程,通过求解谱分量形式的运动方程和考虑单元的边界条件,即可得到谱单元的刚度矩阵和谱单元方程。谱单元刚度矩阵与频率密切相关,能精确反映振动随频率变化的特性。类似于有限元法,谱单元法将整体结构分解为由杆、梁、轴、板等单元组成的网格单元模型,利用变换矩阵,将单元坐标系下的谱单元刚度矩阵变换到整体坐标系下,并采用与有限元法相同的组合方式,得到整体结构的整体谱刚度矩阵。通过对结构荷载进行傅里叶变换,利用整体结构的谱刚度矩阵求解各个谱分量下各个结点的位移响应,再通过傅里叶逆变换,最终求得时域内结构的位移响应。如果忽略傅里叶变换和傅里叶逆变换的计算误差,谱单元法在解决结构动态问题上可以认为是一种精度极高的数值计算方法。

谱单元法的优点集中体现在建模的灵活性、算法的通用性和编程的简单性,在较宽的分析频率范围内能够以较少的单元数取得较高的计算精度和计算效率。目前已经出现一些用谱单元法分析实际工程问题的文献[12-18]。本章讨论基于谱单元法构建轨道结构中高频振动谱分析的模型和算法,通过将轨道结构简化为单层梁和三层梁模型,推导轨道结构的谱单元刚度矩阵和求解方程。基于该模型,我们运用 MATLAB 编制计算程序,仿真分析无砟轨道结构参数对轨道结构中高频振动和一阶垂向 pinned-pinned 频率的影响,并在此基础上总结无砟轨道结构中高频振动的一般规律。

15.2 轨道结构单层梁模型

隧道中的长枕埋入式无砟轨道结构如图 15.1 所示。轨枕与混凝土道床板完全联结在一起,轨下基础的质量很大,道床板与混凝土底座之间几乎没有弹性,轨道的弹性主要靠轨下胶垫来提供。因此,长枕埋入式无砟轨道结构可简化为单层弹性点支承梁模型。我们可以利用谱单元法将轨道结构划分为有限个谱单元,相邻支承点之间的钢轨和支承弹簧阻尼划分为一个轨道谱单元。轨道结构单层弹性点支承梁谱单元模型如图 15.2 所示。

图 15.1　长枕埋入式无砟轨道结构

图 15.2 轨道结构单层弹性点支承梁谱单元模型

15.2.1 轨道结构单层梁模型谱单元刚度矩阵

轨道结构单层梁模型谱单元结点位移与结点荷载谱分量如图 15.3 所示。图中的钢轨简化为二维 Euler 梁或 Timoshenko 梁,钢轨扣件简化为离散弹簧阻尼元件。假设材料、截面属性均匀一致,不考虑外部荷载作用的二维梁运动微分方程为

$$GAKC_1\left(\frac{\partial^2 v}{\partial x^2}-\frac{\partial \phi}{\partial x}\right)-\rho A\frac{\partial^2 v}{\partial t^2}=0$$
$$EI\frac{\partial^2 \phi}{\partial x^2}+GAKC_2\left(\frac{\partial v}{\partial x}-\phi\right)-\rho I C_2\frac{\partial^2 \phi}{\partial t^2}=0 \tag{15.1}$$

其中,G 为剪切弹性模量;A 为梁横截面面积;K 为剪切矫正因子;C_1、C_2 分别为梁类型参数,当 $C_1=1,C_2=1$ 时,式(15.1)为二维 Timoshenko 梁运动微分方程,当 $C_1=\infty,C_2=0$ 时,式(15.1)退化为二维 Euler-Bernoulli 梁运动微分方程;v 为梁的垂向位移;ϕ 为弯曲引起的转角;ρ 为材料密度;E 为弹性模量;I 为梁的横截面惯性矩。

内力和位移具有如下关系,即

$$V=GAKC_1\left(\frac{\partial v}{\partial x}-\phi\right)$$
$$M=EI\frac{\partial \phi}{\partial x} \tag{15.2}$$

其中,V 和 M 分别为梁内部剪力和弯矩。

式(15.1)的解可表示为谱分量的形式,即

$$v(x,t)=\frac{1}{N}\sum_{n=0}^{N-1}\hat{v}(x,\omega_n)\mathrm{e}^{-\mathrm{i}\omega_n t}$$
$$\phi(x,t)=\frac{1}{N}\sum_{n=0}^{N-1}\hat{\phi}(x,\omega_n)\mathrm{e}^{-\mathrm{i}\omega_n t}$$
$$V(x,t)=\frac{1}{N}\sum_{n=0}^{N-1}\hat{V}(x,\omega_n)\mathrm{e}^{-\mathrm{i}\omega_n t} \tag{15.3}$$
$$M(x,t)=\frac{1}{N}\sum_{n=0}^{N-1}\hat{M}(x,\omega_n)\mathrm{e}^{-\mathrm{i}\omega_n t}$$

其中,$\hat{v}$、$\hat{\phi}$、$\hat{V}$ 和 $\hat{M}$ 为谱分量;N 为时域采样点数;ω_n 为圆频率。

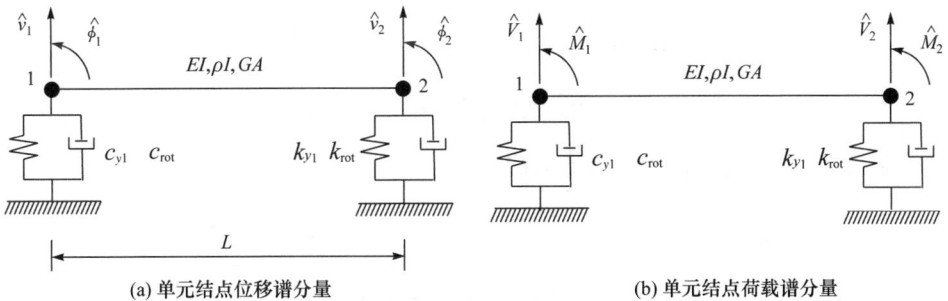

(a) 单元结点位移谱分量　　　　　　　(b) 单元结点荷载谱分量

图 15.3　轨道结构单层梁模型谱单元结点位移与结点荷载谱分量

定义轨道结构单层梁模型谱单元结点位移与结点荷载谱分量为

$$\boldsymbol{a}_b = \{\hat{v}_1 \quad \hat{\phi}_1 \quad \hat{v}_2 \quad \hat{\phi}_2\}^\mathrm{T} \tag{15.4}$$

$$\boldsymbol{Q}_b = \{\hat{V}_1 \quad \hat{M}_1 \quad \hat{V}_2 \quad \hat{M}_2\}^\mathrm{T} \tag{15.5}$$

将式(15.3)代入式(15.1),可得

$$GAKC_1\left(\frac{\partial^2 \hat{v}}{\partial x^2} - \frac{\partial \hat{\phi}}{\partial x}\right) + \rho A \omega_n^2 \hat{v} = 0$$

$$EI\frac{\partial^2 \hat{\phi}}{\partial x^2} + GAKC_1\left(\frac{\partial \hat{v}}{\partial x} - \hat{\phi}\right) + \rho I C_2 \omega_n^2 \hat{\phi} = 0 \tag{15.6}$$

式(15.6)的一般解为

$$\hat{v}(x,\omega_n) = v_0 \mathrm{e}^{-\mathrm{i}k(\omega_n)x}$$
$$\hat{\phi}(x,\omega_n) = \phi_0 \mathrm{e}^{-\mathrm{i}k(\omega_n)x} \tag{15.7}$$

其中,v_0 和 ϕ_0 为系数;$k(\omega_n)$ 为波数。

为方便,我们把 ω_n 简写为 ω,将式(15.7)代入式(15.6)可得

$$GAKC_1[(-\mathrm{i}k)^2 v_0 \mathrm{e}^{-\mathrm{i}kx} + \mathrm{i}k\phi_0 \mathrm{e}^{-\mathrm{i}kx}] + \rho A \omega^2 v_0 \mathrm{e}^{-\mathrm{i}kx} = 0$$
$$EI(-\mathrm{i}k)^2 \phi_0 \mathrm{e}^{-\mathrm{i}kx} + GAKC_1[(-\mathrm{i}k)v_0 \mathrm{e}^{-\mathrm{i}kx} - \phi_0 \mathrm{e}^{-\mathrm{i}kx}] + \rho I C_2 \omega^2 \phi_0 \mathrm{e}^{-\mathrm{i}kx} = 0$$
$$\tag{15.8}$$

进一步可简化为

$$GAKC_1(-k^2 v_0 + \mathrm{i}k\phi_0) + \rho A \omega^2 v_0 = 0$$
$$(EIk^2 + GAKC_1 - \rho I C_2 \omega^2)\phi_0 + \mathrm{i}GAKC_1 k v_0 = 0 \tag{15.9}$$

由式(15.9)可得频散方程,即

$$\begin{vmatrix} GAKC_1 k^2 - \rho A \omega^2 & -\mathrm{i}GAKC_1 k \\ \mathrm{i}GAKC_1 k & EIk^2 + GAKC_1 - \rho I C_2 \omega^2 \end{vmatrix} = 0 \tag{15.10}$$

特征方程为

$$k^4 - a_1 k^2 + a_2 = 0 \tag{15.11}$$

其中

$$a_1 = \frac{1}{GAKC_1 EI}(GAKC_1 \rho I C_2 \omega^2 + EI\rho A\omega^2)$$
$$a_2 = \frac{\rho A\omega^2}{GAKC_1 EI}(\rho I C_2 \omega^2 - GAKC_1) \tag{15.12}$$

解式(15.11)可得波数的四个解,即

$$k_1 = -k_3 = \sqrt{\frac{a_1}{2} + \sqrt{\frac{a_1^2}{4} - a_2}}, \quad k_2 = -k_4 = \sqrt{\frac{a_1}{2} - \sqrt{\frac{a_1^2}{4} - a_2}} \tag{15.13}$$

由式(15.9)的第一行,可得 v_0 和 ϕ_0 的幅值比为

$$R_i = \frac{v_0}{\phi_0} = \frac{iGAKC_1 k_i}{GAKC_1 k_i^2 - \rho A\omega^2}, \quad i = 1,2,3,4 \tag{15.14}$$

结合式(15.3)、式(15.13)和式(15.14),式(15.6)的解可表示为

$$\hat{v} = R_1 A e^{-ik_1 x} + R_2 B e^{-ik_2 x} - R_1 C e^{-ik_1 (L-x)} - R_2 D e^{-ik_2 (L-x)}$$
$$\hat{\phi} = A e^{-ik_1 x} + B e^{-ik_2 x} + C e^{-ik_1 (L-x)} + D e^{-ik_2 (L-x)} \tag{15.15}$$

其中,A、B、C、D 为待定系数项;L 为轨道结构谱单元长度,取轨枕间距;式(15.15)前两项表示往右传播的波,后两项表示往左传播的波。

轨道结构谱单元的边界条件为

$$\begin{bmatrix} \hat{v}(0,\omega) \\ \hat{\phi}(0,\omega) \\ \hat{v}(L,\omega) \\ \hat{\phi}(L,\omega) \end{bmatrix} = \begin{bmatrix} \hat{v}_1 \\ \hat{\phi}_1 \\ \hat{v}_2 \\ \hat{\phi}_2 \end{bmatrix} = \boldsymbol{a}_b \tag{15.16}$$

其中,$\boldsymbol{a}_b$ 为谱单元结点位移向量。

结合式(15.15)和式(15.16),可得

$$\hat{v}_1 = \hat{v}(0,\omega) = R_1 A + R_2 B - R_1 C e^{-ik_1 L} - R_2 D e^{-ik_2 L}$$
$$\hat{\phi}_1 = \hat{\phi}(0,\omega) = A + B + C e^{-ik_1 L} + D e^{-ik_2 L}$$
$$\hat{v}_2 = \hat{v}(L,\omega) = R_1 A e^{-ik_1 L} + R_2 B e^{-ik_2 L} - R_1 C - R_2 D$$
$$\hat{\phi}_2 = \hat{\phi}(L,\omega) = A e^{-ik_1 L} + B e^{-ik_2 L} + C + D \tag{15.17}$$

轨道结构谱单元的结点位移为

$$\boldsymbol{a}_b = \begin{bmatrix} \hat{v}_1 \\ \hat{\phi}_1 \\ \hat{v}_2 \\ \hat{\phi}_2 \end{bmatrix} = \begin{bmatrix} \hat{v}(0,\omega) \\ \hat{\phi}(0,\omega) \\ \hat{v}(L,\omega) \\ \hat{\phi}(L,\omega) \end{bmatrix} = \begin{bmatrix} R_1 & R_2 & -R_1 e^{-ik_1 L} & -R_2 e^{-ik_2 L} \\ 1 & 1 & e^{-ik_1 L} & e^{-ik_2 L} \\ R_1 e^{-ik_1 L} & R_2 e^{-ik_2 L} & -R_1 & -R_2 \\ e^{-ik_1 L} & e^{-ik_2 L} & 1 & 1 \end{bmatrix} \begin{bmatrix} A \\ B \\ C \\ D \end{bmatrix}$$
$$\tag{15.18}$$

第十五章 基于谱单元法的轨道结构中高频振动特性分析

$$\begin{aligned}&\hat{v}(x,\omega_n)\\&=R_1 A e^{-ik_1 x}+R_2 B e^{-ik_2 x}-R_1 C e^{-ik_1(L-x)}-R_2 D e^{-ik_2(L-x)}\\&=\begin{bmatrix}e^{-ik_1 x} & e^{-ik_2 x} & e^{-ik_1(L-x)} & e^{-ik_2(L-x)}\end{bmatrix}\begin{bmatrix}R_1 & & & \\ & R_2 & & \\ & & -R_1 & \\ & & & -R_2\end{bmatrix}\begin{bmatrix}A\\B\\C\\D\end{bmatrix}=\hat{N}\hat{L}\begin{bmatrix}A\\B\\C\\D\end{bmatrix}\end{aligned}$$
(15.19)

其中

$$\hat{N}=\begin{bmatrix}e^{-ik_1 x} & e^{-ik_2 x} & e^{-ik_1(L-x)} & e^{-ik_2(L-x)}\end{bmatrix} \quad (15.20)$$

$$\hat{L}=\mathrm{diag}\{R_1 \quad R_2 \quad -R_1 \quad -R_2\} \quad (15.21)$$

由式(15.18)可得

$$\begin{bmatrix}A\\B\\C\\D\end{bmatrix}=\begin{bmatrix}R_1 & R_2 & -R_1 e^{-ik_1 L} & -R_2 e^{-ik_2 L}\\ 1 & 1 & e^{-ik_1 L} & e^{-ik_2 L}\\ R_1 e^{-ik_1 L} & R_2 e^{-ik_2 L} & -R_1 & -R_2\\ e^{-ik_1 L} & e^{-ik_2 L} & 1 & 1\end{bmatrix}^{-1}\boldsymbol{a}_b=\hat{\boldsymbol{G}}\boldsymbol{a}_b \quad (15.22)$$

$$\hat{\boldsymbol{G}}=\begin{bmatrix}R_1 & R_2 & -R_1 e^{-ik_1 L} & -R_2 e^{-ik_2 L}\\ 1 & 1 & e^{-ik_1 L} & e^{-ik_2 L}\\ R_1 e^{-ik_1 L} & R_2 e^{-ik_2 L} & -R_1 & -R_2\\ e^{-ik_1 L} & e^{-ik_2 L} & 1 & 1\end{bmatrix}^{-1}=\begin{bmatrix}\hat{G}_{11} & \hat{G}_{12} & \hat{G}_{13} & \hat{G}_{14}\\ \hat{G}_{21} & \hat{G}_{22} & \hat{G}_{23} & \hat{G}_{24}\\ \hat{G}_{31} & \hat{G}_{32} & \hat{G}_{33} & \hat{G}_{34}\\ \hat{G}_{41} & \hat{G}_{42} & \hat{G}_{43} & \hat{G}_{44}\end{bmatrix}$$
(15.23)

其中

$$\begin{aligned}\hat{G}_{11}&=-\hat{G}_{33}=\frac{r_1+r_2 e_2}{\Delta},\quad \hat{G}_{12}=\hat{G}_{34}=-\frac{R_2(r_1-r_2 e_2)}{\Delta}\\ \hat{G}_{13}&=-\hat{G}_{31}=-\frac{r_1 e_2+r_2}{\Delta},\quad \hat{G}_{14}=\hat{G}_{32}=\frac{R_2(r_1 e_2-r_2)}{\Delta}\\ \hat{G}_{21}&=-\hat{G}_{43}=-\frac{r_1+r_2 e_1}{\Delta},\quad \hat{G}_{22}=\hat{G}_{44}=\frac{R_1(r_1-r_2 e_1)}{\Delta}\\ \hat{G}_{23}&=-\hat{G}_{41}=\frac{r_1 e_1+r_2}{\Delta},\quad \hat{G}_{24}=\hat{G}_{42}=-R_1\left(r_1 e_1-\frac{r_2}{\Delta}\right)\end{aligned} \quad (15.24)$$

其中, $r_1=(R_1-R_2)(1-e_1 e_2)$; $e_1=e^{-ik_1 L}$; $e_2=e^{-ik_2 L}$; $r_2=(R_1+R_2)(e_1-e_2)$; $\Delta=r_1^2-r_2^2$。

式(15.19)可化为

$$\hat{v}(x,\omega_n)=\boldsymbol{NLG}\boldsymbol{a}_b \quad (15.25)$$

同理

$$\hat{\phi}(x,\omega_n) = A\mathrm{e}^{-\mathrm{i}k_1 x} + B\mathrm{e}^{-\mathrm{i}k_2 x} + C\mathrm{e}^{-\mathrm{i}k_1(L-x)} + D\mathrm{e}^{-\mathrm{i}k_2(L-x)}$$

$$= \begin{bmatrix} \mathrm{e}^{-\mathrm{i}k_1 x} & \mathrm{e}^{-\mathrm{i}k_2 x} & \mathrm{e}^{-\mathrm{i}k_1(L-x)} & \mathrm{e}^{-\mathrm{i}k_2(L-x)} \end{bmatrix} \begin{bmatrix} A \\ B \\ C \\ D \end{bmatrix}$$

$$= \hat{N}\hat{G}a_b \tag{15.26}$$

由式(15.25)和式(15.26)可知,轨道结构谱单元 $\hat{v}$ 和 $\hat{\phi}$ 的形函数分别为 $\hat{N}\hat{L}\hat{G}$ 和 $\hat{N}\hat{G}$。显然,该形函数与频率相关。

结合式(15.2)、式(15.3)、式(15.25)、式(15.26)可得

$$\hat{M}(x,\omega) = EI\frac{\partial \phi}{\partial x} = EI\hat{N}'\hat{G}a_b \tag{15.27}$$

$$\hat{V}(x,\omega) = GAKC_1\left(\frac{\partial v}{\partial x} - \phi\right) = \rho IC_2\frac{\partial^2 \phi}{\partial t^2} - EI\frac{\partial^2 \phi}{\partial x^2} = -EI\hat{N}''\hat{G}a_b - \rho IC_2\omega^2\hat{N}\hat{G}a_b \tag{15.28}$$

当 $x=0$ 和 L 时,由式(15.27)和式(15.28)可得

$$\begin{bmatrix} -\hat{V}(0,\omega) \\ -\hat{M}(0,\omega) \\ \hat{V}(L,\omega) \\ \hat{M}(L,\omega) \end{bmatrix} = \hat{H}\hat{G}\begin{bmatrix} \hat{v}_1 \\ \hat{\phi}_1 \\ \hat{v}_2 \\ \hat{\phi}_2 \end{bmatrix} = Q_b \tag{15.29}$$

其中,Q_b 为谱节点荷载向量。

$$\hat{H} = \begin{bmatrix} EI\hat{N}''(0,\omega) + \rho IC_2\omega^2\hat{N}(0,\omega) \\ -EI\hat{N}'(0,\omega) \\ -EI\hat{N}''(L,\omega) - \rho IC_2\omega^2\hat{N}(L,\omega) \\ EI\hat{N}'(L,\omega) \end{bmatrix} \tag{15.30}$$

其中

$$\begin{aligned} \hat{N}(0,\omega) &= \begin{bmatrix} 1 & 1 & \mathrm{e}^{-\mathrm{i}k_1 L} & \mathrm{e}^{-\mathrm{i}k_2 L} \end{bmatrix} \\ \hat{N}'(0,\omega) &= \begin{bmatrix} -\mathrm{i}k_1 & -\mathrm{i}k_2 & \mathrm{i}k_1\mathrm{e}^{-\mathrm{i}k_1 L} & \mathrm{i}k_2\mathrm{e}^{-\mathrm{i}k_2 L} \end{bmatrix} \\ \hat{N}''(0,\omega) &= \begin{bmatrix} -k_1^2 & -k_2^2 & -k_1^2\mathrm{e}^{-\mathrm{i}k_1 L} & -k_2^2\mathrm{e}^{-\mathrm{i}k_2 L} \end{bmatrix} \\ \hat{N}(L,\omega) &= \begin{bmatrix} \mathrm{e}^{-\mathrm{i}k_1 L} & \mathrm{e}^{-\mathrm{i}k_2 L} & 1 & 1 \end{bmatrix} \\ \hat{N}'(L,\omega) &= \begin{bmatrix} -\mathrm{i}k_1\mathrm{e}^{-\mathrm{i}k_1 L} & -\mathrm{i}k_2\mathrm{e}^{-\mathrm{i}k_2 L} & \mathrm{i}k_1 & \mathrm{i}k_2 \end{bmatrix} \\ \hat{N}''(L,\omega) &= \begin{bmatrix} -k_1^2\mathrm{e}^{-\mathrm{i}k_1 L} & -k_2^2\mathrm{e}^{-\mathrm{i}k_2 L} & -k_1^2 & -k_2^2 \end{bmatrix} \end{aligned} \tag{15.31}$$

由于谱单元法和材料力学内力正负号的规定在梁左端相反,因此式(15.29)中 $\hat{V}_0(0,\omega)$ 和 $\hat{M}_0(0,\omega)$ 前存在负号。于是,轨道结构谱单元结点位移向量与荷载向量的关系可表示为

$$S_b(\omega)a_b = Q_b \tag{15.32}$$

其中,$S_b(\omega)=\hat{H}\hat{G}$ 为由钢轨弯曲变形引起的轨道结构单层梁模型谱单元刚度矩阵,它与频率有关。

15.2.2 由钢轨扣件引起的轨道结构谱单元刚度矩阵

如图 15.3 所示,由钢轨扣件引起的轨道结构谱单元刚度矩阵为

$$S_r(\omega) = k_r + i\omega c_r \tag{15.33}$$

$$k_r = \begin{bmatrix} k_{y1} & 0 & 0 & 0 \\ 0 & k_{\text{rot}} & 0 & 0 \\ 0 & 0 & k_{y1} & 0 \\ 0 & 0 & 0 & k_{\text{rot}} \end{bmatrix} \tag{15.34}$$

$$c_r = \begin{bmatrix} c_{y1} & 0 & 0 & 0 \\ 0 & c_{\text{rot}} & 0 & 0 \\ 0 & 0 & c_{y1} & 0 \\ 0 & 0 & 0 & c_{\text{rot}} \end{bmatrix} \tag{15.35}$$

其中,k_r 和 c_r 分别为由钢轨扣件引起的刚度矩阵和阻尼矩阵;k_{y1} 和 c_{y1} 分别为钢轨扣件竖向刚度和阻尼;k_{rot} 和 c_{rot} 分别为钢轨垫板弯曲刚度和阻尼,按下式计算,即

$$k_{\text{rot}} = \frac{1}{12}b_r^2 k_{y1} \tag{15.36}$$

$$c_{\text{rot}} = \frac{1}{12}b_r^2 c_{y1} \tag{15.37}$$

其中,b_r 为钢轨垫板沿轨道纵向的长度。

由此可得单层梁模型轨道结构谱单元刚度矩阵,即

$$S_t(\omega) = S_b(\omega) + S_r(\omega) \tag{15.38}$$

15.2.3 二维梁截断谱单元刚度矩阵

为了减小弹性波反射对计算精度的影响,我们在模型两端引入截断单元。二维梁右截断单元结点位移与荷载谱分量如图 15.4 所示。

图 15.4 二维梁右截断单元结点位移与荷载谱分量

令式(15.15)中的 $C=D=0$,位移解中的反射项被移除,则谱单元法中二维梁

右截断单元的位移解可表示为

$$\hat{v} = R_1 A \mathrm{e}^{-\mathrm{i}k_1 x} + R_2 B \mathrm{e}^{-\mathrm{i}k_2 x}$$
$$\hat{\phi} = A \mathrm{e}^{-\mathrm{i}k_1 x} + B \mathrm{e}^{-\mathrm{i}k_2 x} \tag{15.39}$$

其边界条件为

$$\begin{bmatrix} \hat{v}(0,\omega) \\ \hat{\phi}(0,\omega) \end{bmatrix} = \begin{bmatrix} R_1 A + R_2 B \\ A + B \end{bmatrix} = \begin{bmatrix} \hat{v}_1 \\ \hat{\phi}_1 \end{bmatrix} = \begin{bmatrix} R_1 & R_2 \\ 1 & 1 \end{bmatrix} \begin{bmatrix} A \\ B \end{bmatrix} \tag{15.40}$$

$$\begin{bmatrix} A \\ B \end{bmatrix} = \begin{bmatrix} R_1 & R_2 \\ 1 & 1 \end{bmatrix}^{-1} \begin{bmatrix} \hat{v}_1 \\ \hat{\phi}_1 \end{bmatrix} = \frac{1}{R_1 - R_2} \begin{bmatrix} 1 & -R_2 \\ -1 & R_1 \end{bmatrix} \begin{bmatrix} \hat{v}_1 \\ \hat{\phi}_1 \end{bmatrix} \tag{15.41}$$

$$\begin{bmatrix} -\hat{V}(0,\omega) \\ -\hat{M}(0,\omega) \end{bmatrix} = \begin{bmatrix} EI \hat{N}''(0,\omega) + \rho I C_2 \omega^2 \hat{N}(0,\omega) \\ -EI \hat{N}'(0,\omega) \end{bmatrix} \frac{1}{R_1 - R_2} \begin{bmatrix} 1 & -R_2 \\ -1 & R_1 \end{bmatrix} \begin{bmatrix} \hat{v}_1 \\ \hat{\phi}_1 \end{bmatrix}$$

$$\tag{15.42}$$

$$\hat{N}(0,\omega) = \begin{bmatrix} 1 & 1 \end{bmatrix}, \quad \hat{N}'(0,\omega) = \begin{bmatrix} -\mathrm{i}k_1 & -\mathrm{i}k_2 \end{bmatrix}, \quad \hat{N}''(0,\omega) = \begin{bmatrix} -k_1^2 & -k_2^2 \end{bmatrix}$$

$$\tag{15.43}$$

由此可得

$$\begin{bmatrix} -\hat{V}(0,\omega) \\ -\hat{M}(0,\omega) \end{bmatrix} = \mathbf{S}_R \begin{bmatrix} \hat{v}_1 \\ \hat{\phi}_1 \end{bmatrix}$$

或者

$$\mathbf{S}_R(\omega) \mathbf{a}_R = \mathbf{Q}_R \tag{15.44}$$

其中,$S_R(\omega)$ 为二维梁右截断单元的谱刚度矩阵,同样与频率有关,即

$$\mathbf{S}_R = \begin{bmatrix} EI \dfrac{k_2^2 - k_1^2}{R_1 - R_2} & EI \dfrac{R_2 k_1^2 - R_1 k_2^2}{R_1 - R_2} + \rho I \omega^2 \\ EI \dfrac{\mathrm{i}(k_1 - k_2)}{R_1 - R_2} & EI \dfrac{\mathrm{i}(R_1 k_2 - R_2 k_1)}{R_1 - R_2} \end{bmatrix} \tag{15.45}$$

同理可推导向左传播弹性波、无向右反射波的二维梁截断单元的谱单元刚度矩阵,即

$$\mathbf{S}_L = \begin{bmatrix} S_R(1,1) & -S_R(1,2) \\ -S_R(2,1) & S_R(2,2) \end{bmatrix} \tag{15.46}$$

15.2.4 整体结构的谱刚度矩阵

上述轨道结构谱单元的刚度矩阵是在局部坐标系中建立的,在形成整体谱刚度矩阵之前,还需将局部坐标系下的单元谱刚度矩阵转换到整体坐标系下的单元谱刚度矩阵,采取对号入座的方式,将所有单元谱刚度矩阵组集到整体谱刚度矩阵中,然后进行相应位移边界条件的处理,最终可以得到频域内求解整体结构的结点力和结点位移谱分量方程,即

$$S(\omega)a = Q \tag{15.47}$$

其中,$S(\omega)$、a 和 Q 分别为系统的整体谱刚度矩阵、整体结点位移谱分量和整体结点荷载谱分量。

通过对施加于轨道结构上的外荷载进行傅里叶变换,利用整体结构的谱刚度矩阵即可求得不同频率下整体结点位移谱分量,然后通过傅里叶逆变换,最终可求得时域内轨道结构的位移响应。

15.3 无砟轨道结构三层梁模型谱单元刚度矩阵

无砟轨道结构可简化为三层梁谱单元法模型,两轨枕间轨道结构为一个谱单元,如图 15.5 所示。

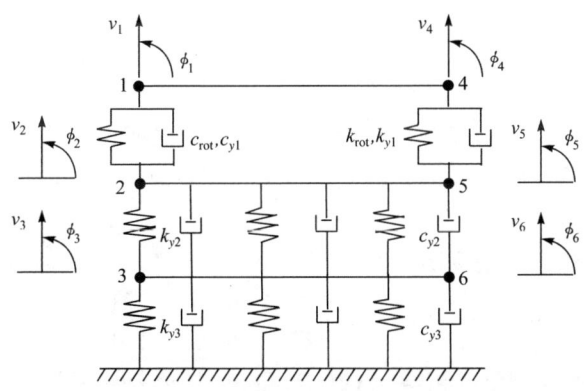

图 15.5 无砟轨道结构三层梁谱单元法模型

钢轨、预制轨道板和混凝土支承层分别离散为黏弹性支承的二维梁单元,相邻轨枕间距为一个单元,轨下扣件和垫板的垂向刚度和垂向阻尼分别为 k_{y1} 和 c_{y1};轨下垫板的弯曲刚度和阻尼分别为 k_{rot} 和 c_{rot};预制轨道板下水泥砂浆层的刚度系数和阻尼系数分别为 k_{y2} 和 c_{y2};混凝土支承层下防冻路基层的刚度系数和阻尼系数分别为 k_{y3} 和 c_{y3}[15]。图 15.5 中 v_1 和 v_4 分别是钢轨的竖向位移;v_2 和 v_5 分别是预制轨道板的竖向位移;v_3 和 v_6 分别是混凝土支承层的竖向位移;ϕ_1 和 ϕ_4 分别是钢轨的转角;ϕ_2 和 ϕ_5 分别是预制轨道板的转角;ϕ_3 和 ϕ_6 分别是混凝土支承层的转角。

定义无砟轨道结构三层梁单元的结点位移向量为

$$a^e = \{v_1 \quad \phi_1 \quad v_2 \quad \phi_2 \quad v_3 \quad \phi_3 \quad v_4 \quad \phi_4 \quad v_5 \quad \phi_5 \quad v_6 \quad \phi_6\}^T \tag{15.48}$$

无砟轨道结构三层梁的刚度矩阵由钢轨、预制轨道板、混凝土支承层弯曲势能引起的刚度矩阵,以及钢轨扣件离散弹性点支承、CA 砂浆层和防冻路基层的连续弹性支承引起的刚度矩阵组成。

钢轨弯曲刚度矩阵 $\boldsymbol{K}_r^e$ 为

$$\boldsymbol{K}_r^e = \frac{E_r I_r}{L^3} \begin{bmatrix} S_r(\omega)(1,1) & S_r(\omega)(1,2) & 0 & 0 & 0 & 0 & S_r(\omega)(1,3) & S_r(\omega)(1,4) & 0 & 0 & 0 & 0 \\ S_r(\omega)(2,1) & S_r(\omega)(2,2) & 0 & 0 & 0 & 0 & S_r(\omega)(2,3) & S_r(\omega)(2,4) & 0 & 0 & 0 & 0 \\ 0 & 0 & 0 & 0 & 0 & 0 & 0 & 0 & 0 & 0 & 0 & 0 \\ 0 & 0 & 0 & 0 & 0 & 0 & 0 & 0 & 0 & 0 & 0 & 0 \\ 0 & 0 & 0 & 0 & 0 & 0 & 0 & 0 & 0 & 0 & 0 & 0 \\ 0 & 0 & 0 & 0 & 0 & 0 & 0 & 0 & 0 & 0 & 0 & 0 \\ S_r(\omega)(3,1) & S_r(\omega)(3,2) & 0 & 0 & 0 & 0 & S_r(\omega)(3,3) & S_r(\omega)(3,4) & 0 & 0 & 0 & 0 \\ S_r(\omega)(4,1) & S_r(\omega)(4,2) & 0 & 0 & 0 & 0 & S_r(\omega)(4,3) & S_r(\omega)(4,4) & 0 & 0 & 0 & 0 \\ 0 & 0 & 0 & 0 & 0 & 0 & 0 & 0 & 0 & 0 & 0 & 0 \\ 0 & 0 & 0 & 0 & 0 & 0 & 0 & 0 & 0 & 0 & 0 & 0 \\ 0 & 0 & 0 & 0 & 0 & 0 & 0 & 0 & 0 & 0 & 0 & 0 \\ 0 & 0 & 0 & 0 & 0 & 0 & 0 & 0 & 0 & 0 & 0 & 0 \end{bmatrix}$$

(15.49)

其中，E_r 和 I_r 分别为钢轨的弹性模量和绕水平轴的截面惯性矩；L 为无砟轨道结构三层梁谱单元的长度；$S_r(\omega)$ 为钢轨的谱单元刚度矩阵；$(1,1)$ 表示 $S_r(\omega)$ 第一行第一列的值，余同。

预制轨道板的弯曲刚度矩阵 $\boldsymbol{K}_s^e$ 为

$$\boldsymbol{K}_s^e = \frac{E_s I_s}{L^3} \begin{bmatrix} 0 & 0 & 0 & 0 & 0 & 0 & 0 & 0 & 0 & 0 & 0 & 0 \\ 0 & 0 & 0 & 0 & 0 & 0 & 0 & 0 & 0 & 0 & 0 & 0 \\ 0 & 0 & S_s(\omega)(1,1) & S_s(\omega)(1,2) & 0 & 0 & 0 & 0 & S_s(\omega)(1,3) & S_s(\omega)(1,4) & 0 & 0 \\ 0 & 0 & S_s(\omega)(2,1) & S_s(\omega)(2,2) & 0 & 0 & 0 & 0 & S_s(\omega)(2,3) & S_s(\omega)(2,4) & 0 & 0 \\ 0 & 0 & 0 & 0 & 0 & 0 & 0 & 0 & 0 & 0 & 0 & 0 \\ 0 & 0 & 0 & 0 & 0 & 0 & 0 & 0 & 0 & 0 & 0 & 0 \\ 0 & 0 & 0 & 0 & 0 & 0 & 0 & 0 & 0 & 0 & 0 & 0 \\ 0 & 0 & 0 & 0 & 0 & 0 & 0 & 0 & 0 & 0 & 0 & 0 \\ 0 & 0 & S_s(\omega)(3,1) & S_s(\omega)(3,2) & 0 & 0 & 0 & 0 & S_s(\omega)(3,3) & S_s(\omega)(3,4) & 0 & 0 \\ 0 & 0 & S_s(\omega)(4,1) & S_s(\omega)(4,2) & 0 & 0 & 0 & 0 & S_s(\omega)(4,3) & S_s(\omega)(4,4) & 0 & 0 \\ 0 & 0 & 0 & 0 & 0 & 0 & 0 & 0 & 0 & 0 & 0 & 0 \\ 0 & 0 & 0 & 0 & 0 & 0 & 0 & 0 & 0 & 0 & 0 & 0 \end{bmatrix}$$

(15.50)

其中，E_s 和 I_s 分别为预制轨道板的弹性模量和绕水平轴的截面惯性矩；$S_s(\omega)$ 为预制轨道板的谱单元刚度矩阵。

混凝土支承层弯曲刚度矩阵 $\boldsymbol{K}_h^e$ 为

$$\boldsymbol{K}_h^e = \frac{E_h I_h}{L^3} \begin{bmatrix} 0 & 0 & 0 & 0 & 0 & 0 & 0 & 0 & 0 & 0 & 0 & 0 \\ 0 & 0 & 0 & 0 & 0 & 0 & 0 & 0 & 0 & 0 & 0 & 0 \\ 0 & 0 & 0 & 0 & 0 & 0 & 0 & 0 & 0 & 0 & 0 & 0 \\ 0 & 0 & 0 & 0 & 0 & 0 & 0 & 0 & 0 & 0 & 0 & 0 \\ 0 & 0 & 0 & 0 & \boldsymbol{S}_h(\omega)(1,1) & \boldsymbol{S}_h(\omega)(1,2) & 0 & 0 & 0 & 0 & \boldsymbol{S}_h(\omega)(1,3) & \boldsymbol{S}_h(\omega)(1,4) \\ 0 & 0 & 0 & 0 & \boldsymbol{S}_h(\omega)(2,1) & \boldsymbol{S}_h(\omega)(2,2) & 0 & 0 & 0 & 0 & \boldsymbol{S}_h(\omega)(2,3) & \boldsymbol{S}_h(\omega)(2,4) \\ 0 & 0 & 0 & 0 & 0 & 0 & 0 & 0 & 0 & 0 & 0 & 0 \\ 0 & 0 & 0 & 0 & 0 & 0 & 0 & 0 & 0 & 0 & 0 & 0 \\ 0 & 0 & 0 & 0 & 0 & 0 & 0 & 0 & 0 & 0 & 0 & 0 \\ 0 & 0 & 0 & 0 & 0 & 0 & 0 & 0 & 0 & 0 & 0 & 0 \\ 0 & 0 & 0 & 0 & \boldsymbol{S}_h(\omega)(3,1) & \boldsymbol{S}_h(\omega)(3,2) & 0 & 0 & 0 & 0 & \boldsymbol{S}_h(\omega)(3,3) & \boldsymbol{S}_h(\omega)(3,4) \\ 0 & 0 & 0 & 0 & \boldsymbol{S}_h(\omega)(4,1) & \boldsymbol{S}_h(\omega)(4,2) & 0 & 0 & 0 & 0 & \boldsymbol{S}_h(\omega)(4,3) & \boldsymbol{S}_h(\omega)(4,4) \end{bmatrix}$$
(15.51)

其中,E_h 和 I_h 分别为混凝土支承层的弹性模量和绕水平轴的截面惯性矩;$\boldsymbol{S}_h(\omega)$ 为混凝土支承层的谱单元刚度矩阵。

钢轨扣件离散弹性支承的刚度矩阵 $\boldsymbol{K}_{1c}^e$ 为

$$\boldsymbol{K}_{1c}^e = \frac{1}{2} \begin{bmatrix} k_{y1} & 0 & -k_{y1} & 0 & 0 & 0 & 0 & 0 & 0 & 0 & 0 & 0 \\ & k_{\text{rot}} & 0 & -k_{\text{rot}} & 0 & 0 & 0 & 0 & 0 & 0 & 0 & 0 \\ & & k_{y1} & 0 & 0 & 0 & 0 & 0 & 0 & 0 & 0 & 0 \\ & & & k_{\text{rot}} & 0 & 0 & 0 & 0 & 0 & 0 & 0 & 0 \\ & & & & 0 & 0 & 0 & 0 & 0 & 0 & 0 & 0 \\ & & & & & 0 & 0 & 0 & 0 & 0 & 0 & 0 \\ & & & & & & k_{y1} & 0 & -k_{y1} & 0 & 0 & 0 \\ & & & & & & & k_{\text{rot}} & 0 & -k_{\text{rot}} & 0 & 0 \\ & & & & & & & & k_{y1} & 0 & 0 & 0 \\ & & \text{对称} & & & & & & & k_{\text{rot}} & 0 & 0 \\ & & & & & & & & & & 0 & 0 \\ & & & & & & & & & & & 0 \end{bmatrix}$$
(15.52)

其中,k_{y1} 为钢轨扣件的垂向刚度系数;k_{rot} 为钢轨垫板的弯曲刚度系数。

CA 砂浆层连续弹性支承引起的刚度矩阵 $\boldsymbol{K}_{2c}^e$ 为

$$\boldsymbol{K}_{2c}^{e}=\frac{k_{y2}L}{420}\begin{bmatrix} 0 & 0 & 0 & 0 & 0 & 0 & 0 & 0 & 0 & 0 & 0 & 0 \\ & 0 & 0 & 0 & 0 & 0 & 0 & 0 & 0 & 0 & 0 & 0 \\ & & 156 & -22L & -156 & 22L & 0 & 0 & 54 & 13L & -54 & -13L \\ & & & 4L^2 & 22L & -4L^2 & 0 & 0 & -13L & -3L^2 & 13L & 3L^2 \\ & & & & 156 & -22L & 0 & 0 & -54 & -13L & 54 & 13L \\ & & & & & 4L^2 & 0 & 0 & 13L & 3L^2 & -13L & -3L^2 \\ & & & & & & 0 & 0 & 0 & 0 & 0 & 0 \\ & & & & & & & 0 & 0 & 0 & 0 & 0 \\ & & & & & & & & 156 & 22L & -156 & -22L \\ & & & & & & & & & 4L^2 & -22L & -4L^2 \\ & \text{对称} & & & & & & & & & 156 & 22L \\ & & & & & & & & & & & 4L^2 \end{bmatrix}$$

(15.53)

其中，k_{y2} 为 CA 砂浆层的刚度系数；L 为无砟轨道结构三层梁谱单元的长度。

防冻路基层连续弹性支承引起的刚度矩阵 $\boldsymbol{K}_{3c}^{e}$ 为

$$\boldsymbol{K}_{3c}^{e}=\frac{k_{y3}L}{420}\begin{bmatrix} 0 & 0 & 0 & 0 & 0 & 0 & 0 & 0 & 0 & 0 & 0 & 0 \\ & 0 & 0 & 0 & 0 & 0 & 0 & 0 & 0 & 0 & 0 & 0 \\ & & 0 & 0 & 0 & 0 & 0 & 0 & 0 & 0 & 0 & 0 \\ & & & 0 & 0 & 0 & 0 & 0 & 0 & 0 & 0 & 0 \\ & & & & 156 & -22L & 0 & 0 & 0 & 0 & 54 & 13L \\ & & & & & 4L^2 & 0 & 0 & 0 & 0 & -13L & -3L^2 \\ & & & & & & 0 & 0 & 0 & 0 & 0 & 0 \\ & & & & & & & 0 & 0 & 0 & 0 & 0 \\ & & & & & & & & 0 & 0 & 0 & 0 \\ & & & & & & & & & 0 & 0 & 0 \\ & \text{对称} & & & & & & & & & 156 & 22L \\ & & & & & & & & & & & 4L^2 \end{bmatrix}$$

(15.54)

其中，k_{y3} 为防冻路基层的刚度系数。

无砟轨道谱单元的刚度矩阵 $\boldsymbol{K}_{l}^{e}$ 可表示为

$$\boldsymbol{K}_{l}^{e}=\boldsymbol{K}_{r}^{e}+\boldsymbol{K}_{s}^{e}+\boldsymbol{K}_{h}^{e}+\boldsymbol{K}_{1c}^{e}+\boldsymbol{K}_{2c}^{e}+\boldsymbol{K}_{3c}^{e} \tag{15.55}$$

无砟轨道结构三层梁计算参数如表 15.1 所示。

表 15.1 无砟轨道结构三层梁计算参数

类别		符号	数值	类别		符号	数值
泊松比		υ	0.3	剪切矫正因子		K	0.5329
轨枕间距/m		L	0.625	轨下垫板沿纵向的长度/m		b_r	0.17
钢轨	弹性模量/Gpa	E_r	210	扣件垫板	垂向刚度/(kN/mm)	k_{y1}	60
	密度/(kg/m³)	ρ_r	7800				
	截面面积/m²	A_r	7.745×10^{-3}		垂向阻尼/(kN·s/m)	c_{y1}	47.7
	绕水平轴惯性矩/m⁴	I_r	3.217×10^{-5}				
轨道板	弹性模量/Gpa	E_s	39	CA 砂浆	垂向刚度/(kN/mm)	k_{y2}	900
	密度/(kg/m³)	ρ_s	2500				
	截面面积/m²	A_s	0.51/2		垂向阻尼/(kN·s/m)	c_{y2}	83
	绕水平轴惯性矩/m⁴	I_s	$1.7\times10^{-3}/2$				
底座板（混凝土支承层）	弹性模量/Gpa	E_h	30	路基	垂向刚度/(kN/mm)	k_{y3}	60
	密度/(kg/m³)	ρ_h	2500				
	截面面积/m²	A_h	0.56/2		垂向阻尼/(kN·s/m)	c_{y3}	90
	绕水平轴惯性矩/m⁴	I_h	$1.7\times10^{-3}/2$				

无砟轨道结构三层梁谱单元的阻尼矩阵由钢轨扣件、CA 砂浆层和防冻路基层引起的阻尼矩阵组成。其阻尼矩阵 C_l^e 可表示为

$$C_l^e = C_{1c}^e + C_{2c}^e + C_{3c}^e \tag{15.56}$$

其中，C_{1c}^e 是钢轨扣件引起的阻尼矩阵；C_{2c}^e 和 C_{3c}^e 分别是 CA 砂浆层和路基支承层引起的阻尼矩阵。

C_{1c}^e、C_{2c}^e 和 C_{3c}^e 的形式与 K_{1c}^e、K_{2c}^e 和 K_{3c}^e 的形式一致，只要将矩阵中的刚度系数替换成相应的阻尼系数即可。由此可得无砟轨道结构三层梁单元的谱刚度矩阵为

$$S_{3d}(\omega) = K_l^e + i\omega C_l^e \tag{15.57}$$

15.4 轨道结构振动单层梁模型分析

基于上述轨道结构单层梁模型，运用谱单元法分析轨道结构中高频振动特性，并将基于 Euler 梁模型与 Timoshenko 梁模型的计算结果进行对比。模型长度为 40 倍轨枕间距，计算参数如表 15.1 所示。在模型中部两轨枕跨中钢轨处和轨枕上方钢轨处施加单位复简谐激励 $F=\mathrm{e}^{\mathrm{i}\omega t}$，提取加载点处、距离加载点 10 根轨枕处的钢轨位移和速度导纳，计算结果如图 15.6～图 15.9 所示[19]。

图 15.6 加载点钢轨垂向振动位移导纳幅值

图 15.7 距加载点 10 根轨枕处钢轨垂向振动位移导纳幅值

图 15.8 加载点钢轨垂向振动速度导纳幅值

图 15.9　距加载点 10 根轨枕处钢轨垂向振动速度导纳幅值

由图 15.6～图 15.9 可知，Euler 梁模型和 Timoshenko 梁模型在低频范围（1000Hz）内的分析结果基本相同，在高频范围相差较大。轨枕处和轨枕跨中处加载时的 Euler 梁一阶 pinned-pinned 振动频率分别为 1390Hz 和 1345Hz，在一阶 pinned-pinned 振动频率处，轨枕处加载时幅值达到波谷，跨中加载时幅值达到波峰。轨枕处加载和轨枕跨中加载时 Timoshenko 梁模型一阶 pinned-pinned 振动频率分别为 1090Hz 和 1070Hz，Timoshenko 梁模型在 3010Hz 时出现二阶 pinned-pinned 振动频率，其幅值均在波谷。

15.5　无砟轨道结构中高频振动参数分析

应用无砟轨道结构三层梁模型，模型长度取 100 倍轨枕间距，计算参数如表 15.1 所示。在轨道结构中间位置的钢轨跨中施加单位复简谐激励 $F=\mathrm{e}^{\mathrm{i}\omega t}$，分析轨下扣件刚度和阻尼、CA 砂浆刚度和阻尼、路基刚度和阻尼六种工况对加载点处、距离加载点 10 根轨枕处的钢轨位移和速度导纳的影响，并将两种钢轨梁模型的计算结果进行对比。

15.5.1　轨下垫板和扣件刚度的影响

在表 15.1 其他参数不变的情况下，考虑六种扣件刚度系数，即 20MN/m、40MN/m、60MN/m、80MN/m、100MN/m、120MN/m 对轨道结构中高频振动和一阶垂向 pinned-pinned 频率的影响。计算得到加载点处和距加载点 10 根轨枕处钢轨垂向振动位移和速度导纳幅值，如图 15.10～图 15.13 所示[19]。

图 15.10 加载点钢轨垂向振动位移导纳幅值

图 15.11 距加载点 10 根轨枕间距处钢轨垂向振动位移导纳幅值

图 15.12 加载点钢轨垂向振动速度导纳幅值

图 15.13　距加载点 10 根轨枕间距处钢轨垂向振动速度导纳幅值

由图 15.10～图 15.13 可知,扣件刚度对钢轨振动影响较为显著,增加扣件刚度能显著减小钢轨位移。这一现象在低频时尤其明显。加载点位移导纳受扣件刚度影响的频率范围在 200Hz 以下,距加载点 10 根轨枕间距处的位移导纳受扣件刚度影响的频率分布在 150～700Hz。频率在 200Hz 以下时,随着扣件刚度的增加,加载点处钢轨速度导纳显著减小;频率在 200～1000Hz 范围时,钢轨速度导纳随扣件刚度的增加而增大,且所受影响也逐渐减小。距加载点 10 根轨枕处的钢轨速度导纳受扣件刚度影响的频率分布在 150～700Hz,随着扣件刚度的增加,钢轨速度导纳减小。

Euler 梁模型和 Timoshenko 梁模型一阶 pinned-pinned 频率分别在 1345Hz 和 1070Hz 附近,并未受扣件刚度变化的影响。Timoshenko 梁模型在 3010Hz 也会出现 pinned-pinned 频率。Euler 梁模型与 Timoshenko 梁模型计算结果的差异主要在中高频范围。

15.5.2　轨下垫板和扣件阻尼的影响

在表 15.1 其他参数不变的情况下,分别考虑六种扣件阻尼,即 30kN·s/m、47.7kN·s/m、70kN·s/m、90kN·s/m、110kN·s/m、130kN·s/m 对轨道结构中高频振动和一阶垂向 pinned-pinned 频率的影响,计算结果如图 15.14～图 15.17 所示[19]。

由图 15.14～图 15.17 可知,扣件阻尼对钢轨垂向振动影响较大,增加扣件阻尼,能显著减小钢轨垂向振动的峰值。扣件阻尼对加载点钢轨垂向振动位移和速度导纳的影响频率主要集中在 65～1000Hz,对距加载点 10 根轨枕间距处钢轨垂向振动位移和速度导纳的影响频率主要集中在 200Hz 以上的高频部分。

图 15.14 加载点钢轨垂向振动位移导纳幅值

图 15.15 距加载点 10 根轨枕间距处钢轨垂向振动位移导纳幅值

图 15.16 加载点钢轨垂向振动速度导纳幅值

图 15.17　距加载点 10 根轨枕间距处钢轨垂向振动速度导纳幅值

同样，Euler 梁模型与 Timoshenko 梁模型计算结果的差异主要在中高频范围。钢轨的一阶 pinned-pinned 频率不受扣件阻尼的影响。

15.5.3　CA 砂浆刚度的影响

在表 15.1 其他参数不变的情况下，考虑六种 CA 砂浆刚度系数，即 300MN/m、600MN/m、900MN/m、1200MN/m、1500MN/m、3000MN/m 对钢轨垂向振动的影响，计算结果如图 15.18～图 15.21 所示[19]。

图 15.18　加载点钢轨垂向振动位移导纳幅值

由图 15.18～图 15.21 可知，CA 砂浆刚度对加载点的钢轨垂向振动影响较小，对于距加载点 10 根轨枕处钢轨的振动位移和速度有一定影响。钢轨垂向振动效应受 CA 砂浆刚度影响的频率范围集中在 80～600Hz。

同样，Euler 梁模型与 Timoshenko 梁模型计算结果的差异主要是在中高频范围。钢轨的一阶 pinned-pinned 频率不受 CA 砂浆刚度的影响。

图 15.19　距加载点 10 根轨枕间距处钢轨垂向振动位移导纳幅值

图 15.20　加载点钢轨垂向振动速度导纳幅值

图 15.21　距加载点 10 根轨枕间距处钢轨垂向振动速度导纳幅值

15.5.4 CA 砂浆阻尼的影响

在表 15.1 其他参数不变的情况下，分别考虑五种 CA 砂浆阻尼，即 20kN·s/m、40kN·s/m、83kN·s/m、160kN·s/m、320kN·s/m 对钢轨垂向振动的影响，计算结果如图 15.22～图 15.25 所示[19]。

图 15.22　加载点钢轨垂向振动位移导纳幅值

图 15.23　距加载点 10 根轨枕间距处钢轨垂向振动位移导纳幅值

由图 15.22～图 15.25 可以看出，CA 砂浆阻尼对钢轨垂向振动影响较小，增加 CA 砂浆阻尼，能减小钢轨垂向振动峰值。加载点处钢轨垂向振动受 CA 砂浆阻尼影响的频率范围为 160～320Hz，距加载点 10 根轨枕间距处钢轨垂向振动受影响的频率范围为 140～600Hz。

同样，Euler 梁模型与 Timoshenko 梁模型计算结果的差异主要是在中高频范围。钢轨的一阶 pinned-pinned 频率不受 CA 砂浆阻尼的影响。

图 15.24　加载点钢轨垂向振动速度导纳幅值

图 15.25　距加载点 10 根轨枕间距处钢轨垂向振动速度导纳幅值

15.5.5　路基刚度的影响

在表 15.1 其他参数不变的情况下,考虑六种路基刚度系数,即 20MN/m、40MN/m、60MN/m、80MN/m、100MN/m、120MN/m 对钢轨振动响应的影响,计算结果如图 15.26～图 15.29 所示[19]。

由图 15.26～图 15.29 可知,路基刚度对钢轨垂向振动影响明显,增加路基刚度能显著减小钢轨垂向振动。这一现象在 100Hz 频率以下尤其明显,距加载点越远,受路基刚度影响的频率范围越宽。因此,路基刚度对轨道结构低频振动影响显著,增加路基刚度可以有效降低轨道结构的低频振动。

同样,Euler 梁模型与 Timoshenko 梁模型计算结果的差异主要是在中高频范围。钢轨的一阶 pinned-pinned 频率不受路基刚度的影响。

图 15.26　加载点钢轨垂向振动位移导纳幅值

图 15.27　距加载点 10 根轨枕间距处钢轨垂向振动位移导纳幅值

图 15.28　加载点钢轨垂向振动速度导纳幅值

图 15.29　距加载点 10 根轨枕间距处钢轨垂向振动速度导纳幅值

15.5.6　路基阻尼的影响

在表 15.1 其他参数不变的情况下，分别考虑六种不同路基阻尼，即 30kN·s/m、60kN·s/m、90kN·s/m、120kN·s/m、150kN·s/m、180kN·s/m 对钢轨垂向振动的影响，计算结果如图 15.30～图 15.33 所示[19]。

图 15.30　加载点钢轨垂向振动位移导纳幅值

由图 15.30～图 15.33 可以看出，增加路基阻尼，能减小钢轨垂向振动峰值。钢轨受路基阻尼影响的频率范围约在 300Hz 以下，其中 30Hz 频率处影响尤其明显。此外，距离加载点越远，受路基阻尼影响的频率范围越宽。

同样，Euler 梁模型与 Timoshenko 梁模型计算结果的差异主要是在中高频范围。钢轨的一阶 pinned-pinned 频率不受路基阻尼的影响。

图 15.31　距加载点 10 根轨枕间距处钢轨垂向振动位移导纳幅值

图 15.32　加载点钢轨垂向振动速度导纳幅值

图 15.33　距加载点 10 根轨枕间距处钢轨垂向振动速度导纳幅值

15.5.7 结论

通过以上分析,可以得到如下结论。

① 扣件刚度在 200~1000Hz 范围对轨道结构振动有影响,200Hz 以下时影响显著。减小扣件刚度有利于轨道下部结构减振降噪,但会强化车辆的振动;反之,增加扣件刚度能显著减小钢轨振动,有利于车辆减振,但会加强轨道下部结构的振动。因此,应根据不同的减振对象和目的选择合适的扣件刚度。

② CA 砂浆刚度在 80~600Hz 范围对轨道结构振动有影响,但影响较小。由于 CA 砂浆的刚度远比扣件刚度和路基刚度大,因此对轨道结构的减振作用并不明显。

③ 路基刚度在 0~60Hz 范围对轨道结构振动影响显著,增加路基刚度可以有效减小轨道结构的低频振动。

④ 扣件阻尼对加载点钢轨垂向振动位移和速度导纳的影响频率主要在 65~1000Hz 之间,对距加载点 10 根轨枕间距处钢轨垂向振动位移和速度导纳的影响频率主要在 200Hz 以上的高频部分。

⑤ CA 砂浆阻尼对钢轨垂向振动影响较小,增加 CA 砂浆阻尼,能减小钢轨垂向振动峰值。

⑥ 钢轨受路基阻尼影响的频率范围在 300Hz 以下,其中 30Hz 频率处影响尤其明显,增加路基阻尼,能减小钢轨垂向振动峰值。

⑦ 距加载点 10 根轨枕处钢轨垂向振动速度导纳幅值比加载点钢轨振动速度导纳幅值对轨道结构各参数更敏感。

⑧ 基于 Euler 梁模型与 Timoshenko 梁模型的无砟轨道振动分析结果的差异主要在中高频范围。Timoshenko 梁模型在中高频范围适应性更好。Euler 梁模型的一阶 pinned-pinned 频率比 Timoshenko 梁的一阶 pinned-pinned 频率要高。

15.6 车辆-轨道耦合系统动力分析的频域法

前面各章介绍的车辆-轨道耦合系统动力分析方法都是在时域中进行的。本节介绍基于谱单元的车辆-轨道耦合系统动力分析的频域法。

15.6.1 车辆模型

车辆模型与图 9.4 所示的车辆单元模型相同。考虑一节整车模型,车体和转向架考虑沉浮振动和点头振动,车轮考虑沉浮振动。为实现车辆与轨道的耦合,在每个车轮下面附加一个梁单元,附加的梁单元只起耦合作用,其质量、刚度和阻尼均不考虑,每个附加梁单元的结点考虑竖向位移和转角,则车辆模型共有 26 个自由度。

定义车辆单元的结点位移向量为

$$\begin{aligned}\boldsymbol{a}^e=\{&v_1\quad \theta_1\quad v_2\quad \theta_2\quad v_3\quad \theta_3\quad v_4\quad \theta_4\quad v_5\quad \theta_5\quad v_6\quad \theta_6\quad v_7\quad \theta_7\quad v_8\quad \theta_8\\&v_9\quad \theta_9\quad v_{10}\quad v_{11}\quad \theta_{10}\quad \theta_{11}\quad v_{12}\quad v_{13}\quad v_{14}\quad v_{15}\}^{\mathrm{T}}\end{aligned} \quad (15.58)$$

其中,$v_i(i=1,2,\cdots,8)$为钢轨第 i 个结点的竖向位移;$\theta_i(i=1,2,\cdots,8)$为钢轨第 i 个结点的转角;v_9 和 θ_9 为车体沉浮振动的竖向位移和车体点头振动的角位移;v_i 和 $\theta_i(i=10,11)$为前、后转向架沉浮振动的竖向位移和点头振动的角位移;$v_i(i=12,13,14,15)$为第 i 个车轮的竖向位移。

参考 9.4 节的推导方法,运用 Lagrange 方程,可得车辆的动力学方程,即

$$\boldsymbol{M}_u\ddot{\boldsymbol{a}}_u+\boldsymbol{C}_u\dot{\boldsymbol{a}}_u+\boldsymbol{K}_u\boldsymbol{a}_u=\boldsymbol{Q}_u+\boldsymbol{Q}_\eta \quad (15.59)$$

其中,$\boldsymbol{M}_u$、$\boldsymbol{C}_u$ 和 $\boldsymbol{K}_u$ 分别为车辆单元的质量矩阵、阻尼矩阵和刚度矩阵;$\boldsymbol{Q}_u$ 为车辆重力荷载向量;$\boldsymbol{Q}_\eta$ 为轨道不平顺引起的附加动荷载向量,即

$$\boldsymbol{Q}_\eta=k_c\begin{bmatrix}\boldsymbol{N}_{C1} & \boldsymbol{N}_{C2} & \boldsymbol{N}_{C3} & \boldsymbol{N}_{C4}\end{bmatrix}\begin{bmatrix}\eta_1\\\eta_2\\\eta_3\\\eta_4\end{bmatrix} \quad (15.60)$$

其中,k_c 为轮轨接触刚度;$\boldsymbol{N}_{C1}$、$\boldsymbol{N}_{C2}$、$\boldsymbol{N}_{C3}$ 和 $\boldsymbol{N}_{C4}$ 为插值函数矩阵;η_1、η_2、η_3 和 η_4 为轮轨接触处的轨道不平顺幅值。

设轨道不平顺 $\eta(t)$ 的功率谱密度函数为 $S_\eta(\omega)$,定义轨道不平顺虚拟激励为

$$\tilde{\eta}(t)=\sqrt{S_\eta(\omega)}\,\mathrm{e}^{\mathrm{i}\omega t} \quad (15.61)$$

由于轨道不平顺功率谱是以空间圆频率表示的单边功率谱,$S_\eta(\omega)$ 为时间频率表示的功率谱,因此需要将轨道不平顺功率谱转换。根据时间圆频率与空间圆频率之间的关系,即 $\omega=\beta v$,其中 β 为空间圆频率,v 为列车速度,可得以空间频率表示的功率谱 $S_\eta(\omega)$,即

$$S_\eta(\omega)=\frac{S_\eta(\beta)}{v} \quad (15.62)$$

对于 M 个轮对的情况,有

$$\boldsymbol{\eta}(t)=\begin{bmatrix}\eta_1(t)\\\eta_2(t)\\\vdots\\\eta_M(t)\end{bmatrix}=\begin{bmatrix}\eta_1(t-t_1)\\\eta_2(t-t_2)\\\vdots\\\eta_M(t-t_M)\end{bmatrix} \quad (15.63)$$

其中,$\boldsymbol{\eta}(t)$ 为轨道高低不平顺随机激励历程函数;$t_j(j=1,2,\cdots,M)$ 为各激励点处的激励滞后时间,$t_j=(a_j-a_1)/v$,a_j 为 $t=0$ 时第 j 个轮对的位置坐标。

与 $\eta(t-t_j)$ 对应的轨道不平顺虚拟激励为

$$\tilde{\eta}(t-t_j) = \sqrt{S_\eta(\omega)}\,\mathrm{e}^{\mathrm{i}\omega(t-t_j)} \tag{15.64}$$

对于 M 个轮对作用的情况，轨道不平顺虚拟激励为

$$\tilde{\boldsymbol{\eta}}(t) = \begin{bmatrix} \tilde{\eta}_1(t-t_1) \\ \tilde{\eta}_2(t-t_2) \\ \vdots \\ \tilde{\eta}_M(t-t_M) \end{bmatrix} = \begin{bmatrix} \mathrm{e}^{-\mathrm{i}\omega t_1} \\ \mathrm{e}^{-\mathrm{i}\omega t_2} \\ \vdots \\ \mathrm{e}^{-\mathrm{i}\omega t_M} \end{bmatrix} \sqrt{S_\eta(\omega)}\,\mathrm{e}^{\mathrm{i}\omega t} = \tilde{\boldsymbol{\eta}}(\omega)\mathrm{e}^{\mathrm{i}\omega t} \tag{15.65}$$

其中，$\tilde{\boldsymbol{\eta}}(\omega)$ 为轨道不平顺虚拟激励的谐波不平顺幅值，即

$$\tilde{\boldsymbol{\eta}}(\omega) = \begin{bmatrix} \mathrm{e}^{-\mathrm{i}\omega t_1} \\ \mathrm{e}^{-\mathrm{i}\omega t_2} \\ \vdots \\ \mathrm{e}^{-\mathrm{i}\omega t_M} \end{bmatrix} \sqrt{S_\eta(\omega)} \tag{15.66}$$

仅考虑轨道不平顺引起的激励，式(15.59)可简化为

$$\boldsymbol{M}_u \ddot{\boldsymbol{a}}_u + \boldsymbol{C}_u \dot{\boldsymbol{a}}_u + \boldsymbol{K}_u \boldsymbol{a}_u = \boldsymbol{Q}_\eta \tag{15.67}$$

由于轨道不平顺为虚拟激励，与此对应的位移响应为

$$\boldsymbol{a}_u(t) = \bar{\boldsymbol{a}}_u(\omega)\mathrm{e}^{\mathrm{i}\omega t} \tag{15.68}$$

其中，$\bar{\boldsymbol{a}}_u(\omega)$ 为与虚拟激励相对应的虚拟结点位移幅值。

将式(15.65)、式(15.60)和式(15.68)代入式(15.67)，可得车辆子系统的动力学频域方程，即

$$\boldsymbol{S}_u(\omega)\bar{\boldsymbol{a}}_u(\omega) = \tilde{\boldsymbol{Q}}_\eta(\omega) \tag{15.69}$$

其中，$\boldsymbol{S}_u(\omega)$ 为车辆子系统的谱刚度矩阵；$\tilde{\boldsymbol{Q}}_\eta(\omega)$ 为谱荷载向量。

$$\boldsymbol{S}_u(\omega) = (\omega^2 \boldsymbol{M}_u + \mathrm{i}\omega \boldsymbol{C}_u + \boldsymbol{K}_u) \tag{15.70}$$

$$\tilde{\boldsymbol{Q}}_\eta(\omega) = k_c \sqrt{S_\eta(\omega)} \begin{bmatrix} \boldsymbol{N}_{C1} & \boldsymbol{N}_{C2} & \cdots & \boldsymbol{N}_{CM} \end{bmatrix} \begin{bmatrix} \mathrm{e}^{-\mathrm{i}\omega t_1} \\ \mathrm{e}^{-\mathrm{i}\omega t_2} \\ \vdots \\ \mathrm{e}^{-\mathrm{i}\omega t_M} \end{bmatrix} \tag{15.71}$$

15.6.2 车辆-轨道耦合系统动力学谱元法方程

由基于谱单元的轨道结构单层梁模型和三层梁模型，轨道结构子系统的谱元法方程可统一表达为

$$\boldsymbol{S}_l(\omega)\boldsymbol{a}_l(\omega) = \boldsymbol{Q}_l(\omega) \tag{15.72}$$

其中，$\boldsymbol{S}_l(\omega)$ 为轨道结构的谱刚度矩阵；$\boldsymbol{a}_l(\omega)$ 和 $\boldsymbol{Q}_l(\omega)$ 分别为轨道结构谱单元结点位移向量和荷载向量。

参考 9.5 节的方法，车辆子系统和轨道结构子系统的谱刚度矩阵可以按有限元集成规则组集成总刚度矩阵 $\boldsymbol{S}(\omega)$，建立的车辆-轨道耦合系统动力学谱元法方

程为

$$S(\omega)\bar{a}(\omega)=\widetilde{Q}(\omega) \tag{15.73}$$

其中,$S(\omega)$、$\bar{a}(\omega)$ 和 $\widetilde{Q}$ 分别为车辆-轨道耦合系统的谱元法总刚度矩阵、总虚拟结点位移向量和总虚拟结点荷载向量。

通过求解车辆-轨道耦合系统动力学谱元法方程(15.73),即可得到轨道不平顺作用下车辆和轨道结构的虚拟结点位移,即

$$\bar{a}(\omega)=S(\omega)^{-1}\widetilde{Q}(\omega) \tag{15.74}$$

根据虚拟激励法原理,车辆-轨道耦合系统结点位移的实际功率谱密度 $S_a(\omega)$ 可通过下式得到,即

$$S_a(\omega)=\{\bar{a}(\omega)^*\}\{\bar{a}(\omega)\}^{\mathrm{T}} \tag{15.75}$$

其中,$\bar{a}(\omega)^*$ 为 $\bar{a}(\omega)$ 的共轭矩阵。

车辆-轨道耦合系统结点加速度的实际功率谱密度 $\ddot{S}_a(\omega)$ 为

$$\ddot{S}_a(\omega)=\omega^4 S_a(\omega) \tag{15.76}$$

15.7 车辆-轨道耦合系统动力响应频域分析

本节采用德国轨道高低不平顺低干扰功率谱密度函数作为轨道不平顺激励,取列车速度为 250km/h,线路长度为 200m,轨道单元长度为 0.65m。轨道结构和高速列车参数分别如表 15.1 和表 15.2 所示。

表 15.2 高速列车参数

参数	量值	参数	量值
车体质量/kg	31600	二系悬挂刚度/(kN/m)	406
转向架质量/kg	3200	一系悬挂阻尼/(kN·s/m)	20
轮对质量/kg	2000	二系悬挂阻尼/(kN·s/m)	10
车体点头惯量/(kg·m^2)	1.55×10^6	固定轴距/m	2.5
转向架点头惯量/(kg·m^2)	3504	转向架中心距离/m	18
一系悬挂刚度/(kN/m)	1772	轮轨接触刚度/(kN/m)	1.325×10^6

15.7.1 模型验证

图 15.34 所示为频率 0.2~200Hz 内的车体、转向架和车轮的垂向振动加速度功率谱。其中,车体、转向架垂向振动加速度的自振频率分别为 1Hz 和 7.6Hz。按参考文献[20]算出的车体、转向架垂向振动加速度的自振频率分别为 1.08Hz 和 7.9Hz。可见,计算结果与参考文献吻合良好。图 15.34 中车体、转向架加速度功率谱谷值处分别对应车辆定距滤波频率和轴距滤波频率,与参考文献[21]得到

的定距滤波频率和轴距滤波频率吻合良好,证明了基于谱元法的车辆-轨道结构动力频域分析方法的正确性。

图 15.34　车辆垂向振动加速度功率谱

15.7.2　车辆-轨道耦合系统动力响应频域分析

为了得到轨道结构子系统的自振频率,不考虑车辆部分,在三层轨道结构子系统中间施加一个单位简谐荷载,得到的轨道结构垂向振动位移导纳如图 15.35 所示。由此可知,钢轨一、二阶自振频率为 30Hz、250Hz,钢轨一阶 pinned-pinned 频率为 1062Hz;轨道板和底座板的一、二、三、四阶自振频率分别为 30Hz、508Hz、1000Hz、2839Hz。

图 15.35　轨道结构垂向振动位移导纳

采用基于谱元法的车辆-轨道耦合系统动力频域分析模型,考虑 0.65m、0.375m、0.1875m 三种轨道单元长度,分析车辆和轨道结构动力响应规律。计算结果表明,三种轨道单元长度下得到的动力响应相同,轨道单元尺寸对计算精度影响甚微。在以下分析中,轨道单元长度均取 0.65m。图 15.36 和图 15.37 所示分别为分析频率 0.2~200Hz 和 1~4000Hz 内轨道结构垂向振动加速度功率谱。图 15.38 所示为分析频率 1~4000Hz 内车辆垂向振动加速度功率谱。

图 15.36　频率 0.2~200Hz 内轨道结构垂向振动加速度功率谱

图 15.37　频率 1~4000Hz 内轨道结构垂向振动加速度功率谱

图 15.38　频率 1~4000Hz 内车辆垂向振动加速度功率谱

由图 15.36 可知,钢轨、轨道板、底座板的前 2 阶振动峰值频率为 1.1Hz 和 8Hz,对应图 15.34 中车体、转向架的自振频率;钢轨、轨道板、底座板的第 3 阶振动峰值频率为 28Hz,对应图 15.35 中钢轨、轨道板、底座板的一阶自振频率;钢轨、轨道板、底座板的第 4 阶峰值频率对应图 15.34 中的车轮自振频率。综上可见，钢轨、轨道板、底座板前 2 阶振动峰值由车体、转向架自振产生，第 3 阶峰值频率由轨道结构子系统自振产生，第 4 阶峰值频率由车轮自振产生。

由图 15.37 可知，钢轨、轨道板和底座板的振动在 28Hz、504Hz 和 2660Hz 处有峰值，对应图 15.35 中轨道结构子系统一阶自振频率、轨道板和底座板的第二、四阶自振频率，说明轨道结构子系统的这几处峰值都是由轨道结构子系统自振引起的；钢轨在 1166Hz 处、轨道板和底座板在 922Hz 处的另一峰值，对应图 15.35 中轨道板的第三阶自振频率，这也是由轨道结构子系统自振产生的。钢轨、轨道板和底座板峰值频率之间的差异是图 15.35 中钢轨的 pinned-pinned 振动导致的。此外，在全频域内，钢轨振动大于轨道板和底座板的振动，说明钢轨扣件在全频域内具有良好的减振效果。

由图 15.38 可知，车体和转向架的垂向振动加速度功率谱对应的谷值处频率符合车辆几何滤波效应。由图可见，转向架的自振频率为 7.6Hz，当频率大于转向架自振频率时，车轮振动大于车体和转向架的振动，说明车辆的一、二系悬挂具有良好的减振效果。当频率为 500Hz 时，车轮的垂向振动加速度功率谱也有峰值，与下部轨道结构对应的峰值频率相同，说明该峰值也是由轨道结构子系统自振引起的。

15.7.3 轮轨接触处车轮和钢轨垂向振动分析

图 15.39 和图 15.40 所示为轮轨接触处车轮和钢轨垂向振动加速度功率谱。

图 15.39 轮轨接触处车轮垂向振动加速度功率谱

由图 15.39 可知，在频率小于 20Hz、80~100Hz，以及大于 1000Hz 的范围，车轮的垂向振动加速度功率谱相同；在 20~80Hz 内，四个车轮的垂向振动加速度峰值有差异；在 120~500Hz 内，车轮 4 振动最大；在 500~1000Hz 内，车轮 1 振动最大；四个车轮的振动峰值均发生在 500Hz，这是由轨道结构子系统自振引起的。

图 15.40　轮轨接触处钢轨垂向振动加速度功率谱

由图 15.40 可知,在频率小于 25Hz 和 80～500Hz 的范围,钢轨垂向振动加速度在四个车轮处相差不大;在 25～80Hz 内,钢轨的振动峰值有差异,与图 15.39 对应的车轮振动峰值相同,说明在该频域内钢轨受车轮的自振影响较大;在 500～1000Hz 内,钢轨振动大小顺序为车轮 4 处>车轮 3 处>车轮 2 处>车轮 1 处;大于 1000Hz 时,钢轨振动大小顺序为车轮 4 处<车轮 3 处<车轮 2 处<车轮 1 处。

15.7.4　离开车辆不同距离轨道结构振动衰减特性分析

图 15.41 和图 15.42 所示为远离车辆一侧且距离端轮对 0m、2.5m、18m、20.5m 处钢轨、轨道板振动加速度功率谱曲线。由图 15.41 可知,距离端轮对 2.5m 处,钢轨振动在频率 1～800Hz 内衰减较大;大于 800Hz 时,钢轨振动衰减较小;距离端轮对 18m 与 20.5m 处,钢轨振动在频率 25～1171Hz 内基本相同;距离端轮对 20.5m 处,当频率小于 25Hz 时,钢轨振动衰减显著。

由图 15.42 可知,在频率 1～25Hz 与 500～2000Hz 内轨道板振动距端轮对越远衰减越大;在频率 25～500Hz 和大于 2000Hz 范围,轨道板振动衰减较小。

图 15.41　距离端轮对不同位置处钢轨垂向振动加速度功率谱

图 15.42　距离端轮对不同位置处轨道板垂向振动加速度功率谱

15.7.5　结论

通过以上分析,可得以下结论。

① 钢轨、轨道板和底座板的第一、二、四阶振动峰值分别由车体、转向架、车轮自振引起。其他振动峰值由轨道结构子系统自振引起。钢轨、轨道板和底座板的振动能量分布在较宽的频率范围。

② 钢轨扣件在全频域内具有良好的减振效果。由于 CA 砂浆的刚度比较大,CA 砂浆层对轨道结构的减振作用不明显。

③ 钢轨和轨道板的振动加速度总体上随离开车辆距离的增大而衰减,当频率小于 25 Hz 时,钢轨和轨道板的振动衰减显著;当频率大于 25 Hz 时,钢轨和轨道板的振动衰减较小。

④ 基于谱元法的车辆-轨道耦合振动分析方法具有计算效率快、计算精度高的特点,为车辆-轨道耦合系统结构振动全频域分析提供了一种新方法。

参 考 文 献

[1] Knothe K L, Grassie S L. Modeling of railway track and vehicle track interaction at high-frequencies[J]. Vehicle System Dynamics, 1993, 22(3-4): 209-262.

[2] Grassie S L, Gregory R W, Johnson K L. The dynamic response of railway track to high frequency lateral excitation[J]. Journal Mechanical Engineering Science, 1982, 24(2): 91-95.

[3] Grassie S L, Gregory R W, Johnson K L. The dynamic response of railway track to high frequency longitudinal excitation[J]. Journal Mechanical Engineering Science, 1982, 24(2): 97-102.

[4] Mathews P M. Vibrations of a beam on elastic foundation[J]. Zeitschrift fur Angewandte Mathematik und Mechanik, 1958, 38: 105-115.

[5] Mathews P M. Vibrations of a beam on elastic foundation[J]. Zeitschrift fur Angewandte Mathematik und Mechanik, 1959, 39: 13-19.

[6] Thompson D J, Vincent N. Track dynamic behavior at high frequencies. Part 1: theoretical models and laboratory measurements[J]. Vehicle System Dynamics, 1995, 24(sup1): 86-99.

[7] Jezequel L. Response of periodic systems to a moving load[J]. Journal of Applied Mechanics,1981, 48: 613-618.

[8] Wu T X, Thompson D J. A double Timoshenko beam model for vertical vibration analysis of railway track at high frequencies[J]. Journal of Sound and Vibration, 1999, 224(2): 329-348.

[9] 徐志胜,翟婉明,王开云,等. 车辆-轨道系统振动响应分析——Timoshenko 梁与 Euler 梁轨道模型的比较[J]. 地震工程与工程振动, 2003, 23(6): 74-79.

[10] Sheng X, Jones C J C, Thompson D J. A theoretical model for ground vibration from trains generated by vertical track irregularities [J]. Journal of Sound and Vibration, 2004, 272: 937-965.

[11] Doyle J F. Wave Propagation in Structures: Spectral Analysis Using Fast Discrete Fourier Transforms(2nd ed)[M]. New York: Springer, 1997.

[12] Doyle J F. A spectrally formulated finite element for longitudinal wave propagation[J]. International Journal of Analytical and Experimental Modal Analysis, 1988, 3: 1-5.

[13] Doyle J F, Farris T N. A spectrally formulated finite element for wave propagation in 3-D frame structures[J]. International Journal of Analytical and Experimental Modal Analysis, 1990, 5: 223-237.

[14] Rizzi S A, Doyle J F. A spectral element approach to wave motion in layered solids[J]. Journal of Vibration and Acoustics,1992,114(4): 569-576.

[15] Gopalakrishnan S, Doyle J F. Wave propagation in connected waveguides of varying cross-section[J]. Journal of Sound and Vibration,1994,175 (3): 347-363.

[16] Gopalakrishnan S, Doyle J F. Spectral super-element for wave propagation in structures with local non-uniformities[J]. Computer Methods in Applied Mechanics and Engineering, 1995,121 (1-4): 77-90.

[17] Lee U, Lee C H. Spectral element modeling for extended Timoshenko beams[J]. Journal of Sound and Vibration, 2009, 319(3-5): 993-1002.

[18] Lee U, Jang I. Spectral element model for axially loaded bending-shear-torsion coupled composite Timoshenko beams[J]. Composite Structure,2010, 92(12): 2860-2870.

[19] 邢聪聪. 轨道结构中-高频振动特性及声功率的谱单元分析[D]. 南昌:华东交通大学硕士学位论文, 2019.

[20] 黄彩虹,曾京,邬平波,等.铁道客车车体弹性振动减振研究[J]. 工程力学,2010,27(12): 250-256.

[21] 周劲松,孙文静,宫岛.铁道车辆几何滤波现象及弹性车体共振分析[J].同济大学学报(自然科学版),2009,37(12):1653-1657.

第十六章　高架轨道引起大地振动的半解析预测方法

由于轮轨表面存在不平顺，列车在轨道上运行时通常会引起振动。列车引起的振动通过车辆、轮轨相互作用、轨道结构、路基（或桥梁）、大地介质传递，最后传递到建筑物和其他设施。由于结构的相互作用，列车引起的大地振动具有非常复杂的动态特性。

准确获得列车作用于轨道上的荷载是轨道交通环境振动分析和预测的关键。一些学者对列车引起的大地振动进行了系列研究[1-4]。然而，大多数学者都集中于地面列车或地下铁路的情况，针对高架轨道交通引起大地振动的研究则较少。

如今，高架轨道交通是高速铁路和城市轨道交通的主要结构型式之一，在城市中的应用越来越多，因为它对城市建筑用地的需求较少，对环境景观的影响也较小。然而，居民仍然会受到列车引起的桥梁结构噪声和振动的干扰，以及由此引起的不适。因此，准确预测列车行驶在桥梁结构上引起的大地振动是工程师和研究人员的一个非常重要的课题。

目前，已出现一些列车引起大地振动预测、评估，以及减振降噪的方法。这些方法可大致分为两类，即解析或数值法[5-9]、经验和实验法[10-12]。

解析或数值法可以解释列车引起结构振动的机理，常用于设计阶段和方案比选。该方法很难建立精确的分析模型，根据近似模型预测的结果往往与实际测量数据之间存在很大的差异。经验和实验法能准确地估计特定位置的振动水平，但很难解释振动波在结构中的传播机理，因此也有一定的局限性。

Yang等[5]利用有限元/无穷元法，建立了波屏障对减小列车引起大地振动效果的分析模型。Ju[6]通过建立考虑大地吸收边界的三维时域模型，探讨降低大地振动的对策。Yang等[7]利用2.5维有限元/无穷元法，研究移动荷载作用下层状大地介质中列车诱发振动波的传播特性。Wu[8]基于移动荷载作用于弹性支承梁的解析解和简谐点荷载作用下弹性半空间的格林函数，提出一种在三维空间中有效分析列车引起高架桥梁结构振动的新方法。

Takemiya等[9]通过分析移动轴荷载作用下大地-基础-铁路桥梁的相互作用，应用动态子结构法在频域内对高速列车通过时引起的桥梁结构和周边大地的振动进行研究。Xia等[10]现场实测了列车通过桥梁时引起的环境振动和铁路线附近两座建筑物内的振动。With等[12]运用传递函数法预测建筑物内部由列车引起的振动。

有限元法是模拟具有复杂几何形状和物理性质结构的一种非常强大和通用的

数值分析工具,尤其适合具有不同性质的两个子系统之间的相互作用。由于振动波是在无限大的土壤介质中传播,因此必须考虑给有限元区域设置特殊的边界条件。许多研究人员已将边界元[13-15]、无穷元[5,7,16,17]与有限元结合来解决振动波传播问题,研究的重点是列车通过时引起的土-结构动力相互作用。

Lee 等[18]提出通过实测大地振动响应、识别和更新大地土壤参数和估计有效列车荷载,并结合运用数值方法预测高架轨道交通引起大地振动的半解析方法。他们运用该方法,将欲分析的问题分为两个子系统,即结构-近场土介质子系统和远场土介质子系统,其中由桥台、桥墩、桩基和近场土介质组成的子结构采用有限元建模,而远场土区域子系统则采用无穷元模拟。模型不包含列车、钢轨、道砟和桥梁。在车辆-桥梁系统动力学分析中,列车一般采用多体动力学建模,同时考虑车辆-轨道相互作用、轨道不平顺和轨道-桥梁相互作用等因素[19,20]。由于模型和涉及因素的复杂性,很难得到准确的列车荷载,因此采用测量地面振动响应并结合参数识别和数值模拟估计列车作用在桥墩顶部的有效荷载,其精度更高,操作性更强。

通过测量大地若干点处的地面振动加速度,Lee 等[18]应用该方法对韩国高速列车(korea train express,KTX)在某高架桥上运行时引起的大地振动进行预测。为了验证所提出的方法,部分测点的地面振动加速度用于识别和更新土壤物理参数和估计有效列车荷载。他们利用得到的有效列车荷载和土体-结构相互作用模型计算了大地表面不同距离处的地面振动响应,并与实测结果进行比较。通过计算列车运行速度和桥梁跨度引起的时间延迟,模型考虑了列车荷载作用于相邻桥墩的影响。本章重点介绍高架轨道引起大地振动的半解析预测方法。

16.1 大地振动的半解析预测法

针对列车-桥梁相互作用问题,有两种预测列车引起地面振动的方法[21]。一种是将现场测量和手册评估相结合的经验和实验法,另一种是解析或数值法。如前所述,虽然经验和实验法可以非常准确地估计特定地点的振动水平,但它们的应用仅限于有测量数据的地点。因此,解析或数值法更适合预测桥梁周边结构的环境振动。然而,考虑车辆-轨道相互作用、轨道不平顺和轨道-桥梁相互作用等因素的复杂性,很难通过精确建立数学模型获得列车的输入荷载,这可能导致预测结果与实测数据之间存在巨大差异。

为了克服这一问题,Lee 等[18]提出一种基于测量地面振动加速度获得有效列车荷载的半解析法。高架轨道交通引起大地振动半解析预测方法框图如图16.1所示[18]。该方法不需要预先知道列车作用于桥梁上的荷载,而是通过实测列车经过桥梁时地面若干点处的振动响应,及建立桥墩-桩基-大地耦合系统数值模型,采用反分析方法对大地土壤物理参数进行识别和更新,并估计列车作用在桥墩顶部的有效荷载。然后,将估计得到的有效列车荷载输入桥墩-大地耦合系统有限元/无穷元模型中,运用数值方法预测地面和建筑物的振动响应及桥梁周边的环境振动级。该方法在韩国高速列车通过某高架轨道时进行了现场验证,预测的地面振动加速度与实测数据吻合良好。

图 16.1　高架轨道交通引起大地振动半解析预测方法框图

16.1.1　基于有限元和无穷元的大地振动分析

有限元建模是大地振动分析的一个重要步骤,尤其是对远场无穷边界土介质的模拟,会直接影响振动辐射的频率特性和阻尼效应。如图 16.2 所示,桥墩和

图 16.2　桥墩-近场大地轴对称有限元及无穷元模型

近场土区域用轴对称有限元模拟,远场土则用轴对称无穷元建模,单元类型包括水平无穷元、垂直无穷元和角无穷元[16,22],列车荷载作为点源施加于桥墩顶部[18]。有时为了简化计算,对地面轨道交通可采用二维有限元建模。然而,更精确的分析还是需要采用三维有限元法,但会大大增加模型的规模和计算时间。

为了分析无限区域土介质中频散面波的频率特性,运用频域法,将列车荷载作为点源施加于桥墩顶部,可得桥梁-大地耦合系统的运动方程[18],即

$$\begin{bmatrix} S_{mm}^N(\omega) & S_{mi}^N(\omega) \\ S_{im}^N(\omega) & S_{ii}^N(\omega)+\tilde{S}_{ii}^F(\omega) \end{bmatrix} \begin{Bmatrix} X_n(\omega) \\ X_i(\omega) \end{Bmatrix} = \{1\} f_t(\omega) \quad (16.1)$$

其中,$S(\omega)$ 和 $\tilde{S}(\omega)$ 为动刚度矩阵;$X(\omega)$ 为振动位移向量;ω 为激励圆频率;N 代表结构和近场土区域中的量;F 代表远场土区域中的量;n 为结构和近场土区域中的自由度;i 为近场与远场土区域交界面上的自由度;$f_t(\omega)$ 为施加于桥墩顶部的列车荷载向量;$\{1\}$ 为单位向量,在与列车荷载作用点相对应的自由度取 1,其他自由度为 0。

式(16.1)中的动刚度矩阵与向无穷域辐射波的位移场有关,可以将无穷元的动刚度矩阵表示为

$$\tilde{S}^{(e)}(\omega) = (1+\mathrm{i}2h^{(e)})K^{(e)}(\omega) - \omega^2 M^{(e)}(\omega) \quad (16.2)$$

其中,$h^{(e)}$ 为第 e 个无穷元大地介质的迟滞阻尼比(迟滞阻尼比 h 与损耗因子 η 的关系为 $\eta = 2h^{(e)}$);$K^{(e)}(\omega)$ 和 $M^{(e)}(\omega)$ 为单元的刚度矩阵和质量矩阵,即

$$K^{(e)}(\omega) = \iiint_{\Omega^e} B^\mathrm{T}(\omega) D^e B(\omega) r\mathrm{d}r\mathrm{d}\theta\mathrm{d}z \quad (16.3)$$

$$M^{(e)}(\omega) = \iiint_{\Omega^e} N^\mathrm{T}(\omega) \rho^e N(\omega) r\mathrm{d}r\mathrm{d}\theta\mathrm{d}z \quad (16.4)$$

其中,D^e 和 ρ^e 分别为单元的弹性矩阵和质量密度;$N(\omega)$ 为与频率相关的插值函数,由向无穷远方向传播的近似波函数导出[23];$B(\omega)$ 为轴对称单元的应变矩阵。

采用如图 16.2 所示的三种不同类型的无穷元。插值函数沿圆周 θ 方向由三角函数构成,沿 r-z 平面有限方向由 Lagrange 多项式构成,以及沿 r-z 平面无穷方向由向外传播的主波、剪切波和瑞利波对应的多波函数构成。这样构造的插值函数能够满足有限元界面上的相容条件和无限远处的索末菲(Sommerfeld)辐射条件[16,17,24]。关于无穷元法的更多细节可参见文献[25]。

16.1.2 无穷元

1. 几何映射

无穷元整体坐标和局部坐标定义如图 16.3 所示。分析图中由层状介质和半无限空间组成的区域,可以方便地利用两种无穷元离散远场,其中远场层状介质采用水平无穷元,半无限空间采用径向无穷元。无穷元从局部坐标 (ξ, η) 到全局坐标

(r,z) 的映射定义如下。

对于水平无穷元有[26]

$$r = \sum_{j=1}^{3} M(\xi)L_j(\eta)r_j, \quad z = \sum_{j=1}^{3} L_j(\eta)z_j \tag{16.5}$$

对于径向无穷元有[26]

$$r = \sum_{j=1}^{3} M(\xi)L_j(\eta)r_j, \quad z = \sum_{j=1}^{3} M(\xi)L_j(\eta)z_j \tag{16.6}$$

其中,$L_j(\eta)$ 为 Lagrange 多项式,在结点 j 的值等于 1;$M(\xi)$ 为无穷方向的映射函数,其定义为

$$M(\xi) = 1 + \xi, \quad 0 \leqslant \xi \leqslant \infty \tag{16.7}$$

图 16.3　无穷元整体坐标和局部坐标定义

全局坐标系的原点位于图 16.3 的"O"点。

2. 位移形状函数

弹性动力学位移场常常包含多种振动波,几种波分量同时传播。一个典型的径向位移分量可以表示为几个波分量的组合如下[26],即

$$u(\boldsymbol{x}) = \sum_{l=1}^{N} \left(\sum_{j=1}^{3} L_j(\eta) a_{lj} \right) F_l(\boldsymbol{x}) \tag{16.8}$$

其中,$\boldsymbol{x} = \{r\ z\}^\mathrm{T}$;$a_{lj}$ 为广义参数,与第 l 个波分量和第 j 阶 Lagrange 多项式有关;N 为波分量的个数;$F_l(\boldsymbol{x})$ 为第 l 个波分量的波函数,满足索末菲辐射条件。

$F_l(x)$ 取 $e^{-(\alpha\xi+ik_lR)}$ 或 $e^{-(\alpha\xi+ik_lr)}$，其中 k_l 为第 l 个波分量的波数，R 为辐射波离开原点的距离。本章给出的两个例子使用的波函数列于表 16.1[26]。同样的表达式可用于径向、周向和垂直方向。结点 j 的径向位移 U 可以从式(16.8)得到，即

$$U_j = \sum_{l=1}^{N} F_l(x_j) a_{lj} \tag{16.9}$$

由此，可得到广义参数 a_{1j} 为

$$a_{1j} = \frac{1}{F_1(x_j)} \left(U_j - \sum_{l=2}^{N} F_l(x_j) a_{lj} \right) \tag{16.10}$$

表 16.1　弹性半空间和层状半空间的波函数 $F(x)$ 表达式

波分量		瑞利波	勒夫波	剪切波	压缩波
均匀半空间		$e^{-(\alpha\xi+ik_rr)}$	—	$e^{-(\alpha+ik_sR_0)\xi}$	$e^{-(\alpha+ik_pR_0)\xi}$
层状半空间	水平层状	$e^{-(\alpha+ik_rR_0)\xi}$	$e^{-(\alpha+ik_lR_0)\xi}$	—	—
	底层半空间	—	—	$e^{-(\alpha+ik_sR_0)\xi}$	$e^{-(\alpha+ik_pR_0)\xi}$

将 a_{1j} 代入式(16.8)可得[26]

$$u(x) = \sum_{j=1}^{3} L_j(\eta) \frac{F_1(x)}{F_1(x_j)} U_j + \sum_{l=2}^{N} \sum_{j=1}^{3} L_j(\eta) \left(F_l(x) - \frac{F_l(x_j)}{F_1(x_j)} F_1(x) \right) a_{lj} \tag{16.11}$$

需要注意的是，在式(16.11)中，第一项用结点位移 U_j 表示，第二项用无结点变量 $a_{lj}(l \geqslant 2)$ 表示。因此，结点位移的形状函数为

$$N_j(x) = L_j(\eta) \frac{F_1(x)}{F_1(x_j)}, \quad j=1,2,3 \tag{16.12}$$

对于无结点变量有

$$N_m(x) = L_j(\eta) \left(F_l(x) - \frac{F_l(x_j)}{F_1(x_j)} F_1(x) \right), \quad m=3(l-1)+j; j=1,2,3; l=2,3,\cdots,N \tag{16.13}$$

对于使用剪切波和压缩波分量的例子，图 16.4 和 16.5 给出了对应于结点位移和无结点变量的形状函数[26]。可以看出，与无结点变量相关的形状函数沿着有限元和无穷元之间的接触边界具有零值，而与结点位移相关的则在相应的结点上取单位值。

与式(16.11)中无结点变量相关的几个位移分量在与相邻无穷元接触的边界上未必为零。因此，为了保持沿边界位移的连续性，无结点变量引起的非零边界位移被认为与相邻单元的位移相等。

周向和垂直方向上的位移形状函数可以与径向位移形状函数类似地构造。考虑径向、周向和垂直方向的 3 个位移分量，3 结点无穷元的结点变量总数为 9，而无

(a) $N_2(\eta,\xi)=L_2(\eta)\left(\dfrac{F_1(x)}{F_1(x_2)}\right)$的实部　　(b) $N_3(\eta,\xi)=L_3(\eta)\left(\dfrac{F_1(x)}{F_1(x_3)}\right)$的实部

图 16.4　对应于结点位移的形状函数

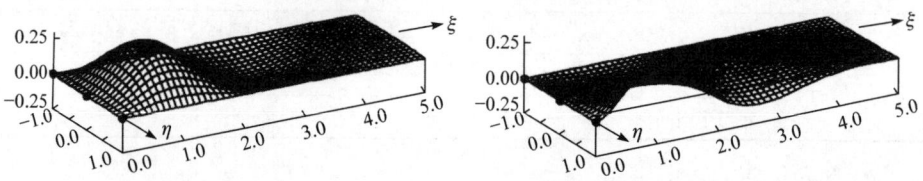

(a) $N_5(\eta,\xi)=L_2(\eta)\left(F_2(x)-\dfrac{F_2(x_2)}{F_1(x_2)}F_1(x)\right)$的实部　　(b) $N_6(\eta,\xi)=L_3(\eta)\left(F_2(x)-\dfrac{F_2(x_3)}{F_1(x_3)}F_1(x)\right)$的实部

图 16.5　对应于无结点变量的形状函数

结点变量的数目则为 $9(N-1)$[26]。

16.1.3　数值积分

要构造动力无穷元的单元刚度矩阵,就必须进行延伸到无穷大的积分,例如下式[26],即

$$I=\int_0^\infty \Big(\sum_{l=1}^N f_l(\xi)\mathrm{e}^{-(\alpha_l+\mathrm{i}\beta_l)\xi}\Big)^2 \mathrm{d}\xi \tag{16.14}$$

高斯-拉盖尔积分可以直接应用于这类积分。但是,随着频率的增加,需要有更多的积分点,因为积分要近似为多项式求和。为了提高计算效率,式(16.14)可改写为

$$I=\sum_{l=1}^N \sum_{j=1}^N \int_0^\infty P_{lj}(\xi)\mathrm{e}^{-(\theta_{lj}+\mathrm{i}\delta_{lj})\xi}\mathrm{d}\xi \tag{16.15}$$

其中

$$P_{lj}(\xi)=c_{lj}f_l(\xi)f_j(\xi),\quad c_{lj}=\begin{cases}1,&l=j\\2,&l\ne j\end{cases} \tag{16.16}$$

$$\theta_{lj}=\alpha_l+\alpha_j,\quad \delta_{lj}=\beta_l+\beta_j \tag{16.17}$$

通过引入一个新的变量 $\xi' = (\theta_{lj} + i\delta_{lj})\xi$，式(16.15)可进一步改写为

$$I = \sum_{l=1}^{N}\sum_{j=1}^{N}\int_0^\infty P_{lj}\left(\frac{\xi'}{\theta_{lj}+i\delta_{lj}}\right)e^{-\xi'}\frac{d\xi'}{\theta_{lj}+i\delta_{lj}} \qquad (16.18)$$

最后，式(16.18)采用高斯-拉盖尔积分为

$$I \approx \sum_{l=1}^{N}\sum_{j=1}^{N}\left(\sum_{k=1}^{M_{req}} P_{lj}(\xi_k'')W_k''\right) \qquad (16.19)$$

其中，M_{req} 为所用积分点的个数，ξ_k'' 和 W_k'' 分别为新的积分点坐标和对应的权重因子，其定义为

$$\xi_k'' = \frac{\xi_k'}{\theta_{lj}+i\delta_{lj}}, \quad W_k'' = \frac{W_k'}{\theta_{lj}+i\delta_{lj}} \qquad (16.20)$$

其中，ξ_k' 和 W_k' 分别为高斯-拉盖尔积分点坐标和权重因子。

如果式(16.15)中的 $P_{lj}(\xi)$ 是最高阶次等于 $2n+1$ 的多项式，并且有 N 个波分量包含在形状函数中，则式(16.14)中积分所需的积分点总数正好为 $(n+1)N(N+1)/2$[26]。

在有限方向（η 方向）积分后，沿无限方向（ξ 方向）所需的积分通常可以表示为[26]

$$I_h = \int_0^\infty \left(\frac{1}{1+\xi}+1+\xi\right)(e^{-(1+ik_rR_0)\xi}+e^{-(1+ik_sR_0)\xi}+e^{-(1+ik_pR_0)\xi})^2 d\xi, \quad 水平无穷元$$
$$(16.21)$$

$$I_r = \int_0^\infty (1+\xi)^2 (e^{-(1+ik_rR_0)\xi}+e^{-(1+ik_sR_0)\xi}+e^{-(1+ik_pR_0)\xi})^2 d\xi, \quad 径向无穷元$$
$$(16.22)$$

在给定的误差范围内（如 10^{-3} 和 10^{-5}），将高斯-拉盖尔积分法应用于式(16.21)和式(16.22)，比直接应用于式(16.14)将大大减少所需积分的点数。尤其是随着频率的增加，高斯-拉盖尔数值积分式(16.14)需要更多的积分点。若采用式(16.21)和式(16.22)，则无论频率大小，高斯-拉盖尔数值积分法都只需要较少的积分点。

高斯-拉盖尔数值积分公式为[27]

$$\int_0^\infty e^{-x} f(x) dx \approx \sum_{l=1}^{n} w_l f(x_l) \qquad (16.23)$$

其中，x_l 和 w_l 是与 $f(x)$ 无关的求积结点和权重系数，求积结点为高斯-拉盖尔多项式方程 $L_n(x)=0$ 的解，即

$$L_n(x) = e^x \frac{d^n(e^{-x}x^n)}{dx^n} \qquad (16.24)$$

权重系数为

$$w_l = \frac{(n!)^2}{x_l (L'_n(x_l))^2}, \quad l=1,2,\cdots,n \tag{16.25}$$

当 $f(x)$ 是低于 $2n-1$ 次的多项式时，高斯-拉盖尔数值积分精确成立。表 16.2 所示为 $n=10$ 时高斯-拉盖尔数值积分的结点和权重系数。

表 16.2　$n=10$ 时高斯-拉盖尔数值积分的结点和权重系数

序号	结点 x_l	权重系数 w_l
1	0.137793470540493	0.308441115765021
2	0.729454549503172	0.401119929155273
3	1.808342901740310	0.218068287611809
4	3.401433697854900	0.062087456098678
5	5.552496140063800	0.009515169751810
6	8.330152746764490	0.000753008388588
7	11.843785837900000	0.000028259233496
8	16.279257831378100	0.000000424931398
9	21.996585811980700	0.000000001839565
10	29.920697012273800	0.000000000000991

16.1.4　基于测量振动响应的有效列车荷载估计方法

列车由车体、转向架、悬挂系统和车轮组成，在解析或数值法中，列车一般采用由质量、弹簧和阻尼器等元件组成的多体动力学建模，轨道和桥梁结构则用有限元模拟。移动列车与桥梁之间的相互作用通常采用时域分析法。然而，列车作用在桥墩顶部的有效荷载是通过实测列车经过桥梁时地面若干点处的振动响应，并建立桥墩-大地耦合系统数值模型，采用反分析方法估计得到的，因此结果是频域中的荷载。

通过将数值计算模型与列车通过时测量的地面振动数据相关联，对土体物理参数进行识别。由式 (16.1) 可得，与列车荷载作用在结点 k 时测得的大地振动响应 $(X_j(\omega), j=1,2,\cdots,N_{mp}, N_{mp}$ 为测点数) 相对应的频率响应函数向量为

$$S(\pmb{p},\omega)^{-1}\{1\} = H(\pmb{p},\omega)\{1\} = \{H_{1k}(\pmb{p},\omega), \quad H_{2k}(\pmb{p},\omega),\cdots,H_{N_{mp}k}(\pmb{p},\omega)\}^{\mathrm{T}}$$
$$\tag{16.26}$$

其中

$$S(\pmb{p},\omega) = \hat{\pmb{K}}(\pmb{p},\omega) - \omega^2 \pmb{M}(\pmb{p},\omega) \tag{16.27}$$

其中，$\pmb{p}$ 为包含土层剪切波速度 (v_s) 和迟滞阻尼比 (h) 组成的系数向量；$\hat{\pmb{K}}(\pmb{p},\omega)$ 为复刚度矩阵；$\pmb{M}(\pmb{p},\omega)$ 为桥梁-大地系统的质量矩阵，单元质量矩阵与远场区域的 $\pmb{p}$

有关。

根据系统在频域内输入与输出之间的线性关系,可以运用实测的加速度响应 $\ddot{X}_j(\omega)$ 来估计作用于桥墩结点 k 上的列车荷载 $\hat{f}_t^{jk}(\omega)$,即

$$\hat{f}_t^{jk}(\omega) = \frac{\ddot{X}_j(\omega)}{\omega^2 H_{jk}(\boldsymbol{p},\omega)}, \quad j=1,2,\cdots,N_{\mathrm{mp}} \tag{16.28}$$

其中, $H_{jk}(\boldsymbol{p},\omega)$ 为参数为 $\boldsymbol{p}$ 的系统当列车荷载作用于结点 k 时在 j 点的位移频率响应函数; N_{mp} 为测量点的个数。

基于式(16.28),通过计算根据不同测点 (i,j) 响应分量估计的列车作用于桥墩荷载之间的误差极小值,可以构造一个优化问题来识别土壤物理参数(剪切波速度和迟滞阻尼比),即

$$\min_{\boldsymbol{p}} J(\boldsymbol{p}) = \sum_{i=1}^{N_{\mathrm{mp}}-1}\sum_{j=i+1}^{N_{\mathrm{mp}}}\sum_{s=1}^{N_{fq}}\left|1-\frac{\hat{f}_t^{jk}(\omega_s)}{\hat{f}_t^{ik}(\omega_s)}\right|^2 = \sum_{i=1}^{N_{\mathrm{mp}}-1}\sum_{j=i+1}^{N_{\mathrm{mp}}}\sum_{s=1}^{N_{fq}}\left|1-\frac{\ddot{X}_j(\omega_s)}{\ddot{X}_i(\omega_s)}\frac{H_{ik}(\boldsymbol{p},\omega_s)}{H_{jk}(\boldsymbol{p},\omega_s)}\right|^2 \tag{16.29}$$

参数约束条件为

$$p_{zl} \leqslant p_z \leqslant p_{zu}, \quad z=1,2,\cdots,N_p \tag{16.30}$$

其中, N_{fq} 为计算优化函数时使用的频率点 (ω_s) 的个数; N_p 为参数的个数。

值得注意的是,式(16.29)是根据测量的响应数据和频率响应函数构建的。频率响应函数是使用初始估计值得到的。根据初步的现场勘探结果,可以确定参数 p_z 的下限和上限值。式(16.29)在数值计算时可能遇到不稳定的情况,因为测量得到的加速度数据在某些频率点上可能有非常小的值(几乎为零)。因此,我们可以在若干个中心频率点上,用频带内响应的傅里叶振幅绝对值的平均值来计算式(16.29),即

$$\min_{\boldsymbol{p}} J(\boldsymbol{p}) = \sum_{i=1}^{N_{\mathrm{mp}}-1}\sum_{j=i+1}^{N_{\mathrm{mp}}}\sum_{s=1}^{N_{fq}}\left|1-\frac{\ddot{X}_j(\omega_s)}{\ddot{X}_i(\omega_s)}\frac{H_{ik}(\boldsymbol{p},\omega_s)}{H_{jk}(\boldsymbol{p},\omega_s)}\right|^2$$

$$\approx \sum_{i=1}^{N_{\mathrm{mp}}-1}\sum_{j=i+1}^{N_{\mathrm{mp}}}\sum_{m=1}^{N_{fc}}\left|1-\frac{|H_{ik}(\boldsymbol{p},\bar{\omega}_m)|}{|H_{jk}(\boldsymbol{p},\bar{\omega}_m)|}\left(\frac{\sum_{n=1}^{N_{fb}}|\ddot{X}_j(\omega_{(m-1)N_{fb}+n})|}{\sum_{n=1}^{N_{fb}}|\ddot{X}_i(\omega_{(m-1)N_{fb}+n})|}\right)\right|^2 \tag{16.31}$$

其中, $\bar{\omega}_m = \dfrac{\omega_{(m-1)N_{fb}+1}+\omega_{mN_{fb}}}{2}$; N_{fc} 为中心频率点 $\bar{\omega}_m$ 的个数; N_{fb} 为给定频带内的频率点数(N_{fb} 与中心频率有关)。

上述优化问题可用遗传算法(genetic algorithm,GA)求解[28]。最后,采用识别得到的土壤物理参数重新计算位移频响函数,并运用(16.28)式计算列车荷载,再将各测点计算得到的列车荷载值取平均即可获得有效列车荷载,即

$$|\hat{f}_t^{\text{effective}}(\omega)| = \frac{1}{N_{\text{mp}}} \sum_{j=1}^{N_{\text{mp}}} |\hat{f}_t^{jk}(\omega)| \qquad (16.32)$$

$$\text{phase}(\hat{f}_t^{\text{effective}}(\omega)) = \text{phase}(\hat{f}_t^{1k}(\omega)) \qquad (16.33)$$

其中,有效列车荷载的相位近似取距离桥墩最近的 1 号测点 $\hat{f}_t^{1k}(\omega)$ 的相位。

16.1.5 列车荷载对相邻桥墩的影响

式(16.28)中的频率响应函数表示轴对称有限元和无穷元模型中只考虑一个桥墩时输入与输出的关系。随着地面测点距离桥墩位置的不同,相邻桥墩对实测加速度的影响会增加。在结构性能相同的相邻桥墩上作用的移动列车荷载,可以近似地看作是与列车运行速度和桥跨有关的时间延迟的相同的列车荷载。因此,相邻桥墩的作用可通过频率响应函数修改为

$$H_D^*(\omega) = e^{-i\omega\tau_{AB}} H_{AD}(\omega) + H_{BD}(\omega) + e^{-i\omega\tau_{BC}} H_{CD}(\omega) \qquad (16.34)$$

其中,$H_D^*(\omega)$ 为考虑两个相邻桥墩对 D 点位移影响的修正频率响应函数(图 16.6);$H_{AD}(\omega)$、$H_{BD}(\omega)$ 和 $H_{CD}(\omega)$ 分别为列车荷载作用在桥墩 A、B 和 C 处与地面 D 点之间的位移频率响应函数;τ_{AB} 和 τ_{BC} 分别为桥墩 A 和 B 之间,以及在桥墩 B 和 C 之间移动列车荷载的时间延迟,可以根据列车的运行速度和桥梁跨度来计算。

式(16.34)只考虑相邻两个桥墩的列车荷载,因为随着桥墩与关注点的距离的增加,振动水平会迅速衰减。

图 16.6 相邻桥墩的影响

16.2 现场试验验证

16.2.1 桥梁结构和实验装置

为了验证高架轨道引起大地振动的半解析预测方法,Lee 等在韩国高速列车运行于某高架轨道区域进行了现场测试[18]。如图 16.7 所示,在距离桥墩中心 15、

20、25、30、40m 处的 5 个位置（$X1 \sim X5$）测量地面垂向振动加速度。该桥为混凝土箱型梁，桥跨为 40m，共测量 10 组列车通过高架轨道时的地面振动。图 16.8 为一组实测得到的 5 个测点的加速度时程和傅里叶振幅谱。测量得到的响应幅值随着与桥墩中心距离的增加而减小。图 16.9 为 10 组列车通过时 1/3 倍频程地面加速度级。由此可见，测试结果具有很好的一致性。

图 16.7 试验现场及传感器布置示意图

图 16.8 5 个测点的实测加速度时程和傅里叶振幅谱

图 16.9 10 组列车通过时 1/3 倍频程地面加速度级

在韩国高速列车试验项目中,分别采用钻孔法和表面波谱分析法(spectral analysis of surface wave,SASW),对试验现场进行地质勘探。图 16.10 为采用两种方法获得的土层剪切波速度剖面图。由图可见,两种方法获得的估计值存在较大差异。桥梁与大地土之间的相互作用采用有限元和无穷元模拟,桥墩和基础采用轴对称单元建模(图 16.11)。混凝土桥墩为空心圆柱体,将其简化为截面积相同的矩形基础。由于列车荷载为沿桥梁中心线作用在桥墩顶部的集中力,因此无须对上部桥梁和复杂的轨道系统进行建模。根据现场地质勘探结果,将大地土壤区域划分为水平 5 层介质用于有限元分析。选择剪切波速 V_S($V_S=\sqrt{G/\rho}$,G 为剪切模量,ρ 为介质密度)和迟滞阻尼比 h 作为待识别和更新的变量。结构和土壤参数如表 16.3 所示。在进行参数识别时,取土壤各层介质上下限的中值作为初始值。

图 16.10 土层剪切波速度剖面图

表 16.3 结构和土壤参数

结构分区	密度/(kg/m³)	泊松比	剪切波速/(m/s)			迟滞阻尼比/%		
			下限值	中值	上限值	下限值	中值	上限值
混凝土桥墩	2600	0.20	—	2100	—	—	5.0	—
钢桩	7800	0.30	—	6163	—	—	5.0	—
土层 1	1800	0.38	80	130	180	1	2.5	4
土层 2	2000	0.35	160	230	300	1	2.5	4
土层 3	2100	0.35	240	330	420	1	2.5	4
土层 4	2200	0.30	400	450	500	1	2.5	4
土层 5	2200	0.30	400	500	600	1	2.5	4

图 16.11　桥墩-大地系统有限元-无穷元模型及测点($X_1 \sim X_5$)布置

16.2.2　识别土壤参数和有效列车荷载

如图 16.12 所示,将式(16.31)中任意两点测量到的傅里叶变换域中的加速度振幅比拟合至 4 阶多项式。在计算加速度振幅比时,取各中心频率点频带内的振幅平均值。现场观察到,10 组列车通过时测量得到的加速度振幅比高度一致,但 $\ddot{X}_2(\omega)$ 和 $\ddot{X}_3(\omega)$ 出现异常。经初步分析可知,取四阶或更高阶的多项式能够得到合理的结果。为了估计土壤参数,我们可以使用 $\left|\dfrac{\ddot{X}_2}{\ddot{X}_1}\right|$、$\left|\dfrac{\ddot{X}_3}{\ddot{X}_1}\right|$,$\left|\dfrac{\ddot{X}_4}{\ddot{X}_1}\right|$、$\left|\dfrac{\ddot{X}_4}{\ddot{X}_2}\right|$ 和 $\left|\dfrac{\ddot{X}_4}{\ddot{X}_3}\right|$ 构造式(16.31)中的目标函数,剔除异常的加速度振幅比 $\left|\dfrac{\ddot{X}_3}{\ddot{X}_2}\right|$。

图 16.12　用于识别土壤参数的加速度振幅比

16.2.3　运用遗传算法求解目标函数最小值

1. 遗传算法

遗传算法是一种通过模拟自然进化过程搜索最优解的方法。其主要特点是直接对结构对象进行操作,不存在求导数和函数连续性的限定,具有更好的全局寻优能力。该算法采用概率化的寻优方法,能自动获取和引导优化的搜索空间,自适应地调整搜索方向,不需要确定的规则,不仅可用于无约束最优化问题的求解,还可用于有约束最优化问题的求解。

由于遗传算法在大量复杂问题求解过程中的独特优点,基于 MATLAB 的遗传算法工具箱在实际工程中得到了广泛的应用。

2. 遗传算法工具箱

求解最优化问题常用的 MATLAB 遗传算法函数有 ga( )函数。该函数运用遗传算法求解目标函数的最小值,其最基本的调用格式如下。

X＝ga(fitnessfcn,nvars,**A**,**b**,**Aeq**,**beq**,**LB**,**UB**,nonlcon)

或

[**X**,fval,exitflag,output]＝ga(fitnessfcn,nvars,**A**,**b**,**Aeq**,**beq**,**LB**,**UB**,nonlcon)

输入参数如下：

fitnessfcn 为目标函数。

nvars 为设计变量的个数。

A 为线性不等式约束矩阵 **AX**≤**b**,**b** 为线性不等式约束向量(如果不存在线性不等式约束,则设置 **A**＝[ ],**b**＝[ ])。

Aeq 为线性等式约束矩阵 **AeqX**＝**beq**,**beq** 为线性等式约束向量(如果不存在线性等式约束,则设置 **Aeq**＝[ ],**beq**＝[ ])。

LB 为 **X** 的下限值，**LB**≤**X**≤**UB**，**UB** 为 **X** 的上限值（如果没有上下限边界，则设置 **LB**=[ ]，**UB**=[ ]）。

nonlcon 为非线性约束函数，接受 **X**，返回向量 **C** 和 **C**eq。它们分别表示非线性不等式和等式。ga 在满足非线性约束函数 **C**(**X**)≤0 和 **C**eq(**X**)=**0** 时，将目标函数最小化（如果不存在非线性约束，则设置 nonlcon=[ ]）。

输出参数如下。

X 为目标函数为最小值时优化的设计变量（向量）。

fval 为优化的设计变量 **X** 对应的目标函数值。

exitflag 为整数，给出 Ga 停止迭代的原因。若返回的 exitflag 大于 0，则表示求解成功；等于 0，则表示超过设定的最大遗传数目，求解出现问题。

output 包含每一代的输出和有关算法性能的信息。输出结构包含以下字段，即 problemtype（描述问题类型的字符串）、rngstate（算法开始之前，MATLAB 随机数生成器的状态）、generations（计算的遗传代数目）、funccount（目标函数评估次数）、message（算法终止的原因）、maxconstraint（最大的约束违反值，如果有）。

针对上述问题，采用遗传算法可以获得更新的土壤参数。表 16.4 所示为用遗传算法识别的土壤参数。可见，估计值处于下限值和上限值之间。对于剪切波速，估计的土壤刚度比第 1 层的初始值高 15%，比第 2 层的初始值低 15%；迟滞阻尼比的估计值大于第 1、2 和 3 层的初始值，而第 4、5 层的估计值则较小。在 10 组列车试验中，剪切波速的变异系数小于 5%，阻尼比的变异系数相对较大，但小于 11%。

表 16.4 用遗传算法识别的土壤参数

结构分区	剪切波速/(m/s)		迟滞阻尼比/%	
	初始值	估计值（变异系数）	初始值	估计值（变异系数）
土层 1	130	152(3.5)	2.5	3.41(11.2)
土层 2	230	198(4.8)	2.5	2.83(4.6)
土层 3	330	346(4.1)	2.5	2.96(8.6)
土层 4	450	408(2.6)	2.5	1.95(10.8)
土层 5	500	499(4.1)	2.5	2.01(5.9)

在识别各土层物理参数之后，采用更新的土壤参数，重新计算测试现场的大地频率响应函数。作为一个典型的例子，图 16.13 显示了利用更新的土壤参数的平均值，以及考虑邻近桥墩上的列车荷载而得到的大地频率响应函数（加速度导纳）。相邻桥墩的影响一般随着离开桥墩距离的增加而增加。

第十六章 高架轨道引起大地振动的半解析预测方法

图 16.13 利用更新的土壤参数和列车荷载作用于桥墩顶部时得到的大地频率响应函数
(H_{BD} 为不考虑相邻桥墩上的列车荷载,H_D^* 为考虑相邻桥墩上的列车荷载)

图 16.14 为根据试验数据运用反分析得到的输入荷载估计值和有效列车荷载。输入荷载的估计值是根据测量数据($\ddot{X}_j(\omega),j=1,2,3,4$)和更新的模型数据,通过反分析得到的。通过对四个荷载估计值的振幅进行平均,并从距离桥墩最近测点的测量数据中获取相位信息($f_t^{1k}(\omega)$),计算出有效列车荷载。然后,将计算出的有

效列车荷载作为模型的输入,预测地面其他点的振动响应。

图 16.14 输入荷载估计值和有效列车荷载时程

16.2.4 大地振动预测

在应用遗传算法识别土层参数之前,首先利用表 16.3 所示的初始土壤参数获得测点 $X_1 \sim X_4$ 的频率响应函数。然后,运用式(16.32)计算列车有效荷载,并预测测点 X_5 的地面振动加速度。图 16.15 显示了在 10 组列车通过桥梁试验中,测点 X_5 处 1/3 倍频程地面振动加速度级的测量值和预测值。结果发现,在低频范围内,地面加速度级的预测值普遍低于实测值,而在高频范围内则相反。在本例中,列车速度为 300km/h,桥跨为 40m,时间延迟为 0.48s,用 $H_{BD}^*(\omega)$ 取代 $H_{BD}(\omega)$,考虑邻近桥墩对地面加速度的影响。如图 16.15 所示,作用于邻近桥墩上的列车荷载对地面加速度级的影响不大。图 16.16 为测点 X_5 处振动加速度的实测和预测时程曲线。结果显示,测量值和预测值存在较大差异。

图 16.15 测点 X_5 1/3 倍频程振动加速度实测值和利用初始土壤参数得到的预测值
（○为实测值；×为运用 H_{BD} 得到的预测值；※为运用 H_{BD} 得到的预测值）

接下来，考察利用 $X_1 \sim X_4$ 四个测点的振动加速度响应获得有效列车荷载和更新的土壤参数预测 X_5 的地面加速度。如图 16.17 所示，与所有使用初始土壤参数得到的结果相比，预测结果更接近实测值。通过考虑作用于邻近桥墩上的列车荷载的影响，预测的振动加速度响应更接近实测值，如图 16.18 所示。

图 16.16　测点 X_5 处振动加速度的实测值和利用初始土壤参数得到的预测值

图 16.17 测点 X_5 1/3 倍频程振动加速度实测值
和利用更新的土壤参数得到的预测值

（○为实测值；×为运用 H_{BD} 得到的预测值；※为运用 H_{BD}^* 得到的预测值）

图 16.18 测点 X_5 振动加速度的实测值和利用更新
的土壤参数得到的预测值

  作用于桥墩上的有效列车荷载主要与列车和桥梁系统有关。如图 16.13、图 16.16 和图 16.18 所示，预测的结果可能因处理邻近桥墩上的列车荷载（$H_{BD}^*(\omega)$ 或 $H_{BD}(\omega)$）的不同而不同。我们应尽量考虑作用于邻近桥墩上的有效列车荷载（$H_{BD}^*(\omega)$）。此方法预测的大地振动准确性更高。估计的列车荷载的准确性与土-

结构系统的建模有关,可选择二维、轴对称或三维模型,应根据实际地质条件选择适当的方法。

16.3 结 论

本章论述高架轨道引起大地振动的半解析预测方法。该方法不需要输入列车荷载,而是通过实测列车经过桥梁时地面若干点处的振动响应,及建立桥墩-桩基-大地耦合系统数值模型,采用反分析方法对大地土层性质和列车作用在桥墩顶部的有效荷载进行识别。然后,利用识别了的材料参数更新土壤参数,并将得到的有效列车荷载输入桥墩-大地耦合系统有限元/无穷元模型中,运用数值方法预测大地振动和桥梁周边的环境振动。为验证大地振动预测的半解析方法,在韩国高速列车通过某高架桥梁试验现场进行了振动测试。测量了地面若干个点的振动加速度,部分实测结果用于与预测的地面振动加速度对比。计算结果表明,利用实测列车通过桥梁时若干地面点的振动响应可以准确估计有效列车荷载和识别土壤物理参数;利用估计得到的有效列车荷载和更新的土壤参数,运用数值模型预测大地振动和桥梁周边环境振动与实测结果吻合良好。

上述高架轨道引起大地振动的半解析预测方法精度高、操作性强、容易实现,可用于预测和评价高架轨道引起的环境振动,为高架轨道桥梁结构减振降噪设计提供技术支撑。

参 考 文 献

[1] Hanazato T, Ugai K, Mori M, et al. Three dimensional analysis of traffic-induced ground vibrations[J]. Journal of Geotechnical and Geoenvironmental Engineering, 1991, 117(8): 1133-1151.

[2] Krylov V V. Generation of ground vibration by superfast trains[J]. Applied Acoustics, 1995, 44(2): 149-164.

[3] Madshus C, Bessason B, Harvik L. Prediction model for low frequency vibration from high speed railways on soft ground[J]. Journal of Sound and Vibration, 1996, 193(1): 195-203.

[4] Takemiya H. Prediction of ground vibration induced by high-speed train operation[C]// Proceedings of the 18th Sino-Japan Technology Seminar, 1997: 1-10.

[5] Yang Y B, Hung H H. A parametric study of wave barriers for reduction of train-induced vibrations[J]. International Journal for Numerical Methods in Engineering, 1997, 40 (20): 3729-3747.

[6] Ju S H. Finite element analyses of wave propagations due to high-speed train across bridges[J]. International Journal for Numerical Methods in Engineering, 2002, 54 (9): 1391-1408.

[7] Yang Y B, Hung H H, Chang D W. Train-induced wave propagation in layered soils using finite/

infinite element simulation[J]. Soil Dynamics and Earthquake Engineering, 2003, 23 (4): 263-278.

[8] Wu Y S, Yang Y B. A semi-analytical approach for analyzing ground vibrations caused by trains moving over elevated bridges[J]. Soil Dynamics and Earthquake Engineering, 2004, 24(12): 949-962.

[9] Takemiya H, Bian X C. Shinkansen high-speed train induced ground vibrations in view of viaduct-ground interaction[J]. Soil Dynamics and Earthquake Engineering, 2007, 27 (6): 506-520.

[10] Xia H, Zhang N, Cao Y M. Experimental study of train-induced vibrations of environments and buildings[J]. Journal of Sound and Vibration, 2005, 280 (3-5): 1017-1029.

[11] With C, Bahrekazemi M, Bodare A. Validation of an empirical model for prediction of train-induced ground vibrations[J]. Soil Dynamics and Earthquake Engineering, 2006, 26 (6): 983-990.

[12] With C, Bodare A. Prediction of train-induced vibrations inside buildings using transfer functions[J]. Soil Dynamics and Earthquake Engineering, 2007, 27 (2): 93-98.

[13] Celebi E, Schmid G. Investigation of ground vibrations induced by moving loads[J]. Engineering Structures, 2005, 27(14): 1981-1998.

[14] Andersen L, Nielsen S R K. Reduction of ground vibration by means of barriers or soil improvement along a railway track[J]. Soil Dynamics and Earthquake Engineering, 2005, 25 (7-10): 701-716.

[15] Fiala P, Degrande G, Augusztinovicz F. Numerical modelling of ground-borne noise and vibration in buildings due to surface rail traffic[J]. Journal of Sound and Vibration, 2007, 301(3-5): 718-738.

[16] Yun C B, Kim J M, Hyun C H. Axisymmetric elastodynamic infinite elements for multi-layered half-space[J]. International Journal of Numerical Methods in Engineering, 1995, 38(22): 3723-3743.

[17] Park K L, Watanabe E, Utsunomiya T. Development of 3D elastodynamic infinite elements for soil-structure interaction problems[J]. International Journal of Structural Stability and Dynamics, 2004, 4(3): 423-441.

[18] Lee J H, Lee J J, Choi J S, et al. A semi-analytical approach to predict ground vibration by identification of soil properties and train-transit loads[J]. Advances in Structural Engineering, 2012, 15(6): 1013-1029.

[19] Cai Z, Raymond G P. Modelling the dynamic response of railway track to wheel/rail impact loading[J]. Structural Engineering and Mechanics, 1994, 2 (1): 95-112.

[20] Song M K, Choi C K. Analysis of high-speed vehicle bridge interactions by a simplified 3-D model[J]. Structural Engineering and Mechanics, 2002, 13(5): 505-532.

[21] Chen Y J, Ju S H, Ni S H, et al. Prediction methodology for ground vibration induced by passing trains on bridge structures[J]. Journal of Sound and Vibration, 2007, 302(4-5):

806-820.

[22] Choi J S, Yun C B, Kim J M. Earthquake response analysis of the Hualien large scale seismic test structure using updated soil-structure properties based on vibration test data[J]. Earthquake Engineering and Structural Dynamics, 2001, 30 (1): 1-26.

[23] Yang S C, Yun C B. Axisymmetric infinite elements for soil-structure interaction analysis [J]. Engineering Structures, 1992, 14(6): 361-370.

[24] Karasudhi P, Liu Y C. Vibration of elastic and viscoelastic multilayered spaces[J]. Structural Engineering and Mechanics, 1993, 1(2): 103-118.

[25] Yun C B, Choi J S, Kim J M. Identification of the Hualien soil-structure interaction system [J]. Soil Dynamics and Earthquake Engineering, 1999, 18(6): 395-408.

[26] Yang S C, Yun C B. Axisymmetric infinite elements for soil-structure interaction analysis[J]. Journal of Structural Engineering, 1992, 14 (6): 361-370.

[27] 闵涛, 臧顺全. 无限域上一维热传导方程的 Gauss-Laguerre 数值解[J]. 大学数学, 2018, 34(1): 25-30.

[28] Koh C G, Hong B, Liaw C Y. Parameter identification of large structural systems in time domain[J]. Journal of Structural Engineering, 2000, 126(8): 957-963.

相关专业术语

A

安全性(safety)

B

板式轨道(slab track)
板式轨道-路堤-大地耦合系统模型(model of slab track, embankment and ground coupling system)
板式轨道-桥梁单元模型(slab track-bridge element model)
板式轨道单元模型(slab track element model)
板式轨道移动单元(moving element of slab track)
半解析预测方法(semi-analytical prediction method)
半无限空间(semi-infinite space)
倍频带(octave band)
边界条件(boundary condition)
边界效应(boundary effect)
波:瑞利波,勒夫波,剪切波,压缩波(wave: Rayleigh wave, Love wave, shear wave, compress wave)
波数(wave number)
波数-频率域方法(wave number-frequency domain method)
波速(wave speed)
不平顺(irregularity)
不平顺谱(spectrum of irregularity)

C

参数分析(parameter analysis)
层状介质(layered medium)
插值函数(interpolation function)
车辆-板式轨道耦合系统有限元方程(finite element equation of vehicle and slab track coupling system)
车辆-轨道-路基-大地耦合系统(vehicle-track-subgrade-ground coupling system)
车辆-轨道耦合系统(vehicle-track coupling system)
车辆-轨道耦合系统有限元方程(finite element equation of vehicle-track coupling

system)

车辆参数(vehicle parameters)

车辆单元(vehicle element)

车辆单元的动能(kinetic energy of vehicle element)

车辆单元的耗散能(dissipated energy of vehicle element)

车辆单元的势能(potential energy of vehicle element)

车辆子系统(vehicle subsystem)

车轮(wheel)

车轮扁疤(wheel flat)

车轮不平顺(wheel irregularity)

车体(car body)

车体垂向加速度(vertical acceleration of car body)

车体加速度(car body acceleration)

沉浮振动(bouncing vibration)

城市轨道交通(urban mass transit)

城市区域环境振动标准(environmental vibration standards in urban area)

冲击振动(impact vibration)

抽样定理(sampling theorem)

粗糙度(roughness)

粗糙度系数(roughness coefficient)

错牙(unevenness of level at rail joints)

D

大地频率响应函数(earth frequency response function)

单层梁模型(one-layer beam model)

单轮附有二系弹簧阻尼的动轮单元(moving element model of a single wheel with primary and secondary suspension system)

单轮附有一系弹簧阻尼的动轮单元(moving element model of a single wheel with primary suspension system)

单轮过桥动力分析模型(model for dynamic analysis of a single wheel passing through the bridge)

单元等效结点荷载向量(element equivalent nodal load vector)

单元刚度矩阵(element stiffness matrix)

单元质量矩阵(element mass matrix)

单元阻尼矩阵(element damping matrix)

导纳:位移导纳,速度导纳(mobility:displacement mobility,velocity mobility)

道岔(turnout)
道床(ballast bed)
道砟(ballast)
德国低干扰谱(German low interference spectrum)
德国高干扰谱(German high interference spectrum)
等效连续噪声级(equivalent continuous sound level)
点头振动(pitch vibration)
垫板(rail pad)
迭代法(iterative method)
叠加原理(superposition principle)
动车组(motor car)
动力特性分析(dynamic characteristic analysis)
动力系数(coefficient of dynamic force)
动力响应分析(dynamic response analysis)
动力有限元法(dynamic finite element method)
动轮单元(moving element)
动挠度(dynamic deflection)
动能(kinetic energy)
动应力(dynamic stress)
短波不平顺谱(shortwave irregularity spectrum)

E

二次辐射噪声(secondary radiation noise)
二阶常微分方程组(second order ordinary differential equations)
二系弹簧阻尼(secondary suspension)

F

翻浆冒泥(mud pumping)
防冻路基层(anti-freezing subgrade layer)
分部积分(integration by parts)
浮沉振动(bouncing vibration)
附加动压力(additional dynamic pressure)
附加阻力(additional resistance)
傅里叶变换(Fourier transform)
傅里叶逆变换(inverse Fourier transform)

G

干预值(intervention value)

刚度比(stiffness ratio)
刚度矩阵(stiffness matrix)
钢轨(rail)
钢轨垂向加速度(rail vertical acceleration)
钢轨垂向振动速度导纳(vertical vibration velocity mobility of rails)
钢轨垂向振动位移导纳(vertical vibration displacement mobility of rails)
钢轨基础刚度(rail foundation stiffness)
钢轨基础模量(rail supporting modulus)
钢轨接头(rail joint)
钢轨挠曲振动微分方程(rail flexural vibration differential equation)
钢轨弯曲振动波数(rail bending vibration wave number)
钢轨振动衰减系数(rail vibration attenuation coefficient)
高架轨道(elevated track)
高架轨道交通(elevated mass transit)
高架铁路(elevated railway)
高频振动(high frequency vibration)
高斯-拉盖尔积分(Gauss-Laguerre quadrature)
高斯随机变量(Gaussian random variable)
高速(high speed)
高速动车(high speed motor car)
高速列车(high speed train)
高速列车诱发地面波(surface waves induced by high speed train)
高速列车噪声限值(noise limit for high speed train)
高速铁路(high speed railway)
高速铁路轨道动力学(high speed railway track dynamics)
高速拖车(high speed trailer)
各态历经(ergodic)
工后沉降(post-construction settlement)
功率谱(power spectrum)
功率谱密度函数(power spectral density function)
共振频率(resonance frequency)
古建筑(historic buildings)
古建筑木结构(historic timber structures)
古建筑石结构(historic stone structures)
古建筑砖结构(historic brick structures)

固定坐标(fixed coordinate)
固有频率(natural frequency)
轨道(track)
轨道变形(track deformation)
轨道不平顺(track irregularity)
轨道残余变形(track residual deformation)
轨道单元(track element)
轨道等效刚度(track equivalent stiffness)
轨道动力学模型(track dynamics model)
轨道方向(track alignment)
轨道方向不平顺(track alignment irregularity)
轨道刚度不均(track stiffness unevenness)
轨道刚度突变(track stiffness abrupt change)
轨道高低不平顺(track profile irregularity)
轨道轨距不平顺(track gauge irregularity)
轨道过渡段(track transition)
轨道过渡段整治措施(remediation measures of the track transition)
轨道横向稳定性(lateral stability of track)
轨道基础弹性模量(track foundation elasticity modulus)
轨道基础复刚度(complex track foundation stiffness)
轨道基础刚度(track foundation stiffness)
轨道基础阻尼(track foundation damping)
轨道几何尺寸容许公差(track geometry tolerance)
轨道几何状态(track geometry)
轨道检查车(track recording car)
轨道交通(mass transit)
轨道结构(track structure)
轨道结构参数(parameters of track structure)
轨道结构广义梁单元(generalized beam element of track structure)
轨道结构连续弹性单层梁模型(one-layer continuous elastic beam model of track structure)
轨道结构连续弹性基础梁模型(continuous elastic foundation beam model of track structure)
轨道结构连续弹性三层梁模型(three layer continuous elastic beam model of track structure)

轨道结构连续弹性双层梁模型（double layer continuous elastic beam model of track structure）
轨道结构连续弹性四层梁模型（four layer continuous elastic beam model of track structure）
轨道力学（track mechanics）
轨道临界速度（track critical velocity）
轨道挠度（track deflection）
轨道谱（track spectrum）
轨道强度（track strength）
轨道强振动（strong track vibration）
轨道失效（track failure）
轨道水平（track cross level）
轨道水平不平顺（track cross level irregularity）
轨道随机不平顺（track random irregularity）
轨道维修标准（standards of track maintenance）
轨道稳定性（stability of track）
轨道振动（track vibration）
轨道子系统（track subsystem）
轨距不平顺（rail gauge irregularity）
轨下垫板刚度（rail pad stiffness）
轨下垫板阻尼（rail pad damping）
轨枕垫板和扣件刚度（rail pad and fastener stiffness）
轨枕垫板和扣件阻尼（rail pad and fastener damping）
国际铁路联盟（International Union of Railways）
国际铁路联运（International Railway Through Traffic）
过渡段不平顺（transition irregularity）

H

哈密顿原理（Hamilton principle）
焊缝凸台（weld boss）
耗散能（dissipated energy）
荷载向量（load vector）
赫兹公式（Hertz formula）
横向力（lateral force）
环境振动（environmental vibration ）
混凝土搭板（concrete approach slab）
混凝土轨枕（concrete sleeper）

混凝土支承层(concrete supporting layer)
货车(freight car)
货物列车(freight train)

J

机车动力学性能标准(locomotive dynamic performance standards)
基床(subgrade bed)
基床表层(surface layer of subgrade bed)
基床底层(bottom layer of subgrade bed)
基准加速度(reference acceleration)
加筋土(reinforced soil)
加权函数(weighting function)
加速度导纳(acceleration mobility)
加速度全幅值(total amplitude of acceleration)
减振降噪(vibration and noise reduction)
简谐荷载(harmonic load)
简谐激励(harmonic excitation)
简谐振动(harmonic vibration)
建筑物振动限值(building vibration limit)
交叉迭代算法(cross iterative method)
铰-铰频率(pinned-pinned frequency)
结构噪声(structure-borne noise)
截断频率(cut-off frequency)
截断谱单元刚度矩阵(truncation spectrum element stiffness matrix)
解析法(analytic method)
警告值(warning value)
均方差(mean-square deviation)
均方根(root-mean-square)
均方根谱(root-mean-square spectrum)
均方值(mean square)
均值(mean)

K

客货混运铁路(railway line for mixed passenger and freight line)
客运专线(passenger line)
客运专线轨道不平顺谱(track irregularity of passenger dedicated line)
控制方程弱形式(weak formulation of governing equation)

扣件(rail fastening)
跨点导纳(cross-point mobility)
快速傅里叶变换(fast Fourier transform)
快速离散傅里叶逆变换(fast inverse discrete Fourier transform)

L

拉格朗日方程(Lagrange equation)
离散化 discretization
沥青层(asphalt layer)
沥青道床(asphalt trackbed)
沥青基础(asphalt foundation)
沥青基础有砟轨道(ballasted track with asphalt foundation)
梁:欧拉-伯努利梁,铁摩辛柯梁(beam:Bernoulli-Euler beam, Timoshenko beam)
梁单元(beam element)
列车-板式轨道-路基耦合系统(train,slab track and subgrade coupling system)
列车-板式轨道-桥梁耦合系统(train,slab track and bridge coupling system)
列车-轨道非线性耦合系统(train-track nonlinear coupling system)
列车-有砟轨道-路基耦合系统(train, ballasted track and subgrade coupling system)
临界速度(critical speed)
路堤(embankment)
路基(subgrade)
路基刚度(subgrade stiffness)
路基阻尼(subgrade damping)
路堑(trench)
路桥过渡段(road-bridge transition section)
路隧过渡段(road-tunnel transition section)
轮对(wheelset)
轮轨(wheel and rail)
轮轨非线性接触(wheel-rail nonlinear contact)
轮轨接触刚度(wheel-rail contact stiffness)
轮轨接触力(wheel-rail contact force)
轮轨线性接触(wheel-rail linear contact)
轮轨相互作用(wheel-rail interaction)
轮轨噪声(wheel-rail noise)
轮轨作用力(wheel-rail force)

轮重(wheel load)
轮重减载率(rate of wheel load reduction)

M

美国联邦铁路管理(Federal Railroad Administration of American, FRA)
美国六级谱(track irregularity power spectral donsity for grade six, USA)
敏感波长(sensitive wavelength)
模态叠加法(modal superposition)
模态坐标(modal coordinates)
目标值(target value)

N

扭转振动(torsional vibration)
纽马克数值积分法(Newmark numerical integration)

O

耦合系统(coupled system)
耦合振动(coupled vibration)

P

频带(程)(frequency band(octave))
频率(frequency)
频率修正系数(frequency modification coefficient)
频谱(frequency spectrum)
频谱分析(frequency spectrum analysis)
频谱特性(frequency characteristics)
频谱图(frequency spectrum diagram)
频散方程(dispersion equation)
频域分析(analysis in frequency domain)
平交道口(grade crossing)
平稳随机过程(stationary random process)
平稳性(riding quality)
平稳性等级(riding quality level)
平稳性限值(riding quality limit)
平稳性指标(riding index)
谱单元法(spectral element method)
谱单元刚度矩阵(spectral element stiffness matrix)

Q

期望(expectation)

桥梁结构阻尼(bridge structural damping)
桥梁支座刚度(bridge bearing stiffness)
倾覆(overturning)
倾覆系数(overturning coefficient)
全国重点文物(national key cultural relics)

R

容许振动速度(allowable vibration velocity)
柔度矩阵(flexibility matrix)
软土地基(soft subgrade)
瑞利波(Rayleigh wave)
瑞利阻尼(Rayleigh damping)

S

三角级数(triangle series)
三角坑(twist)
三维层状大地模型(three dimensional layered ground model)
声环境质量标准(sound environmental quality standards)
石窟(rock cave)
势能(potential energy)
收敛精度(convergence accuracy)
收敛性(convergence)
收敛准则(convergence criterion)
舒适性(comfortableness)
数学期望(mathematical expectation)
数值积分(numerical integration)
衰减率(attenuation rate)
衰减特性(attenuation characteristics)
双层梁模型(double layer model)
水泥沥青砂浆层(cement asphalt mortar)
水泥沥青砂浆刚度(stiffness of cement asphalt mortar)
水泥沥青砂浆阻尼(damping of cement asphalt mortar)
松弛因子(relaxation factor)
随机变量(random variable)
随机不平顺(random irregularity)
随机过程(random process)
随机过程的数字特征(numerical characteristics of random process)

随机试验(random test)
随机有限元(stochastic finite element)
随机运动(stochastic motion)
随机振动(random vibration)
损失因子(loss factor)
索末菲辐射条件(Sommerfeld radiation condition)

T

踏面(wheel tread)
踏面不均匀磨耗(wheel tread uneven wear)
弹簧-阻尼单元(spring-damping element)
弹簧刚度(spring stiffness)
弹簧悬挂装置(spring suspension)
弹性垫板(resilient rail pad)
弹性扣件(resilient rail fastener)
特征方程(characteristic equation)
特征向量(characteristic vector)
特征值(characteristic value)
提速列车(rising speed train)
铁路边界噪声(railway boundary noise)
铁路噪声(railway noise)
铁路噪声标准(railway noise standard)
统计平均值(statistical average value)
土工合成材料(geosynthetics)
脱轨系数(derailment coefficient)

W

弯曲振动(bending vibration)
位移(displacement)
位移功率谱(displacement power spectrum)
位移函数(displacement function)
稳定性(stability)
稳态位移(steady displacement)
稳态振动(steady vibration)
无缝线路(continuously welded rail track)
无缝线路稳定性(stability of continuous welded rail track)
无规振动(random vibration)

无穷元：水平无穷元，垂直无穷元，角无穷元(infinite element; horizontal infinite element, vertical infinite element, corner infinite element)

无砟轨道(ballastless track)

X

限速值(limit speed)

线路(rail line)

线路病害(track fault)

相干函数(coherence function)

相关系数矩阵(correlation coefficient matrix)

相关性(correlation)

箱型梁结构(box-girder structure)

橡胶垫板(rubber rail pad)

橡胶颗粒(rubber particles)

协方差(covariance)

谐响应分析(harmonic response analysis)

Y

样本函数(sample function)

一系弹簧阻尼(primary suspension)

移动单元法(moving element method)

移动荷载(moving loads)

移动轴荷载(moving axle loads)

移动坐标(moving coordinate)

遗传算法(genetic algorithm)

有限元(finite element)

有限元方程(finite element equation)

有限元网格(finite element mesh)

有效列车荷载(effective train load)

有砟-无砟轨道过渡段(transition between ballasted track and ballastless track)

有砟轨道(ballasted track)

有砟轨道-路堤-大地耦合系统模型(model of ballasted track-embankment-ground coupling system)

有砟轨道单元模型(ballasted track element model)

预制轨道板(precast track slab)

原点导纳(loading point mobility)

原点动柔度(loading point receptance)

运动方程(equation of motion)

Z

振动(vibration)
振动标准(vibration standards)
振动波长(vibration wavelength)
振动分析(vibration analysis)
振动加速度(vibration acceleration)
振动能量(vibration energy)
振动频率(vibration frequency)
振动评价(vibration evaluation)
振动衰减特性(vibration attenuation characteristics)
振动速度级(vibrational velocity level)
振动位移(vibration displacement)
振型函数(mode shape function)
整体道床(integrated ballast)
正交性原理(orthogonality principle)
正线(main line)
正则化振型函数(regularized mode shape function)
质量矩阵(mass matrix)
中国干线谱(Chinese trunk spectrum)
中心频率(center frequency)
重载列车(heavy haul train)
重载铁路(heavy haul railway)
轴对称有限元(axisymmetric finite element)
轴重(axle load)
转向架(bogie)
转向架中心距离(distance between bogie pivot centers)
自相关函数(auto-correlation function)
自由振动(free vibration)
自振频率(natural vibration frequency)
纵向力(longitudinal force)
总刚度矩阵(global stiffness matrix)
总荷载向量(global load vector)
总质量矩阵(global mass matrix)
总阻尼矩阵(global damping matrix)

阻抗(impedance)
阻尼(damping)
阻尼比(damping ratio)
阻尼矩阵(damping matrix)
阻尼系数(damping coefficient)
最小相位速度(minimum-phase velocity)

其 他

U 型梁(U-beam)
Z 振级(vibration level Z)
1/3 倍频程(one-third octave)

附录 A 车辆与轨道结构参数

表 A.1 中国常见铁道车辆结构参数(图 A.1)

车型	C_{62A}	C_{75}	SWJ	HSC
车体质量/kg	77000	91800	91100	52000
构架质量/kg	1100	1510	1950	3200
车轮质量/kg	1200	1295	1250	1400
车体点头惯量/(kg·m²)	1.2×10^6	4.22×10^6	4.28×10^6	2.31×10^6
构架点头惯量/(kg·m²)	760	1560	1800	3120
一系悬挂刚度/(kN/m)	—	—	5×10^3	1.87×10^3
二系悬挂刚度/(kN/m)	5.32×10^3	5.014×10^3	—	1.72×10^3
一系悬挂阻尼/(kN·s/m)	—	—	30	5×10^2
二系悬挂阻尼/(kN·s/m)	70	50	—	1.96×10^2
固定轴距/m	1.75	1.75	1.75	2.50
转向架中心距离/m	8.50	8.70	8.70	18.0
车轮半径/m	0.42	0.42	0.42	0.4575

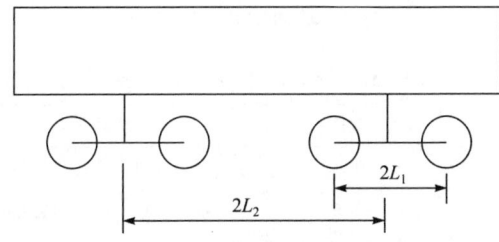

图 A.1 中国常见的铁道车辆结构几何型式

表 A.2 ICE 高速动车结构参数(图 A.2)

参数	取值	参数	取值
列车速度/(km/h)	≤300	一系悬挂纵向刚度/(kN/m)	2×10^4
轴重/kN	195	一系悬挂横向刚度/(kN/m)	4.86×10^3
车体质量/kg	5.88×10^4	一系悬挂竖向刚度/(kN/m)	2.418×10^3
构架质量/kg	5.35×10^3	一系悬挂纵向阻尼/(kN·s/m)	7.3×10^3
轮对质量/kg	2.2×10^3	一系悬挂横向阻尼/(kN·s/m)	2.12×10^3

续表

参数	取值	参数	取值
车体侧滚惯量/(kg·m²)	1.337×10^5	一系悬挂竖向阻尼/(kN·s/m)	30
车体点头惯量/(kg·m²)	3.089×10^6	二系悬挂横向刚度/(kN/m)	187
车体摇头惯量/(kg·m²)	3.089×10^6	二系悬挂竖向刚度/(kN/m)	1.52×10^3
构架侧滚惯量/(kg·m²)	2.79×10^3	二系悬挂横向阻尼/(kN·s/m)	100
构架点头惯量/(kg·m²)	5.46×10^2	二系悬挂竖向阻尼/(kN·s/m)	90
构架摇头惯量/(kg·m²)	6.6×10^3	车轮半径/m	0.46
轮对侧滚惯量/(kg·m²)	950	一系悬挂横距/m	2.0
轮对摇头惯量/(kg·m²)	950	二系悬挂横距/m	2.284
轮缘摩擦系数	0.3	车体中心至二系上悬挂点距离/m	0.9
踏面摩擦系数	0.3	二系上悬挂点至构架中心距离/m	0.451
轮轨游间/m	0.019	构架中心至轮对中心距离/m	0.1

图 A.2 ICE 高速动车

表 A.3 ICE 高速拖车结构参数(图 A.3)

参数	取值	参数	取值
列车速度/(km/h)	≤300	一系悬挂纵向刚度/(kN/m)	7.3×10^3
轴重/kN	145	一系悬挂横向刚度/(kN/m)	2.12×10^3
车体质量/kg	4.55×10^4	一系悬挂竖向刚度/(kN/m)	2.82×10^4
构架质量/kg	3.09×10^3	一系悬挂纵向阻尼/(kN·s/m)	41.6
轮对质量/kg	1.56×10^3	一系悬挂横向阻尼/(kN·s/m)	29.5
车体侧滚惯量/(kg·m²)	1.035×10^5	一系悬挂竖向阻尼/(kN·s/m)	21.9
车体点头惯量/(kg·m²)	2.391×10^6	二系悬挂横向刚度/(kN/m)	146
车体摇头惯量/(kg·m²)	2.391×10^6	二系悬挂竖向刚度/(kN/m)	324
构架侧滚惯量/(kg·m²)	2.366×10^3	二系悬挂横向阻尼/(kN·s/m)	17.5
构架点头惯量/(kg·m²)	4.989×10^2	二系悬挂竖向阻尼/(kN·s/m)	29.2

续表

参数	取值	参数	取值
构架摇头惯量/(kg·m²)	2.858×10³	车轮半径/m	0.46
轮对侧滚惯量/(kg·m²)	678	一系悬挂横距/m	2.0
轮对摇头惯量/(kg·m²)	678	二系悬挂横距/m	2.284
轮缘摩擦系数	0.3	车体中心至二系上悬挂点距离/m	0.9
踏面摩擦系数	0.2	二系上悬挂点至构架中心距离/m	0.451
轮轨游间/m	0.019	构架中心至轮对中心距离/m	0.1

图 A.3　ICE 高速拖车

表 A.4　TGV 中速动车结构参数(图 A.4)

参数	取值	参数	取值
列车速度/(km/h)	≤270	一系悬挂纵向刚度/(kN/m)	1×10⁴
轴重/kN	168	一系悬挂横向刚度/(kN/m)	5.0×10³
车体质量/kg	4.24×10⁴	一系悬挂竖向刚度/(kN/m)	1.04×10³
构架质量/kg	3.4×10³	一系悬挂纵向阻尼/(kN·s/m)	60
轮对质量/kg	2.2×10³	一系悬挂横向阻尼/(kN·s/m)	69.6
车体侧滚惯量/(kg·m²)	1.015×10⁵	一系悬挂竖向阻尼/(kN·s/m)	50
车体点头惯量/(kg·m²)	1.064×10⁶	二系悬挂横向刚度/(kN/m)	200
车体摇头惯量/(kg·m²)	8.672×10⁵	二系悬挂竖向刚度/(kN/m)	500
构架侧滚惯量/(kg·m²)	3.2×10³	二系悬挂横向阻尼/(kN·s/m)	50
构架点头惯量/(kg·m²)	7.2×10³	二系悬挂竖向阻尼/(kN·s/m)	60
构架摇头惯量/(kg·m²)	6.8×10³	车轮半径/m	0.43
轮对侧滚惯量/(kg·m²)	1630	一系悬挂横距/m	2.05
轮对摇头惯量/(kg·m²)	1630	二系悬挂横距/m	2.05
轮缘摩擦系数	0.3	车体中心至二系上悬挂点距离/m	0.38
踏面摩擦系数	0.3	二系上悬挂点至构架中心距离/m	0.38
轮轨游间/m	0.019	构架中心至轮对中心距离/m	0.1

表 A.5　TGV 高速动车结构参数(图 A.4)

参数	取值	参数	取值
轴重/kN	170	车轮半径/m	0.458
固定轴距/m	3.0	车体质量/kg	53.5×10^3
构架质量/kg	3.26×10^3	轮对质量/kg	2.0×10^3
构架点头惯量/(kg·m²)	3.33×10^3	车体转动惯量/(kg·m²)	2.4×10^6
一系悬挂竖向刚度/(kN/m)	1.31×10^3	一系悬挂竖向阻尼/(kN·s/m)	30
二系悬挂竖向刚度/(kN/m)	3.28×10^3	二系悬挂竖向阻尼/(kN·s/m)	90

图 A.4　TGV 中高速动车

表 A.6　TGV 中速拖车结构参数(图 A.5)

参数	取值	参数	取值
列车速度/(km/h)	≤270	一系悬挂纵向刚度/(kN/m)	5×10^4
轴重/kN	168	一系悬挂横向刚度/(kN/m)	5.0×10^3
车体质量/kg	4.4×10^4	一系悬挂竖向刚度/(kN/m)	700
构架质量/kg	1.7×10^3	一系悬挂纵向阻尼/(kN·s/m)	60
轮对质量/kg	1.9×10^3	一系悬挂横向阻尼/(kN·s/m)	69.6
车体侧滚惯量/(kg·m²)	7.42×10^4	一系悬挂竖向阻尼/(kN·s/m)	38
车体点头惯量/(kg·m²)	2.74×10^6	二系悬挂横向刚度/(kN/m)	210
车体摇头惯量/(kg·m²)	2.74×10^6	二系悬挂竖向刚度/(kN/m)	350
构架侧滚惯量/(kg·m²)	1600	二系悬挂横向阻尼/(kN·s/m)	15
构架点头惯量/(kg·m²)	1700	二系悬挂竖向阻尼/(kN·s/m)	40
构架摇头惯量/(kg·m²)	1700	车轮半径/m	0.43
轮对侧滚惯量/(kg·m²)	1067	一系悬挂横距/m	2.05
轮对摇头惯量/(kg·m²)	1067	二系悬挂横距/m	2.05
轮缘摩擦系数	0.3	车体中心至二系上悬挂点距离/m	0.49
踏面摩擦系数	0.2	二系上悬挂点至构架中心距离/m	0.49
轮轨游间/m	0.019	构架中心至轮对中心距离/m	0.34

图 A.5　TGV 中速拖车

表 A.7　中国和谐号 CRH2 高速动车结构参数

结构参数	CRH2 型动车	C80 货车
轴重/kN	140	250
列车速度/(km/h)	≤250	≤120
车体质量/kg	39.6×10^3	91.4×10^3
构架质量/kg	3500	1950
轮对质量/kg	2000	1250
车体点头惯量/(kg·m²)	1.94×10^6	0.92×10^5
车体侧滚惯量/(kg·m²)	1.283×10^5	1.33×10^6
构架点头惯量/(kg·m²)	2.592×10^3	1760
构架侧滚惯量/(kg·m²)	1.752×10^3	1900
轮对侧滚惯量/(kg·m²)	0.98×10^3	740
一系悬挂竖向刚度/(kN/m)	1.20×10^3	1.60×10^5
一系悬挂横向刚度/(kN/m)	6.50×10^3	3.60×10^3
二系悬挂竖向刚度/(kN/m)	115	4.89×10^3
二系悬挂横向刚度/(kN/m)	174	6.50×10^3
一系悬挂竖向阻尼/(kN·s/m)	25	110
二系悬挂竖向阻尼/(kN·s/m)	120	285
二系悬挂横向阻尼/(kN·s/m)	29.4	3
车轮半径/m	0.457	0.42
固定轴距/m	2.5	1.83
构架中心距离/m	18	8.2
车辆长度/m	25.7 头车,25 中间车	12

表 A.8　中国和谐号 CRH3 高速动车结构参数

结构参数	取值	结构参数	取值
轴重/kN	≤170	列车速度/(km/h)	≤350
车体质量/kg	40×10^3	二系悬挂竖向刚度/(kN/m)	0.8×10^3
构架质量/kg	3200	一系悬挂竖向阻尼/(kN·s/m)	100
轮对质量/kg	2400	二系悬挂竖向阻尼/(kN·s/m)	120
车体点头惯量/(kg·m²)	5.47×10^5	固定轴距 $2L_1$/m	2.5
构架点头惯量/(kg·m²)	6800	构架中心距离 $2L_2$/m	17.375
一系悬挂竖向刚度/(kN/m)	2.08×10^3	车辆长度/m	头尾车 25.675，中间车 24.775

表 A.9　中国和谐号 CRH-380B 高速动车结构参数

结构参数	取值	结构参数	取值
轴重/kN	≤170	一系悬挂竖向刚度/(kN/m)	1.04×10^3
列车速度/(km/h)	≤400	一系悬挂横向刚度/(kN/m)	3.00×10^3
车体质量/kg	48×10^3	一系悬挂纵向刚度/(kN/m)	9.00×10^3
构架质量/kg	3200	二系悬挂竖向刚度/(kN/m)	400
轮对质量/kg	2400	二系悬挂横向刚度/(kN/m)	240
车体点头惯量/(kg·m²)	2.70×10^6	二系悬挂纵向刚度/(kN/m)	240
车体侧滚惯量/(kg·m²)	1.15×10^5	一系悬挂竖向阻尼/(kN·s/m)	30~50
车体摇头惯量/(kg·m²)	2.70×10^6	二系悬挂竖向阻尼/(kN·s/m)	33.33~60
构架点头惯量/(kg·m²)	7200	二系悬挂横向阻尼/(kN·s/m)	30
构架侧滚惯量/(kg·m²)	3200	二系悬挂纵向阻尼/(kN·s/m)	120~1000
构架摇头惯量/(kg·m²)	6800	车轮半径/m	0.46
轮对侧滚惯量/(kg·m²)	1200	固定轴距/m	2.5
轮对摇头惯量/(kg·m²)	1200	构架中心距离/m	17.375
车辆长度/m	25.850 头尾车，24.825 中间车		

表 A.10　有砟轨道结构参数取值范围

参数	取值范围
钢轨垫板刚度/(MN/m)	50~100
扣件刚度/(MN/m)	2.94~3.92
扣件垫板联合刚度/(MN/m)	53~104
扣件垫板阻尼/(kN·s/m)	30~63

续表

参数	取值范围
道床刚度/(MN/m)	165～220
道床阻尼/(kN·s/m)	55～82
道床厚度/m	0.35
道床压力分布角/(°)	35
路基刚度/(MN/m)	40～133
路基阻尼/(kN·s/m)	90～100
道床路基联合刚度/(MN/m)	40～60(新线) 80～100(既有线)
单根钢轨轨道刚度/(MN/m)	14.4～23(木枕轨道) 34.5～48.9(混凝土轨道) 40.25～57.5(宽轨枕)
轮轨接触刚度/(MN/m)	1225～1500

表 A.11 普通有砟轨道结构材料参数

结构	弹性模量 E/(MPa)	泊松比 υ	密度 ρ/(kg/m³)
钢轨	2.1×10^5	0.30	7800
轨枕	1.5×10^4	0.30	2800
道砟	150	0.27	2500
底砟	50	0.35	2000
路基	20	0.25	2000

表 A.12 中国 CRTS II 板式轨道结构参数

	结构参数	取值		结构参数	取值
轨道板	长度/mm	6450	混凝土支承层	长度/mm	6450
	宽度/mm	2550		宽度/mm	2950
	厚度/mm	200		厚度/mm	300
	密度/(kg/m³)	2500		密度/(kg/m³)	2500
	弹性模量/MPa	3.9×10^4		弹性模量/MPa	3.0×10^4
垫板	刚度系数/(MN/m)	60	CA砂浆	刚度系数/(MN/m)	900
	阻尼系数/(kN·s/m)	47.7		阻尼系数/(kN·s/m)	83
路基	刚度系数/(MN/m)	60	路基	阻尼系数/(kN·s/m)	90

表 A.13 中国 CRTS III 板式轨道结构参数

结构参数		取值	结构参数		取值
	扣件刚度/(kN/mm)	40~80		轨枕间距/m	0.625
轨道板	长度/mm	5600	混凝土支承层	长度/m	16.99(路基),5.65(桥梁)
	宽度/mm	2500		宽度/mm	3.1(路基),2.9(桥梁)
	厚度/mm	200		厚度/mm	0.3(路基),0.2(桥梁)
	密度/(kg/m³)	2500		密度/(kg/m³)	2500
	泊松比	0.2		泊松比	0.2
	弹性模量/MPa	3.6×10^4		弹性模量/MPa	3.25×10^4
自密实混凝土	弹性模量/MPa	3.25×10^4		缓冲垫层面刚度/(MPa/m)	200~800
	长度/mm	5600		缓冲垫层密度/(kg/m³)	600~800
	宽度/mm	2500		路基刚度/(MN/m)	60~80
	厚度/mm	100		路基阻尼/(kN·s/m)	90

表 A.14 钢轨基本参数

基本参数	钢轨类型				
	75	60	50	45	43
每米质量/kg	74.414	60.64	51.514	45.11	44.653
断面积/cm²	90.06	77.45	65.8	57.61	57.0
对水平轴惯性矩/cm⁴	4490	3217	2037	1606	1489
对垂直轴惯性矩/cm⁴	661	524	377	283	260
钢轨高度/mm	192	176	152	145	140
轨头宽度/mm	75	73	70	67	70
钢轨底宽/mm	150	150	132	126	114

表 A.15 轨枕基本参数

类型	轨枕质量/kg	轨枕长度/m	底面平均宽度/m	半枕有效支承长度/m
普通木轨枕	100	2.5	0.19~0.22	1.1
既有线混凝土轨枕(I型)	237	2.5	0.267	0.95
混凝土宽轨枕(弦76型)	520	2.5	0.55	0.95
提速干线轨枕(II型)	251	2.5	0.273	0.95
快速客运专线轨枕(III型)	340	2.6	0.29	1.175

附录 A 车辆与轨道结构参数

表 A.16 有砟轨道扣件主要参数

扣件类型	适用范围	弹程/mm	橡胶垫板型号	橡胶垫板静刚度/(kN/mm)
弹条 I 型	客车速度≤120km/h 货车速度≤80km/h 轴重≤25t，P50 钢轨	A 型弹条：9 B 型弹条：8	50～10	90～120
弹条 II 型	客车速度≤200km/h 货车速度≤120km/h 轴重≤25t，P60 或 P75 钢轨	10	60～10 60～10R 60～12	55～80 90～120 40～60
弹条 III 型	客车速度≤200km/h 货车速度≤120km/h 轴重≤25t，P60 钢轨	13	III b 型 III b R 型	55～80 90～120
弹条 IV 型	客运专线：客车速度≤350km/h，轴重 17t，P60 钢轨； 客运专线兼顾货运：客车速度≤250km/h，轴重≤23t；货车速度≤120km/h，轴重≤25t，P60 钢轨	13	RP4	60
弹条 V 型	客运专线：客车速度≤350km/h，轴重 17t，P60 钢轨； 客运专线兼顾货运：客车速度≤250km/h，轴重≤23t；货车速度≤120km/h，轴重≤25t，P60 钢轨	12	RP5	60

表 A.17 无砟轨道扣件主要参数

扣件类型	适用范围	弹程/mm	橡胶垫板静刚度/(kN/mm)
WJ-7A 型	客运专线兼顾货运：客车速度≤250km/h，轴重≤23t；货车速度≤120km/h，轴重≤25t，P60 钢轨	W1 型弹条：14 X2 型弹条：12	30～40
WJ-7B 型	客运专线：客车速度≤350km/h，轴重 17t，P60 钢轨	W1 型弹条：14 X2 型弹条：12	20～30
WJ-8A 型	客运专线兼顾货运：客车速度≤250km/h，轴重≤23t；货车速度≤120km/h，轴重≤25t，P60 钢轨	W1 型弹条：14 X2 型弹条：12	30～40
WJ-8B 型	客运专线：客车速度≤350km/h，轴重 17t，P60 钢轨	W1 型弹条：14 X2 型弹条：12	20～30

彩　　图

图1.2　北京雍和宫（国家级）

图1.3　八一南昌起义纪念馆（国家级）

图1.4　广东河源龟峰塔（国家级）

图 1.5　甘肃天水麦积山石窟(国家级)

图 1.6　南昌市"毛泽东思想胜利万岁馆"旧址(省级)

图 1.7　南昌八一起义纪念塔(市级)

图 1.8 滕王阁

图 2.2 单轮以不同速度运动时轨道挠度曲线

(a) 列车速度130m/s　　　　　　　　　(b) 列车速度135m/s

图 2.4 $E_s=50\text{MN/m}^2$ 时轨道挠度时程曲线

图 2.5 $E_s=10\text{MN/m}^2$ 时轨道挠度时程曲线

图 3.20 沥青层厚度 $H_a=10、15、20cm$ 对轨道振动位移的影响

图 3.21 沥青层厚度 $H_a=10、15、20cm$ 对轨道振动加速度的影响

图 3.22 沥青层厚度 $H_a=10、15、20cm$ 对轨道振动压力的影响

图 3.23 沥青层中橡胶含量 $C_a=0\%、10\%、20\%$ 对轨道振动位移的影响

图 3.24 沥青层中橡胶含量 $C_a=0\%、10\%、20\%$ 对轨道振动加速度的影响

图 3.25 沥青层中橡胶含量 $C_a=0\%、10\%、20\%$ 对轨道振动压力的影响

图 3.26 软土地基弹性模量 $E_s=20$、25、30MPa 对轨道振动位移的影响

图 3.27 软土地基弹性模量 $E_s=20$、25、30MPa 对轨道振动加速度的影响

图 3.28 软土地基弹性模量 $E_s=20$、25、30MPa 对轨道振动压力的影响

图 4.6 箱型梁结构有限元网格图

图 4.7 桥梁模型对桥梁速度导纳的影响

图 4.8 桥梁支座刚度对桥梁速度导纳的影响

(a) 横截面位移约束

(b) 局部放大图

(c) 全桥有限元网格

图 4.10　U 型梁有限元网格图

图 4.11　桥梁截面型式对桥梁速度导纳的影响

(a) 横截面位移约束　　　　　　　(b) 局部放大图

(c) 全桥有限元网格

图 4.13　轨道-U 型梁耦合系统有限元模型

(a) 横截面位移约束　　　　　　　(b) 局部放大图

(c) 全桥有限元网格

图 4.14　轨道-箱型梁耦合系统有限元模型

图 4.15 桥梁基础对高架轨道速度导纳的影响

图 4.16 扣件刚度对高架轨道速度导纳的影响

图 4.17 桥梁截面型式对高架轨道速度导纳的影响

图 4.18 桥梁结构阻尼对高架轨道速度导纳的影响

图 4.19 桥梁支座刚度对高架轨道速度导纳的影响

· · · · · 钢轨振动分布 ── 拟合衰减曲线

图 4.20 轨道振动沿钢轨长度方向的分布

图 4.23 桥梁基础对轨道振动衰减率的影响

图 4.24 桥梁截面型式对轨道振动衰减率的影响

图 4.25 扣件刚度对轨道振动衰减率的影响

图 4.26 阻尼比对轨道振动衰减率的影响

图 4.27 桥梁支座刚度对轨道振动衰减率的影响

图 5.2 随机过程的数字特征

图 5.4 合-武客运专线路基有砟轨道不平顺功率谱拟合曲线

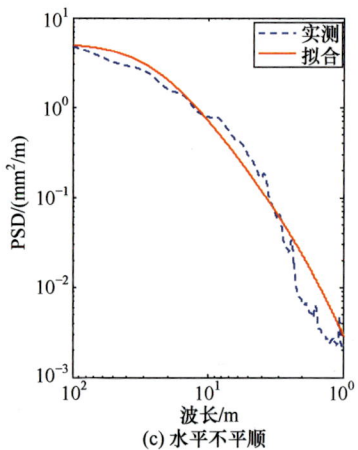

(c) 水平不平顺

图 5.5 合-武客运专线桥上有砟轨道不平顺功率谱拟合曲线

图 5.6 合-武客运专线隧道内无砟轨道不平顺功率谱拟合曲线

图 5.7 路基有砟轨道不平顺功率谱拟合曲线的比较

(c) 水平不平顺

图 5.8 桥上有砟轨道不平顺功率谱拟合曲线的比较

(a) 高低不平顺

(b) 轨向不平顺

(c) 水平不平顺

图 5.9 隧道无砟轨道不平顺功率谱拟合曲线的比较

图 7.3 车辆-轨道非线性耦合交叉迭代算法框图

图 9.4 车辆单元模型

图 10.8　CRH3 型和谐号高速列车

图 10.9　高速铁路路基段板式轨道

(a) 列车速度 200km/h　　　　　　　　(b) 列车速度 250km/h

(c) 列车速度 300km/h

图 11.4 列车速度对路堤本体表面垂向位移的影响

图 11.5 轨道不平顺对路堤本体表面垂向位移的影响

(a) 基床刚度 $k_c=0.5\times1102\text{MN/m}^2$ (b) 基床刚度 $k_c=0.25\times1102\text{MN/m}^2$

图 11.6 基床刚度对路堤本体表面垂向位移的影响

图 11.7 路堤土质对路堤本体表面垂向位移的影响

图 12.1 和谐号 CRH3 动车

图 12.3 钢轨垂向加速度的速度效应

图 12.4 车体垂向加速度的速度效应

(a) $V=160$km/h

(b) $V=200$km/h

(c) $V=250$km/h

(d) $V=300$km/h

图 12.5 轮轨作用力的速度效应($K_f=5K_{f0}$)

图 12.7 车体垂向加速度的轨道刚度过渡线型效应

图 12.8 钢轨垂向加速度的轨道刚度过渡线型效应

图 12.9 轮轨作用力的轨道刚度过渡线型效应

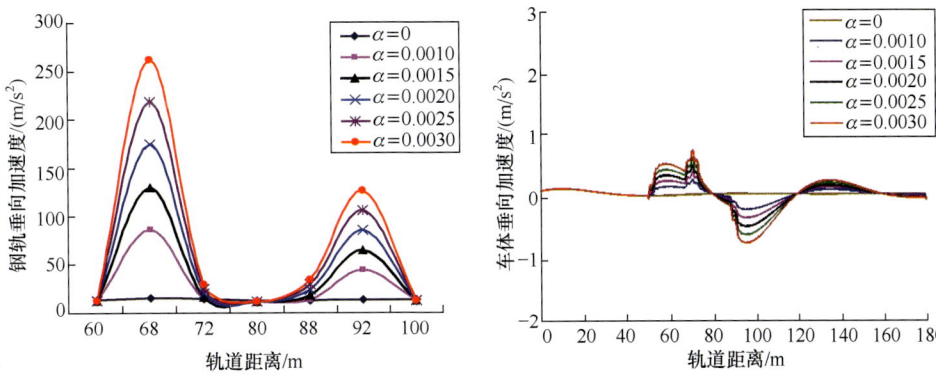

图 12.23 钢轨垂向加速度的综合效应 图 12.24 车体垂向加速度的综合效应

(a) $\alpha=0$

(b) $\alpha=0.0010$ rad

(c) $\alpha=0.0015$ rad

(d) $\alpha=0.0020$ rad

(e) $\alpha=0.0025$ rad　　　　　　(f) $\alpha=0.0030$ rad

图 12.25　轮轨作用力的综合效应（$V=250$ km/h）

图 13.5　车体加速度的垫板刚度效应　　　图 13.10　车体加速度的垫板阻尼效应

图 13.15　车体加速度的 CA 砂浆刚度效应　　图 13.20　车体加速度的 CA 砂浆阻尼效应

图 13.25 车体加速度的路基刚度效应

图 13.30 车体加速度的路基阻尼效应

图 14.2 钢轨垂向加速度的速度效应

图 14.3 车体垂向加速度的速度效应

(c) $V=250$km/m (d) $V=300$km/m

图 14.4 轮轨作用力的速度效应

图 14.6 车体垂向加速度的过渡线型效应　　图 14.7 钢轨垂向加速度的过渡线型效应

(a) 工况A (b) 工况B

图 14.8 轮轨作用力的过渡线型效应

图 15.6 加载点钢轨垂向振动位移导纳幅值

图 15.7 距加载点 10 根轨枕处钢轨垂向振动位移导纳幅值

图 15.8　加载点钢轨垂向振动速度导纳幅值

图 15.9　距加载点 10 根轨枕处钢轨垂向振动速度导纳幅值

图 15.10　加载点钢轨垂向振动位移导纳幅值

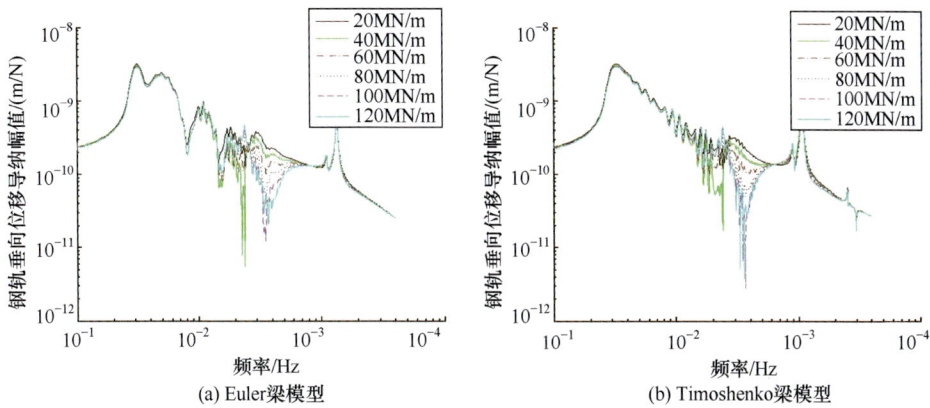

图 15.11 距加载点 10 根轨枕间距处钢轨垂向振动位移导纳幅值

图 15.12 加载点钢轨垂向振动速度导纳幅值

图 15.13 距加载点 10 根轨枕间距处钢轨垂向振动速度导纳幅值

图 15.14 加载点钢轨垂向振动位移导纳幅值

图 15.15 距加载点 10 根轨枕间距处钢轨垂向振动位移导纳幅值

图 15.16 加载点钢轨垂向振动速度导纳幅值

图 15.17 距加载点 10 根轨枕间距处钢轨垂向振动速度导纳幅值

图 15.18 加载点钢轨垂向振动位移导纳幅值

图 15.19 距加载点 10 根轨枕间距处钢轨垂向振动位移导纳幅值

图 15.20 加载点钢轨垂向振动速度导纳幅值

图 15.21 距加载点 10 根轨枕间距处钢轨垂向振动速度导纳幅值

图 15.22 加载点钢轨垂向振动位移导纳幅值

图 15.23 距加载点 10 根轨枕间距处钢轨垂向振动位移导纳幅值

图 15.24 加载点钢轨垂向振动速度导纳幅值

图 15.25 距加载点 10 根轨枕间距处钢轨垂向振动速度导纳幅值

图 15.26　加载点钢轨垂向振动位移导纳幅值

图 15.27　距加载点 10 根轨枕间距处钢轨垂向振动位移导纳幅值

图 15.28　加载点钢轨垂向振动速度导纳幅值

图 15.29　距加载点 10 根轨枕间距处钢轨垂向振动速度导纳幅值

图 15.30　加载点钢轨垂向振动位移导纳幅值

图 15.31　距加载点 10 根轨枕间距处钢轨垂向振动位移导纳幅值

图 15.32 加载点钢轨垂向振动速度导纳幅值

图 15.33 距加载点 10 根轨枕间距处钢轨垂向振动速度导纳幅值

图 15.34 车辆垂向振动加速度功率谱

图 15.35 轨道结构垂向振动位移导纳

图 15.36 频率 0.2~200Hz 内轨道结构垂向振动加速度功率谱

图 15.37 频率 1~4000Hz 内轨道结构垂向振动加速度功率谱

图 15.38　频率 1~4000Hz 内车辆垂向振动加速度功率谱

图 15.39　轮轨接触处车轮垂向振动加速度功率谱

图 15.40　轮轨接触处钢轨垂向振动加速度功率谱

图 15.41　距离端轮对不同位置处钢轨垂向振动加速度功率谱

图 15.42　距离端轮对不同位置处轨道板垂向振动加速度功率谱

图 16.2　桥墩-近场大地轴对称有限元及无穷元模型

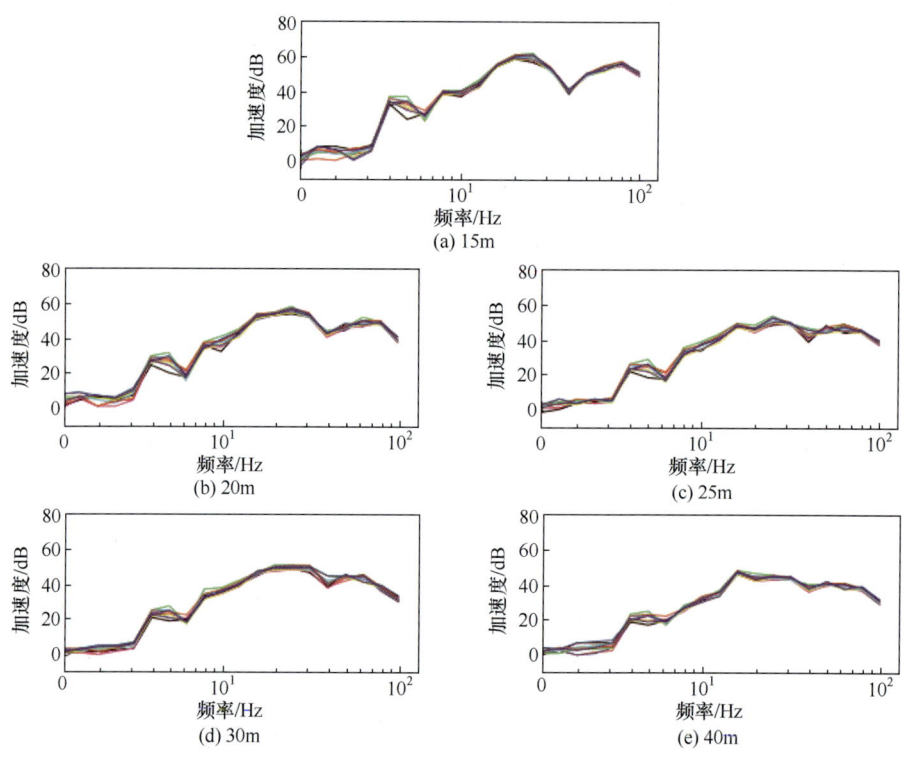

图 16.9　10 组列车通过时 1/3 倍频程地面加速度级

图 16.11　桥墩-大地系统有限元-无穷元模型及测点($X_1 \sim X_5$)布置

图 16.12 用于识别土壤参数的加速度振幅比

(d) 30m

(e) 40m

图 16.13 利用更新的土壤参数和列车荷载作用于桥墩顶部时得到的大地频率响应函数
（H_{BD} 为不考虑相邻桥墩上的列车荷载，H_D^* 为考虑相邻桥墩上的列车荷载）

图 16.15 测点 X_5 1/3 倍频程振动加速度实测值和利用初始土壤参数得到的预测值
（○为实测值；×为运用 H_{BD} 得到的预测值；※为运用 H'_{BD} 得到的预测值）

图 16.17 测点 X_5 1/3 倍频程振动加速度实测值和利用更新的土壤参数得到的预测值

(○为实测值;×为运用 H_{BD} 得到的预测值;※为运用 H_{BD}^* 得到的预测值)